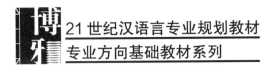

21世纪汉语言专业规划教材

专业方向基础教材系列

汉语方言学基础教程

（第二版）

李小凡　项梦冰　编著

项梦冰　修订

图书在版编目(CIP)数据

汉语方言学基础教程 / 李小凡, 项梦冰编著；项梦冰修订 .—2 版 .—北京：北京大学出版社，2020.8

21 世纪汉语言专业规划教材 . 专业方向基础教材系列

ISBN 978-7-301-30974-2

Ⅰ.①汉⋯　Ⅱ.①李⋯②项⋯　Ⅲ.①汉语方言—高等学校—教材　Ⅳ.① H17

中国版本图书馆 CIP 数据核字 (2019) 第 266615 号

审图号：GS（2019）2668 号

书　　　名	汉语方言学基础教程（第二版） HANYU FANGYANXUE JICHU JIAOCHENG (DI-ER BAN)
著作责任者	李小凡　项梦冰　编著　项梦冰　修订
责任编辑	崔　蕊
标准书号	ISBN 978-7-301-30974-2
出版发行	北京大学出版社
地　　　址	北京市海淀区成府路 205 号　100871
网　　　址	http://www.pup.cn　新浪微博：@北京大学出版社
电子信箱	zpup@pup.cn
电　　　话	邮购部 010-62752015　发行部 010-62750672　编辑部 010-62754144
印 刷 者	三河市北燕印装有限公司
经 销 者	新华书店
	787 毫米 ×1092 毫米　16 开本　22.75 印张　510 千字 2010 年 9 月第 1 版 2020 年 8 月第 2 版　2023 年 6 月第 4 次印刷
定　　　价	88.00 元

未经许可，不得以任何方式复制或抄袭本书之部分或全部内容。
版权所有，侵权必究
举报电话：010-62752024　电子信箱：fd@pup.pku.edu.cn
图书如有印装质量问题，请与出版部联系，电话：010-62756370

初版前言

这本《汉语方言学基础教程》是根据北京大学主干基础课"汉语方言学"近年来的教学实际编写的,是一本定位于汉语言文字学本科高年级专业基础课程的教学用书。北京大学中文系从 1955 年开始为汉语专业本科生开设"汉语方言学"课程,由袁家骅教授主讲。他主编了第一部教材《汉语方言概要》(1960)以及配套教学用书《汉语方音字汇》(1962)和《汉语方言词汇》(1964)。"文革"结束以后,这套教材由王福堂教授精心修订,陆续于 1983、1989、1995 年出了第二版,又于 2001、2003、2005 年再次修订重排。王福堂教授主讲"汉语方言学"课程时,根据当时的教学实际,编写并不断更新讲义作为教本,同时将这套教材作为主要教学参考书。我们主讲"汉语方言学"课程后,也采用了同样的方式,继续在讲课过程中不断更新讲义。1992 年以来,王福堂先生带领汉语方言学教学组致力于课程建设,将"汉语方言学"建设成包含八门课的系列课程,形成了基础课和专题课、本科生课和研究生课、讲授课和讨论课、理论课和实习课配套的课程体系。我们为此投入了大量时间精力,加之教学、科研和其他公务压身,一直无暇编写新的汉语方言学基础课教材。2004 年,北京大学狠抓教材建设,要求所有主干基础课都要编写或更新教材,使之适应当前的教学需要。这本教程就是应这项任务的要求,在历年讲义的基础上编写的。编写大纲如下:

本教材系统介绍汉语方言学的基本理论、汉语方言调查的基本方法和汉语方言的基本面貌,重点阐述基本概念和基础理论,注重对方言现象的具体分析,强调理论和实践相结合,在融汇"现代汉语""语言学概论""汉语音韵学"等先修课程相关知识的基础上,着重培养、训练和提高学生以下几方面的基本功:(1)利用国际音标准确记录语音的能力;(2)在记音的基础上运用音位学原理归纳整理音系的语音分析能力;(3)在系统记录字音的基础上运用音韵学知识探求共时和历时语音对应规律的能力;(4)在语音分析的基础上进一步分析处理方言词汇和语法现象的能力。本书对汉语方言学专业知识的广度和深度的定位,立足于北京大学中文系汉语专业本科主干基础课的教学实际,不刻意追求理论的深奥和内容的包罗万象。教材分四章:第一章"绪论",下分三节:1. 方言的基本概念,2. 方言差异的成因,3. 汉语方言研究和汉语方言学;第二章"汉语方言的分布",下分三节:1. 汉语方言分区的方法和原则,2. 汉语方言的共时分布,3. 汉语方言的历史鸟瞰；第三章"汉语方言的调查"，下分四节：1. 方言语音调查，2. 方言词汇调查，3. 方言语法调查，4. 方言调查的实施；第四章"汉语方言概况"，下分七节：1. 官话方言，2. 湘方言，3. 赣方言，4. 吴方言，5. 粤方言，6. 客家方言，7. 闽方言。

近年来，兄弟院校已出版了好几本汉语方言学教材，先有暨南大学詹伯慧教授主编的《汉语方言及方言调查》（1991/2001），继有厦门大学李如龙教授的《汉语方言学》（2001/2007）和复旦大学游汝杰教授的《汉语方言学教程》（2004）。这不仅丰富了汉语方言学课程的参考书库，也为我们编写这本教材提供了诸多方便。然而，这些高水平的教材也在无形中增加了本教程的编写难度，令我们对本教程的编写是否必要、如何定位、如何创新等问题颇犯踌躇。经过反复考虑，最后决定编写这样一本适合汉语专业本科层次实际教学需要的教本。作为"基础教程"，本书不以囊括汉语方言学的全部内容和解决汉语方言学的前沿问题为己任，而力求在对基本概念和基础理论的阐述、对方言调查和分析方法的解析、对汉语方言概貌的介绍方面尽可能清晰、透彻而不落窠臼，同时适当反映新的学术观点。在行文上则尽量简明、浓缩而不事铺展。

掌握方言音系和阅读国际音标注音语料是方言学的基本要求，因此，本书第四章介绍汉语七大方言概况时分别采用《汉语方音字汇》各大方言代表点的"方言音系简介"。同时，为便于教学时播放各大方言的语料，还采用了《现代汉语方言音库》相应方言点"北风跟太阳"的长篇语料。但需注意，二者的音系处理并不完全相同。本书每一章的每一小节后附有思考与练习题，以便复习和掌握该小节的主要内容，并引导学生进一步深入思考。同时列出参考文献，以便学生查阅引文和相关文献资料，书末另列主要参考书目。所列书目文献数量适中，以求学生切实能够查阅浏览而不致望而生畏。本书撰写过程中参考过的文献远多于此，恕不一一开列，谨此一并致谢。本书末另附教学大纲、名词索引和自测试题，希望能为学生预习、复习和备考提供一些方便。

本书第一至第三章由李小凡撰写初稿，第四章由项梦冰撰写初稿，经试用和互相修改后，由李小凡统一定稿。陈宝贤博士试用本教程后提出了有益的意见，并帮助编制了名词索引。

尽管本书交稿超过了预定时间，但仍是匆忙中赶着完成的，加之学识有限，错漏和遗憾在所难免。本书大量使用国际音标和方言地图，因而增加了编辑排版工作的难度，好在责任编辑白雪是北大中文系汉语专业科班出身，因而使本书避免了不少排印错误，但仍难免疏漏。这些都只好留待日后再加修订了。

作者

2007 年 6 月

目 录

第一章 绪 论 ... 1
1.1 方言的基本概念 ... 1
1.1.1 语言和方言 ... 1
1.1.2 地域方言和社会方言 ... 3
1.1.3 方言和共同语 ... 6
1.2 汉语方言的共时分布 ... 11
1.2.1 现代汉语方言的地理分布 ... 11
1.2.1.1 官话方言 ... 11
1.2.1.2 吴方言 ... 13
1.2.1.3 湘方言 ... 13
1.2.1.4 赣方言 ... 13
1.2.1.5 客家方言 ... 14
1.2.1.6 粤方言 ... 14
1.2.1.7 闽方言 ... 14
1.2.2 方言岛和海外汉语方言 ... 15
1.2.3 归属尚待确定的汉语方言 ... 16
1.3 方言差异的成因 ... 18
1.3.1 产生语言差异的根本原因 ... 18
1.3.2 语言系统的内部演变和外部接触 ... 18
1.3.3 语言演变的社会条件 ... 20
1.4 汉语方言研究和汉语方言学 ... 22
1.4.1 古代的汉语方言研究 ... 22
1.4.2 近代西方传教士和汉学家的汉语方言研究 ... 25
1.4.3 现代汉语方言学的建立和发展 ... 26
1.4.4 新时期的汉语方言学 ... 29
1.4.5 汉语方言学的意义和方法 ... 30

第二章　汉语方言的调查 ·· 33

2.1 方言语音调查 ··· 33
- 2.1.1 音素和音高 ··· 33
  - 2.1.1.1 国际音标及其引进 ·· 34
  - 2.1.1.2 发音器官及人类的发音和调音 ·· 39
  - 2.1.1.3 元音 ··· 40
  - 2.1.1.4 辅音 ··· 47
  - 2.1.1.5 声调 ··· 52
- 2.1.2 音节和音节结构 ·· 54
- 2.1.3 音系归纳和字音的记录 ·· 59
- 2.1.4 汉语方言的字音差异和语音对应规律 ·· 73
- 2.1.5 语流音变 ··· 83

2.2 方言词汇调查 ··· 88
- 2.2.1 方言词汇和方言词 ··· 88
- 2.2.2 汉语方言的词汇差异和特点 ··· 91
  - 2.2.2.1 词源的差异 ··· 91
  - 2.2.2.2 复合词的语素差异 ··· 93
  - 2.2.2.3 复合词的构词差异 ··· 94
  - 2.2.2.4 词义的差异 ··· 94
  - 2.2.2.5 独创词语 ·· 95
  - 2.2.2.6 特殊词语 ·· 96
- 2.2.3 方言词汇调查要点 ··· 97
  - 2.2.3.1 确定调查范围 ·· 97
  - 2.2.3.2 鉴别方言词语 ·· 98
  - 2.2.3.3 记录词条 ·· 98
- 2.2.4 方言词的本字考证 ··· 99

2.3 方言语法调查 ··· 101
- 2.3.1 汉语方言的语法特点 ··· 101
  - 2.3.1.1 名词的小称 ··· 102
  - 2.3.1.2 人称代词的数 ·· 103
  - 2.3.1.3 形容词的形容程度 ··· 104
  - 2.3.1.4 动词的动态和动量 ··· 104
  - 2.3.1.5 指示代词 ·· 106

  2.3.1.6 双宾语的次序 ··· 107
  2.3.1.7 比较句的句型 ··· 107
  2.3.1.8 疑问句 ··· 107
 2.3.2 方言语法特点的发掘 ··· 109
 2.3.3 方言语法特点的调查和记录 ······························· 111
2.4 方言调查的实施 ·· 113
 2.4.1 方言调查的目的和任务 ····································· 113
 2.4.2 方言调查的类型 ·· 114
 2.4.3 方言调查的方式 ·· 114
 2.4.4 方言调查的工作要点 ··· 116

第三章　汉语方言概况 ·· **120**

3.1 汉语方言的历史鸟瞰 ·· 120
 3.1.1 史前汉语的多源融合 ··· 120
 3.1.2 上古汉语的共同语和方言 ··································· 122
 3.1.3 中古汉语方言格局的形成 ··································· 128
  3.1.3.1 北方汉语的进一步融合和扩展 ····················· 129
  3.1.3.2 吴方言的形成 ·· 131
  3.1.3.3 湘方言的形成 ·· 135
  3.1.3.4 赣方言的形成 ·· 139
  3.1.3.5 客家方言的形成 ······································· 140
  3.1.3.6 粤方言的形成 ·· 145
  3.1.3.7 闽方言的形成 ·· 148
 3.1.4 近代汉语方言的发展演变 ··································· 151
3.2 汉语方言分区的历史 ·· 153
 3.2.1 西人的汉语方言分区 ··· 155
  3.2.1.1 艾约瑟（1857）·· 155
  3.2.1.2 萨伊斯（1880）·· 168
  3.2.1.3 甲柏连孜（1881）····································· 168
  3.2.1.4 伍丁（1890）和吉普森（1890）·················· 169
  3.2.1.5 庄延龄（1892）·· 170
  3.2.1.6 穆麟德（1896）·· 171
  3.2.1.7 影响长达半个世纪的五分法和四分法 ············ 174

3.2.2 中国学者的汉语方言分区 ·················· 177
3.2.2.1 林达泉（1863） ·················· 177
3.2.2.2 章炳麟（1904）和刘师培（1906） ·················· 178
3.2.2.3 黎锦熙（1924） ·················· 182
3.2.2.4 吴玉章等（1931）和瞿秋白（1932） ·················· 184
3.2.2.5 中央研究院历史语言研究所（1934） ·················· 185
3.2.2.6 李方桂（1936） ·················· 185
3.2.2.7 王力（1939） ·················· 187
3.2.2.8 赵元任（1943，1947，1948） ·················· 189
3.2.2.9 中央研究院历史语言研究所（1948） ·················· 190
3.2.2.10 《中国语言地图集》（1987） ·················· 197
3.2.3 小结 ·················· 199
3.3 汉语方言分区 ·················· 201
3.3.1 方言分区 ·················· 201
3.3.2 中心区、过渡区以及方言区的划界 ·················· 202
3.3.3 同言线的重要性排序 ·················· 204
3.3.4 分区标准和操作特征 ·················· 205
3.4 官话方言 ·················· 211
3.4.1 分布地域 ·················· 211
3.4.2 语音特点 ·················· 213
3.4.3 特征词 ·················· 218
3.4.4 次方言的划分 ·················· 233
3.4.5 北京话成篇语料（附：普通话版） ·················· 241
3.5 湘方言 ·················· 244
3.5.1 分布地域 ·················· 244
3.5.2 语音特点 ·················· 244
3.5.3 词汇表现 ·················· 250
3.5.4 次方言的划分 ·················· 251
3.5.5 长沙话成篇语料 ·················· 253
3.6 赣方言 ·················· 254
3.6.1 分布地域 ·················· 254
3.6.2 语音特点 ·················· 256
3.6.3 词汇表现 ·················· 259

  3.6.4 次方言的划分 ·· 260
  3.6.5 南昌话成篇语料 ·· 261
3.7 吴方言 ·· 263
  3.7.1 分布地域 ·· 263
  3.7.2 语音特点 ·· 265
  3.7.3 特征词 ·· 271
  3.7.4 次方言的划分 ·· 276
  3.7.5 苏州话成篇语料 ·· 277
3.8 粤方言 ·· 279
  3.8.1 分布地域 ·· 279
  3.8.2 语音特点 ·· 279
  3.8.3 特征词 ·· 284
  3.8.4 次方言的划分 ·· 289
  3.8.5 广州话成篇语料 ·· 290
3.9 客家方言 ·· 292
  3.9.1 分布地域 ·· 292
  3.9.2 语音特点 ·· 295
  3.9.3 特征词 ·· 297
  3.9.4 客家话和赣语的区分 ·· 300
  3.9.5 次方言的划分 ·· 302
  3.9.6 梅州话成篇语料 ·· 304
3.10 闽方言 ·· 306
  3.10.1 分布地域 ·· 306
  3.10.2 语音特点 ·· 306
  3.10.3 特征词 ·· 315
  3.10.4 次方言的划分 ·· 320
  3.10.5 厦门话成篇语料 ·· 322
3.11 80个方言点的聚类分析 ·· 325
  3.11.1 方言点 ·· 325
  3.11.2 语言项目和特征转写说明 ·· 326
  3.11.3 聚类分析结果和分析 ·· 327

附录一　初版教学大纲……………………………………………………… **333**
附录二　自测试题…………………………………………………………… **335**
修订后记……………………………………………………………………… **337**

图目录

图 1　明代《姑苏志》对"方言"和"方音"的区分 ·············· 2
图 2　《中国大百科全书·语言文字》汉语方言区示意图（模拟图） ·········· 12
图 3　官话方言和东南诸方言分布示意图 ·············· 15
图 4　《西字奇迹》的罗马字母注音及现代转写 ·············· 34
图 5　发音器官示意图 ·············· 39
图 6　元音舌位图 ·············· 41
图 7　石城话"习"[ɕit˧]和"食"[st]的波形图和宽带语图 ·········· 57
图 8　《方言调查字表》前三页之声调调查表 ·············· 61
图 9　《方言调查字表》前三页之声母调查表 ·············· 62
图 10　《方言调查字表》前三页之韵母调查表 ·············· 63
图 11　北京话、梅州话声母记音样例 ·············· 69
图 12　汉语方言里的站立义动词 ·············· 90
图 13　官话方言"酒—九"声母的异同 ·············· 117
图 14　扬雄《方言》地名大略图 ·············· 127
图 15　福州香麻（宋代）和现代标本比较图 ·············· 150
图 16　美国东部的语言区域 ·············· 154
图 17　黎锦熙汉语方言十二系区域略图（1924；模拟图） ·········· 183
图 18　瞿秋白中国语族划分设想（1932） ·············· 184
图 19　《中国分省新图》中《语言区域图》的汉语方言部分（1948；模拟图） ····· 191
图 20　最早的七大方言示意图（保罗·克拉托赫维尔 1968；模拟图） ········ 196
图 21　英格兰南部的七条异音线 ·············· 201
图 22　汉语方言古全浊声母今读的聚类分析和主坐标分析 ·········· 207
图 23　官话方言分布示意图 ·············· 212
图 24　汉语方言脸的说法 ·············· 220
图 25　汉语方言穿（鞋）的说法 ·············· 222
图 26　汉语方言走（慢慢儿～）的说法 ·············· 225

图 27　汉语方言宽的说法 …… 226
图 28　汉语方言疼的说法 …… 227
图 29　汉语方言不的说法 …… 232
图 30　汉语官话方言分布简图 …… 234
图 31　《中国语言地图集》（1987）官话大区的划分 …… 236
图 32　普通话基础方言分区示意图 …… 237
图 33　官话方言古入声字今读的聚类分析 …… 239
图 34　官话次方言划分的调整 …… 240
图 35　湘语分布示意图 …… 245
图 36　湘语的方言片划分 …… 252
图 37　赣语分布示意图 …… 255
图 38　赣语的方言片划分 …… 260
图 39　吴语分布示意图 …… 264
图 40　吴语、徽语"桶"字的读法 …… 269
图 41　吴语、徽语、客家话、土话"打"字的读法 …… 272
图 42　"鲎"（虹）在汉语方言里的分布 …… 274
图 43　"恶"（大溲）在汉语方言里的分布 …… 276
图 44　吴语、徽语的方言片划分 …… 276
图 45　粤语分布示意图 …… 280
图 46　"劏"（宰杀）在汉语方言里的分布 …… 285
图 47　"执"（捡拾）在汉语方言里的分布 …… 286
图 48　"恁"（思索）在汉语方言里的分布 …… 287
图 49　"马骝"（猴子）在汉语方言里的分布 …… 288
图 50　"文"（一～钱：一块钱）在汉语方言里的分布 …… 289
图 51　粤语和平话的方言片划分 …… 290
图 52　客家话分布示意图 …… 294
图 53　挑担义动词"荷"在汉语方言里的分布 …… 300
图 54　客家话和赣语吃义动词的差异 …… 301
图 55　客家话和赣语判断动词的差异 …… 301
图 56　客家话的方言片划分 …… 303
图 57　闽语分布示意图 …… 307
图 58　"县"字读如群母的地理分布 …… 311
图 59　闽语"齿"字的声母读音类型 …… 312

图 60	闽语 f- 声母的地理分布	314
图 61	"骹"（脚）在汉语方言里的分布	316
图 62	"碗"类词形在汉语方言里的分布	317
图 63	"悬"（身高）在闽语里的分布	319
图 64	闽语的方言片划分	320
图 65	闽语"耳"字的声母类型	321
图 66	80 个方言点的聚类分析结果	328

表目录

表1 元音常用的附加符号 ··· 45
表2 元音音标举例 ··· 46
表3 发音器官常见的阻碍部位 ··· 47
表4 辅音音标表 ··· 49
表5 辅音常用的附加符号 ··· 50
表6 辅音音标举例 ··· 50
表7 非肺部气流辅音 ··· 52
表8 绍兴、南昌、梅州、合肥、北京、博山、红古声调表 ················· 53
表9 黎里、盛泽、横塘声调表 ··· 54
表10 《方言调查字表》正表举例 ······································ 60
表11 根据21个调查例字整理的北京话单字调表 ························· 64
表12 永定（湖坑）话52调跟周边客家话的对应关系 ····················· 65
表13 七大方言基本数词字音对照表 ···································· 73
表14 韵母对应关系举例 ··· 75
表15 南昌话 [s] 声母跟北京话的对应规律 ······························ 76
表16 苏州话 [s, z] 跟广州话的对应规律 ······························· 76
表17 苏州话调类与中古音对应规律表（仿宋体表示对应的字少）··········· 77
表18 南昌话、北京话、中古音对应关系举例 ··························· 78
表19 苏州话调类与北京话和中古音的对应规律表 ······················· 79
表20 苏州话部分声母与北京话和中古音的对应规律表 ··················· 79
表21 苏州话 [ɤʔ] 韵母与北京话和中古音的对应规律表 ··················· 80
表22 福州话声母类化规律表 ··· 85
表23 晋代方言的分划 ··· 128
表24 扬雄《方言》中的吴越方言数据 ································· 131
表25 扬雄《方言》中的南楚方言数据 ································· 135
表26 北京、广州咸深摄和山臻摄部分字音比较 ························· 148

表27	北京、南昌、福州、广州梗摄合口和通摄部分字音比较	148
表28	艾约瑟（1857）的汉语方言分区	156
表29	漳州话、潮州话合口三等以母字今读举例	167
表30	穆麟德（1896）的汉语方言划分	172
表31	武宁、通山、庆元、连城、清流、南雄古全浊声母字今读举例	210
表32	官话方言古微母、日母字今读举例	214
表33	官话方言古浊上字今读举例	216
表34	官话方言古定母字今读举例	217
表35	《汉语方言地图集》词汇卷058图（脸）的词形分类	219
表36	《汉语方言地图集》词汇卷079图（穿[鞋]）的词形分类	221
表37	勉语穿（鞋）的说法	223
表38	《汉语方言地图集》词汇卷138图（走）的词形分类	223
表39	《汉语方言地图集》词汇卷169图（宽）的词形分类	224
表40	《汉语方言地图集》词汇卷179图（疼）的词形分类	228
表41	《汉语方言地图集》语法卷028图（不）的词形分类	231
表42	官话方言古入声字的今调类	235
表43	湘语古微母、日母字今读举例	246
表44	湘语古浊上字今读举例	247
表45	乡话古四声的今读	248
表46	湘语古入声字今读举例	248
表47	湘语古定母字今读举例	249
表48	湘语词汇举例	250
表49	赣语古微母、日母字今读举例	256
表50	赣语古浊上字今读举例	257
表51	赣语古定母字今读举例	257
表52	赣语古全清、次清、全浊声母的分合关系举例	258
表53	赣语词汇举例	259
表54	吴语古微母、日母字今读举例	265
表55	吴语古浊上字今读举例	266
表56	吴语古定母字今读举例	267
表57	吴语塞音、塞擦音三分举例	267
表58	吴语古全浊声母今读举例	268
表59	吴语"桶"字读音举例	268

表 60	吴语"打"字读音举例	270
表 61	畲话梗开二庚韵今读举例	270
表 62	吴语彩虹的说法举例	273
表 63	吴语大溲的说法举例	274
表 64	粤语古微母字今读举例	281
表 65	粤语古浊上字今读举例	281
表 66	粤语古非敷奉母字今读举例	282
表 67	粤语古定母字今读举例	282
表 68	广州型方言古全浊上字今读举例	283
表 69	粤语古日母字今读举例	283
表 70	客家话古微母、日母字今读举例	295
表 71	客家话古浊上字今读举例	296
表 72	客家话古定母字今读举例	296
表 73	挑担义动词说"荷"的方言点数统计	299
表 74	判断动词说"係"的方言点数统计	302
表 75	闽语古微母字今读举例	306
表 76	闽语古浊上字今读举例	308
表 77	闽语古定母字今读举例	308
表 78	罗杰瑞建议的闽语鉴定字举例	309
表 79	闽语古知组字今读举例	309
表 80	闽语和赣语古知章组字今读的比较	310
表 81	闽语古匣母字读 k 声母举例	310
表 82	闽语古章组字读舌根音声母举例	311
表 83	闽语古非敷奉母字今读举例	312
表 84	客家话、吴语、粤语古非敷奉母字今读举例	313
表 85	闽语古日母字今读举例	314
表 86	闽语古山摄合口三等元韵今读举例	316
表 87	闽南、闽北的语音、词汇差异举例	322

本书经常引用的著作

以下五种著作本书经常引用,正文中直接提书名,不再详细说明其他信息。

1.《汉语方音字汇》(第二版重排本),北京大学中国语言文学系语言学教研室编,王福堂修订,语文出版社,2008年。

2.《汉语方言词汇》(第二版),北京大学中国语言文学系语言学教研室编,语文出版社,2005年。

3.《中国语言地图集》,中国社会科学院、澳大利亚人文科学院合作编制,香港朗文出版(远东)有限公司,1987年。简称为"《中国语言地图集》(1987)"。

4.《中国语言地图集》(第二版)汉语方言卷,中国社会科学院语言研究所、中国社会科学院民族学与人类学研究所、香港城市大学语言资讯科学研究中心合作编制,商务印书馆,2012年。简称为"《中国语言地图集》(2012)"。

5.《汉语方言地图集》(分语音、词汇、语法三卷),曹志耘主编,商务印书馆,2008年。

第一章 绪 论

1.1 方言的基本概念

1.1.1 语言和方言

语言（language）是人类最重要的交际工具和思维工具，又是文化的载体和重要组成部分。语言是由语音形式和语义内容约定俗成的语言符号根据语法规则、按照语用需要构造而成的复杂的开放性层级系统。语言系统可以从语音、词汇、语法三个子系统入手，分别进行分析研究。这个定义的第一层意思告诉我们语言有什么作用，指出语言具有三大基本功能：交际功能、认识功能、文化功能。第二层意思告诉我们语言是什么，指出它是一个音义结合的符号系统。第三层意思告诉我们这个符号系统可以分析为语音、词汇、语法三个相对独立的子系统。

方言（dialect）是语言的地域变体（regional variety）。许多地方都有"五里不同音，十里不同调"的说法，指的就是语言因地而异的情况。语言和语言变体的关系是一般和个别、共性和个性的关系。一般是抽象的，它不能脱离个别而独自存在，只能存在于个别之中。个别才是具体的、现实的。人们日常使用的语言都是具体的，因而都是语言的变体。平常说"中国人使用汉语"，这话当然没错，不过它是一种概括的说法，其中的"汉语"是抽象的。实际上每一个中国人日常使用的并非抽象的汉语，而是具体的汉语变体（Chinese variety），而地域变体就是汉语变体中最为重要的一个类别，例如北京话、上海话、广州话、厦门话等。

口音（accent，也叫腔调）和方言不同。方言是指包括发音、词汇和语法差异在内的语言地域变体，而口音只是强调发音方面的地域差异。北京城里人说"墙上挂着枪"qiángshang guàzhe qiāng，这句话让 70 多千米外的平谷人来说，就成了 qiāngshang guàzhe qiáng，阴平调和阳平调的具体读法正好倒了个个儿。这就是口音的不同。明代王鏊《姑苏志》（即正德 [1506—1521]《姑苏志》）卷第十三《风俗》已经明确区分了"方言"和"方音"这两个概念（参看图 1）：

> 有方言，有方音。大氐语必有义，最为近古。如相谓曰侬，谓中州人曰伧，谓不

慧曰呆，问为何如曰宁馨，谓虹曰鲎，谓罢必缀一休字。又如曰事际、蔑面、伙飞、受记、薄相、哉。又如吴江之曰寨，常熟之曰且、曰逻箇，此方言也。灰韵入支、支韵入齐、庚韵入阳、宥韵入寘、虞韵入麻又入东，此方音也。

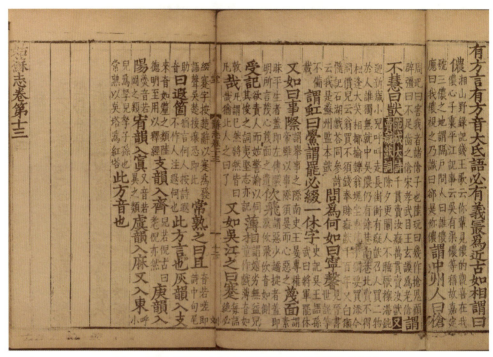

图 1　明代《姑苏志》对"方言"和"方音"的区分

每个方言都有自己的语音系统、词汇系统和语法系统。不同方言之间，这些系统分别存在着程度不同的差异。汉语方言之间最明显的差异是字音和词语，这种差异可以大到互相不能通话，这在世界语言中是不多见的。正如美国已故语言学家罗杰瑞（Jerry Norman，1936—2012）所言："如果各说各的母语，那么北京人能听懂的广东话一点儿也不比英国人能听懂的奥地利德语多。"①正因为一些汉语方言之间的互通性（mutual intelligibility）较差，所以也引发了一些错误的或似是而非的认识。最极端的一种情况是把汉语的几组大方言看作是不同的语言。这种看法自然不值一驳。它实际上是人们脑子中的一种朴素观念在作怪，即我们习惯于把互通性小的语言变体视为不同的语言。

讨论语言变体之间的关系有两个不同的层面：（1）它们是否同源？所谓同源即可以追溯到共同的祖语（parent language）；（2）存在同源关系的语言变体是不同的语言还是同一语言的不同方言？前一个问题（确定不同的语言变体是否同源）是语言学问题，大

---

① 原文为：A speaker of the Peking dialect can no more understand a person speaking Cantonese than an Englishman can understand an Austrian when each employs his native language。（*Chinese*, Cambridge University Press, 1988, p.2）

体以能否建立起系统的语音对应关系（当然要排除借用）为基本条件；后一个问题（确定同源的变体是语言还是方言）则不是语言学问题，而是社会学问题。Saussure 曾说过，"很难说语言和方言有什么区别"①，Sapir（1931）也指出，"对语言学家而言，并不存在'语言'和'方言'的真正区别"②，而 Hudson（1980）亦认可"'语言'和'方言'看不出有真正的区别"③。因此试图寻找这样或那样的语言标准（linguistic criteria）来区分语言和方言都是徒劳无功的。举例来说，在荷兰与德国交界的广大区域，一个不学德语（German）的荷兰人和一个不学荷兰语（Dutch）的德国人大体能听懂对方的话，然而人们却公认荷兰语和德语是两种独立的语言。再比如挪威人和丹麦人可以用各自的话互相交谈，但挪威语（Norwegian）和丹麦语（Danish）也是公认的两种独立的语言。可见，语言和方言的区分实际上跟社会条件有关，所谓的社会条件包括政治、文化、民族、历史、宗教等许多方面的因素，具体的情况不同，起作用的因素和方式也可能有差别。对现代汉语来说，统一的国家，共同的民族和文化认同，共同的文字和书面语，超越地域的通语的存在，这些因素都决定了汉语的各种地域变体只能视为方言，而非独立的语言④。

从语言学的角度看，每一种地方方言都是自足的系统，都可以很好地为该地域的人们服务，实现其交际工具和思维工具的作用，因此它们的地位是平等的，不存在一种方言比另一种方言更高级或更完善的问题。不过在实际生活中，人们对不同的方言往往又会持有不同的态度，比如对别人所说的方言存在喜好或厌恶感，对自己的方言存在自豪或自卑感。这是语言劣势原则（linguistic inferiority principle）所导致的效应，即政治、经济、文化上处于劣势地位的社团所使用的方言往往也会被视为鄙俗难听的语言；反之，政治、经济、文化上处于优势地位的社团所使用的方言则往往会被视为优美动听的语言。

1.1.2 地域方言和社会方言

中国古代很早就有了"方言"这个词，指的是各地用语。两千多年前，西汉扬雄就

---

① 法文和英译分别为：Il est difficile de dire en quoi consiste la différence entre une langue et un dialecte./It is difficult to say what the difference is between a language and a dialect. 分别根据：Tullio de Mauro 的评注本（*Cours de Linguistique Générale*），Normandie Roto Impression, 1997:278；Roy Harris 的英译本（*Course in General Linguistics*），外语教学与研究出版社，2001:202。

② *Encyclopedia of the Social Sciences* (New York, Macmillan, 1931), 5:123-126. 本书根据David G. Mandelbaum 选编的 *Selected Writings of Edward Sapir in Language, Culture and Personality* (University of California Press, 1949, p.83). 原文为：To the linguist there is no real difference between a "dialect" and a "language".

③ *Sociolinguistics* (Cambridge University Press, 1980, p.37). 原文为：There is no real distinction to be drawn between "language" and "dialect".

④ 赵元任先生曾经指出："平常说方言，是同一族的语言，在地理上的渐变出来的分支；分到什么样程度算是不同的语言，这个往往受政治上的分支的情形来分，与语言的本身不是一回事儿。""在中国，全国方都是同源的语言的分支，虽然有时候分歧很利害，我们认为是一个语言的不同的方言。"（《语言问题》100—101页，商务印书馆，1980年）。

著有《輶轩使者绝代语释别国方言》，东汉应劭将该书简称为《方言》，进而又在《风俗通义·序》中将"方言"作为一个特定的词语来使用："周秦常以岁八月遣輶轩之使，求异代方言，还奏籍之，藏于秘室。"古希腊也有 dialektos（διάλεκτος）一词，指一个地方的居民所说的话。英语 dialect 一词本义也指地域方言。可见，"方言"的本义是与地域联系在一起的。

现代语言学将方言定义为语言的变体，首先就是指地域变体。语言是为整个社会的全体成员服务的。作为语言的地域变体，方言则为该地域的所有社会成员服务。因此，方言和语言一样，具有全民性。同一地域的社会成员存在着职业、阶层、年龄、性别、文化教养等社会差异，这些语言社群往往会形成各具特色的语言变体。这些变体不是由地域，而是由上述种种社会因素造成的，可以称为语言的社会变体。地域变体和社会变体都是语言长期在不同人群中通行而发生变异的产物。正是在这个意义上，地域方言的说法类推到语言的社会变体，后者也就被称为社会方言（sociolect）。其实，二者的性质并不相同，社会方言不具有全民性，也没有另外一套自足的语音、词汇、语法系统，因而只能依附于地域方言而存在。一个不会说某种地域方言的人，根本不可能掌握该地域的任何一种社会方言。社会方言之间的差异不在于语言系统，而在于某种可以标志阶层、职业、社团等不同社会群体的特别的口音、措辞、谈吐风格和某些数量有限的特殊用语。因此，社会方言实际上是地域方言的群体性语用变体。下面举几个社会方言的实例。

山西理发社群的行话是一种由职业因素而产生的社会方言。据侯精一研究，山西以长子县人为主体的理发行业作为一种传统的民间手艺已有几百年历史。地位低下的理发社群为了防备外人抢走自己谋生的饭碗，直到 20 世纪 60 年代"文化大革命"以前一直使用一种外人听不懂的行话。该行业的徒弟在学手艺的同时还要学行话，否则不能入行从业。山西理发社群行话的主要特征是采用二三百条浅显、形象的特殊词语，但语音上可以用各自不同的乡音。例如"苗儿（头发）、条儿（毛巾）、长条细（面条；路）、气轮儿（女性乳房）、顶盖儿（帽子）、气筒（鼻子）、车轴（脖子）、咯咯儿（吹风机：谐鸡叫声）、割不断（连：姓）、滴水儿（兵：谐"滴水成冰"的"冰"）、不透风（盐：谐"严"音）、圪*①针（胡子）、圪*桩（躯干）、箩框儿（腿：不包括脚）、老灵山（母亲）、一奶同（兄弟姐妹）、老昌（中老年男性）、昌灰（中老年女性）、灰子（媳妇）、龙根儿（水；尿）、水上飘（茶叶，"飘"应记为"漂"）、臭腿儿（袜子）、亮子（窗）、咬牙（锁）、溜*甘*（一个）、岳*甘*（两个）、汪*甘*（三个）、则*甘*（四个）、总*甘*（五个）、省*甘*（六个）、星*甘*（七个）、张*甘*（八个）、矮*甘*（九个）、泡*甘*（十个）、溜*干*溜*（一毛一）、溜*丈儿溜*（一万一千）"。其

---

① 右上角加星号的字表示方言同音字，用来记录本字不明或没有本字的音节，下同。

中，"笤框儿"长子话本指笤面时支撑笤的长方横木支架，借指支撑身体的腿。"昌"长子话本指植物生长茂盛，借指人过中年。媳妇之所以叫"灰子"，则跟已婚女性不穿红绿、习穿深色有关。"昌灰"自然就是中老年男性的配偶即中老年女性了。

20 世纪初，江苏常州方言的街谈和绅谈是因阶层不同而形成的社会方言。据赵元任研究，街谈为城里普通人所使用，绅谈则限于文人或官吏家庭，成为一种身份标志。二者的一项差异是连读变调有所不同。例如，"好佬"一词绅谈读作 [hau˧ lau˩]，街谈则为 [hau˧ lau˧]，而本地人并不察觉这两种连读变调有什么不同。

赵元任还发现，20 世纪 40 年代北京话某些儿化韵的分合按年龄的老少分为两派，老派从分，新派从合，例如：

老派	新派
歌儿 [kɤr˧] ≠ 根儿 [kər˧]	歌儿＝根儿 [kər˧]
街儿 [tɕier˧] ≠ 鸡儿 [tɕiər˧]	街儿＝鸡儿 [tɕiər˧]
样儿 [iar˩] ≠ 燕儿 [iər˩]	样儿＝燕儿 [iər˩]
果儿 [kuor˩] ≠ 滚儿 [kuər˩]	果儿＝滚儿 [kuər˩]

据林焘等人的研究，20 世纪 80 年代，北京儿化韵的读音分歧不仅受年龄因素制约，还与文化程度、满汉身世、居住街区等因素相关。文化程度高的人、满族人、城区人儿化韵的合并率更高。但是，1949 年以后进京的外省汉人则呈现从分不从合的相反倾向。以上各种社会因素的综合作用使北京话的儿化韵呈现出一幅错综复杂的社会方言图景。

黎锦熙早年发现的"女国音"是一种由性别因素造成的社会方言。20 世纪初推广"国语"以来，北京一些有文化的女性青少年下意识地将舌面声母 [tɕ] [tɕʻ] [ɕ] 发成舌尖声母 [ts] [tsʻ] [s]。例如，"小心" [ɕiau˧ ɕin˧] 读作 [siau˧ sin˧]，"新鲜" [ɕin˧ ɕian˧] 读作 [sin˧ sian˧]。这也是一种受性别、年龄、文化教养等多种社会因素制约的社会方言现象。

中学生是最活跃又最无拘束，因而不断创造新语汇的群体，当他们言不尽意的时候，就会比较随意地创造新词。据中国人民大学附属中学学生 2002 年的一项调查，北京的中学生或许觉得用副词"很"表示程度难以尽意，因而在校园用语中常常改用更"带劲儿"的词，例如"巨（好）、超（难）、狂（多）、怒（流行）、闷（有趣）、豁（厉害）"。这些不规范的"中学生语汇"层出不穷，但大多不能持久，却构成了一种在中学校园相当流行的社会方言。

近年来，北京青少年女性中又产生了一种有趣的社会方言现象，她们在与人交谈、对别人的话表示肯定或赞同时，常常用一个带特别语调的"对"字来应答。此时"对"字的发音并非单字音 duì，而是 duài，调值也比单字调低。值得注意的是，北京话里本来并无读作 duài 的字音，而发这种音的青少年女性读"对"字的字音时仍然是 duì 而绝不是

duài。

　　社会方言的概念是在地域方言的研究过程中逐渐产生的。地域方言的研究是从对标准发音人的调查开始的。标准发音人（NORMs）指的是土著的（nonmobile）、年长的（older）乡村（rural）男性（males）。20世纪30年代，美国语言学家库拉斯（Kurath）绘制《新英格兰地图集》时突破这一传统，选择了几组不同年龄、不同教育程度，因而不属于NORMs的发音人。后来的学者进一步模仿社会学、地理学、植物学和民意调查的方法，在城市人口中随意选取样本进行方言调查。于是，专门研究社会方言的城市方言学便逐渐从研究地域方言的方言地理学的母体中孕育出来。20世纪60年代初，拉波夫（W. Labov）对纽约市英语的研究是此类研究的范例。他用包含 fourth 这个英语词的句子对纽约百货公司的中上等级职员进行测试，发现该词中的 r 发音与否实际上代表了不同的社会阶层：上层职员发 r 音者达 62%，中层为 51%，下层职员仅占 20%。这就使发 r 音成了上层口音的标志，不发 r 音则为下层口音。下层职员出于一种怕被人看不起的社会心理，在回答顾客提问等非随意性场合会下意识地矫枉过正，多发 r 音。这种阶层口音就是一种社会方言。在社会语言学家看来，语言的社会变体和地域变体同样普遍而且重要，所有的方言都既是地域性的也是社会性的，所有使用方言的人都既有其地域背景，又有其社会背景。那么，由阶层、个人、性别、职业等社会因素引起的语言变异（deviance）所形成的语言变体（variant）与地域变体本质上就没有什么不同，于是，自然而然地把 dialect（方言）的后四个字母 lect 当作词根，类推出一整套社会语言学术语，翻译成中文就成了"社会方言、阶级方言、个人方言"等。

　　随着城市方言学的兴起，西方一些国家方言研究的重点已经从传统的地域方言转向社会方言。而汉语方言的研究，目前仍以地域方言为主。这是因为汉语的地域方言极其丰富，蕴藏着大量尚待开发的宝贵的语言财富，这些财富对于认识汉语乃至世界语言的普遍规律具有重要意义。目前，不仅大量有价值的方言事实尚未发掘出来，许多已知的方言现象也还没有得到令人满意的理论解释。因此，汉语地域方言今天仍然是一个"富矿"，具有极大的开采价值。汉语地域方言的研究方兴未艾，不仅国内学者大有用武之地，还吸引了越来越多的海外学者。可以预料，地域方言今后一个时期仍将是汉语方言学的主要研究领域。同时，社会方言的研究也不应该被拒之门外，随着地域方言研究的不断深入，随着城市化进程的不断加速，社会方言的研究也将逐渐成熟并兴盛起来，成为汉语方言学新的广阔天地。

1.1.3　方言和共同语

　　汉语各方言都是汉语的地域变体，地位是平等的。但是，各方言的使用人口和通行区域不同，在全国政治、经济、文化生活中所发挥的作用也不同。北方方言因其分布地域广、使用人口多以及历史文化传统悠久等原因，在各方言中最具优势，自古以来一直是汉民族共同语的基础。先秦《论语》所谓"诗书执礼，皆雅言也"的"雅言"、汉代扬雄《方言》所称的"通语"、晋代郭璞《方言注》提到的"北方通语"、隋唐宋《切韵》《广韵》《集韵》等韵书所代表的"正音"、元代周德清《中原音韵》的"天下通语"都属北方方言。北方方言分布的地域很广，其中心随着政治中心、文化中心的转移而逐渐东移，由关中长安到中原洛阳，经江南金陵，最后移到华北燕京。元以后，北京成为全国的政治中心，经过一段时间的荟萃和积淀，逐渐形成新的文化中心，北京话也最终成为官话的代表方言，从而使北方方言继续保持并进一步强化了作为官方办事和社会交际通用语言的地位，并在此基础上形成了文学语言。明代何良俊《四友斋丛说》、罗汝芳《一贯编》、张位《问奇集》中都已将这种官方用语称为"官话"。

20 世纪初，京师大学堂总教习吴汝纶赴日本考察后刻意引进"国语"的概念。他向管学大臣张百熙建议："日本学校，必有国语读本，吾若效之，则省笔字（切音字）不可不仿办矣。"1906 年，设计出第一个切音字方案的卢戆章在《北京切音教科书》中使用了"国语"的概念："识京音官话为通行国语"。1909 年，资政院议员江谦正式提议将"官话"正名为"国语"，理由是"官话之称，名义无当，话属之官，则农工商兵非所宜习，非所以示普及之意，正统一之名"。他还提出，国语应该有语音、语法、语词标准。这些提议得到了以严复为首的审查小组的肯定。辛亥革命后，政府将审定后的"国语"正式颁布为国家标准语。

"五四"新文化运动中，胡适倡导用白话文取代文言文，作为与国语相应的文学语言，钱玄同进而提出应用文也要采用白话。胡适还在《国语讲习所同学录序》中阐述了口语和文学语言言文合一的"普通话"概念：

> 凡是国语的发生，必是先有了一种方言比较的通行最远，比较的产生了最多的活文学，可以采用作国语的中坚分子；这个中坚分子的方言，逐渐推行出去，随时吸收各地方言的特别贡献，同时便逐渐变换各地的土话：这便是国语的成立。有了国语，有了国语的文学，然后有些学者起来研究这种国语的文法、发音法等等；然后有字典、词典、文典、言语学等等出来：这才是国语标准的成立。我们现在提倡的国语，也有一个中坚分子。这个中坚分子就是从东三省到四川、云南、贵州，从长城到长江流域，最通行的一种大同小异的普通话。这种普通话在这七八百年中已产生了一些有价值的文学，已成了通俗文学——从《水浒传》《西游记》直到《老残游记》——的利器。他的势力，借着小说和戏曲的力量，加上官场和商人的需要，早已侵入那些在国语区域以外的许多地方了。现在把这种已很通行又已产生文学的普通话认为国语，推行出去，使他成为全国学校教科书的用语，使他成为全国报纸杂志的文字，使他成为现代和将来的文学用语——这是建立国语的唯一方法。

中华人民共和国成立后，中央政府将口头使用的"国语"和书面采用的"白话文"言文合一，统一称为"普通话"，并从语音、词汇、语法各方面制定标准，加以规范，继而在全国推广普及。

普通话和各方言一样，也是日常生活中具体使用的语言变体，因而有别于一般的、抽象的汉语。它与各方言是平行的兄弟姐妹关系而非一般与个别的关系。但是，普通话又不同于一般的方言，它是以北方话为基础方言，同时适当吸收其他方言成分而形成的一种特殊方言。例如，普通话虽然以北京音系为标准音，但北京口音并不等于普通话。北京人口头常将代词"我们"[uoᴸ mən] 说成 [m̩ᴸ mə]，将介词"在"[tsai˦] 说成 [tsai˦] 或 [tai˦]。北京人常用的口语词"捏*咕*（撮合）、拧（倔强，固执）、没治（程度极甚）、盖*（棒极了）、猫儿匿（指隐蔽的或暧昧的事，花招）"等也都没有进入普通话词汇。另一方面，普通话又吸收了一些其他方言的成分来丰富自己。例如，从吴方言吸收了"尴尬、瘪三"等词，从粤方言吸收了"打的、买单"等说法。"烂掉了三个梨"这种述宾结构的述语后既带结果补语"掉"又带完成体助词"了"的句式也来自吴语。例如，"烂掉了三个梨"苏州话就说成"烂脱仔三只梨"，其中，"脱"是相当于普通话"掉"的结果补语，"仔"是相当于普通话"了"的完成体助词。而北京话通常只说"烂了三个梨"。又如，闽粤方言的然否句句式是对称的：在动词前加上"有"表示对事态的肯定，加上"冇"表示对事态的否定。普通话然否句句式本来并不对称，否定句的动词前出现否定词，肯定句的动词前却不出现"有"，请比较广州话和普通话的以下例句：

	肯定事态	否定事态
广州话：	佢有来过广州。	佢冇来过香港。
普通话：	他来过广州。	他没来过香港。

但近年来表肯定事态的句子中使用"有"字的句式已大量进入年轻人的口语，甚至开始出现在书面语中。例如，高等教育出版社 2001 年出版的教材《汉语方言学》第 15 页上有一道练习题："你调查过方言、研究过方言吗？试谈谈你的调查工作经验和研究体会。"在 2007 年第二版中，这道题已变成："有调查过方言、研究过方言吗？试谈谈你的调查工作经验和研究体会。"

共同语经过规范便成为标准语。作为标准语，普通话高于方言，对方言起示范作用，决定方言的发展方向；方言则从属于普通话，向普通话集中、靠拢。普通话的口语与书面语相一致，方言则因为没有与口语相应的独立的书面语而只能统一采用普通话的书面语。各方言的通行区域、使用人口和使用场合都受到一定的限制，普通话的通行区域和使用人口则覆盖各个方言，使用场合也几乎不受限制。因此，普通话是具有全民通用性和权威性的基于方言而又高于方言的特殊方言。1956 年 2 月 6 日《国务院关于推广普通话的指示》要求在全国汉族地区和少数民族地区的汉族人民中大力推广普通话。1982 年《中华人民共和国宪法》第一章第十九条规定"国家推广全国通用的普通话"。2000 年 10 月 31 日，第九届全国人民代表大会常务委员会第十八次会议通过了《中华人民共和国国家通用语言文字法》，将普通话法定为国家通用语，并从 2001 年 1 月 1 日开始施行。因此，普通话就从汉民族共同语的标准语进一步上升为中国各民族的通用语。在国际上，普通话就代表现代汉语。1973 年 12 月 18 日，联合国大会第二十八届会议决定将汉语普通话和英语、俄语、法语、西班牙语、阿拉伯语并列为联合国大会和安理会的法定工作语言。新加坡等国也将华语（普通话）定为国家法定语言。

近半个世纪以来，随着国家的统一和现代化，普通话对方言的影响日益加深，方言向普通话靠拢的趋势日益增强。普通话对方言的影响可以从两方面来观察：一是渗透，二是覆盖。

渗透就是普通话的语言成分进入方言，逐渐在方言的语言系统中形成新派和老派的不同层次，老派保持方言固有的语言特点，新派则向普通话靠拢。新派形成后先与老派并存，然后逐步取代老派。这种情况 20 世纪 70 年代以前主要见于各方言区的大中城市。例如，上海话在吴方言里是新老更替最快的，1997 年出版的《上海方言词典》将其分为老、中、新三派，老派代表 20 世纪 50 年代以前的上海话，中派形成于五六十年代，此后仅隔 20 多年，到 80 年代又产生了新派。老派的某些特点从中派便开始消失，而变得与普通话相同或相近。例如，老派的尖音和团音不混，尖音为舌尖音声母 [ts] [tsʰ] [s]，团音为舌面音声母 [tɕ] [tɕʰ] [ɕ]；中派的尖音和团音已混为一类，全都成了舌面声母；老派"酒" [tsiɤ˥] 和"九" [tɕiɤ˥]、"青" [tsʰiŋ˥] 和"轻" [tɕʰiŋ˥] 声母各不相同，中派和新派则分别同音。又如，老派"府分仿发"的字音分别与"火昏谎豁"相同，中派和新派这两组字的声母则有别，前者为 [f]，后者为 [h]，类似普通话。比起中派来，新派进一步向普通话靠拢，例如，老派、中派"浜" [pã˥] 和"帮" [pɑ̃˥]、"张" [tsã˥] 和"章" [tsɑ̃˥] 韵母主元音分别为 [a] 和 [ɑ]，新派则都变成 [ᴀ]，这两组字因此变成同音。又如，老派、中派使用的一些常用语汇新派已改用普通话的说法："昨日——昨天、好一眼——好一点、假使——如果、日逐——天天、常桩——经常、险介乎——差一点、葛咾——所以、定规——一定。"再如，相当于普通话"你是不是学生？"或"你是学生吗？"的问句，老派、中派有 5 种说法："（1）侬是勿是学生子？（2）侬是学生子哦？（3）侬阿是学生子？（4）侬阿是学生子哦？（5）侬是勿是学生子哦？"而新派基本上只用前两种说法，从而分别与普通话的反复问句"你是不是学生？"和是非问句"你是学生吗？"相对应。20 世纪 80 年代以来，随着义务教育和大众传媒的普及，随着市场经济带来的空前的城乡人口流动，普通话通过新老更替对方言的渗透已迅速扩展到广大农村。今天，已经很难找到完全没有新老派差别、丝毫未经普通话渗透的高度"纯洁"的方言了。

覆盖就是普通话与方言以双语方式在同一地区并用，二者在使用范围、场合上有所分工。在这种情况下，普通话不是渗入方言固有的语言系统，而是挤占方言原有的使用领域。近半个世纪以来，这种覆盖的广度和深度都是空前的。就广度而言，若将全国的汉语区大略分为以下三类：（1）普通话独用区，（2）方言独用区，（3）普通话与方言双语并用区；那么，宏观地看，目前（2）类地区已全部变成了（3）类地区。就深度而言，为了便于分析，可将普通话与方言并用地区的语言交际环境大略分为两种情况：一是操方言的人不知道交际对方会不会说方言；二是确知对方也会说方言。在前一种情况下，除非出于某种特殊原因，一般总是用普通话而不用方言。即使在后一种情况下，在办公室、学校等相当多的公众场合也并不使用方言。只有私下场合才是方言的主要领域，其中又以方言家庭使用方言最为坚定。但是，即便在方言家庭内部，夫妻之间百分之百地说方言，但他们和子女之间却大有方言与普通话并用甚至以普通话为主的趋势，并且愈演愈烈。于是出现了从小在方言家庭长大的孩子只能听却不会说母方言的现象。这似乎不可思议，但在当今的语言生活中却司空见惯。

尽管方言向普通话集中是当前和今后汉语发展的主流，但这并不意味着方言很快就会消亡。从普通话对方言的渗透来看，新老派的更替是逐渐的、零散的，在一段时间内只涉及一部分语言特征而远非整个语言系统，即使从理论上说方言的所有特征被普通话逐一更替并非绝对不可能，所需时间也将是十分漫长的。从普通话对方言的覆盖来看，双语并用，既有普通话挤占方言使用领域的一面，又有方言的语言系统不被渗透因而得以保持稳定的一面。此外，方言不仅是某个地域的交际工具，而且还是该地域的文化标志，只要地域文化还有存在的价值，方言就不会也不能最终消亡。随着经济的繁荣、社会的进步，人们的文化需求也将日益提高，地域文化的价值也将越来越受到珍惜，当地域文化随着方言的弱化而趋于消亡时，人们会从保存文化遗产的角度自觉地合理调整自己的语言态度，地方政府也会采取有效的措施来加以"拯救"。近年来，在经济发达、文化积淀深厚的苏南、上海地区，这个问题已率先提到了政府工作的议程之中。

思考与练习

1. 什么是语言变体？它和语言有何异同？
2. 台湾海峡两岸居民说的话是不同的语言还是不同的方言？
3. 社会方言和地域方言有何异同？
4. 民族共同语、国家通用语、普通话、国语这几个概念有何异同？
5. "广州话是方言，北京话是共同语"，这句话对吗？为什么？
6. "北京话是汉语的标准语"，这句话对吗？为什么？

阅读书目

侯精一，1988，山西理发社群行话的研究报告，《中国语文》第 2 期。

林焘，1982，北京话儿化韵个人读音差异问题，《语文研究》第 2 辑。

Norman, Jerry (罗杰瑞), 1988, *Chinese*, Cambridge University Press. 中译本《汉语概说》，张惠英译，语文出版社，1995 年。

许宝华、陶寰编纂，1997，《上海方言词典》，江苏教育出版社。

王理嘉，2003，《汉语拼音运动与汉民族标准语》，语文出版社。

赵元任，1980，《语言问题》，商务印书馆。

赵元任，1982，常州话里两种变调的方言性，[台湾]《清华学报》新第 14 卷。

1.2 汉语方言的共时分布

1.2.1 现代汉语方言的地理分布

中国是由 56 个民族组成的多民族国家，除汉族之外的 55 个少数民族共使用 123 种已经识别的民族语言，另有 5 种混合语（五屯话、唐汪话、诶话、扎话、倒话）[①]，主要分布在西藏、青海、新疆、内蒙古以及东北、西南部分省区和海南岛、台湾岛。全国 34 个省、自治区、直辖市和特别行政区都有汉语方言分布，但并不都算作汉语方言区。汉语方言区是只通行汉语或主要通行汉语的地区。因此，现代汉语七大方言区并没有遍及 34 个省级行政区，也不一定呈连续分布。本节先简单介绍各大方言的分布地域（参见图 2）、使用人口 [主要依据《中国语言地图集》（2012）A1 图、A2 图的资料折算]，第三章再做详细介绍。

图 2 为《中国大百科全书·语言文字》（中国大百科全书出版社，1988）彩色插页 62《汉语方言区示意图》的模拟图。此图可以大致呈现汉语七大方言的地理分布情况。其特点是将旧徽州（皖南）、严州（浙西，部分）、饶州（赣北，部分）一带的方言划归官话方言；海南儋州一带的方言也划归官话方言。此图存在若干细节上的问题，主要跟当时所掌握的方言材料不够丰富有关，当然也有绘图方面的失误。例如闽东北通行闽语，划归吴方言是不恰当的（但闽西北的浦城县北部通行吴方言）；又客家方言的出海口画得过宽，严重挤占了闽方言的分布空间；让粤方言的分布区延伸到赣西南是不合适的，而雷州半岛的闽方言分布实际上也要更靠北一些。

1.2.1.1 官话方言

官话方言也叫北方话或北方方言。不过，这个"北方"远远大于地理概念的北方。长

---

① 根据孙宏开、胡增益、黄行主编《中国的语言》，商务印书馆，2007 年。

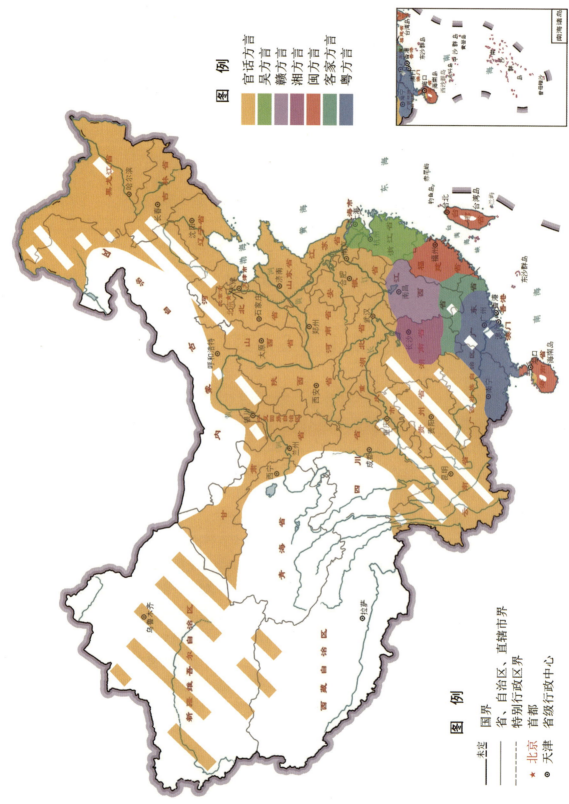

图2 《中国大百科全书·语言文字》汉语方言区示意图（模拟图）

江通常被认为是中国的南北地理分界线,若以此为界,北方地区固然通行北方方言,而南方也有大片地区通行北方方言。忽略上游的通天河和金沙江,长江从宜宾开始,流经四川、重庆、湖北、湖南、江西、安徽、江苏、上海六省二市。其中,四川和重庆虽然地跨长江南北,但全境均属官话区。湖北大体也属官话方言区,只有长江以南的咸宁、大冶、阳新、通山、通城、崇阳、赤壁(原蒲圻)、嘉鱼和长江以北的监利属赣方言区。湖南、江西、上海均以长江为北部边界,辖境大体都在江南,基本上不属官话方言区。安徽、江苏长江以北地区除皖西怀宁、岳西、潜山、太湖四县和望江、宿松二县的部分地区属赣方言区,以及苏北海门、启东二市和靖江、通州二市部分地区属吴方言区外,其他均属官话方言区。安徽、江苏长江以南沿江的贵池、铜陵、芜湖、马鞍山、南京、镇江一带,以及皖南东部广德、郎溪、宁国、宣城、青阳(部分地区)、南陵等北方移民市县也属官话区。除此之外,长江以南还有不少官话方言区域:云南、贵州全境;广西北部柳州、桂林一带;湖南北部常德地区,南部郴州地区,西部怀化、芷江、新晃、靖州(原靖县)、通道等县市;江西北部沿江的九江、瑞昌一带,南部赣州市区和信丰县城;福建南平市区。整个官话区共辖 1771 个县市(旗)区,使用人口约 8 亿 6163.5 万,约占汉语总人口数的 71.4%[①]。代表方言为北京话。

1.2.1.2 吴方言

吴方言也叫吴语,分布在上海市,浙江省和苏南,以及苏北海门、启东、通州、靖江等市县的部分地区,赣东北玉山、广丰、上饶等市县,皖南宣城地区以及芜湖、南陵(部分地区)、青阳(部分地区)等县,闽西北浦城,共 179 个县市区。使用人口 7709 万,约占汉语总人口数的 6.4%,仅次于官话。代表方言早期为苏州话,现为上海话和苏州话。

1.2.1.3 湘方言

湘方言也叫湘语,分布在湖南省中部、南部和广西北部的全州、灌阳、资源、兴安等市县。共 65 个县市区,使用人口 3677 万,约占汉语总人口数的 3.1%。以长沙话为代表的北片湘语受西南官话影响较深,以邵阳话为代表的南片湘语则较多地保持了原有特点。

1.2.1.4 赣方言

赣方言也叫赣语,分布在赣北、赣中以及毗连的湖南平江、浏阳、醴陵、攸县、茶陵、炎陵(原酃县)、临湘、岳阳、华容、洞口、绥宁、隆回等市县,鄂东南大冶、咸宁、嘉鱼、赤壁(原蒲圻)、崇阳、通城、通山、阳新以及监利等市县,皖西南怀宁、岳西、潜山、太湖、望江、宿松、东至、石台、贵池等市县,闽西建宁、泰宁等地区。共 102 个县市区,使用人口 4800 万,约占汉语总人口数的 4%。代表方言为南昌话。

---

① 七大方言分布的行政区划数和人口数本书依据《中国语言地图集》(2012) A1 图文字说明中的表二数据,但人口数是按七大方言的框架折合的,个别地方还根据有关分图的说明做了微调。

1.2.1.5 客家方言

客家方言也叫客家话，分布在广东省、广西壮族自治区、福建省、台湾省、江西省、湖南省、四川省 7 个省区的 110 个县市区[①]，重庆市、海南省、安徽省、浙江省、香港特别行政区也有零散的分布。使用人口 4220 万，约占汉语总人口数的 3.5%。海外华人社区也有客家话分布，但使用人口不及粤方言和闽方言。代表方言为梅州话[②]。

1.2.1.6 粤方言

粤方言也叫粤语，主要分布在两广（广东省和广西壮族自治区）以及香港特别行政区和澳门特别行政区。共 183 个县市区和特别行政区，使用人口 6288 万，约占汉语总人口数的 5.2%。粤方言是海外华人社区使用的主要汉语方言之一。代表方言为广州话。

1.2.1.7 闽方言

闽方言也叫闽语，分布在福建省、海南省、台湾省、广东潮汕地区和雷州半岛，以及浙南苍南、平阳二县和广西平南、桂平等县部分地区。共 154 个县市区，使用人口约 7500 万，约占汉语总人口数的 6%。闽方言是海外华人社区使用的主要汉语方言之一。代表方言为福州话和厦门话。

若在中国地图上以长江中游洞庭湖西侧的湖南常德为圆心，常德至台湾岛南端的距离为半径画圆，大体可以包括除新疆和东北三省外的整个汉语区。官话方言区大约占这个区域的四分之三，使用人口也占汉语总人口数的近四分之三。其他六大方言集中在东南地区，可以统称为东南方言，面积和人口都占四分之一强。参看图 3。

以上是从行政地理角度来描述汉语方言的共时分布，从自然地理角度看，汉语方言大体依水系和平原分布，这是由汉民族的农耕特点决定的。官话分布在黄河流域、长江流域、华北平原、东北平原、长江中下游平原、关中平原、汾渭平原、四川盆地。吴方言分布在长江三角洲以太湖流域为中心的地区。湘方言和赣方言分布在长江中游的洞庭湖流域和鄱阳湖流域。粤方言分布在珠江流域以珠江三角洲为中心的地区。闽方言分布在东南丘陵与瓯江、闽江、九龙江分割交错的地区。客家方言形成时适宜农耕的平原开发已尽，因此分布在南岭到武夷山南端的山地。

---

① 《中国语言地图集》（1987）B15 图说"客家话分布于我国的七个省区（广东省、广西壮族自治区、福建省、台湾省、江西省、湖南省、四川省），二百多个县市"。《中国语言地图集》（2012）B1-17 图说"客家话分布于广东省、广西壮族自治区、福建省、台湾省、海南省、江西省、湖南省、四川省、香港特别行政区等 9 个省区，200 多个县市"。200 多个县市应当包括了只有零散分布的县市在内。

② 即梅县话。南朝南齐时（479—502）从海阳县析置程乡县，辖境包括今梅县、梅江区、蕉岭、平远全部及丰顺一部分。南汉乾和三年（945）于程乡置敬州，辖境相当于后来的梅县。北宋开宝四年（971）因避赵匡胤祖父赵敬之讳，改敬州为梅州，因梅江为名。此后，梅州之名几废几设。1912 年梅州改称梅县。1978 年城区设梅州市。1983年梅州市改名梅县市，同时撤消梅县，并入梅县市。1988 年梅县市升级为地级市，复名梅州市，同时恢复梅县，县治扶大镇。除引述外，传统所说的"梅县""梅县话"本书一律称"梅州""梅州话"。

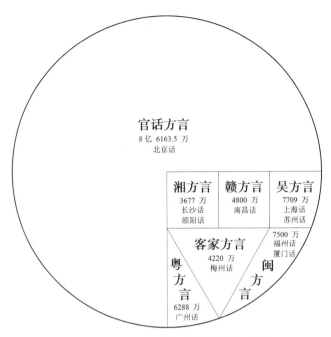

图 3　官话方言和东南诸方言分布示意图

1.2.2 方言岛和海外汉语方言

汉语方言的分布有一种特殊情况，即操某种方言的人群居住的不太大的区域被周围大片的其他方言所包围，就像汪洋大海中的一个孤岛。这种现象称为方言岛。现存的方言岛多源于明清两朝的移民。移民有军事、政治、经济等种种缘由。方言岛多由军事移民形成。明朝的卫所军事制度具有屯垦、世袭的性质。据《明史·兵志第六十六》记载："天下既定，度要害地，系一郡者设所，连郡者设卫。大率五千六百人为卫，千一百二十人为千户所，百十有二人为百户所。"卫所军士有三个来源："其取兵，有从征，有归附，有谪发。从征者，诸将所部兵，既定其地，因以留戍；归附，则胜国及僭伪诸降卒；谪发，以罪迁隶为兵者。其军皆世籍。"由军屯形成的方言岛称为"军话"，在广东、广西、福建、海南四省多有分布，例如：福建武平军家话（0.9 万人），海南儋州（原儋县）军话（4 万人）、崖城军话（1 万人），广东平海军声（1.4 万人）、陆丰青塘军话（0.8 万人）、陆丰坎石潭军话（500 人）、海丰龙吟塘军话（400 人），广西北海合浦军话（2 万人）。双方言（bidialectalism）或多方言（multidialectalism）在讲军话的族群里是普遍现象，即对内说军话，对外说其他方言。军事移民的另一种情况是居民为躲避战乱而大批迁移。政治移民包括政治迫害、官吏贬谪、罪犯流放。如郑成功的亲属遭到清廷迫害，其中一支潜回大陆，隐居闽南漳浦县沿海，被发现后星夜迁逃到闽侯县西台村，至今仍说与周围方言不同的"下南话"①。经济移民或为自然灾害所迫，或为优惠的经济政策或优良的自然资源所吸引。四川官话区分布着几十个客家方言岛，人口多达百万以上。清雍正年间，广东惠州府、潮州府、嘉应州一带本来就地少人多，加之连年旱涝，大批平民被迫背井离乡，外出求生，恰逢清政府鼓励外省人入川垦荒，据《甘庄恪公全集·卷七》记载，"惠潮二府嘉应一州所属各县，或系层岩叠嶂之区，或系边海斥卤之地，而此两府一州所属生齿最繁，田畴甚少，耕佃资生之民终岁劳苦，止供输租，不敷口食，所以一闻川省田土肥美，欣然欲往"。

汉语方言分布的另一特点是有 150 个以上海外方言社区。亚、美、欧、澳、非各大洲均有分布，总人口达 2400 万。海外使用汉语方言的人口超过 100 万的国家有 7 个：印度尼西亚、马来西亚、泰国、新加坡、菲律宾、越南、美国。汉语方言不是通过征服性的殖民手段扩张到海外，而是闽粤沿海地区居民远渡重洋到海外谋生所形成的。因此，海外汉语方言主要是东南沿海地区的闽方言、粤方言和客家方言。海外使用官话方言的人口历来不及闽方言和粤方言，但近年来增长很快。各方言在海外的使用人口分别为：粤方言 1100 万、闽方言 856 万、官话方言 350 万、客家方言 75 万。海外汉语方言只在华人社区通行，其中，客家方言大都是母语使用者，官话方言、粤方言、闽方言的母语使用者分别占 5%、45.45%、58.2%。粤方言和闽方言在许多海外华人社区是通用语。随着中国国际地位的迅速提升，作为国家通用语和联合国工作语言的普通话在海外华人社区的影响也越来越大。

1.2.3 归属尚待确定的汉语方言

由于汉语方言分布广袤，使用人口众多，历史演变复杂多样，某些相对比较偏僻的局部地区的方言归属尚未确定，有待进一步调查和研究。客观地承认这样一些方言的存在是一种科学的态度，这比匆忙地把它们勉强归入某一方言要好。

《中国语言地图集》（1987）A2 图将下列一些汉语方言列为归属待定的方言，由于目前只能确定它们不属于官话方言，所以暂且笼统地称之为"非官话"：

① 畲话——畲族 368,832 人，散居在福建、浙江、江西、广东、安徽等省。畲族绝大部分使用汉语，只有广东的惠东、博罗等 4 个县约 1000 多人使用本民族语言（参看《中国语言地图集》C6 图）。我们管畲族说的汉语叫"畲话"，以区别于"畲语"（畲族的本民族语言）。有人认为畲话接近客家话。

② 儋州话——海南省儋州市（原儋县）大部分地区与昌江县南罗等地说儋州话，约 50 万人。《中国语言地图集》B12 图把儋州话列为粤语，A2 图改为未分区的非官话。

---

① 参看李如龙《闽侯西台村的"下南话"》，李如龙等《福建双方言研究》156—172 页，[香港]汉学出版社，1995 年。

③ 乡话——乡话分布在湖南省沅陵县西南部以及溆浦、辰溪、泸溪、古丈、永顺、张家界（原大庸）6 市县与沅陵交界的地区，面积约 6000 平方千米，人口约 40 万，其中沅陵占一半。

④ 韶州土话——韶州土话分布在广东省北部跟江西省、湖南省交界的一些地方，人口约 80 万。

⑤ 湖南省南部 16 个市县的交际语是西南官话，命名为湘南片。各市县内还有土话。湘南土话与韶州土话的关系有待调查研究。

⑥ 此外，广西资源、龙胜两县的苗族和湖南绥宁、城步两县大部分苗族说一种汉语方言。贵州天柱县的一部分苗族说另一种汉语方言。贵州晴隆、普安等县的一部分苗族说第三种汉语方言。这三种汉语方言都和当地汉语不同，它们彼此也不相同。这些方言都有待调查研究。

思考与练习

1. 现代汉语七大方言各自分布在哪些省区？有多少使用人口？
2. 汉语方言的分布在地理上有什么特点？
3. 什么是方言岛？方言岛是怎样形成的？
4. 汉语方言在海外有哪些分布？
5. "云南省的汉语方言主要是北方话"，这句话对吗？为什么？
6. 你熟悉哪些方言？分别属于哪些方言区？有什么特点？

阅读书目

鲍厚星，1998，《东安土话研究》，湖南教育出版社。

丁邦新，1986，《儋州村话》，"中研院"历史语言研究所专刊之八十四。

董同龢，1965，《汉语音韵学》，[台湾]文史哲出版社。

李 蓝，2004，《湖南城步青衣苗人话》，中国社会科学出版社。

李 荣，1989，中国的语言和方言，《方言》第 3 期。

丘学强，2005，《军话研究》，中国社会科学出版社。

王福堂，2001，平话、湘南土话和粤北土话的归属，《方言》第 2 期。

王福堂，2004，徽州方言的性质与归属，[香港]《中国语文研究》第 1 期。

王辅世，1979，广西龙胜伶话记略，《方言》第 2、3 期。

杨 蔚，1999，《沅陵乡话研究》，湖南教育出版社。

游文良，2002，《畲族语言》，福建人民出版社。

张双庆主编，2000，《乐昌土话研究》，厦门大学出版社。

赵元任，1962，绩溪岭北音系，《历史语言研究所集刊》第34本上册。

1.3 方言差异的成因

1.3.1 产生语言差异的根本原因

语言和世界上万事万物一样，在时空中永恒地运动着。语言运动的基本形式就是被众多社会成员所使用。语言在被使用的同时也在不断被创造。假如没有人使用，语言根本就不会产生；语言产生以后，一旦无人使用，其生命也就结束了。语言每天都在不同地区被不同人群所使用，自然会不断产生差异。因此，从根本上说，语言的差异是语言运动，即语言被不同人群所使用的必然结果。这个道理同样适用于方言。

在很长一段时间里，许多语言学家相信，"语言的亲属关系是以语言的分化为前提的。……一种语言随着时间的推移而逐渐分化成不同的语言或方言"[①]。"可以根据语言亲属关系的远近而把有关的语言归入语系、语族、语支、语群、语言、方言、土语……这样一种分类的层级体系之中"[②]。19世纪德国语言学家施莱歇尔（A. Schleicher）将这种层层分化的模式概括为"谱系树"（family tree）模型。后来，新语法学派（neogrammarians）在此基础上进一步提出了"音变无例外"的假说。

谱系树理论实际上认为早期的语言是单一的、无差异的，语言差异都是在后来的发展过程中从原始语言系统内部演变出来的，这种演变造成的差异逐渐累积，最终使语言层层分化。谱系树理论曾经有力地推动了印欧语言学的发展，但是不是放之四海而皆准的终极真理，还需要在更广泛的地区经过更长时间的检验。

后来，施莱歇尔的学生施密特（J. Schmidt）发现有些语言现象不能用谱系树理论来解释，就用"波浪说"（wave theory）对谱系树理论加以修正。他认为原始印欧语（Proto-Indo-European）本身就包含若干方言，方言特点从各自的中心区逐渐向四周作波浪式扩散，若干个波浪叠加在一起，会使毗邻地区的方言发生混杂，从而失去截然划一的方言界限。波浪说认识到不同语言系统的互相接触和渗透同样会使语言发生变化，从而丰富了语言演变的理论。

1.3.2 语言系统的内部演变和外部接触

语言系统的内部演变和外部接触是语言演变的两条基本途径。内部演变可以引起语言

[①] 徐通锵《历史语言学》39页，商务印书馆，1991年。

[②] 徐通锵《历史语言学》28页，商务印书馆，1991年。

的分化，外部接触则导致语言混杂。分化和混杂同样都会造成语言差异，差异积累到一定程度就会发生质变，形成不同的语言或方言。从世界范围来看，语言的分化和语言的混杂同样普遍，后者甚至比前者更为复杂多样。通常认为印欧语各语言和方言是内部演变分化出来的，但即便在印欧语里也很难找到方言之间截然划一的分界线。例如，德国方言地理学家温克尔（G. Wenker）依据谱系树模型和新语法学派音变无例外的假说，试图找到高地德语与低地德语的分界线，对这两大方言交界处的杜塞尔多夫地区进行了30个语言项目的通讯调查，但绘制成方言地图后却发现每一条同言线都不重合。汉语各方言互相接触、渗透、扩散，分界线难以确定的情况比印欧语更常见、更复杂。

内部演变是从旧的语言形式异化出新形式，造成语言系统内部新旧语言形式此消彼长的绝对差异，这种差异积累到一定程度就会发生语言的分化。例如，中古汉语里有一套浊塞音、擦音或塞擦音声母，后来这些浊声母不再带音，并入了发音部位相同的清塞音、擦音或塞擦音声母。这项内部演变使语音系统减少了一整套浊声母，并且在不同的地域按不同的规则并入清声母，从而造成了系统性的差异。

外部接触并不从本系统内异化出新形式，而是从外系统吸纳新的语言形式，或填补本系统的空格，或形成不同系统的成分叠置并存的相对差异。外部接触造成的语言混杂积累到一定程度，有可能形成与互相接触的系统都不相同的新的语言系统，从而使接触的一方甚或双方发生语言的分化；也有可能使互相接触的语言系统变得彼此相似，甚至最终消除系统之间的差异，从而达到语言的融合。

前者可举皖南一带的徽州方言为例。徽州方言历史上曾经是吴方言的一部分，由于地处几大方言的包围之中，北与江淮官话、南与赣方言相接触，在今天的共时语言系统中就出现了几大方言的特征混杂并存的局面：韵母系统有吴方言的特征，声母系统有赣方言的特征，同时又有江淮官话的若干语言特征。这就使得徽州方言的归属长期以来难以确定。《中国语言地图集》（1987）最终将其处理成一个独立的方言，不过，它并不仅仅是由吴方言内部的自然演变分化出来的，而是由若干方言互相接触、混杂而形成的。

后者又分两种情形：一是接触双方力量悬殊，强势方言向弱势方言渗透，弱势方言逐渐融入强势方言；二是接触双方力量相当，彼此你中有我，我中有你，逐渐合为一体。前者如普通话对各方言的渗透，从所渗透的语言特征之多、速度之快来看，不少弱势方言已呈现出融入普通话的趋势，以致近年来拯救濒危方言的呼声日益高涨。后者可举林焘（1987）对北京话的研究为例：

> 现代北京话就是在三百年来内外城人口结构完全不同的条件下逐渐形成的。外城汉人说的是土生土长的北京话，这种方言在元代以后一直和汉语各地方言有密切接触。内城八旗人说的是从东北带来的汉语方言，源头是辽金时期以燕京话为中心的幽燕方言，一直和东北少数民族语言有密切接触。两种方言来源相同，但所处地区和所

接触的语言不同，自然会逐渐产生一些差异，但自辽至明，两地区的人口不断大量流动，两种方言之间始终保持密切的联系，因此并没有产生重大的分歧。到了清代，两种方言在北京汇合，一在内城，一在外城，相互之间差别本来就不大，再经过极为密切的长时期的交流，就逐渐融为一体，成为现代的北京话。

语言的内部演变和外部接触并不截然对立，往往还并行发生。例如，历史上北方汉人的南迁使北方汉语向南扩展，同时自身也不断地发生异化；闽人向潮汕、海南移民也使不同地域的闽语产生差异，这都属内部演变。但移民所到之地原先就有本地汉人和土著居民，移民的方言又与当地居民的方言甚至异族语言互相接触并发生混杂，这就属外部接触了。

系统内的异化和系统间的混杂有时甚至可以针对同一个语言项目。例如，清末吴方言小说《海上花列传》的语料表明，早期苏州方言选择问句的并列选择项之间使用语气词"呢"，如该书第四回的"包房间呢？做伙计？"这句话今天有两种说法："（1）包房间勒做伙计？（2）包房间还是做伙计？"这两种说法都采用选择问句式，只是并列选择项之间的连词不同，前者为"勒"，后者为"还是"，它们都替换了早期苏州话并列选择项之间的语气词"呢"。显然，"勒"是苏州话内部演变的产物：语气词"呢"[nəʔ]的鼻音声母先演变成同部位的边音声母，即[nəʔ]→[ləʔ]，随后，"呢"字改写成"勒"[ləʔ]，最后，语气词"勒"（←呢）被重新分析为连词。"还是"则是外部接触的结果：苏州话借入官话的选择问句式，用官话的并列选择连词"还是"来替换苏州话的语气词"呢"。以上内部演变和外部接触两条路线最终殊途同归，因此产生了"包房间勒还是做伙计？"两个连词叠床架屋的说法，从而导致了更大的差异和混杂。

语言的分化和融合是对立统一的。就结局而言，分化与融合是对立的；就过程而言，异化和混杂都会造成差异，因此，二者又是一致的。在不同的历史时期，语言的分化与融合有主次之分。近半个世纪以来，随着普通话的推广普及，汉语进入了一个以融合为主的发展时期，方言差异正以空前的速度消失。但这并不意味着所有方言很快都会彻底消亡，也不意味着新的方言差异（包括相对差异和绝对差异）就不会再产生。

1.3.3 语言演变的社会条件

内部演变和外部接触、异化和渗透、分化和融合，这些都是语言系统的内在因素。内因决定了产生方言差异的可能性和必然性，而可能变成必然还需要作为外在因素的社会条件，如人口繁衍导致的社会拓展、居民迁移引起的社会分化、地理屏障造成的社会隔离等。

语言作为社会的交际工具，产生于氏族社会。随着社会生产力的提高和人口的增长，先民的活动空间不断扩展，居住地区的范围日益扩张。6000年前氏族公社鼎盛时期的仰韶文化，分布范围已达 50 万平方千米，此后 1000 年左右的龙山文化更达到 150 万平方千米。这么遥远的空间距离，不要说远古时代，就是在交通发达、信息畅通的今天也不能不使人们之间的交往受到阻碍。语言在不同地区为不同人群所使用，自然会发生不同的变异。

在以农牧业自然经济为基础的奴隶社会和封建社会，大规模的自然灾害、社会动乱、战争，以及戍边、屯垦、迁都、流放等举措，常常使大批居民从一个地区长途迁徙到另一个地区，使原先同一地域的统一社会分割成若干分离的社群。我国黄河中下游的中原地区，开发历史久，人口和耕地的压力随之增大，再加上自然灾害相对频繁，又是历代兵家争战之地，历史上西晋"永嘉丧乱"、中唐"安史之乱"、北宋"靖康之难"，以及汉末、明末的历次社会大动乱期间，这一带居民多次大规模南迁。移民运动造成的社会分化自然会导致方言的分化。

大山、大河、森林、沼泽作为地理障碍，可以阻断交通，阻隔社会交往，易于造成方言分歧。山西的太行、吕梁山区和陕北黄土高原海拔都在 1000～2000 米，通行的是北方话中最为保守，因而与其他北方话有明显差异的一种方言；而紧挨黄土高原的关中平原和夹在太行山、吕梁山之间的临汾盆地、运城盆地，海拔都不足 500 米，与中原交通障碍较小，通行的便是中原官话。长江下游的开阔江面将现代吴语和官话分隔于大江南北。福建的山地占全省总面积的 90% 以上，遂使闽语的内部分歧大于其他方言。"七山一水二分田"的浙江，"二分田"主要集中在与苏南太湖平原毗连的浙北杭嘉湖平原和宁绍平原，浙南则为山地，因此，南部吴语的内部分歧远远大于北部吴语。但是，分析地理因素对方言的影响不能绝对化，同一种地理因素对方言的影响可能很不相同，甚至截然相反。例如，大江大河在一定程度上会阻隔两岸的交通，同时又给上下游之间带来舟楫之便。因此，长江虽然分隔了官话和吴语，却又连接了江淮官话。

思考与练习

1. 语言演变的根本原因是什么？
2. 什么是"谱系树"？什么是"波浪说"？二者关系如何？
3. 方言差异是怎样产生的？
4. 语言系统的内部演变和外部接触有何异同？
5. 怎样理解语言演变的内因和外因？
6. 地理因素对方言有什么影响？

阅读书目

林　焘，1987，北京官话溯源，《中国语文》第 3 期。

桥本万太郎著，余志鸿译，1982，《语言地理类型学》，北京大学出版社；2008，世界图书出版公司。

徐通锵，1991，《历史语言学》，商务印书馆。

叶蜚声、徐通锵著，王洪君、李娟修订，2010，《语言学纲要》（修订版），北京大学出版社。

1.4 汉语方言研究和汉语方言学

1.4.1 古代的汉语方言研究

现代汉语方言学的建立还不到一百年，但汉语方言调查研究的历史却可以追溯到两千多年前的先秦时代。周朝时，中央政府就经常派人到各地采风，搜集方言俗语。秦亡后，这批方言资料散失，深好训诂的严君平、林间翁儒保存了上千字残卷及其编撰体例，授之于扬雄。扬雄在此基础上进一步搜集整理，利用各地推举孝廉、选派卫卒、进京报账的机会，"常把三尺弱翰，赍油素四尺，以问其异语，归即以铅摘次之于椠"①。他坚持数十年，写成十五卷共九千余言的《𬨎轩使者绝代语释别国方言》②。黄侃曾释之曰："言绝代者，为时间之异；言别国者，为空间之异。而空间纵之则为时间，时间横之则为空间，故《方言》一书，即解释古语之书也。南北之是非，由《方言》而可知之；古今之通塞，亦由《方言》而可知之也。"③这部由一流学者用毕生心血潜心著成的"悬日月不刊之书"是中国古代方言研究的开山巨著，至今仍有不可替代的重要学术价值。《方言》是一部方言词汇集（其中可能包括了某些非汉族语言），作者通过面询方式进行方言调查，全面记录各地的口语词，然后加以条分缕析，纵横比较，将所记词语按通行的地域范围分别标注为凡语、通语、凡通语、四方之通语、某地与某地之间语、某地语，以及转语、代语、古今语、古雅之别语等类型。例如：

嫁、逝、徂、适，往也。自家而出谓之嫁，由女而出为嫁也。逝，秦晋语也。徂，齐语也。适，宋鲁语也。往，凡语也。（卷一）

胶、谲，诈也。凉州西南之间曰胶，自关而东西或曰谲，或曰胶。诈，通语也。（卷三）

釥、嫽，好也。青徐海岱之间曰釥，或谓之嫽。好，凡通语也。（卷二）

---

① 扬雄《答刘歆书》。把：拿着。弱翰：毛短而软的笔。赍：携带。油素：白而光的绢。铅：铅粉笔。摘次：摘录整理。椠：写字用的木板，长约三尺。

② 简称《方言》。一般认为《方言》为扬雄所作，但《汉书》中的《扬雄传》和《艺文志》均无记载。刘歆说《方言》为十五卷，应劭说有 9000 多字，但隋以后的版本为十三卷，11,900 多字。多出来的字可能是后人增补的。

③ 黄侃述、黄焯编《文字声韵训诂笔记》262 页，上海古籍出版社，1983 年。

庸、恣、比、侹、更、佚，代也。齐曰佚，江淮陈楚之间曰侹，余四方之通语也。（卷三）

覆结谓之帻巾，或谓之承露，或谓之覆髤。皆赵魏之间通语也。（卷四）

抾摸，去也。齐赵之总语也。抾摸犹言持去也。（卷六）

假、俗、怀、摧、詹、戾、艐，至也。邠唐冀兖之间曰假，或曰俗。齐楚之会郊或曰怀。摧、詹、戾，楚语也。艐，宋语也。皆古雅之别语也，今则或同。（卷一）

煤，火也，楚转语也，犹齐言烰火也。（卷十）

恜鰓、干都、耇、革，老也。皆南楚江湘之间代语也。（卷十）

敦、丰、厖、夼、幠、般、嘏、奕、戎、京、奘、将，大也。凡物之大貌曰丰。厖，深之大也。东齐海岱之间曰夼，或曰幠。宋鲁陈卫之间谓之嘏，或曰戎。秦晋之间凡物壮大谓之嘏，或曰夏。秦晋之间凡人之大谓之奘，或谓之壮。燕之北鄙、齐楚之郊或曰京，或曰将。皆古今语也。初别国不相往来之言也，今或同。（卷一）

晋朝郭璞继承扬雄重视方言口语的传统，在给《方言》作注时，尽可能地搜集当时各地的口语词与原书词条做比较，特别注明原书词条在晋代通行区域扩大和词义伸缩的情况，并用晋代反切或同音字注音。正如王国维《观堂集林》卷五《书郭注方言后一》所说："景纯注方言时全以晋时方言为根据，故于子云书时有补正。读子云书可知汉时方言，读景纯注可知晋时方言。"例如（小字为郭璞注文）：

虔、儇，慧也。谓慧了。音翾。秦谓之谩。言谩詑也。詑，大和反。谩，莫钱反，又亡山反。晋谓之㦂。音悝，或莫佳反。宋楚之间谓之倢。言便倢也。楚或谓之䚋。他和反，亦今通语。（卷一）

茫、矜、奄，遽也。谓遽矜也。吴扬曰茫。今北方通然也。莫光反。（卷二）

䇿极，吃也。楚语也。亦北方通语也。或谓之轧。鞅扎，气不利也。乌八反。（卷十）

娥、嬿，音盈。好也。秦曰娥……赵魏燕代之间曰姝。昌朱反，又音株，亦四方通语。（卷一）

贒、音懿。奁，贪也。谓悭贪也。荆汝江湘之郊凡贪而不施谓之贒。亦中国之通语。（卷十）

《方言》是一部方言比较词汇集，是现代方言词典的雏形。因此，可以说汉语方言的研究始于词汇。郭璞不仅给《方言》作了注，同时还用反切法或直音法注了音。此后，从南北朝到隋朝，涌现了一批音韵学著作。其中既有陆法言《切韵序》所称"取诸家音韵、古今字书"，"因论南北是非、古今通塞，欲更捃选精切，除削疏缓"，以求正音的《切韵》，又有颜之推《颜氏家训·音辞篇》所云"音韵锋出，各有土风"的《声类》《韵集》《韵略》《音谱》等反映方音的韵书。《颜氏家训·音辞篇》还集中论述了当时的方音差异。于是，汉语方音的研究便在这一时期从音韵学中生发出来。可惜的是，这些反映各地方音的韵书均未流传下来。

在中国漫长的封建社会里，传统语文学的文字、音韵、训诂之学都是附属于经学的小学，方言研究更是微不足道。方音俗语向来被视为不登大雅之堂的浮浅之音、鄙俗之语。因此，开端良好的方言词汇研究和方音研究后来都未能发扬光大注重活的方言口语的传统，也就始终未能形成独立的汉语方言学。

明末以前，方言词汇只在地方志和一些笔记著作中有零星的反映，地方志如正德《姑苏志》、嘉靖《兴宁县志》，笔记著作如唐代颜师古《匡谬正俗》，宋代王应麟《困学记闻》、陆游《老学庵笔记》，明代陶宗仪《辍耕录》、郎瑛《七修类稿》、岳元声《方言据》、陈与郊《方言类聚》、杨慎《俗言》等。清代则出现了大批根据古籍辑录、考证方言俗语的著作。有的根据古籍去考证流行的方言词的来源，称为分类考词派，如翟灏《通俗编》、钱大昕《恒言录》、范寅《越谚》、李调元《方言藻》、史梦兰《燕说》、张慎仪《蜀方言》、唐训方《里语徵实》；有的根据古字书去考证方言俗语的本字，称为分类考字派，如胡文英《吴下方言考》、杨恭桓《客话本字》。与此同时，还出现了大批校释或续补《方言》的著作，如戴震《方言疏证》、钱绎《方言笺疏》、王念孙《方言疏证补》、卢文弨《重校方言》、刘台拱《方言补校》、杭世骏《续方言》、程际盛《续方言补正》、程先甲《广续方言》、张慎仪《续方言新校补》和《方言别录》、洪亮吉《方言专著录》。

方音研究则体现在韵书、地方志以及某些笔记文集的零星记载中。反映官话的韵书如兰茂的《韵略易通》、樊腾凤的《五方元音》。反映其他方言的韵书如福州《戚林八音》、泉州《汇音妙悟》和《拍掌知音》、潮州《潮声十五音》、漳州《雅俗通十五音》、建瓯《建州八音》、广州《千字同音》、徽州《乡音字汇》、婺源《新安乡音字义考证》、徐州《十三韵》、合肥《同声韵学便览》、宣城《音韵正说》、武昌《字音汇集》、江西清江《辨字摘要》、山东《十五音》和《韵略汇通》等。笔记如颜之推《颜氏家训》、李涪《刊误》、陆游《老学庵笔记》、陶宗仪《辍耕录》、张位《问奇集》、陆容《菽园杂记》、桑绍良《青郊杂著》、袁子让《字学元元》、顾炎武《日知录》和《音学五书》、刘献廷《广阳杂记》、潘耒《类音》、钱大昕《十驾斋养新录》、李汝珍《李氏音鉴》、胡垣《方言分类谱略例》、劳乃宣《等韵一得》。

传统语文学时期的方言研究也有一些值得重视的成果。元代周德清为方便北曲创作编写的《中原音韵》突破了《切韵》系韵书的传统"正音"框架，从活的口语出发，忠实地反映了 14 世纪北方话语音由《广韵》142 韵母 35 声母简化为 46 韵母 21 声母，浊声母清化后平声送气仄声不送气，古四声平分阴阳、入派三声、浊上归去等音变事实，使方音研究达到了新的高度。明末李实首开考证某地方言词语的先河,撰成《蜀语》一书,收四川方言口语词 563 条,用遂宁一带方音注音,以官话释义,有较高的语料价值。清代音韵学家陈澧所著《广州音说》描写了广州话的主要音韵特点及其与切韵音系的对应规律,学术观点已接近现代方言学。清末朴学殿军章炳麟不满扬雄之后方言研究的衰落状况,撰《新方言》十一卷,广收流行的方言词语,用音韵和训诂相结合的方法考释词语演变的源流,取得了很高的学术成就。他还在方言考察的基础上撰写了《岭外三州语》,并对汉语方言从总体上做了分区,成为汉语方言分区研究的先声。

1.4.2 近代西方传教士和汉学家的汉语方言研究

明清以降,西洋传教士纷纷来华,他们为了传教而研习汉语方言,编写方言课本和方言词典,用方言翻译圣经,有的还撰写方言论著、绘制方言地图。例如,利玛窦(Matteo Ricci)《西字奇迹》(1605)、《利玛窦中国札记》(1615),金尼阁(Nicolas Trigault)《西儒耳目资》(1626),万济国(Francisco Varo)《华语官话语法》(1703),马礼逊(R. Morrison)《通用汉言之法》(1815)、《广东土话字汇》(1828),麦都思(W. H. Medhurst)《福建方言词典》(1837),裨治文(E. C. Bridgman)《广东话汉语读本》(1839),艾约瑟(J. Edkins)《上海方言语法》(1853)、《官话口语语法》(1857)和《北京话语法》(1871),湛约翰(J. Chalmers)《英粤字典》(1859),白德温(R. S. Maclay)《福州话音序词典》(1870),杜嘉德(C. Douglas)《厦门话汉英口语大词典》(1873),睦礼逊(W. T. Morrison)《宁波话英汉词典》(1876),帕克(E. H. Parker)《广东话音节表》(1880)、《新广东词汇》(1880)、《客家话音节表》(1880)、《福州话音节表》(1881)、《温州方言》(1884)、《新福州口语词汇》(1897),卜舫济(F. L. H. Pott)《上海话课本》(1907),穆麟德(P. G. von Möllendorff)《宁波方言便览》(1899),何美龄(K. Hemeling)《南京官话》(1902),以及上海、苏州、杭州、金华、宁波、台州、温州、福州、厦门、莆田、汕头、海口、广州、嘉应州等方言的圣经译本。西洋传教士对汉语方言的此类描述对汉语方言研究不乏参考价值,应当充分加以利用。高本汉《中国音韵学研究》(1915—1926)曾概略讨论过这类资料[①],罗常培《耶稣会士在音韵学上的贡献》(《历史语言研究所集刊》第 1 本第 3 分,1930)则为开创性的专论[②]。近二三十年,这方面文献的整理和研究越来越引起重视。游汝杰《西洋传教士汉

---

① 罗常培《西洋人研究中国方音的成绩及其缺点:北京大学方音研究引论之二》(《国语周刊》1933 年第 72 期)即是在高本汉讨论的基础上写成的。

② 罗常培后又有《耶稣会士在音韵学上的贡献补——昭雪汤若望文件中的罗马字对音》,原拟登《国学季刊》第七卷第二期(1951),由于时代因素撤稿,作为不公开发行的单印本在小范围流通,后收入《罗常培文集》(2001)第八卷 281—406 页。

语方言学著作书目考述》（2002）对传教士汉语方言学著作进行了较为全面的介绍，各类研究专著更是纷纷问世，如曹茜蕾、柯理思《客家话的语法和词汇——瑞士巴色会馆所藏晚清文献》（2005），陈泽平《19 世纪以来的福州方言——传教士福州土白文献之语言学研究》（2010），庄初升、黄婷婷《19 世纪香港新界的客家方言》（2014）等。张西平、杨慧玲编《近代西方汉语研究论集》（2013）也值得参考。

除了传教士，一些西方学者也对汉语做过研究。德国语言学家洪堡特（Wilhelm von Humboldt）从普通语言学的角度写过《论汉语的语法结构》和《论语法形式的通性以及汉语的特性》（1826）。另有一些西方汉学家则对汉语方言做了较为深入的研究，其中有些论著对汉语方言学具有重要价值。英国汉学家、驻华公使威妥玛（Thomas Francis Wade）根据教西方人学汉语的多年经验，于 1867—1903 年编著并两度修订再版北京话口语课本《语言自迩集》，首创威妥玛式拼音，并全面记录了 19 世纪中叶的北京话，保存了一份宝贵的北京方言历史档案。瑞典语言学家高本汉（Karlgren Bernhard）调查了广州、汕头、福州、温州、上海、北京、开封、怀庆（今河南沁阳）、归化（今呼和浩特）、大同、太原、兴县、太谷、文水、凤台（今山西晋城）、兰州、平凉、西安、三水、南京等 20 多处方音（含两种域外方音），再加上从书上得来的若干种方言语料（含高丽译音），于 1915—1926 年陆续写成四卷本法文巨著《中国音韵学研究》，其中第二卷为"现代方言的描写语音学"，第四卷为"方言字汇"。1940 年，商务印书馆出版了由赵元任、罗常培、李方桂三位中国语言学家花费近 10 年功夫悉心翻译并多有修正的中译本。高本汉是用现代语言学方法系统地调查汉语方言的第一位学者，对汉语方言学的发展起了重要作用。此外，辅仁大学教授贺登崧（W. A. Grootaers）20 世纪 40 年代后期关于方言地理学方法的介绍和示范性调查研究也富有启发性，但由于某种原因，在很长时间内并未产生重大影响。半个世纪之后，才出版了他的《汉语方言地理学》中文版[①]。

1.4.3 现代汉语方言学的建立和发展

1918 年，在"五四"新文化运动的热潮中，北京大学以蔡元培校长的名义刊出"征集全国近世歌谣启事"，在预科教授刘复主持下，由《北京大学日刊》每天发表一首。1920 年，北京大学国文系教授沈兼士、钱玄同、周作人等发起成立"歌谣研究会"。1922 年，作为北大校庆 25 周年的一项重要学术活动，《歌谣周刊》创刊。在采集民间歌谣的过程中，一些学者逐渐认识到方言研究的重要性。1923 年，《歌谣周刊》发表一组倡议建立汉语方言学科的论文，从而将方言调查和研究纳入了科学的轨道，并加以明确的学科定位。下面节选其中的两小节：

---

① 石汝杰、岩田礼译，上海教育出版社，2003 年，2012 年。

我们今后研究方言之新趋势，与旧日之不同者，综有三点：一、向来的研究是目治的注重文字，现在的研究是耳治的注重言语；二、向来只是片段的考证，现在须用有系统的方法实现历史的研究和比较的研究，以求得古今方言流变之派别，分布之状况；三、向来只是孤立的研究，现在须利用与之有直接或间接关系之发音学、言语学、文字学、心理学、人类学、历史学、民族学等，以为建设新研究的基础。（沈兼士《今后研究方言之新趋势》）

头一件我们所应当了悟的就是方音研究应有独立的身份与宗旨，不应做附属于歌谣研究下之一物。这两个应当做同等并行相辅相成的分科事业。方音研究的事业做的好，自然可以补助歌谣的研究与整理，而歌谣中所现出的俗语俗韵也正可做方音研究的一部分材料。……原来方言的研究乃是语言学中极重要，并且极有趣味的事。（林语堂《研究方言应有的几个语言学观察点》）

1924 年 1 月 26 日，北京大学方言调查会正式成立。曾在莱比锡大学专攻现代语言学的英文系教授林语堂还为此制定了以国际音标为基础的《北大方言调查会方音字母草案》，并标注了 14 处方音作为记音范例。汉语方言学从此成为一门独立的学科。它建立在西方现代语言学理论基础之上，摆脱了附属于经学、音韵学、训诂学的语文学传统，研究方向包括语音、词汇、语法、方言地理、方言历史、方言民俗文化等诸多方面。

1925 年，刘复以《汉语字声实验录》和《国语运动略史》获法国国家文学博士学位后回北京大学任国文系教授，创立语音乐律实验室，开设方言调查课，并制定了此后的方言研究计划："把中国所有各重要方言中的声调曲线，完全画出，著成一部《四声新谱》"；"调查各地方音，著成一部方音字典"；"按照法国语言地图的办法，编成一部方言地图"；"用蓄音机，将各种方言逐渐收蓄下来"。在刘复主持下，魏建功等人调查了 70 多处方音，并一一记录了《总理遗嘱》的语料。但是，刘复 1934 年率白涤洲、沈仲章、周殿福沿平绥铁路做方言调查时因患回归热而英年早逝，研究计划因此夭折。此后，罗常培回北大主持语音乐律实验室和方音调查工作。20 世纪三四十年代，他先后发表了《厦门音系》《唐五代西北方音》《临川音系》等方言学著作。同一时期，林语堂进行了《前汉方音区域考》等一系列古代方言研究，1933 年辑入他的《语言学论丛》。魏建功也在《语丝》《国学季刊》上发表了《与人论方音之由来》《黟县方音调查录》等论文。

1926 年，与刘复同年回国任清华学校研究院导师的赵元任发表了他的第一篇方言学论文《北京、苏州、常州语助词的研究》。1927 年，他率杨时逢实地调查了 33 处吴方言，内容包括音系、字音、常用词、语助词和成篇语料。1928 年写成《现代吴语的研究》，作为清华学校研究院丛书（第四种）出版。这部著作对汉语方言学的建立和发展产生了重要而深远的影响，是汉语方言学最终确立的重要标志。①

　　1928 年，中央研究院成立。翌年，历史语言研究所挂牌，赵元任担任第二组（语言组）主任，罗常培、李方桂为研究员。汉语方言调查研究由此进入了第一个十年黄金时期。赵元任设计了一套科学而便捷有效的汉语方言调查程序，他撰写的《钟祥方言记》（1939）成为当时方言调查研究报告的样本。从 1928 年到 1936 年，历史语言研究所组织了 6 次大范围的方言调查，先后调查了两广（包括海南）、陕南、皖南、江西、湖南、湖北等地方言。但是，日本侵华战争阻滞了正趋高潮的方言调查及其成果的整理出版，抗战期间仅调查了云南、四川两省方言，迟至 1948 年才出版了《湖北方言调查报告》。多年以后，才在台湾陆续整理出版了《绩溪岭北方言》《湖南方言调查报告》《四川方言调查报告》《云南方言调查报告》。这一时期汉语方言（主要是方音）调查研究的重要成果还有：陶燠民《闽音研究》（1930）、黄锡凌《粤音韵汇》（1941）、董同龢《华阳凉水井客家话记音》（1948）。

　　1954 年，中国科学院语言研究所设立以丁声树、李荣为正副组长的方言组。1956 年 2 月 6 日，国务院在《关于推广普通话的指示》中提出"为了帮助普通话的教学，中国科学院语言研究所应该……会同教育部和高等教育部，组织各地师范学院和大学语文系的力量，在 1956 年和 1957 年完成全国每一个县的方言初步调查工作。各省教育厅应该在 1956 年内根据各省方言的特点，编出指导本省人学习普通话的小册子"。同年 2 月 16 日，教育部和语言研究所共同举办的第一期普通话语音研究班开学。同年 3 月 20 日，教育部和高等教育部联合发出《关于汉语方言普查工作的通知》。汉语方言调查研究借此进入了大丰收的第二个黄金十年。普通话语音研究班的主要课程，除了徐世荣的"普通话语音"外，还有李荣的"方言调查"，前三期还有周殿福的"语音学"、丁声树的"汉语音韵学"等配套课程。丁声树、李荣为此编写了《汉语方言调查手册》《汉语方言调查简表》《汉语音韵讲义》以及《古今字音对照手册》，语言研究所编制了《方言调查字表》《方言调查词汇手册》。马学良、岑麒祥也分别编写了《语言调查常识》和《方言调查方法》。1956—1958 年的大规模方言普查共调查了当时全国 2298 个县市中 1800 多个县市的方言，覆盖面近 80%。调查成果共编成各省区方言概况 20 种，各地学习普通话手册 320 多种。其中正式出版的，前者有《江苏省和上海市方言概况》（1960）、《四川方言音系》（1960）、《河北方言概况》（1961）3 种；后者有 70 余种。这次规模空前的方

---

① 修订注：这是学术界的一般看法。科学意义上的汉语方言研究实际上至晚可以上推到 19 世纪 50 年代，以艾约瑟（Joseph Edkins，1823—1905）的两本书为标志：*A Grammar of Colloquial Chinese: as Exhibited in the Shanghai Dialect* (《上海口语语法》), *A Grammar of the Chinese Colloquial Language Commonly Called the Mandarin Dialect* (《官话口语语法》), Shanghai: London Mission Press (墨海书馆), 1853, 1857. 但是艾约瑟汉语方言研究的现代性长期没有得到认识，也没有在中国的汉语方言研究现代化进程中产生及时的影响。艾约瑟的汉语方言分区工作请参看 3.2.1.1。

言普查积累了丰富的方言资料，对推广普通话起了重要作用，并为汉语方言学日后的发展积累了经验，锻炼了队伍。1960年，河北省昌黎县县志编纂委员会和中国科学院语言研究所编著的《昌黎方言志》出版，该书记音准确，分析细致，内容全面，体例完备，成为方言调查报告新的样本。

与此同时，北京大学1952年设立二年制语言专修科，专门培养汉语方言和少数民族语言调查研究方面急需的专门人才。1955年开始为汉语专业本科开设"汉语方言学"基础课程。高等教育部还委托袁家骅拟制"汉语方言学教学大纲"（综合大学汉语言文学专业四、五年制用），经多方听取意见反复修改后于1956年由高等教育出版社出版。汉语方言调查和研究人才的培养从此走上了正规化的道路。1960年袁家骅主编了第一部汉语方言学教材《汉语方言概要》，不久又陆续配套出版了《汉语方音字汇》（1962）和《汉语方言词汇》（1964）。这套著作为培养新一代高层次汉语方言学人才发挥了重要作用，受到国内外学术界的重视，后经精心修订、补充，分别于1983、1989、1995年出版第二版，后又多次修订或重排。

1.4.4 新时期的汉语方言学

1979年，中国社会科学院语言研究所创办《方言》季刊。1981年11月23日，全国汉语方言学会成立。汉语方言学从此进入了一个蓬勃发展的新时期，成果不断涌现，大大超过了前50年。其中仅《方言》季刊发表的论文就一千篇以上。其他重要研究成果也纷纷问世：温端政主编《山西方言志丛书》（1982—1997），周振鹤、游汝杰《方言与中国文化》（1986/2006），中国社会科学院与澳大利亚人文科学院《中国语言地图集》（1987、1990），许宝华、汤珍珠主编《上海市区方言志》（1988），詹伯慧、张日昇主编《珠江三角洲方言调查报告》（1990），詹伯慧主编《汉语方言及方言调查》（1991/2001）、《广东粤方言概要》（2002），钱曾怡主编《山东方言志丛书》（1990至今）、《山东方言研究》（2001），陈章太、李如龙《闽语研究》（1991），钱乃荣《当代吴语研究》（1992），李如龙、张双庆主编《客赣方言调查报告》（1992）、《中国东南部方言比较研究丛书》（一至五辑，1995—2000），游汝杰《汉语方言学导论》（1992/2000）、《汉语方言学教程》（2004/2016），侯精一、温端政主编《山西方言调查研究报告》（1993），李荣主编《现代汉语方言大词典》（分卷本1993—2003，综合本2002），侯精一主编《现代汉语方言音库》（磁带版1995，光盘版2004）、《现代汉语方言概论》（2002），陈章太、李行健主编《普通话基础方言基本词汇集》（1996），侯精一《现代晋语的研究》（1998），吴启主主编《湖南方言研究丛书》（1998—2000）、王福堂《汉语方言语音的演变和层次》（1999/2005），刘纶鑫主编《客赣方言比较研究》（1999），李如龙《汉语方言的比较研究》（2001），华学诚《周秦汉晋方言研究史》（2003），以及各省区地方志编撰委员会编写的省区方言志等。

汉语方言学在内地蓬勃发展的同时，在港澳台及海外也有长足的进展。重要论著如赵元任、杨时逢《绩溪岭北方言》（1965），董同龢等《记台湾的一种闽南话》（1967），杨时逢《云南方言调查报告》（1969）、《湖南方言调查报告》（1974）、《四川方言调查报告》（1984），丁邦新《台湾语言源流》（1979），桥本万太郎《客家方言》（1973）、《语言地理类型学》（1977），雅洪托夫《汉语方言的分类及地理分布》（1974）、何大安《论赣方言》（1986），罗杰瑞《汉语概说》（1988），沙加尔《客方言与赣方言的关系》（1988），张琨《论比较闽方言》（1984）、《论吴语方言》（1985）、《再论比较闽方言》（1989），余蔼芹《汉语方言语法比较研究》（1993），张光宇《闽客方言史稿》（1996），平田昌司主编《徽州方言研究》（1998）等。

世纪之交，学术界对汉语方言学近一个世纪的发展进行了回顾总结[①]。重要的著述有：王福堂《二十世纪的汉语方言学》（1998）[②]，金有景、金欣欣《汉语方言学》（2004）[③]，宫辰《方言学》（2005）[④]，游汝杰《汉语方言的调查和描写》（2005）和陶寰《关于汉语方言分区的讨论》（2005）[⑤]，蒋宗霞《汉语方言调查研究近百年发展之路》（2008）[⑥]。进入21世纪后，汉语方言学呈现出更加迅猛的发展势头。重要的著作有：曹志耘主编《汉语方言地图集》（2008），熊正辉、张振兴主编《中国语言地图集·汉语方言卷》（2012），詹伯慧、张振兴主编《汉语方言学大词典》（2017）。

1.4.5 汉语方言学的意义和方法

方言是语言的变体，方言学是语言学的组成部分。汉语方言学跟语言学的各个分支都密切相关。方言研究涉及语言研究的语音、词汇、语法等各个领域。汉语方言的普遍调查可以挖掘出丰富多彩的语言现象，从而拓宽我们的学术视野。方言的共时描写及其与共同语的比较可以深化我们对汉语本质的认识，有助于进一步探求汉语的深层规则。方言现状与文献资料的历时比较可以印证汉语演变的历史轨迹，有助于探求汉语发展的历史及其演变规律。方言演变在地域上的不平衡性可以反映汉语演变的历史过程，密集的方言平面比较甚至可以揭示历史演变的细节，进而构拟古音。方言历史层次的分析可以丰富语言接触的理论。现代语言学理论主要是在印欧语的基础上建立起来的，汉语方言的调查研究则将

---

① 此前何九盈《中国现代语言学史》（广东教育出版社1995）第四章"方言学"已对1949年以前的情况进行了回顾和总结。
② 见刘坚主编《二十世纪的中国语言学》507—536页，北京大学出版社，1998年。
③ 见北京市语言学会编《中国语言学百年丛论》237—257页，北京语言大学出版社，2004年。
④ 见盛林、宫辰、李开《二十世纪中国的语言学》319—361页，党建读物出版社，2005年。
⑤ 见潘悟云、邵敬敏主编《二十世纪中国社会科学·语言学卷》147—167页，339—348页，上海人民出版社，2005年。
⑥ 《云南师范大学学报》（哲学社会科学版）2008年第5期。

成为汉语语言学理论建设的源泉。

汉语方言学不仅在语言学上具有重要意义,在文化人类学上也有重要价值。方言是族群、民俗和地域文化的重要特征和标志,方言的演变与人类社会的发展密切相关。因此,汉语方言学的研究成果对文学、史学、民族学、社会学、民俗学都有重要参考价值。同样,汉语方言研究特别是方言史的研究也常常要借助于移民史、文化史、民俗学、地名学、地方曲艺等学科的研究成果。

在应用方面,汉语方言学对推广普通话、传承地域文化、古籍考据、刑事侦察等工作都具有不可替代的作用。当前,汉语方言学对国家语文政策的制定和推行,以至于对促进祖国统一大业也起着独特的作用。随着我国经济的发展,文化建设显得越来越重要,方言的调查和研究,对于传承和发展地域文化将发挥重要作用。

汉语方言学吸收古今中外各种有价值的研究方法,以基于现代语言学的田野调查为出发点,以结构主义的共时描写为基本方法,同时吸收中国传统语文学的文献考证方法、历史比较语言学的历史比较法以及当代语言学的各种新的理论方法。随着科学技术的发展,实验语音学的分析方法将成为方言语音研究的重要手段。近年来,借助于计算机、数据库的计量研究法和综合比较法正在兴起并逐渐走向成熟,将在方言研究中发挥重要作用。

方言学和地理学有着天然的密切关系,因此,19世纪的欧洲方言学又称方言地理学。其基本方法是将方言田野调查所得到的方言特征用地理学方法绘制成方言地图,从而直观地反映方言特征的地理分布和不同地域的方言差异,同时对这些方言特征和差异加以注解和说明。显然,方言地理学有助于方言间的比较,但它的着眼点是体现方言差异的若干语言特征,这些特征数量众多,性质各异,但不一定都能反映方言的结构系统。汉语方言学则从一开始就以注重语言系统的结构主义语言学为基础,着重于方言的系统描写(首先是语音系统)。今天则应进一步在全面描写的基础上进行系统的比较,这就有必要将描写方言学和方言地理学这两种方法和传统有机地结合起来。早期方言地理学需要手工绘制地图,这是普及方言地理学的一个技术性障碍,随着计算机时代的到来,这一障碍已不复存在。尤其令人振奋的是,基于数字化技术的地理信息系统已经问世,正以极快的速度取代传统的地图,这无疑将极大地改进汉语方言学的研究手段。

思考与练习

1. 扬雄的《方言》是一本什么样的书?
2. 中国古代的汉语方言研究有哪些成就和不足?
3. 西方传教士和汉学家对汉语方言研究起过什么作用?
4. 现代汉语方言学是怎样建立和发展起来的?
5. 简述汉语方言研究的现状。

6. 汉语方言学的意义体现在哪些方面?
7. 汉语方言研究可以采用哪些方法?

阅读书目

高本汉著,赵元任、罗常培、李方桂译,1940/1994,《中国音韵学研究》,商务印书馆。

何耿镛,1984,《汉语方言研究小史》,山西人民出版社。

何九盈,1995,《中国古代语言学史》,广东教育出版社;2006,北京大学出版社。

何九盈,1995,《中国现代语言学史》,广东教育出版社。

沈兼士,1923,今后研究方言之新趋势,《歌谣周刊》增刊。

王福堂,1998,二十世纪的汉语方言学,《二十世纪的中国语言学》,北京大学出版社。

游汝杰,2002,《西洋传教士汉语方言学著作书目考述》,黑龙江教育出版社。

赵元任,1928/1956,《现代吴语的研究》,科学出版社。

周祖谟,1993,《方言校笺》,中华书局。

第二章 汉语方言的调查

2.1 方言语音调查

方言研究的第一步是深入方言区进行方言调查。这种现场调查本来是文化人类学和考古学在进行研究之前获取第一手原始资料的基本方法，即"野外直接观察法"（field direct observation method）。或许由于调查的现场多在乡村，术语 field research/study 或 field work 就被直译成了"田野调查"或"田野工作"。这种现场调查后来广泛应用于语言学、社会学、经济学等许多学科，方言调查也就常常被称为"田野调查"。方言调查的内容包括语音、词汇、语法各方面。语音是语言的物质外壳，因此，语言调查必须从语音入手。

2.1.1 音素和音高

语音（speech sound）是语言的物质外壳，它有四个基本要素，即音色（也叫音质，timbre）、音强（intensity）、音长（duration）和音高（pitch）。虽然任何一种语言都自然包含了这些语音要素，但是除了共同倚重音色外，不同语言对于其他三个要素的态度是存在差异的。音色是在音强、音长、音高相同的情况下，此一音和彼一音所以不同的知觉特性，音素（phoneme）就是从音色角度区分出来的最小的语音单位，分为元音（vowel）和辅音（consonant）。音高跟声带振动的快慢有关，比如北京话"衣、姨、椅、意"四个字，音色相同，可是听起来不一样，这是一种音调上的差别，跟我们说话时对嗓门高低变化的不同控制有关。斯威特（1887）曾指出："不同语言中音调的使用差别很大。"在英语里，"音调表达各种逻辑、情感上的变化，如惊讶、不确定性等"，这类音调从功能上看是一种"句调"（sentence-tone），它会影响整个句子的意义。在汉语里，"每个字（word）都有特定的音调（升、降等），它跟音素一样是整个字音不可或缺的部分"，它不受句子意义的影响。这类音调可称为"词调"（word-tone）。[①]斯威特所说的句调和词调即今天所说的语调（intonation）和声调（tone）。声调在汉语里习惯上也叫作"字调"。总体上看，音强、音长在汉语的音系格局中无足轻重。

[①] Henry Sweet H., *A Handbook of Phonetics, Including a Popular Exposition of the Principles of Spelling Reform*, pp.95-96. Clarendon Press, 1887.

2.1.1.1 国际音标及其引进

汉字是意音文字，不便于分析语音。古代注音多采用直音法（例如：钊音招）或反切（例如：冬，都宗切），直到明代西洋传教士来华，才开始出现罗马字母注音。意大利人利玛窦（Matteo Ricci，1552—1610）首开先河。1934 年在罗马耶稣会档案室发现一古抄本《葡华字典》（*Dizionario Portoghese-Chinese*），系利玛窦与罗明坚所合编，中文名《平常问答词意》，撰于万历十二年（1584）至十六年（1588）之间，是为第一部中西文字典。附罗马字母注音，书于中国纸，共 189 页，为未完成之作。大小为 23×16.5 公分①。图 4 为利玛窦《西字奇迹》中"二徒闻宝，即舍空虚"中一句话的原文（改为横排从左到右）及现代转写②。

世	苦	之	中	蓄	有	大	乐
xí	c'ù	chȳ	chūm	hiŏ	yèu	tá	lŏ

世	乐	之	际	藏	有	大	苦
xí	lŏ	chȳ	cý	ç'âm	yèu	tá	c'ù

非	上	智	也	孰	辩	焉
fī	xám	chý	yè	xŏ	pién	iên

图 4　《西字奇迹》的罗马字母注音及现代转写

自利玛窦之后，用罗马字母标写汉语的著作不断涌现，卷帙浩繁。不过用罗马字母标写复杂的汉语方言，毕竟有诸多不便。进行方言语音调查最好能有一套足以记录人耳可以听辨的最小语音单位——音素的符号系统。最早采用专门设计的语音符号来调查记录汉语方言的当数高本汉（Karlgren Bernhard，1889—1978）。高本汉的老师龙德尔（Johan August Lundell）是瑞典乌普萨拉大学（Uppsala University）的斯拉夫语教授，他为了研究瑞典方言设计了一套方言字母（Landsmålsalfabetet，英文 Dialect Alphabet）。高本汉利用这套方言字母（稍有补充）调查记录了 22 种汉语方言和日本、安南 2 种域外方言，再加上 9 种从书上得来的方言语料（含高丽译音在内），写成了著名的《中国音韵学研究》（*Etudes Sur La Phonologie Chinoise*，1915—1926）一书。高本汉是这样评价瑞

---

① 参看方豪《中西交通史》下册 796 页，上海人民出版社，2015 年。
② 汉文：世苦之中，蓄有大乐；世乐之际，藏有大苦。非上智也，孰辩焉！《西字奇迹》是利玛窦用拉丁文拼写汉字的著作，明万历三十三年末（1606 年初）付刊于北京，目前仅梵蒂冈图书馆有藏本。国内常见者为《程氏墨苑》本。本书据朱维铮主编《利玛窦中文著译集》，复旦大学出版社，2001 年。

典方言字母的[①]：

> 这一套字母用了有30年以上了，为用科学方法精细的研究瑞典方言，它可以算是一种得心应手的很好的工具。这个字母的创造人，这个很渊博的学者就是瑞典方言学的创始者，是它的灵魂，是它永久的指导者，那些研究要算是斯堪的纳维亚语言学最优的表现之一了。所以这一套字母的价值是证实过的了。有几个代表中国特别音的新字母，也是同 Lundell 商量之后才加上去的。

所谓"代表中国特别音的新字母"是指表示舌尖元音（apical vowel）的 ɿ, ʮ, ʅ, ʯ 4 个字母，汉语语言学界至今仍然通用。详见下文 2.1.1.3。

虽然瑞典方言字母设计精细，也得到了实践的检验，不过毕竟印刷不便，通行不广。国际语言学界广为接受的标音字母是"国际音标"（International Phonetic Alphabet，缩写为 IPA）。赵元任、罗常培、李方桂翻译高本汉《中国音韵学研究》时，就把瑞典方言字母都对译成了国际音标，理由是"后者在印刷上比前者好印些，并且国际音标在近年讲语言的刊物里究竟比瑞典方言字母较通行一点"。（参看中译本《音标对照及说明》）

国际音标由"语音教师协会"（Phonetic Teachers' Association）制定并于 1888 年 8 月在会刊上发表，用于欧洲国家的语言教学和研究。后来使用范围超越欧洲，逐渐在全世界通用。"语音教师协会"是法国语音学家帕西（Paul Passy）和该国一批英语教师于 1886 年成立的。不久，丹麦叶斯柏森（Otto Jespersen）、德国费尧特（Wilhelm Viëtor）、英国斯威特（Henry Sweet）、瑞典龙德尔等相继入会，协会很快发展成国际性组织。1888 年 1 月在英国伦敦成立第一届国际理事会。1889 年改名为"当代语言教师语音协会"（Phonetic Association of Modern Language Teachers），1897 年改称"国际语音协会"（International Phonetic Association），中文习惯叫"国际语音学会"。国际语音学会对国际音标时有增订，最近的一次是 2015 年，此前的五次是 1951 年、1979 年、1989 年、1993 年（1996 年改版）、2005 年。《方言》1980 年第 2 期、1979 年第 4 期、1991 年第 4 期、2005 年第 1 期、2006 年第 4 期分别刊登了前五种国际音标方案。

国际音标不是针对某一种语言，而是根据人类发音器官的构造和发音能力设计的，适用于各种语言和方言。每一个音素只对应一个符号，每一个符号只代表一个音素。这种"一音一符"（ONE SYMBOL, ONE SOUND）的特性是任何一种通用的标音字母都必须具备的。国际音标以 26 个拉丁字母为基础，对其中某些字母加以改造，如将 a, e, c, ɑ, r, ʀ, g 倒转成为 ɐ, ə, ɔ, ɒ, ɹ, ʁ, ɓ，在 m, n, l, s, z, d, c, o, u 上加一笔成为 ɱ, ŋ, ɳ, ɲ, ɭ, ɬ, ʂ, ʐ, ɖ, ç, θ, ʉ，将两个字母合成一个（如 æ, œ, ɶ）。另外还采用了一些希腊字母（如 β, θ, ε, υ,

---
[①] 参看赵元任、罗常培、李方桂中译本 142—143 页，商务印书馆，1940 年。

χ）和其他字母（如丹麦字母 ø）。非罗马字母要尽量设计得跟罗马字母协调。元音符号一律书写在中间，辅音符号有的在中间，有的向上或向下伸，还有的既向上伸又向下伸，例如 a, v, l, ʒ, ḻ。为了方便准确记录语音，国际音标还包含了一套十分有用的附加符号。国际音标表早期曾有过手写体。在人工转写是记录语言唯一方式的年代，速度是至关重要的，因此手写体大有用处。不过它毕竟难以辨认，因此国际语音学会建议"最好是使用与印刷体非常接近的手写形式"①。书写时要特别留意那些形近符号的形体和高低之别以及大写形式、小写尺寸的符号。

国人《注音字母与万国音标》（《东方杂志》1920年第17卷第10—11号）曾详列注音字母与国际音标的对照，这或许是中国最早介绍国际音标的学术论文，不过限于当时的印刷条件，国际音标的排版实在大成问题，例如 ŋ 排成了 Ŋ，ε 的尺寸太大，ɥ（基）、ɕ（欺）的国际音标更是不知所云。

林玉堂（即林语堂）应北京大学方言调查会的要求，于1924年春季学期初在研究所国学门开"标音原则"班，以二或三周之时间，演讲以国际音标标注国语及方言的方法，"专使非要精研发音学的人也可以粗得标音的规模及认识国际音标的字母"。同时开"中国比较语音学"班，鼓励各省和重要城市至少有一个代表参加，共同研究中国方音。实际开讲后，为便利起见合为一班。林玉堂1924年拟定的《方言调查会方音字母草案》（《歌谣周刊》1924年5月18日第55期）试图在科学精密的要求和使用之便利上取得平衡。做法是：把一个方言的拼字与其发音的说明分为两事。拼字不妨取最简便的字母，而此简便字母在此方音中的详细读法，只需在篇首几句说明中，用发音学名词及符号说清楚。因此方音字母草案并非国际音标。例如用 fh, vh 代表双唇擦音 ɸ, β，用 ch, ch', sh, zh 代表 tʃ/tɕ/tʂ, tʃʰ/tɕʰ/tʂʰ, ʃ/ɕ/ʂ, ʒ/z/ʐ。该期《歌谣周刊》为"方言标音专号"，同时发表了以下14个地点的记音样例②：北京音（发音及标音林玉堂）、苏州音（发音顾颉刚，标音林玉堂）、绍兴音（发音周作人，标音林玉堂）、绩溪音（发音胡适之，标音林玉堂）、南阳音（发音及标音董作宾）、黄冈音（发音万濮诚，标音董作宾）、湘潭音（发音及标音汤琪真）、昆明音（发音孙少仙，标音董作宾）、广州音（发音容庚，标音林玉

---

① 参看 The International Phonetic Association, *Handbook of the International Phonetic Association, A Guide to the Use of the International Phonetic Alphabet*, p.31, Cambridge University Press, 1999.

② 做法是据 Passy《欧洲比较发音学》一书后比较各欧洲方言所用的原文译成汉字，再将此一段汉字译成中国各地的土话，来做方音的比较。比较方音的文本如下。

太阳说：

1. 我的名字叫做太阳，我是很光亮的。2. 我从东方出来。而我出来的时候，天就亮了。3. 我用我金黄色的眼睛，在你的窗户上窥看。我告诉你多咱你应当起来。4. 我说：你这懒骨头啊！起来罢！我给你的光亮，并不是叫你睡觉，是叫你做工，读书，走路。5. 我是个大旅行家，我满天上都走过。我永不站住，也不觉得累。6. 我头上有个晕旒，是灿烂辉煌的，而我的光线照到各处。7. 我照着花木，房屋，河水，我照（着）的时候，样样都是很明亮美丽的。

堂）、潮州音（发音及标音刘声绎）、厦门音（发音及标音林玉堂）、成都音（发音及标音毛坤）、福州音（发音梁遇春，标音林玉堂）、客家音（蕉岭，发音温晋韩，标音林玉堂）。以林玉堂发音及标音的一句北京话为例（第三行为本书的国际音标转写）：

我照着的时候，样样都是很明亮美丽的。
Woo chauh-chuo tih shyhhouh, yanghyangh tu shyh hêên mirngliangh meeilih tih.
[ᶜuo tʂauˀ・tʂuo tiˀ ₅ʂʅ xouˀ, iaŋˀ iaŋˀ ₅tu ʂʅˀ ᶜxən ₅miŋ liaŋˀ ᶜmei liˀ tiˀ.]

所谓的北京音，当然只是知识分子用北京音系说的文语（注意"着""的""都"的发音），而非北京人说的口语。

根据魏建功《黟县方音调查录·甲 记事》所述，1925 年 10 月 18 日，刘复在北京大学研究所国学门举办的恳亲会上发表回国演讲之后，会场上的余兴便是方言调查，遂由魏建功试用国际音标记录方言，刘复指导订正，"可算用国际音标记录调查方音的开始"。其后刘复讲授语音学课，又和魏建功等一起从一部通俗韵书里选定许多例字，给选修的同学做自辑家乡同音字的工作。到了 1926 年夏天，交卷算作了成绩的有两人，代表两处重要的方音，一是广东东莞容肇祖，一是安徽黟县舒耀宗。为了避免在读音上发生暗示，例字都不标旧有表现声韵的纽部。完成同音字辑后由辑录的人发音，用音标记录下来。容肇祖的一辑，在当年（1926）即由刘复主记完毕，舒耀宗的一辑，直到 1934 年才请胡荣发音，由刘复、白涤洲、魏建功共同记录完毕。本来约定陆续整理出来在《国学季刊》上发表，不料刘复、白涤洲在 1934 年 7 月和 10 月相继化去，发表的只有《黟县方音调查录》。魏建功曾这样评论此项早期汉语方言调查工作的意义[①]：

1. 这是中国的大学在正式学科里研究方音开端的纪念作。
2. 这是中国学人创始从客观上调查方音试订例字的纪念作。
3. 这是中国研究实验语音学殉学的两位学者的合作纪念。
4. 这是北京大学中国文学系师生对新的音韵学上努力贡献的纪念。

由于国际音标的排印是个现实问题，刘复在 1930 年曾设计了一份"十九年式调查中国方音用标音符号表"，大体以国际音标为基础，加以适当的变通。《黟县方音调查录》即以此为准。

1928 年，赵元任《现代吴语的研究》作为清华学校研究院丛书第四种出版，标志着汉语方言学的正式诞生。此书的语料基础为江浙 33 处的方音调查，以及 30 处 75 个项目的词汇调查，22 处的常用语助词调查，19 处"北风跟太阳的故事"的长篇语料调查（书

---

① 刘复的方言调查当然不限于东莞、黟县两处。实际上 1925 年刘复主持的北京大学语音乐律实验室建立后，曾陆续率魏建功等记录了 70 多处方音。

里只选了苏州话作代表)。所用的音标有三种：1. 吴语音韵罗马字。根据国语罗马字拼法原则，扩充而标吴语的音类。2. 注音罗马字。为行文上跟印刷上便利起见不便用精密音标的时候，就用国语罗马字拼音的方法约略表示语音。3. 国际音标。含国际音标的表格、语料采用手写影印的办法。必要时还采用方言同音字来注音（直音法），前提是一个地方的音类的音值大部分记下来之后，遇到有什么字怎么读或遇到无正字的词的时候，就可以用本地同音的字注直音。下面是苏州话"有一转北风搭太阳恰恰勒浪争论啥<u>人</u>葛本事<u>大</u>"（有一回北风跟太阳在那儿争论谁的本事大）三种标音法的对照（依次为吴语音韵罗马字、注音罗马字、国际音标）。

Yeou iqjiuonn Boqfong daq Tahyang kaqx leqlanq tzánglenn sohgnin geq beenzyh dhuh
Yöy iqjöh Boqfong taq Tàhyang kaqx leqlànq tzanglenn shàhgnin geq beenzyh dhow

[国际音标手写体]

赵元任之后发表的《南京音系》（《科学》1929 年第 13 卷第 8 期 1005—1036 页）、《钟祥方言记》（商务印书馆 1939）等都只用国际音标，排印也差强人意，说明出版印刷业在适应学术的需要方面也进步很快。

陶燠民《闽音研究》（《历史语言研究所集刊》第 1 本第 4 分）虽单立一节讨论闽语罗马字，但全文主体是以国际音标标音为主的。罗常培《厦门音系》（中央研究院历史语言研究所 1930）全书亦以国际音标标音为主，只有在仅需关注音类而不注重语音的精微分辨时才使用根据国语罗马字的原则设计的厦门方言罗马字。罗常培《临川音系》（商务印书馆 1940）只用国际音标。

除了以上这些重要的国际音标运用实践，刘复翻译的《比较语音学概要》（［法］帕西原著，商务印书馆 1933）、张世禄《语音学纲要》（开明书店 1934）、岑麒祥《方言调查方法概论》（《语言文学专刊》1936 年第 1 卷第 1 期）及《语音学概论》（中华书局 1939/1941）在普及语音学和国际音标的知识上也起到了重要的作用。

经过几十年的不断实践，汉语语言学界逐渐形成了自己使用国际音标的习惯，赵元任、罗常培、李荣等前辈语言学家功不可没。《方言调查字表》[①]所附的音标表和声调符号等大体可算是一个总结。1979 年《方言》创刊后曾以"方言编辑部"的名义在第 2 期发表《本刊使用的音标》，对《方言》使用的音标及其他记音符号进行完整的罗列和必要的说明。2006 年 2 月 27 日，中华人民共和国教育部和国家语言文字工作委员会联合发布了《中国通用音标符号集》（GF3007—2006），规定了中国通用音标符号分类、排序、命名的原则以及具体的分类、排序和名称，给出了中国通用音标符号集的常用集和次常用

---

① 中国科学院语言研究所编辑，科学出版社，1955 年；中国社会科学院语言研究所编辑，商务印书馆，1981 年新 1 版。

集，适用于语言研究、语言调查、语言教学及相关的科学研究、出版印刷、信息处理等方面。

2.1.1.2 发音器官及人类的发音和调音

自然语言都是有声语言（exophasia）。说话时发音器官（organs of speech）的活动部位不同、活动方式不同就形成不同的语音。揣摩发音部位（place of articulation）和发音方法（manner of articulation）的改变跟语音变化之间的关系是学习语音学的关键。人类的发音器官如图 5 所示①。

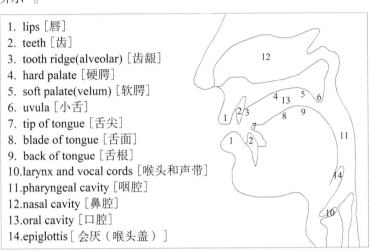

图 5　发音器官示意图

由肺的呼吸作用形成的气流是发音的基本动力源。多数语音是在呼出气流时发出的，但也存在利用吸气作用发出的语音，即吸气音（ingressive/click）。由肺部呼出的气流经过气管到达位于喉头中间的声带。声带是两片边缘富有弹性的唇形肌肉，当中的空间叫声门（glottis）。说话时声门关闭，声带并拢，肺气流集聚在下面形成压力，冲击声带，声带有弹性的边缘随之忽开忽闭，持续颤动，从而产生微弱的像蜂鸣一样的嗡嗡声，即声带音或嗓音（voice）。声带音经过咽腔、口腔、鼻腔的共鸣作用放大，就成了我们听到的各种语音。图 5 主要反映声门以上的发音声道（supra-glottal vocal tract），即共鸣腔（resonance cavity/resonance chamber）或调音器官（articulator）。发音活动最复杂的变化主要集中在口腔里。唇、舌、软腭、小舌是可以活动的，叫作主动发音器官（active articulators）；牙齿、齿龈、硬腭等则是固定的，叫作被动发音器官（passive articulators）。它们的复杂配合可以起到两种作用：1. 改变口腔的形状、容积或气流的通路，使声带音得到不同的调节和共鸣，形成不同音色的元音（vowel）和鼻音（nasal）；2. 构成不同的阻碍，成为噪音（noise）的声源。阻碍的部位不同，方式不同，就形成不同

---

① 人类的发音器官并非专司发音，而是各有自己的生物学功能，例如牙齿用来啃咬和咀嚼，舌头用来尝味和舔唑，鼻腔是呼吸的气流通道等。

音色的辅音（consonant）。

2.1.1.3 元音

音素分为元音和辅音两大类。发音气流经过声道时完全畅通、发音器官各部位用力均衡、发音气流相对较弱的是元音，反之为辅音。元音发音时气流在声道中不受阻碍，其声波是有规律的周期波，听起来是和谐、悦耳的乐音；辅音发音时气流在声道中要受阻碍，发音气流被阻断或形成杂乱无章的湍流，其声波是无规律的非周期波，听起来是短促或紊乱的噪声。

通过舌面的伸缩抬降改变舌体与上腭间的空间状态来调制声道形状而产生的元音称为舌面元音。舌面元音音色由三个因素决定：（1）舌面前伸或后缩；（2）舌面抬高或降低；（3）双唇撮圆或展平。舌面前伸、舌尖抵下齿龈、舌面上最接近上腭的舌位最高点（简称舌高点）向硬腭前移发出的是前元音，也叫硬腭元音；舌面后缩、舌尖离开齿背、舌高点向软腭后移发出的是后元音，也叫软腭元音；舌高点位于前元音与后元音中间则发出央元音，也叫混元音。开口度最小时，舌高点靠近上腭，舌面相应抬高，发出的是高元音，也叫闭元音；开口度最大时，舌高点远离上腭，舌面相应降低，发出的是低元音，也叫开元音；开口度适中，口腔半开半闭，舌高点距上腭不近也不远则发出中元音。中元音包括半开和半闭两类，在高元音与中元音之间还有次高元音，低元音与中元音之间则有次低元音。发舌面元音时将唇形撮敛成圆形发出的是圆唇元音，将唇形舒展成扁平形发出的是展唇元音，也叫不圆唇元音。

[i, a, ɑ, u] 是发舌面元音时的四种极端状态，即 [i, a] 最前、[ɑ, u] 最后、[i, u] 最高、[a, ɑ] 最低。如果采用 X 光摄像技术分别获取这四个元音舌高点位置的照片，再把它们重叠在一起，根据四个舌高点就可以连成一个四边形，其他元音再按照音感距离分配在合适的位置，就形成了元音四边形图（vowel quadrilateral）①，也叫"元音舌位图"（vowel chart）。每一个舌面元音在舌位图上都有特定的位置。国际语音学会最新版的元音舌位图有 28 个舌面元音，为了加强元音的听辨练习可以再加上前中不圆唇元音 [ɛ]（《中国通用音标符号集》029 号）、央低不圆唇元音 [A]（《中国通用音标符号集》006 号）、后中圆唇元音 [ɷ]②，总共有 31 个舌面元音。如图 6 所示。

---

① 也可以只取一个低元音 [a]，那么得到的就是一个元音三角形图（vowel triangle）；或者是取 [i, e, ɛ, a, ɑ, ɔ, o, u] 八个元音，得到的就是一个元音多边形图（vowel polygon）。

② 《中国通用音标符号集》未收。《方言》1979 年第 2 期《本刊使用的音标·音标及其他记音符号》228 号。罗常培、王均《普通语音学纲要》（科学出版社 1957）65 页："中元音：口腔不太开也不太闭，舌头不太高也不太低。像北京话'你的''来了'中轻读的'的'跟'了'的韵母 [ə]，常熟'梅'的韵母 [ɛ]，丹阳'木'的韵母 [ɷ]。"（1981 年以后的版本及《罗常培文集》第五卷均改为 [ɷ]，恐误）张清源等《现代汉语知识辞典》（四川人民出版社 1990）"中元音""正中元音"条所举例中都有 [ɷ]。杨立岗《正音学》（中国广播电视出版社 2007）27 页也把普通话的 o 韵母描写为 "[ɷ] 后中圆唇元音"。周殿福《国际音标自学手册》（商务印书馆 1985）15 页："'喔'里的 [o] 实际音值在 [o]、[ɔ] 之间，凡普通话里的 o 都是这个音。此音在修改至 1979 年的国际音标表中未列入，要是用严式标音可写作 [ɷ]。"

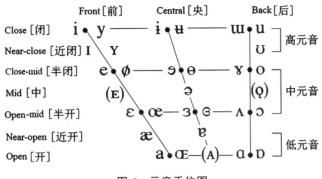

图 6　元音舌位图

闭、近闭、半闭、中、半开、近开、开在汉语里也习惯称为高、次高（近高）、半高、中、半低、次低（近低）、低。有时为了概括一些，高元音和次高元音也可以统称为高元音，半高元音、中元音、半低元音也可以统称为中元音，低元音和次低元音也可以统称为低元音。一个发音位置上成对出现的元音，靠左的是不圆唇的，靠右的是圆唇的。[ɛ, æ, ə, ɐ, ʌ] 没有相应的圆唇元音，[ʊ, ɒ] 没有相应的不圆唇元音。本书后半高不圆唇元音用 [ɤ]（《中国通用音标符号集》030 号）不用 [ɤ]。[ɤ] 是 1989 年之前国际音标采用的符号，自从国际语音学会召开基尔（Kiel，1989，德国）大会后改为 [ɤ]。

设计字母来表示所有听感上能分开的细微的音的差别，那必定会陷入繁琐的泥坑而损害音标的实用性。所以大部分字母不但表示特定的音素，还要表示别的跟这些音素有细微差别的音。[i, e, ɛ, a, ɑ, ɔ, o, u] 是起定位作用的基本元音，叫作标准元音（primary cardinal vowels），跟它们相对的圆唇或不圆唇元音叫作次标准元音（secondary cardinal vowels）。通常将基本元音从元音舌位图的左上角起按逆时针方向顺序排列，即 [i, e, ɛ, a, ɑ, ɔ, o, u]，编为 1—8 号，次标准元音 [y, ø, œ, Œ, ɒ, ʌ, ɤ, ɯ] 顺序编为 9—16 号。标准元音是掌握好元音发音和听辨的关键。

通过舌尖的伸抬调制声道形状产生的元音称为舌尖元音。发舌尖元音时舌体靠前，口腔较闭，舌位近似前高元音，但舌尖和舌面各有一个舌高点，声道形状主要由舌尖动作调制。舌尖前伸靠近齿背发出的是舌尖前元音，舌尖上翘靠近硬腭发出的是舌尖后元音。发舌尖元音时唇形舒展是舌尖展唇元音，唇形撮敛则是舌尖圆唇元音。舌尖元音共有 4 个：舌尖前展唇元音 [ɿ]，例如北京话"司"[sɿ]；舌尖后展唇元音 [ʅ]，例如北京话"师"[ʂʅ]；舌尖前圆唇元音 [ʮ]，例如上海话"朱"[tsʮ]；舌尖后圆唇元音 [ʯ]，例如湖北应山话"书"[ʂʯ]。[ɿ, ʅ, ʮ, ʯ] 国际音标不列，《中国通用音标符号集》见 043、044、104、105 号。国际语音学会把这类音视为辅音。例如"国际语音学会关于国际音标的说明"①在北京话（Pekingese）标音样例中有如下说明（中译按本书的音标使用习惯做了一些调整）：

> The letter ə is used here with two special values; after s, ts, tsh it has a value of the ɯ-type with some accompanying friction (thus resembling z); after ʃ, c, ch it is accompanied by some friction, and resembles ʒ. sə, tsə, tshə, ʃə, cə, chə might also be written sz, tsz, tshz, ʃʒ, cʒ, chʒ. ［符号 ə 代表两种特定的音值。在 s, ts, tsʰ 后为伴随摩擦的 ɯ 类音（因而像 z）；在 ʃ, tʃ, tʃʰ 后像 ʒ。sə, tsə, tsʰə, ʃə, cə, cʰə 也可以写作 sz̩, tsz̩, tsʰz̩, ʃʒ̩, tʃʒ̩, tʃʰʒ̩。］

即北京话的 [ɿ, ʅ] 宽式记为 /ə/，严式记为 [z̩, ʒ̩]。[tʃʒ̩, tʃʰʒ̩, ʃʒ̩] 即中国学者所记的卷舌音 [tʂʐ̩, tʂʰʐ̩, ʂʐ̩]。

龙德尔（Johan August Lundell，1851—1940）1878 年为调查研究瑞典方言专门设计了一套字母（Landsmålsalfabetet），其中 ɿ, ʮ 两音跟汉语的 [ɿ, ʮ] 相近，称为 Viby i 和 Viby y②，其发音方法都是舌尖和上齿之间（uttaladt mellan tungspetsen och öfre framtänderna）③。《北欧家庭百科》里 ɿ 的下钩印刷得不够分明，发音的描写似乎也是在说舌尖前元音。Lundell（1928）不仅形体清晰，而且对发音方法和听感也有相当清楚的描写：The vowels ɿ ʮ in Swed. dialects have their channel between the blade of the tongue and the alveoli and have something of a hiss（瑞典方言里的 ɿ, ʮ 元音的气流通道是舌面和龈之间，带有咝咝声）。可知瑞典方言里的 ɿ, ʮ 元音近于舌叶性的舌尖元音变体。高本汉《中国音韵学研究》第二卷"现代方言的描写语音学"第六章"定性语音学"讨论元音时，首先讨论舌尖元音，然后才是舌面元音，而且第一句话就是"舌尖元音在欧洲语言里很少见，而在中国语言里却很发达"。高本汉跟老师龙德尔商量后，用 [ɿ, ʅ, ʮ, ʯ] 四个符号来表示它们。高本汉还采取俄国人的做法把 [ɿ, ʅ]（都是 i 字母的变化形式）概括为 ы（高本汉的 ы 也代表舌面元音 [ɯ]）。[ʮ, ʯ]（都是 y 字母的变化形式）高本汉则概括为 ü（高本汉的 ü 也代表舌面元音 [y]）。高本汉在书里已介绍过 Mateer 用 ï 代表 [ɿ, ʅ]，后来自己也改用 ï，因此《中国音韵学研究》中译本用 ï，概括 [ʮ, ʯ] 的 ü 中译本则仿 ï 改为 ÿ。ï 见《中国通用音标符号集》627 号，ÿ 见《方言》1979 年第 2 期《本刊使用的音标·音标及

---

① 原题 *The Principles of the International Phonetic Association, Being a Description of the International Phonetic Alphabet and the Manner of Using It, Illustrated by Texts in 51 Languages*（《国际语音学会的原则，国际音标及其使用法的说明，以 51 种语言的记音文本为例》）. IPA, 1949.

② 参看 *Nordisk familje bok* (*Nordic Family Book*, 《北欧家庭百科》) volume 15 "Landsmålsalfabetet", pp.1044-1048. Stockholm: Nordisk Familjeboks Förlags Aktiebolag (斯德哥尔摩：北欧家庭百科出版有限公司), 1911.

③ J. A. Lundell, The Swedish Dialect Alphabet, *Studia Neophilologica*, 1.1, pp.1-17, 1928.

其他记音符号》349 号。

高本汉提到的 Mateer 当指美国传教士狄考文（Calvin Wilson Mateer，1836—1908）。狄考文所著《官话类编》[①]用 ï 代表"自""四""至""市"这类音节里的元音。实际上 ï 这个符号并非狄考文首创，而是英国传教士、著名汉学家艾约瑟（Joseph Edkins，1823—1905）。艾约瑟（1857: 4—5）曾有以下论述：

> 也许给汉语语音设计拼写法（orthography）的最大困难在于如何找到一个符号来表示 rï5（二）、sï5（四）、tsï5（字）、chï5（知）、jïh7（日）及类似字音里的元音。这个元音很容易发，可是如何记录却颇费斟酌。它通过咬准辅音且其后不接任何一般元音得到，要注意呼气饱满、发音到位。本书设计了一个新的符号来记录这个元音，即带变音符号（diæresis）的 ï[②]。这样，既不用插入 z，又可避免使用 i 或 e 所产生的混淆。这个元音单独用一个符号来表示还有一个好处，"实、日、值"的发音是 shïh, jïh, chïh，比拼写成 shih, jih, chih 要更准确。因为这些字音里其实听不到元音 i，它们跟"诗"shï、"之"chï 等字仅仅是声调不同。《中国丛报》（the Chinese Repository）的注音系统完全省略这个元音符号，在我看来是不太恰当的，因为此音完全满足一个真元音的所有作用（the sound answers all the purposes of a true vowel）。

艾约瑟所说的第三个好处其实是"避免使用 i 或 e 所产生的混淆"的具体案例。艾约瑟对《中国丛报》注音系统的批评所指不详。《中国丛报》所载文章这类音节的注音一般都不存在省略元音符号的情况，例如创刊号（1833）"扬子江"拼作 Yangtsze keäng。艾约瑟不仅首创 ï 这个符号，而且认为它完全满足一个真元音的所有作用，可视为从朴素的音系学观念对舌尖元音性质所做的最早分析。

赵元任已指出"舌尖元音这观念在舌面元音观念之外"[③]。从高本汉《中国音韵学研究》以来，在汉语语言学界已通用近一个世纪。虽然有学者提出异议[④]，不过估计这四

---

① Calvin Wilson Mateer, *A Course of Mandarin Lessons: Based on Idiom*（《官话类编》）. American Presbyterian Mission Press, 1900.
② diæresis 也拼作 diaeresis/dieresis，这里指在一个字母的上方加两点表示变音，例如 ï 和 ö 等。
③ 赵元任《语言问题》26 页，商务印书馆，1980 年。
④ 例如柳村《"资、此、思、知、吃、诗、日"七个音节中的韵母的性质》，见柳村《汉语诗歌的形式——诗歌格律新论》附录 552—557 页，河南大学出版社，1990 年，又见柳村《古典诗词曲格律研究》第十二章，百家出版社，2007 年；张群显《北京话"知""资"二韵国际音标写法商榷》，见 Thomas Hun-tak Lee（李行德）编《香港汉语语言学研究论文集》（*Research on Chinese linguistics in Hong Kong*，香港语言学学会，1992 年）。前者把 [ɿ, ʅ] 视为音位 /z/ 做韵母或自成音节（"日"音节）时的变体，后者采用舌面高元音 [ɯ, ɨ] 来表示 [ɿ, ʅ]。处理为舌面元音的做法显然是有问题的。从听感上说，[ɿ, ʅ] 带有明显的咝音（sibilant）色彩，跟舌面元音不同；从分布上看，[ɿ] 和 [ɯ] 在语言里可以构成最小对比，必须看作不同的音，例如白语（据徐琳、赵衍荪《白语简志》，民族出版社，1984 年）：[tsɿ˦]（街）≠ [tsɯ˦]（是）｜[sɿ˦]（麻）≠ [sɯ˦]（手）。就发音和听感说，把 [ɿ, ʅ] 记为 [z̩, ʐ̩] 或 [ɹ, ɻ] 问题不大，不过就像不把北京话拼零声母的 [i, u, y] 和拼唇齿擦音声母的 [u] 处理为 [j, w, ɥ, ʋ] 一样，把"资""知"音节的韵母处理为元音 [ɿ, ʅ] 有它便利的地方。

个符号还会继续沿用下去。舌尖元音只是一个笼统的说法，其变体也不限于高本汉所说的"舌尖–齿龈前部"和"舌尖–齿龈后部"，不过这些变异都是由声母决定的，并不存在对立，因此没有必要设计更多的符号来表示这些不同的变体，拼 [ts, tɕ] 类声母的都记为 [ɿ, ʮ]，拼 [tʃ, tʂ] 类声母的都记为 [ɿ, ʮ]①。

关于卷舌元音，即带 r 色彩的元音（r-coloured vowels），国际语音学会 1949 年建议在元音字母后头加 ɹ 字母表示，例如 aɹ, ɪɹ, ɔɹ, ʊɹ。可以用 r 替代 ɹ。带 r 色彩的 ə 可以写成 əɹ, 或者简单一点写成 ɹ（合适的时候可以写成 ər 或者 r）②。修改至 1951 年的国际音标对卷舌 ə 元音的表示手段为 əɹ, ɚ, ɹ, ə˞, ɚ 五种。修改至 1979 年的国际音标的卷舌元音的表示手段为 ʴ ˞ ʳ，例如 ɑʴ。修改至 1993 年的国际音标把 r-coloured 改为 rhoticity（卷舌音），表示的方法为 ˞，例如 ɚ, ɑ˞。之后未再改动。北京话的卷舌元音有两类。一类是单字音系统里的"儿韵"（er final），汉语语言学界习惯用单字母 ɚ 来表示（《中国通用音标符号集》031号），例如"儿" [ɻ˞]、"耳" [ɚ˩]、"二" [ɚ˥]③；一类是语素音位（morphophonemics）层面上的"儿化韵"（er diminutive final），汉语语言学界习惯用 r 表示卷舌色彩，例如"丝儿" [sər˥]、"杏儿" [ɕiə̃r˥]。儿化韵是由"儿"尾跟前字合音造成的。

发舌面元音或舌尖元音时，鼻腔一般被软腭末端抬起的小舌关闭，气流只能从口腔呼出，发出的都是口元音。若软腭下垂，鼻腔通道就被打开，气流同时从口腔和鼻腔通过，发出鼻化元音，也叫口鼻兼音。例如西安话：天安门 [tʰiæ̃˩ ŋæ̃˩ mẽ˩]。

一个音节内并列两个元音称为复合元音，简称复元音。组成复元音的两个元音通常有主次之分④，前主后次为前响二合元音，反之为后响二合元音。二合元音从开始到结束其音质随着舌位和唇形的滑动不断变化，代表复元音的两个音素只是这一连串变化的起讫点。前响二合元音的收尾音色模糊，发音器官运动的终点也不稳定，例如北京话"爱" [ai˥] 可以读成 [aɛ˥]、[ae˥] 或 [aɪ˥]，听的人并不觉得有什么不同。后响二合元音的收尾

---

① 这是对 [ts/tɕ] 跟 [tʃ/tʂ] 对立的方言说的。广州话的 [tʃ] 组声母相当于其他方言的 [ts] 组声母，不存在 [ts] 和 [tʃ] 的对立问题，是否可以用 [tʃ] 这样的组合自然可以有不同的考虑。不过从音系处理的角度看，广州话的宽式标音显然采用 [ts, tsʰ, s] 比较简便，搭配的自然是 [ɿ]。

② 参看 The Principles of the International Phonetic Association, Being a Description of the International Phonetic Alphabet and the Manner of Using It, Illustrated by Texts in 51 Languages（《国际语音学会的原则，国际音标及其使用法的说明，以 51 种语言的记音文本为例》），p.15. IPA, 1949.

③ 北京话不同声调的儿韵音色并不一样，例如去声的"二"实际发音接近 [ɻ˞]。

④ 俄国谢尔巴把二合元音分为两个基本类型。（1）真性的二合元音——两个元音成分结合成一个音节而两个成分同样紧张，同样清晰。这在一般语言里比较少见，例如拉脱维亚语 piena（奶）和 ruoka（手）当中的 [ie] 和 [uo]。（2）假性的二合元音——两个元音成分结合成一个音节而不一样紧张，只有一个成分比较紧张清晰，是这个结合体的中心。一般语言里常见的复合元音都是谢尔巴所谓假性的复合元音（参看罗常培、王均《普通语音学纲要》109 页，科学出版社，1957 年）。据说藏语拉萨话 [piu]（猴子）、[tau]（配偶）中的 [iu] 和 [au] 就是真性的二合元音（参看马学良主编《语言学概论》46 页，华中理工大学出版社，1981 年）。

音色清晰，发音器官运动的终点也相对稳定。二合元音有两种特殊的情况需要注意。一是动程特别短，听感上接近单元音，例如陕西兴平话的"埋"[mæɛ]；一是元音间的过渡呈现轻微的跳跃式，形式像前响复合元音，而实际上是后响复合元音，例如苏州话的"火"[həuˇ]、"走"[tsøʏˇ]实际发音分别为[hᵊuˇ]、[tsᵊʏˇ]，袁家骅等把这类元音称为"假性复元音"①，即假性前响二合元音。相应地，汉语方言里也存在假性后响二合元音，例如安徽祁门话"哑"[ŋɯəˇ]实际发音为[ŋᵊɯˇ]（记成[ŋɯːˇ]也未尝不可），开口度小的[ɯ]是主要元音，所以这个韵母沈同也记作[ɯə̯]，并特别说明复合韵母里的[ə̯]都是韵尾，不是主要元音②。

一个音节内并列三个元音称为三合元音，三个元音分别代表发音器官运动的起点、转折点、终点。三合元音通常以居中的元音为主。例如北京话"腰"[iau˥]、"优"[iou˥]。跟前响二合元音一样，三合元音的收尾也具有音色模糊、发音器官运动的终点不稳定的特点。

国际音标还设计了一套附加符号（Diacritics），其用途为：

（1）表示长度、重音等超音质成分；

（2）表示音位里的特殊成素；

（3）避免制定很多新字母（比如鼻化元音）；

（4）在科学研究里表示音的细微的区别。

下面是元音常用的附加符号：

表1　元音常用的附加符号

附加符号	符号意义	举例
ː	长音	英语：card [kɑːd]
ˑ	半长音	英语：cart [kɑˑt]
ˈ	重音	英语：mother [ˈmʌðə]
ˌ	次重音	英语：Chinese [ˌtʃaiˈniːz]
~	鼻化	太原：班 [pæ̃]
˯	不成音节	苏州：小 [sĭæ]
˔	舌位偏高	梅州：鸡 [kɛ˔]
˕	舌位偏低	长沙：饿 [ŋo˕]
˖	舌位偏前	松江：欧 [ɯ˖]

---

① 袁家骅等《汉语方言概要》63页，文字改革出版社，1960年。
② 参看沈同《祁门方言的人称代词》（《方言》1983年第4期）、《祁门方言的语音特点》（《方言》1989年第1期）。根据王琳《祁门箬坑方言音系》（《黄山学院学报》2010年第2期），祁门（箬坑）话有成系列的假性后响二合元音，例如[iɐ, uɐ, yɐ, ɛɐ, ɔɐ, ɑː]等，第一个元音是主要元音（韵腹）而不是介音，读得长而强，音色清楚；后面的央元音[ɐ]是韵尾，读得短而弱，音色模糊。

（续表）

附加符号	符号意义	举例
̄	舌位偏后	上海：安 [ø̄]
¨	舌位偏央	温州：都 [tü]
˒	唇形偏圆	北京：月 [ye̜]
˓	唇形偏展	苏州：书 [sʯ]

不成音节（non-syllabic）曾经叫作"辅音性的元音"（consonantal vowel）。不成音节指不是音节的核心。表示不成音节的附加符号也可以缺口朝下，放在元音符号的下面。舌位偏央的符号加之于前元音表示舌位在前和央之间，加之于后元音表示舌位在央和后之间。唇形偏圆的符号如果加之于圆唇元音则表示唇形更圆，例如 [o̜] 指唇形特别圆的 [o]。

表2　元音音标举例

音标	方言点	汉字	字音
ɿ	北京	自	tsɿ
ʅ	北京	知	tʂʅ
ʮ	上海	朱	tsʮ
ʯ	应山	书	ʂʯ
i	北京	衣	iⱼ（加 ⱼ 表示带摩擦）
ɪ	广州	碧	pɪk
e	上海	雷	le
E	苏州	山	sE
ɛ	杭州	摆	pɛ
æ	苏州	好	hæ
a	北京	三	san
ø	上海	酸	sø̜
y	北京	雨	y
ʏ	苏州	狗	kᵒʏ
œ	广州	靴	hœ
ɑ	西安	打	tɑ
ɒ	苏州	假	kɒ̜
ɔ	广州	火	fɔ
ʌ	北京	俄	ɣʌ
o̜	北京	波	pᵘo̜（舌位偏前唇形偏展）
o	扬州	波	po

（续表）

音标	方言点	汉字	字音
ɤ	上海	狗	kɤ
ʊ	如皋	夺	t'ʊʔ
u	北京	屋	u
ɯ	汕头	余	ɯ
ᴀ	武汉	巴	pᴀ
ɐ	广州	鸡	kɐi
ə	北京	本	pən
ɨ	南昌	湿	sɨt
ɘ	江阴	结	tɕiɘʔ
ɵ	苏州	安	ɵ
ɜ	温州	好	hɜ
ɞ	宁波	小	ɕiɞ

2.1.1.4 辅音

辅音的音色由发音部位和发音方法决定。发音部位指气流在声道中受阻碍的部位，这种阻碍是由声道内的活动部位（主动发音器官）唇、舌、软腭、小舌靠近或接触固定部位（被动发音器官）齿尖、齿背、齿龈、硬腭而形成的。常见的阻碍部位有以下 12 种：

表 3 发音器官常见的阻碍部位

中文		英文		简称
双唇		bilabial		
唇与齿		labio-dental		唇齿
舌尖与齿	舌尖齿间	apico-dental	interdental	齿间
	舌尖齿背		upper incisor dorsum/prealveolar	舌尖前
舌尖与齿龈		apico-alveolar		舌尖中
舌叶与齿龈		lamino-alveolar		舌叶
舌尖与硬腭前		apico-prepalatal/retroflex		舌尖后 / 卷舌
舌面与硬腭前		dorso-prepalatal		舌面前
舌面与硬腭		dorso-palatal		舌面中
舌面后与软腭		dorso-velar		舌面后
舌面后与小舌		dorso-uvular		小舌
喉壁		pharyngeal		
喉门		glottal		喉

发音方法指形成阻碍和克服阻碍的方式，按气流受阻碍的情况可分为闭塞辅音、间隙辅音、颤闪辅音三大类。闭塞辅音的发音部位完全堵塞，气流被阻断，如塞音、鼻音、塞擦音。塞音的除阻方式是阻塞部位骤然打开，气流迸裂而出，所以也叫作"爆发音""破裂音"或"爆破音"（explosive）。因为一发即逝，所以也叫作"暂音"（abruptive consonant/momentary）。辅音的发音过程可以分为成阻（阻碍开始形成）、持阻（阻碍持续）、除阻（阻碍解除）三个阶段。汉语音节收尾的塞音（即做韵尾的塞音）只有成阻和持阻阶段，没有除阻阶段，也叫作"唯闭音"（implosive sound），跟英语音节收尾的塞音不同，例如广州话的"渴"[hɔt̚]跟英语的 hot [hɔt] 收尾部分的发音和听感都不同。

按克服阻碍而发声的时机可分为除阻发声、持阻发声、持阻和除阻都发声或都不发声等不同情况。做音节尾音时也可以不爆破不发声。鼻音也叫鼻塞音，发音时软腭下垂，气流同时进入口腔和鼻腔，形成双共鸣腔，气流在口腔中与同部位塞音的成阻与除阻相似，在鼻腔中则不受阻碍。塞擦音是塞音和同部位擦音的结合，起初完全堵塞，紧接着阻塞部位打开成狭缝，气流从缝中挤出，有闭塞而无爆破，除阻和持阻阶段发声。间隙辅音的发音部位互相靠近而不接触，对气流构成不完全的阻碍，如擦音、通音、边音、边擦音。擦音的除阻方式是气流从阻碍部位中间的狭缝挤出，持阻阶段发声。通音的通道比擦音宽，摩擦轻微，甚至几乎无摩擦，性质接近元音，又叫无擦通音或半元音。边音的成阻方式与同部位的塞音相似，但舌头两边留有缝隙，气流从两边缝隙流出，堵塞也随之解除，除阻时发声。边擦音舌头两边的缝隙窄于边音而接近擦音，持阻阶段便开始发声，除阻时继续发声。颤闪辅音的发音部位在颤动中形成断续的堵塞，堵塞和开放状态迅速交替，交替一次为闪音，连续多次为颤音。发音方法还可以根据声带是否振动分为浊音和清音，根据除阻时是否送出强气流分为送气音和不送气音。

辅音表说明：送气的表示方式国际语音学会先后有过 h（1979 年以前，例如 ph, th）和 ʰ（1979 年以后，例如 tʰ）两种方案。汉语语言学界习惯用 '（例如 p', t'），建议改用 ʰ，而把 h 和 ' 留给需要表示强送气和弱送气的时候用。[ts̠, ts̠ʰ, s̠, z̠, ɹ̠] 是舌龈音（舌尖中音），即舌尖抵住或靠近齿龈。汉语的 [ts, tsʰ, s] 多为齿背音，即舌尖前音，例如北京话表示说话絮叨的"碎嘴子"[suei̯ʔ tsuei̯˩ tsɹ̩]。不过在汉语语言学文献里，即使是严式标音，[ts, tsʰ, s] 一般也不加表示齿化的附加符号。

辅音常用的附加符号有（如果是下伸符号，附加符号可以加在上方）：

表 4 辅音音标表

方法		部位	双唇	唇齿	舌齿齿间	舌齿齿背	舌根	舌叶龈(舌叶)	舌尖硬腭(卷舌)	舌面硬腭前(舌面前)	舌面硬腭(舌面中)	舌面软腭(舌面后)	舌根小舌(小舌)	喉壁	喉
塞	清	不送气	p				t		ʈ	t̪	c	k	q		ʔ
塞	清	送气	pʰ				tʰ		ʈʰ	t̪ʰ	cʰ	kʰ	qʰ		ʔʰ
塞	浊	不送气	b				d		ɖ	d̪	ɟ	g	ɢ		
塞	浊	送气	bʰ				dʰ		ɖʰ	d̪ʰ	ɟʰ	gʰ	ɢʰ		
塞擦	清	不送气		pf	tθ	ts		tʃ	tʂ	tɕ					
塞擦	清	送气		pfʰ	tθʰ	tsʰ		tʃʰ	tʂʰ	tɕʰ					
塞擦	浊	不送气		bv	dð	dz		dʒ	dʐ	dʑ					
塞擦	浊	送气		bvʰ	dðʰ	dzʰ		dʒʰ	dʐʰ	dʑʰ					
鼻	浊		m	ɱ			n		ɳ	ȵ	ɲ	ŋ	N		
滚	浊		ʙ				r						ʀ		
闪	浊						ɾ		ɽ						
边	清						ɬ								
边	浊						l		ɭ		ʎ				
边擦	清														
边擦	浊						ɮ								
擦	清		ɸ	f	θ	s		ʃ	ʂ	ɕ	ç	x	χ	ħ	h
擦	浊		β	v	ð	z		ʒ	ʐ	ʑ	ʝ	ɣ	ʁ	ʕ	ɦ
通音	浊		w ɥ	ʋ		ɹ			ɻ	j	j	ɰ			

表 5　辅音常用的附加符号

附加符号	符号意义	举例
̥	清音化（发浊辅音时声带振动减弱）	苏州：茶 [z̥o]
̬	浊音化（发清辅音时声带略有振动）	长沙：同 [t̬ŋ]
ˀ	紧喉作用（发音时有喉头紧张动作）	绍兴：捞 [ˀlɒ]
'	送气作用	北京：平 [p'iŋ]
͡ 或 ͜	两音连发	北京：嗨 kx[m͡ŋ]（表应诺）
ʷ	唇化（发音时附带一个圆唇动作）	北京：枯 [kʷu]
̪	齿化（发舌尖中音时舌尖由齿龈改抵齿背）	上海：刀 [t̪ɔ]
ʲ	腭化（舌体发音部位与上腭接触面增大）	梅州：鸡 [kʲɛ]
̃	鼻化	长沙：拉 [ĩa]
̍	音节化（辅音自成音节）	苏州：鱼 [ŋ̍]
ˠ	软腭化（发音时舌根抬向软腭）	英语：feel[fiːɫ]

表 6　辅音音标举例

音标	方言点	汉字	字音	音标	方言点	汉字	字音
p	北京	八	pʌ	ȵ	汾阳	扭	ȵou
p'	北京	怕	p'ʌ	ʂ	北京	手	ʂou
b	上海	爬	bu	ʐ	无锡	善	ʐo
m	北京	马	mʌ	ɻ	北京	揉	ɻou
ɸ	韶山	夫	ɸu	tʃ	丹阳	最	tʃye
β	诸暨	胡	βu	tʃ'	丹阳	取	tʃ'y
w	广州	位	wɐi	dʒ	丹阳	顺	dʒyən
ɥ	北京	云	ɥyn	ʃ	丹阳	书	ʃy
pf	西安	猪	pfu	ʒ	丹阳	如	ʒy
pf'	西安	初	pf'u	ȶ	兴平	丁	ȶiŋ
f	北京	飞	fei	ȶ'	兴平	亭	ȶ'iŋ
v	上海	文	vəŋ	tɕ	北京	九	tɕiou
ʋ	北京	文	ʋən	tɕ'	北京	秋	tɕ'iou
tθ	安丘	资	tθɿ	dʑ	苏州	奇	dʑi
tθ'	安丘	次	tθ'ɿ	ȵ	苏州	泥	ȵi
θ	安丘	四	θɿ	ɕ	北京	西	ɕi

（续表）

音标	方言点	汉字	字音	音标	方言点	汉字	字音
ts	北京	左	tsuo	ʑ	杭州	袖	ʑiɤ
tsʻ	北京	错	tsʻuo	c	韶山	鸡	ci
dz	宁波	茶	dzo	cʻ	韶山	溪	cʻi
s	北京	三	san	ɟ	韶山	其	ɟi
z	上海	陈	zəŋ	ɲ	苏州	牛	ɲiɤ
t	北京	大	tɑ	ç	韶山	希	çi
tʻ	北京	他	tʻɑ	j	韶山	霞	jia
d	上海	题	di	k	北京	改	kæɪ
n	北京	那	nɑ	kʻ	北京	口	kʻou
l	北京	老	lɑo	g	苏州	共	goŋ
ʦ	黄山	自	ʦʅ	ŋ	武汉	我	ŋo
ʦʻ	黄山	词	ʦʻʅ	x	北京	河	xɤʌ
ɬ	台山	三	ɬɑ	ɣ	洛阳	俄	ɣɤ
ɽ	芜湖	稻	ɽɔ	χ	无锡	火	χu
ʈ	西安	掌	ʈɑŋ	ʔ	玉溪	盖	ʔɛ
ʈʻ	西安	昌	ʈʻɑŋ	ʕ	玉溪	开	ʕɛ
tʂ	北京	周	tʂou	h	苏州	好	hæ
tʂʻ	北京	丑	tʂʻou	ɦ	苏州	红	ɦoŋ
dʐ	双峰	池	dʐʅ				

以上辅音都是用肺部气流发音的，在某些语言中还有不用肺部气流发音的辅音。此类辅音主要有吸气音、缩气音、挤喉音三种。吸气音又叫喷音，是用软腭吸收气流发出的塞音。发吸气音时，舌根上抬抵住软腭，关闭肺部气流的通道，由口腔吸入空气，用双唇或舌前部造成闭塞，然后爆破发声。缩气音又叫浊内爆音，是用口腔里的内吸气流发出的浊塞音。发缩气音时，口腔闭塞，声门闭合并向下运动（喉部类似吞咽的动作），使口腔内的空气压强变小，同时用双唇或舌头造成闭塞；爆破时声门打开，声门内外的压强差使气流进入口腔，同时引起某种声带振动，然后在口腔的闭塞部位爆破发声。挤喉音又叫喷音，是用口腔里的压缩气流发出的塞音。发挤喉音时，口腔闭塞，声门闭合并向上运动（喉部类似呕吐的动作），口腔内的空气被压缩，同时用双唇或舌头造成闭塞，然后爆破发声。国际语音学会最近公布的国际音标里有以下非肺部气流音：

表 7　非肺部气流辅音

Clicks（吸气音/喷音）		Voiced implosives（缩气音/浊内爆音）		Ejectives（挤喉音/喷音）	
ʘ	Bilabial（双唇音）	ɓ	Bilabial（双唇音）	p'	Bilabial（双唇音）
ǀ	Dental（齿音）	ɗ	Dental/alveolar（齿音/龈音）	t'	Dental/alveolar（齿音/龈音）
ǃ	(Post) alveolar（龈[后]音）	ʄ	Palatal（硬腭音）	k'	Velar（软腭音）
ǂ	Palatoalveolar（腭龈音）	ɠ	Velar（软腭音）	s'	Alveolar fricative（龈擦音）
ǁ	Alveolar lateral（龈边音）	ʛ	Uvular（小舌音）		

跟元音一样，辅音的发音和听辨练习也要注意音与音之间常常存在过渡的情形，例如从 [tʃ] 到 [tɕ] 跟从 [ø] 到 [œ] 一样，也是一个连续统（continuum），因此既要掌握好每一种辅音的典型发音和音色，也要不断增长对其在语言、方言之中的种种变异情形的认识。在方言调查中，常常会碰到亦此亦彼、很难简单归属的辅音，这时只能便宜从事，选择一种符号，但是要详细描写其发音和听感。典型的 [nʲi] 跟 [ɲi] 不同，典型的 [tsʲi] 跟 [tʃi] 不同（跟 [tɕi] 差别更大），典型的 [kʲe] 跟 [ce] 不同，[nʲ][tsʲ][kʲ] 宜视为 [n][ts][k] 的变体，但腭化（palatalization）到何种程度就成了 [ɲ][tʃ][c] 的变体，并无一条截然的界线。

2.1.1.5 声调

汉语音节的组成，除了元音和辅音音素外，声调也是不可缺少的。声调也叫字调，是附着在音节上起辨义作用的超音段的相对音高，可以用调幅和调型来描写。调幅反映音高的幅度。某些声调语言仅凭调幅，甚至只需分高低两个幅度便可描写声调。汉语声调的调幅通常分为五度：1 度为低调，2 度为半低调，3 度为中调，4 度为半高调，5 度为高调。调型反映音高变化的旋律，一般用曲线表示："—"为平调，"／"为升调，"＼"为降调，"∨""∧"为曲折调。汉语是旋律型声调语言，需将调幅和调型综合成调值来描写。通常用调型曲线与表示五度调域的基准线组合成特定的声调符号，附加在音节尾表示调值，也可以在音节右上角用数字标记调值。例如北京话的"大家"，可以记作 [taˋ tɕiaˉ] 或 [ta⁵¹tɕia⁵⁵]。

能够独立区别意义的调值的类别称为调类。调类可以从共时角度编号并命名，也可以参考历史来源命名。汉语方言的调类系统大多与中古汉语的平、上、去、入四声系统和声母的清浊系统有对应关系，通常根据这种历时对应关系来定调名：与中古平、上、去、入四声对应的调类，今调名仍称平、上、去、入；与中古清声母对应的调类今称阴调，与中古浊声母对应的调类今称阳调。用这种命名法命名的调类系统也可以用发圈法标记，即在音节或汉字的四角用带缺口的小圈标记，从左下角开始，按顺时针方向依次为阴平、阴上、阴去、阴入，相应的阳调则在小圈下加短横线表示。例如：

阴平：诗˨ 阴上：˦使 阴去：试˥ 阴入：识˧

阳平：˨时 阳上：˥是 阳去：事˨ 阳入：食˨

不同方言的调类数目不一定相同，同名调类的调值也不一定相同。汉语方言的调类数目从 2 个至 12 个不等，调型也比普通话丰富。请看绍兴、南昌、梅州、合肥、北京、博山、红古方言的调类系统：

表8 绍兴、南昌、梅州、合肥、北京、博山、红古声调表

	清				浊			
	平	上	去	入	平	上	去	入
绍兴8	阴平 52	阴上 335	阴去 33	阴入 45	阳平 231	阳上113	阳去 11	阳入 23
南昌7	阴平 42	上声 213	阴去 45/（上声）	阴入 5	阳平24/（阴去）	①	阳去 21	阳入21/（阴入）
梅州6	阴平44	上声 31	去声 52	阴入 1	阳平 11	②	（去声/阴平）	阳入5/（阴入）
合肥5	阴平212	上声 24	去声 53	入声 44	阳平 55	①	（去声）	（入声）
北京4	阴平 55	上声 214	去声 51	（四声）	阳平 35	①	（去声）	（阳平/去声）
博山3	平声214	上声 55	去声 31	（平声）	（上声）	①	（去声）	（上声/去声）
红古2	平声 13	上声 55	（平声）			①	（平声）	

表中的①代表"（上声）"，②代表"（上声/阴平）"。南昌、合肥、北京、博山、红古古次浊上今读上声，梅州古次浊上今读上声或阴平。南昌、梅州古次浊入今读阴入或阳入。南昌、梅州古浊入今读阴入只涉及次浊入，大体上古次浊入南昌今读阴入为主，梅州今读阳入为主。绍兴根据王福堂《绍兴方言研究》（语文出版社 2015），博山根据钱曾怡《博山方言研究》（社会科学文献出版社 1993），兰州（红古）根据雒鹏（1999）①。

有些方言的调类系统除了与中古的四声和清浊相关外，还与其他因素相关。例如，广州话的平上去三声各分阴阳二调，入声不仅分阴阳调，其阴调还依韵腹元音的长短分为下阴入和上阴入两类。这样，广州话调类就超出了四声八调的框架而达到 9 类。广西玉林话不仅阴入分上下，阳入也分上下，共有 10 个调类。南宁郊区老口村平话除阴入和阳入分别依韵腹元音的长短各分两类外，有一批中古次浊入字还需另立一调甚至两调，调类可多达 12 个：

---

① 雒鹏《一种只有两个声调的汉语方言——兰州红古话的声韵调》，《西北师大学报》（社会科学版）1999 年第 6 期。

| 阴平 55 | 阴上 334 | 阴去 35 | 短阴入 3 | 长阴入 33 | 次阴入 5 |
| 阳平 31 | 阳上 21 | 阳去 213 | 短阳入 21 | 长阳入 112 | 次阳入 1 |

又如，江苏吴江话与中古清声母对应的阴调类还进一步依中古全清和次清（即今不送气和送气）分为全阴调和次阴调两类，最多的有 11 个调类。下面是吴江黎里、盛泽以及苏州南郊横塘三处方言的调类系统：

表 9　黎里、盛泽、横塘声调表

	全清				次清				浊			
	平	上	去	入	平	上	去	入	平	上	去	入
黎里 11	阴平	全阴上	全阴去	全阴入	（阴平）	次阴上	次阴去	次阴入	阳平	阳上	阳去	阳入
盛泽 10	阴平	全阴上	全阴去	阴入	（阴平）	次阴上	次阴去	（阴入）	阳平	阳上	阳去	阳入
横塘 11	阴平	全阴上	全阴去	全阴入	（阴平）	次阴上	次阴去	次阴入	阳平	阳上	阳去	阳入

2.1.2　音节和音节结构

音素按一定结构规则构成的最自然的基本语音单位是音节。从发音的角度看，一般认为发音器官的肌肉紧张一次就形成一个音节；从听音的角度看，一般认为语流中几个音素的响度高峰是音节中心，响度低谷则是音节的分界线。母语的音节是最易听辨的音段，普通人无须经过语音训练就可以轻而易举地从语流中切分出音节。汉语的一个音节就是一个字音。一个音节与一个汉字相对应，只有极少数例外。例如"花儿"，苏州话读作两个音节 [ho˧ l̩˩]，北京话则读作一个音节 [xuar˧]。又如"浬"字，北京话读作 [xai˧˧˦ li˩]，苏州话读作 [hᴇ˧˧˦ li˩]，都是两个音节①。由于受母语音节结构的影响，听辨非母语的音节就不那么轻而易举了。例如英语 golf 是一个音节 [gɔlf]，中国人一般则听成三个音节 [kau˧ ər˧˧˦ fu˧]，进而写成三个汉字：高尔夫。这是因为现代汉语的音节结构不允许擦音出现在音节末尾，也不允许辅音在一个音节内连续出现，英语则无此限制。

音素按规则构成音节的模式称为音节结构。不同语言或方言的音节结构有不同的特点。音节一般可以分析为音节首、音节核心、音节尾三段，其中只有音节核心是必不可少的。音节结构的特点体现在这三段分别允许或不允许什么音素出现。若用 C 代表辅音音素，V 代表元音音素，可以将音节结构分析为音素的组合。汉语的音节结构较为简单，一个音节一般不超过 4 个音素。普通话有以下几种音节类型：

---

① "浬"是海里（nautical mile）的旧称，是个双音节汉字，念作"海里"。1 海里等于 1852 米。1977 年 7 月 20 日，中国文字改革委员会、国家标准计量局联合发出的《关于部分计量单位名称统一用字的通知》规定只用"海里"，淘汰"浬"。

CV	CVV	CVVV	CVC
泥 [ni˧]	该 [kai˥]	挑 [tʰiau˥]	感 [kan˨]

CVVC	VVV	VV	VC	V
亮 [liaŋ˨]	外 [uai˨]	我 [uo˨]	安 [an˥]	一 [i˥]

除了以上几类音节外，有的方言某些浊辅音还可以独自构成 C 型音节，例如：

苏州： 姆 [m̩˥]　嘸 [m̩˨]　唔 [n̩˥]　鱼 [ŋ̍˧]　五 [ŋ̍˨]　而 [l̩˧]　儿 [l̩˨]

厦门： 怀 [m̩˥]　黄 [ŋ̍˧]　向 [ŋ̍˨]

娄底： 姆 [m̩˥]　你 [n̩˨]　那 [n̩˨]　我 [ŋ̍ʷ˨]　黄 [ŋ̍ʷ˧]　蓊 [ŋ̍ʷ˥]　蕹 [ŋ̍ʷ˥]

西宁： 姆 [m̩˥]　犁 [l̩˧]　里 [l̩˨]　利 [l̩˨]　力 [l̩˥]　礼 [l̩˨]　吕 [l̩ʷ˥]

南昌： 姆 [m̩˨]　你 [n̩˨]　五 [ŋ̍˨]

长沙： 姆 [m̩˨]　你 [n̩˨]

广州： 唔 [m̩˥]　五 [ŋ̍˨]

娄底根据颜清徽、刘丽华《娄底方言词典》（江苏教育出版社 1994），西宁根据张成材《西宁方言词典》（江苏教育出版社 1994），其余根据《汉语方音字汇》。[ŋ̍ʷ, l̩ʷ] 表示圆唇的 [ŋ̍, l̩]。娄底的 [ŋ̍ʷ] 可以记作 [ŋ̍]，因为 ʷ 是羡余特征。西宁的 ʷ 则非羡余特征，对比：犁 [l̩˧] ≠ 驴 [l̩ʷ˧]｜礼 [l̩˨] ≠ 吕 [l̩ʷ˨]。厦门话的 [ŋ̍] 韵母也需要稍加说明。如果纯粹从听感说，厦门话的 [ŋ̍] 韵母实际上有两个变体：一个是 [ŋ̍]，只拼 [h, ø] 两个声母；另外一个是 [əŋ]（其中的元音舌位略偏后），只拼 [p, pʰ, m, t, tʰ, n, ts, tsʰ, s, k, kʰ] 这 11 个辅音声母。无论是变体 [ŋ̍] 还是变体 [əŋ]，都不拼 [b, l, g, ŋ] 这 4 个辅音声母。把互补的 [ŋ̍] 和 [əŋ] 归并为一个韵母 /ŋ̍/，有利于说明厦门话的声韵配合关系：

	鼻化韵（包括鼻化塞音尾韵）、声化韵	无尾韵、元音尾韵、鼻音尾韵、塞音尾韵
m n ŋ	+	−
b l g	−	+

即 [m] 和 [b]、[n] 和 [l]、[ŋ] 和 [g] 分别是互补的。如果把 [ŋ̍] 和 [əŋ] 处理为 /ŋ̍/ 和 /əŋ/ 两个韵母，不仅要增加一个只出现在 [ŋ] 前的元音 [ə]，而且还要碰到一个不好解释的问题：同为鼻音尾韵，可是 /əŋ/ 韵母跟其他鼻音尾韵存在不同的音韵行为（跟声母的配合关系不同，/əŋ/ 可以拼 [m, n] 不能拼 [b, l, g]，其他鼻尾韵母可以拼 [b, l, g] 不能拼 [m, n, ŋ][①]）。

---

① 说能拼不等于说具体到每一个韵母都能拼。

可见，把厦门话的 [ṅ] 和 [əŋ] 归并为一个韵母，从音系角度看是合适的①。

元音可以自由地充当音节核心，辅音大多只出现在音节首，出现在音节尾则受限制。普通话的韵母，若韵头、韵腹、韵尾俱全，韵头和韵尾不能是同一个音素，但有些方言则没有这样的限制。例如：

成都：	孩 [ɕiɛi˧]	戒 [tɕiɛi˦]	界 [tɕiɛi˦]	介 [tɕiɛi˦]	皆 [tɕiɛi˥]
温州：	吃 [tɕʰiai˥]	吸 [ɕiai˥]	翼 [jiai˨]	液 [jiai˨]	击 [tɕiai˥]
梅州：	解 [kiai˧]	界 [kiai˥]	锐 [iui˥]	皆 [kiai˥]	阶 [kiai˥]
乐昌北乡：	茸 [iɔi˨]	用 [iɔi˥]	赢 [iei˨]	瓜 [kuɜi˧]	万 [uou˥]

乐昌根据张双庆主编《乐昌土话研究》（厦门大学出版社 2000），其余根据《汉语方音字汇》。说韵头和韵尾可以是同一个音素，是从音位记音的角度说的，实际上同一个元音在韵头和韵尾的位置音质往往不同，例如成都"延"的旧读 /iɛi/ 的实际音质接近 [jiɛi]。

有的方言韵腹后面既有元音又有辅音（CVVC），如果还有韵头，就会出现由 5 个音素构成的音节（CVVVC），例如闽语（均据《汉语方音字汇》）：

建瓯：	返 [xuaiŋ˧]	成 [tsʰeiŋ˨]	班 [paiŋ˥]	然 [ieiŋ˨]	中 [tœyŋ˥]
福州：	双 [søyŋ˥]	朋 [peiŋ˨]	仓 [tsʰouŋ˥]	十 [seiʔ˥]	各 [kauʔ˥]
厦门：	雹 [pʰauʔ˥]	博 [pauʔ˨]	拔 [puiʔ˥]	挖 [uiʔ˨]	血 [huiʔ˨]
潮州：	八 [poiʔ˨]	乐 [gauʔ˨]	节 [tsoiʔ˨]		

建瓯"然"是新读，一般读 [iiŋ˨]。闽语零声母字音节开头都带有轻微的喉头闭塞成分。

汉语一个音节最多可以有三个元音，它们连续排列，组成复元音。汉语一个音节可以有两个辅音，分居于音节首和音节尾，不能连续排列。汉语的音节总数较少，北京话约 410 个左右，加上声调也只有 1400 个左右，而英语的音节则有 4500 个左右。

汉语最简单的音节是由一个元音或一个响音性的辅音构成的。当然这是从音位记音

---

① 这种处理还可以启发我们对音变问题做更多的思考。面对厦门话"毛"[mṅ˨]、"饭"[pṅ˥] 一类字的韵母跟"黄"[ṅ˨]、"远"[hṅ˥] 一类字的韵母存在有无元音的差别，一种比较自然的分析是把后一种变体看作是前一种变体在 [h, ø] 条件下的变化（Vŋ→ṅ/h ~ ø__）。可是考虑到 [m, n, ŋ] 和 [b, l, g] 搭配韵母的不同，大体可以说前者所拼韵母的韵核必须是鼻音（鼻化元音或鼻辅音），后者所拼韵母的韵核不能是鼻音。"毛"[mṅ˨]、"郎"[nṅ˨] 一类字的韵母（[əŋ]）显然不符合这种限制。这就说明两种变体的关系还存在着另一种可能性，即"毛"[mṅ˨]、"饭"[pṅ˥] 类字的韵母本来也是纯粹的鼻音，跟"黄"[ṅ˨]、"远"[hṅ˥] 类字的韵母完全一样，它们都是历史上"Vŋ→ṅ"音变的结果，而目前在非 [h, ø] 的条件下又出现了鼻音去音节化（desyllabification）的演变（ṅ→Vŋ）。换言之，今天音系层面的限制（[m, n, ŋ] 所拼韵母的韵核必须是鼻音）曾经是语音层面的限制。

的角度说的。例如厦门话"医"/i/、"影"/ŋ̍/ 的实际发音为 [ʔi˧] 和 [ʔŋ̍˧]。也就是说，汉语的音节至少要有一个元音，或者是响音性的辅音。不过个别方言偶尔会突破这一限制。例如江西石城客家话的"食"[st] 就是一个没有元音也没有响音性辅音的辅音音素组合①，而且还出现了辅音的连续排列②。这里也存在从语音学出发还是从音系学出发的问题。如果从语音学出发，石城话的"食"[st] 就是一个非常特别的单位：既不包含元音，也不包含响音性的辅音，从"习"[ɕit˦] 和"食"[st] 的宽带语图对比看，两者的差异非常明显③：

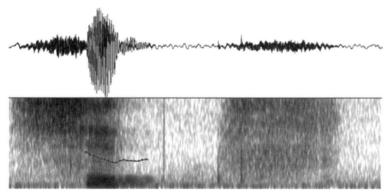

图 7　石城话"习"[ɕit˦] 和"食"[st] 的波形图和宽带语图

从图 7 可见，"习"字有明显的共振峰（颜色较深的几条宽横杠）和基频曲线（下降的曲线），而"食"字只有一片乱纹，没有共振峰和基频曲线。两者的波形差异也非常明显。石城话的"食"[st] 能否称为语音学上的音节成了一个需要讨论的问题。可是如果从音系学出发，石城话的"食"[st] 只能视为一个不折不扣的音节，即：

食 /sɿt˨/ → [sɿ̥t⁰]

即舌尖元音 [ɿ] 在前后清辅音的影响下同化为清音，而声调因为失去了乐音成分无所寄托也成了零形式。因此，韵母表里仍应列 [ɿt] 韵母（只拼 [s] 声母），然后用同化规则解释其实际发音为 [ɿ̥t]。充当韵核的元音清音化也见于其他方言，例如北京话"豆腐"

---

①　江西省石城县县志编辑委员会《石城县志》（书目文献出版社 1990: 506）的韵母表把 [st] 单列为"无元音音节"。刘纶鑫主编《客赣方言比较研究》（中国社会科学出版社 1999: 79）在石城县琴江镇（即城关）音系的简介中提到："食饭"（吃饭）的"食"读 st 或 sk，中间没有任何元音。温昌衍《江西石城话属客家方言无疑》（《江西社会科学》2003 年第 8 期）在韵母表后指出："另有一个无元音的 st（食），估计较早读音为 sɿt，后来元音 ɿ 因为 t 的影响发音不明显乃至消失，故演变为现在的 st。"赖汉林《石城话语音分析》（福建师范大学 2007 年硕士论文）韵母表的第 7 项说明：另有无元音音节 st（食），是音节 sɿt 的元音 ɿ 消失后的结果。

②　在两字组里还可能出现三个辅音连续排列的情况，例如"食粥"[sttsuk˦]（喝粥）、"唔食"[m̩st˦]（不吃）。

③　石城（屏山镇）黄婷婷发音，属于青年口音。

[touˇ fu̯⁰]、"客气"[kʰɤˇ tɕʰi̯⁰]①。差别在于石城话的"食"[sî̩t⁰]可以单念,而北京话的"腐"[fu̯⁰]、"气"[tɕʰi̯⁰]不能单念。

中国的传统音韵学就是分析汉语音节结构的学问。音韵学将汉语的音节分析为声、韵、调三种音类的组合,用现代语音学的观点来看,声母和韵母是音段成分,声调是超音段成分。声母由辅音充当。韵母又分韵头、韵腹、韵尾三部分,但除了韵腹是必有成分外,韵头和韵尾不一定俱全。韵头就是介音,由高元音充当,多数汉语方言有 i、u、y 三种韵头。音韵学将没有韵头的非高元音韵母称为开口呼,i 韵母或以 i 为韵头的韵母称为齐齿呼,u 韵母或以 u 为韵头的韵母称为合口呼,y 韵母或以 y 为韵头的韵母称为撮口呼。韵腹一般由元音充当,少数声化韵则由鼻音、边音等浊辅音充当。开合二呼口腔共鸣腔较大,称为洪音;齐撮二呼口腔共鸣腔较小,称为细音。韵尾由高元音或鼻音、塞音等辅音充当。没有韵尾或只有元音韵尾的韵母称为阴声韵,有鼻音韵尾的韵母称为阳声韵,有塞音韵尾的韵母称为入声韵。汉语方言韵头的分歧比韵尾小,但也并非所有方言都是四呼俱全的,客家话、闽语和一部分西南官话一般就没有撮口呼。例如:

	猪	吹	春	窗	鱼	月	圆
北京:	tʂu˥	tʂʰuei˥	tʂʰuən˥	tʂʰuaŋ˥	y˧˥	ye˥˩	yan˧˥
西安:	pfu˩	pfʰei˩	pfʰẽ˩	pfʰaŋ˩	y˧˥	ye˩	yæ˧˥
贵阳:	tsu˥	tsʰuei˥	tsʰuən˥	tsʰuaŋ˥	i˧˥	ie˩	ian˩
昆明:	tʂu˥	tʂʰuei˧	tʂʰuə̃˧	tʂʰuÃ˧	i˩	iæ˥˩	iæ̃˥˩
长沙:	tɕy˧	tɕʰyei˧	tɕʰyn˧	tɕʰyan˧	y˩	ye˧˥	yẽ˧˥
南昌:	tɕy˥˩	tsʰui˥˩	tsʰun˥˩	tsʰɔŋ˥˩	ȵie˧	ȵyot˥/ȵyot˩	yon˧
苏州:	tsɤ˥/tsɿ˥	tsʰɛ˥/tsʰɿ˥	tsʰən˥	tsʰɒŋ˥	jy˧˥/ŋ̍˧˥	jyʔ˨˩/ŋʏʔ˨˩	jɵi˧
广州:	tʃy˥	tʃʰøy˥	tʃʰøn˥	tʃʰœŋ˥	jy˩	jyt˨	jyn˩
梅州:	tsu˧	tsʰoi˧	tsʰun˧	tsʰuŋ˧	ŋ̍˩	ȵiat˥	ian˩
厦门:	tu˥/ti˥	tsʰui˥/tsʰe˥	tsʰun˥	tsʰɔŋ˥/tʰaŋ˥	gu˩/hi˩	guat˥/geʔ˥	uan˧˥/ĩ˧˥

贵阳根据贵州省地方志编纂委员会《贵州省志·汉语方言志》(方志出版社 1998),昆明根据卢开磏《昆明方言志》(《玉溪师专学报》1990 年第 2—3 期语言研究专号),其余均据《汉语方音字汇》。有文白异读的先列文读后列白读。以上 10 个方言开口呼、齐齿呼、合口呼、撮口呼韵母在韵母系统中所占比例如下:

---

① "腐"[fu̯⁰]、"气"[tɕʰi̯⁰]这类轻声字的声调通常标作轻声 [˙],实际上因为不含乐音成分,已经没有基频。这里用右上角的 ⁰ 表示零形式。

	韵母总数	开口韵	齐齿韵	合口韵	撮口韵	声化韵
北京：	40	14(35%)	11(27.5%)	10(25%)	4(10%)	1(2.5%)
西安：	40	15(37.5%)	10(25%)	9(22.5%)	6(15%)	0
贵阳：	32	14(43.8%)	10(31.2%)	8(25%)	0	0
昆明：	29	12(41.4%)	11(37.9%)	6(20.7%)	0	0
长沙：	38	12(31.6%)	9(23.7%)	7(18.4%)	8(21.1%)	2(5.2%)
南昌：	65	22(33.9%)	15(23.1%)	19(29.2%)	6(9.2%)	3(4.6%)
苏州：	49	17(34.7%)	15(30.6%)	9(18.3%)	4(8.2%)	4(8.2%)
广州：	68	38(55.9%)	6(8.8%)	19(27.9%)	3(4.4%)	2(3%)
梅州：	76	26(34.2%)	28(36.9%)	20(26.3%)	0	2(2.6%)
厦门：	80	30(37.5%)	29(36.3%)	17(21.2%)	0	4(5%)

传统音韵学的音类分析法与现代语音学的音素分析法同样有效，而且更能反映汉语音节的结构层次。

2.1.3 音系归纳和字音的记录

汉语是有文字的语言，汉字一般代表汉语的单音节语素。每一个汉字在方言中总与一个由声、韵、调三要素构成的音节相对应。汉字的这种性质给汉语方音调查带来极大的便利，我们只需记录字音，而无需耗费大量时间和精力从语流中切分音节和语素。汉字虽有数万个，但其中有许多读音完全相同的同音字和声、韵、调等音类部分相同的同类字，要了解一个方言的语音系统，只需将不同的音节和音类记录下来加以归纳即可。因此，只需选取少量汉字就可以求出一个方言的音系。

但是，对不同的方言来说，哪些字同音，哪些字同类，情况各不相同，从共时出发选取普遍适用于各方言的音系代表字十分困难，甚至根本不可能。然而，现代方音是从中古音发展而来的，我们可以从历时着眼去寻求音系代表字。幸运的是，传统音韵学给我们留下了宝贵而丰富的韵书。其中，隋唐时代的《切韵》《广韵》系韵书反映了中古汉语的语音系统。现代汉语方音大都与《切韵》音系有直接或间接的对应关系。基于这一认识，中央研究院历史语言研究所 1930 年编制了《方音调查表格》，使用效果良好。1955 年，中国科学院语言研究所对《方音调查表格》加以修订，删去了不必要的罗马字注音和一些不常用的字，改正了一些字的音韵地位，增加了一些常用字，编成《方言调查字表》，从 50 年代的全国方言普查使用至今，已经成为最常用的汉语方音调查表格。《方言调查字表》曾于 1964 年和 1983 年做过两次小的修订。《方言调查字表》共收 3810 个汉字，按《广韵》的声韵调排列成同音字表，共 80 页。例如第 70 页：

表10　《方言调查字表》正表举例

	平	上	去	入
	\multicolumn{4}{c}{梗開二：庚陌}			
	庚	梗	映	陌
幫滂並明	烹 彭膨膨脹 盲*虻(蝱)牛虻	猛	孟	百柏伯迫 拍魄 白帛 拍打陌陌生
端透定		打		
泥(娘)來		冷		
精清從心邪				
知徹澄	撐 澄		掌¹椅子摚兒 鋥鋥光碾塞	*拆(坼)開破皺 澤擇擇菜,選擇宅
照莊穿初牀崇審生	鎗烙餅用具 生牲笙甥	省省長省節省		窄 踖豆踖子,破豆
照章穿昌牀船審書禪				
日				
見溪羣疑	更更換,五更粳粳米庚羹坑	哽骨哽在喉埂田埂 └梗梗子,莖	更更加 硬²	格 客 額
曉匣	亨 行行為衡	杏	行品行	赫嚇恐嚇
影喻云喻以				

¹ 摚字廣韻他孟切,今據集韻恥孟切列徹母。
² 硬字廣韻在諍韻,據王韻列映(敬)韻,集韻也在映韻。

说明：表头横栏标注等呼、韵母和声调，竖栏标注三十六字母。表芯每一方格所收的字同韵同调，方格中每一行所收的字声韵调全同。同音字若一行写不下而下一行正好无字时，在字的左下方用"ㄴ"号表示借用下一行（表中的"ㄴ梗"）。括号中是异体字，小字是注解用的。收字依据《广韵》，左上方加 * 的字是《广韵》未收而依据《集韵》收入的（表中的"*拆"）。粗横线分隔不同系声母，细横线分隔不同组声母。

《方言调查字表》还从所收 3810 字中选出 472 个音系基础字，分 3 页置于正表之前，习惯上称为"前三页"。参看图 8—图 10。

声　调

诗	梯	方—房	高 猪 專 低 邊	安
時	題	天—田	開 抽 初 天 偏	
使矢	體	初—鋤	婚 傷 三 飛	
是士	弟	昏—魂	窮 陳 牀 才 唐 平	
試世	替	胸—雄	寒 神 徐 扶	
事侍	第		鵝 娘 人 龍 蘿 麻 文	雲
識	滴	碗—晚	古 展 紙 走 短 比	碗
石食	笛	委—尾	口 丑 楚 草 體 普	
		隱—引	好 手 死 粉	
		比：米	五 女 染 老 暖 買	網 有
		九：有	近 柱 是 坐 淡 抱	
		捲：遠	厚 社 似 父	
			蓋 帳 正 醉 對 變	愛
		付—婦—附	抗 唱 菜 怕 放	
衣	移	到—稻—盜	漢 世 送	
椅	以	四—似—寺	共 陣 助 賤 大 病	
意	異	試—市—示	害 樹 謝 飯	
一	逸	注—柱—住	岸 讓 漏 怒 帽 望	用
		見—件—健	急 竹 織 積 得 筆	一
		救—舅—舊	曲 出 七 禿 匹 福	
		漢—旱—汗	黑 濕 錫	
			割 桌 窄 接 搭 百	約
		八—坡	缺 尺 切 鐵 拍	
燈	棉	發—罰	歇 說 削 發	
等	免	督—毒	月 入 六 納 麥 襪	藥
凳	面	桌—濁	局 宅 食 雜 讀 白	
得	滅	失—實	合 舌 俗 服	
		濕—十		

图 8　《方言调查字表》前三页之声调调查表

说明：古声调演变成今声调，最重要的条件是古声母的清浊，送气不送气有时也会影响到声调的演变。声调调查表按古调类和古声母的清浊排列，但考虑了方言常见的分合情况。声调调查表收 246 个字（按不去重计算），排成 8 个矩阵。第一栏 3 个矩阵，第二栏 4 个矩阵，第三栏 1 个矩阵。可以用 A、B、C 分别代表左、中、右三栏，用序号区分每栏的不同矩阵，比如 A1 是"诗""梯"所在的矩阵，B4 是"八""拔"所在的矩阵。各矩阵的排列方法详见下文。

聲　母

布—步　別　怕　盤　門—聞　飛—灰　馮—紅　　符—胡

到—道　奪　太　同　難—蘭　怒—路　女—呂　連—年—嚴

貴—跪　傑　開　葵　岸—案　化—話　圍—危—微　午—武

精—經　節—結　秋—丘　齊—旗　修—休　　　　税—費

全—權　趣—去　旋—玄

糟—招—焦　　倉—昌—槍　　曹—巢—潮—橋　　散—扇—線

祖—主—舉　　醋—處—去　　從—蟲—窮　　　蘇—書—虛

增—爭—蒸　　僧—生—聲　　粗—初　　　鋤—除　　絲—師—詩

認—硬　繞—腦—襖　若—約　閏—運　而　日

延—言—然—緣—元　　軟—遠

图 9　《方言调查字表》前三页之声母调查表

说明：声母调查表收 115 字，排成 10 行。各方言声母的不同是古今声母在各地的演变不同造成的。古声母演变成现代方言的声母，最重要的条件是古声母的清浊、古调类、古韵母。声母调查表按北京音排列，但综合考虑了古音的条件和方言常见的分合情况。第一行用来调查唇音声母，包括 [mu(-)]、[u(-)] 分不分，[fu(-)]、[xu(-)] 分不分。第二行用来调查舌尖音声母，包括 [n-]、[l-] 分不分。第三行用来调查舌根音声母和零声母。第四、五行除"税—费"用来调查 [ʂu-]、[f-] 分不分，其他字用来调查分不分尖团。第六、七、八行是用来调查塞擦音和擦音的部位的。最后两行是用来调查 [ʐ]、鼻音声母和零声母的。有些字之间有横线，是用来比较同音不同音的。要根据所调查方言的实际情况把横线变成等于号或不等号。

韵　母

資 — 支 — 知　　耳　爬　　　河　蛇

第 — 地　　　　　　架　姐

　　　故　　　　　　花　過

野 — 以 — 雨　色　　　虛　靴

直　日　辣　舌　合　割　北　百

急　接　夾　鐵 — 踢　落 — 鹿 — 綠

木　出　刮　各 — 郭 — 國　活

確 — 缺　月 — 欲 — 藥

蓋 — 介　倍　妹　飽 — 保　桃　斗 — 賭　醜　母

怪 — 桂 — 貴　帥　　　條　流　　　燒　收

短 — 膽 — 黨　酸 — 三 — 桑　竿 — 間　含　銜　根 — 庚

減 — 檢 — 緊 — 講　　　連 — 林 — 鄰 — 靈　心 — 新 — 星

光 — 官 — 關　　　良 — 廉　魂 — 橫 — 紅　溫 — 翁　東

權 — 船 — 牀　　　圓 — 雲　羣 — 瓊 — 窮　勳 — 胸

图 10　《方言调查字表》前三页之韵母调查表

说明：韵母调查表收 111 个字，排成 14 行。各方言韵母的不同是由古今韵母在各地的演变不同造成的。古韵母演变成今韵母，最重要的条件是古声母（系、组）、古韵类（等、开合），古调类有时也会影响到韵母的演变。韵母调查表按北京音排列，但综合考虑了古音的条件和方言常见的分合情况。前四行除"色"字外，北京话都是无尾韵母。第五至八行，加上第四行的"色"，都是古入声字。调查时要留意这些字有没有辅音韵尾，要是没有辅音韵尾，是读无尾韵母还是元音尾韵母。第九、十行北京话都是元音尾韵母（韵尾为 [i] 或 [u]）。最后四行北京话都是鼻音尾韵母。北京话只有 [n] 和 [ŋ] 两个鼻音尾，有的方言还有 [m] 尾，例如"心"字：厦门 [ˌsim] | 梅州 [ˌsim] | 广州 [ˌʃem]。有些字之间有横线，是用来比较同音不同音的，要根据所调查方言的实际情况把横线变成等于号

或不等号。

调查声调的时候，只需专心听辨和记录声调，不必听辨和记录声母、韵母。A1 是用来求出一个方言的调类和调值的，又以左列字"诗"到"石食"为主。通常就从这列字开始调查，总共 8 行，依古音的清平、浊平、清上、浊上、清去、浊去、清入、浊入排列，为了保证调查的效果，上、去、浊入都多备了一个字。通过反复听辨和比较 A1 左列字的单字音，确定好调类的数量和各调类高低升降的度数（即调值）后，继续用 A1 右列字进行调查。左列字属于古代的清擦音声母和浊擦音声母，右列字属于古代的端组字（端、透、定母），仍按古四声和声母的清浊排列，不过属于次清和全浊或全清和全浊的对比。如果把"滴"字改为"踢"字，就全部属于次清和全浊的对比。多数方言古调类的演变只跟声母的清浊有关，叫作"清浊分调"；但是也有的方言跟声母的送气不送气有关系，叫作"送气分调"。要仔细听辨 A1 右列字有没有出现新的调类，如果有新的调类，也要通过不同调类的反复比较确定其调值。多数方言调查完 A1 后调类和调值的情况就大体清楚了。根据跟古音的对应关系，还可以进一步确定其调类的名称，例如北京话：

表 11 根据 21 个调查例字整理的北京话单字调表

古调类	古清浊	行数	例字	北京读法	调类名称	说明
平	清	1	诗 梯	55 ˥	阴平	平分阴阳
	浊	2	时 题	35 ˧˥	阳平	
上	清	3	使矢 体	214 ˨˩˦	上声	浊上归去
	浊	4	是士 弟	51 ˥˩	去声	
去	清	5	试世 替	51 ˥˩	去声	今读去声
	浊	6	事侍 第	51 ˥˩	去声	
入	清	7	识 滴	35 ˧˥ 55 ˥	阳平 阴平	入派舒声
	浊	8	石食 笛	35 ˧˥	阳平	

"浊上归去"指的是全浊上归去。北京话古次浊上随清上字走。"入派舒声"是指古入声字派入平、上、去三声，对北京话来说就是派入阴平、阳平、上声、去声四个声调（五个入声例字只呈现了两种声调，读上声的如"尺"，读去声的如"麦"）。北京话古全浊入派入阳平，古次浊入派入去声，古清入派入阴平、阳平、上声、去声（读上声和去声的字如"百"和"阔"）。

声调分化演变后的调类命名相对比较容易，比如平声的清浊分调分别叫"阴平"和"阳平"，由送气与否造成的阴平调的进一步分化可以叫"全阴平"（配古全清声母）和"次阴平"（配古次清声母），或者是"上阴平"和"下阴平"，发圈法的区分为"˪□"和"˰□"。声调合并演变后的调类命名则相当费斟酌。可以从以下几个方面来探讨并调的方向。（1）连读变调。例如银川话古浊平字和古清上、次浊上字今调相同，都是 [53˩]。可是在两字组前字的位置上，古浊平字仍读 [˩] 调，而古清上、次浊上字逢去声、轻声要变 [35˧˥] 调，逢其他调则不变。因此可以认为银川话是上声并入了阳平，合并后的声调可以称为"阳平"。（2）周边方言的情况。例如永定（湖坑）话古清上、古次浊上部分、古清去今调相同，都是 [52˩]，跟周边客家话的对应如下（为方便说明问题，增加了跟永定不相邻的五华）[①]：

表 12　永定（湖坑）话 52 调跟周边客家话的对应关系

	古清上、古次浊上部分	古清去	说明
永定（湖坑）	52˩		古全浊上部分、浊去归 21˩
永定（下洋）	53˩		古全浊上部分、浊去归 33˧
平和（九峰）	21˩		古全浊上部分、浊去归 55˥
上杭（蓝溪）	31˧˩	53˩	古全浊上部分、浊去归 31˧˩
梅州	31˧˩	52˩	古全浊上部分、浊去归 52˩
大埔	31˧˩	51˩	古全浊上部分、浊去归 51˩
五华（华城）	31˧˩	51˩	古全浊上部分、浊去归 31˧˩

从以上的对应情况看，可以认为永定（湖坑、下洋）是上声并入了阴去，而平和（九峰）则是阴去并入了上声；大埔、梅州是阳去并入了阴去，上杭（蓝溪）、五华（华城）则是阳去并入了上声。（3）跟之前的方言记录比较。例如根据曾汀燕《长汀客话的二字组连读变调》（北京大学 2000 年学年论文），长汀城关话只有四个单字调：阴平 33、阳平 24、阴去 55、阳去 31。而按照大英圣书公会（British and Foreign Bible Society）1919 年出版的《汀州话马太福音》（*The Gospel of Saint Matthew in Ting-chow*），当时的长汀话是五个调类，例如：

　　佢个老公约瑟係义人 Ke-ké laoh-kung Yô-sê hè nì nêng（他丈夫约瑟是个义人）

《汀州话马太福音》阴平不加符号，阳平用 ̂ 表示，上声用 h 表示，阴去用 ′ 表示，阳去用 ` 表示。《长汀县志》（福建省长汀县地方志编纂委员会编，生活・读书・新知

---

　　① 永定湖坑据李小华《闽西永定客家方言虚词研究》（华南理工大学出版社 2014）；永定下洋据黄雪贞《永定（下洋）方言词汇》（《方言》1983 年第 2、3、4 期）；平和据福建省地方志编纂委员会《福建省志・方言志》（方志出版社 1998）；上杭据邱锡凤《上杭客家话研究》（福建人民出版社 2012）；梅州据《汉语方音字汇》；大埔据何耿镛《客家方言语法研究》（厦门大学出版社 1993）；五华据朱炳玉《五华客家话研究》（华南理工大学出版社 2010）。

三联书店 1993）反映的正是这种五调系统：阴平 33、阳平 24、阴上 42[①]、阴去 55、阳去 21。对比曾汀燕的记录，显然是上声（县志叫阴上）并入了阳去。长汀城关目前四个调是主流。（4）要符合汉语史和音系学的一般规律。例如永定（湖坑）古全浊上部分、浊去归 21˩，调名可定为阳去，而没有必要叫作"阳上去"，因为对客家话而言，今归阴平的浊上字才属于原来的阳上调，而跟着浊去走的部分古全浊上字实为受北方共同语影响的文读层，体现的是"全浊上归去"的规律。又如庆元（竹口）古浊平字、清入字今读同调，是短促的 [ʔ˥] 调，因此是阳平并入阴入，属于舒声促化；反之，像连城（庙前）古浊平、次浊入（大部分）、全浊入字今读同调，是舒调 [˧]，因此是阳入并入阳平，属于入声舒化。比较：

连城（庙前）　　　　梅 = 穆 [˨m̩˧]

连城（新泉）　　　　梅 [˨møə˧] ≠ 穆 [møəʔ˧][②]

　　确定好调类和调值后，用发圈法把 A1 里的所有字都标上调类。A2—C 七个矩阵主要是用来做检验的。如果不出现新的调类，都只用发圈法标调类就可以了。调类有异读的字如实记录，跟调类无关的异读可以忽略。A2、A3 的排列方法相同，四行字分别来自古平、上、去、入，一清一浊（全清对次浊），A2 是影母字和喻母字的对比，A3 是端母字和明母字的对比。B 栏比字分两种：一种用横线，一种用比号。横线是用来比两个字同音不同音的。例如"方—房"，北京话是"₁方 ≠ ₂房"，太原话是"₁方 = ₂房"，即调查的时候要根据实际情况把横线变成等于号或不等号。比号表示只比较字调，例如"比：米"，一个是古帮母上声字，一个是古明母上声字，本来就不是同音字。B1 比较清平和全浊平，B2 比较清上和次浊上，B3 比较清去、全浊上、全浊去，B4 比较清入和全浊入。C 栏总共 27 行，"高"行至"鹅"行是古平声字，依次是全清、次清、清（擦音）、全浊（塞音、塞擦音）、全浊（擦音）、次浊；"古"行至"厚"行是古上声字，依次是全清、次清、清（擦音）、次浊、全浊（塞音、塞擦音）、全浊（擦音）；"盖"行至"岸"行是古去声字，排列方式同古平声字；"急"行至"合"行是古入声字，依次是全清、次清、清（擦音）、全清、次清、清（擦音）、次浊、全浊（塞音、塞擦音）、全浊（擦音）。即清入字有六行，调查粤语、平话时要注意这六行清入字的声调是否相

　　[①] 一个古调类只有一个今调类时，如果辖字包含了原调类的全部字，就无须使用反映调类分化的"阴""阳"字眼。可是如果辖字只包含原调类的部分字时，比如北京话和长汀老派城关话，古清上、次浊上字今自成一调，如何定调名就有分歧，一般的做法是不加"阴""阳"字眼，如北京话叫"上声"（北京话的上声还包含了部分古清入字），不过也有的学者加"阴""阳"字眼，如《长汀县志》（古次浊上长汀话不全归上声，还有部分字归阴平）。李小凡《调名刍议》（《中国方言学报》第四期）提倡后一种做法，本书采用前一种做法。

　　[②] 庙前原为新泉所辖。1972 年 2 月由新泉公社（今新泉镇）划出 15 个大队，成立庙前公社，1985 年改镇。

同（粤语、平话的阴入甚至阳入可以有两个甚至是三个）。上声、入声的次浊字放在清声母字和全浊声母字之间，这是因为有些方言的次浊上字是随清上字走的，次浊入字部分随清入字走，部分随全浊入字走。前边说北京话古次浊上随清上字走，古次浊入派入去声，这个规律当然无法根据 A1 观察到，但是可以从 C 栏归纳出来："五"行的声调跟"古""口""好"三行的声调完全相同，"月"行的声调跟"近"行至"岸"行的声调完全一样。北京话古清入字的今读规律，也可以通过声调调查表的所有古清入例字得到初步的结果（重复出现的字只录一个，但下加虚线"......"）：

派入阴平：滴一八发督桌失湿织积出七秃黑锡割接搭约缺切~菜拍歇说削
派入阳平：识得急竹福
派入上声：笔曲匹窄百尺铁
派入去声：识又切一~

其中"识"字北京话一般只读 [ₑʂʅ˥]，例如"识逗"[ₑʂʅ˥ tou˥˩]（经得起别人跟自己开玩笑：他这人不~，一跟他开玩笑准急）。《汉语方音字汇》北京话"识"的又读音 [ʂʅ˥˩] 可能是轻声去化的结果。"切"字《广韵》见于去声霁韵七计切（众也），又见于入声屑韵千结切（割也；刻也；近也；迫也；又也）。从韵母的情况看，北京话的"切一~"[tɕʰie²˥˩] 应当来自屑韵而非霁韵（蟹开四北京话照例读 [i] 韵母）。不过"一切"偏文。碰到像北京话古清入字归派这种比较复杂的情况，仅仅根据声调调查表的例字是不够的，要用正表中的所有相关字音来看。事实上北京话古清入字派入去声不能视为例外，例如：涩 [sɤ²˥˩]~李子｜畜 [tʂʰu²˥˩] ~牲｜壁 [pi²˥˩] 隔~。记完声调调查表的所有例字，还仍然遗漏调类的情况比较少见①。不过根据这两百多个字，有时会无法看清某些调类的分化条件，这时也要用正表的所有相关字音来进行观察和分析。

声母调查表和韵母调查表是用来求出方言的声母系统和韵母系统的。这两页的记音方法相同，每一个字都要完整地记录声母、韵母和声调。声调用发圈法记录调类即可。声母和韵母则采用严式记音（narrow transcription）。严式记音即音素标音，要利用附加符号尽可能地将细微的语音特点记录下来，而不必考虑这些语音特点有无区别意义的作用。例如北京话"安、烟、弯、渊"四个字的严式记音分别为：[ₑʔan]、[ₑjiɛn]、[ₑwuan̯]、[ₑɥyᵘæn]。严式记音的目的是为归纳音位、建立宽式标音系统准备语料。宽式记音（broad transcription）即音位标音（phonemic transcription）。例如北京话"安、烟、弯、渊"四个字的宽式记音分别为：[ₑan]、[ₑian]②、[ₑuan]、[ₑyan]，没有附加符号，没有过渡音，

---

① 有些平话有 6 个入声调（阴入、阳入各 3 个），即使是调查完《方言调查字表》正表，也不一定能穷尽所有的入声调，因为有的调只见于有音无字的音节，要到调查词汇时才能碰到。

② 《汉语方音字汇》"烟"记为 [ₑiɛn]。这里因为讨论音位归纳问题记为 [ₑian]。

[ʔ, j, w, ɥ] 都记成了 [∅]（零声母只在声母表里罗列，实际标音时不记），[a̠, ɛ, a̪, æ] 都记成了 [a]。归纳音位的原则是凡有区别意义作用的音素必须用不同的符号来表示（即视为不同的音位），凡是分布互补（即从来不出现在相同语音环境）的音素可以（但不是必须）考虑归纳为一个音位（即用同一个符号来表示）。互补的音素用一个符号还是分立两个符号，还要考虑语音是否近似等其他一些因素以及传统习惯，有一定的弹性。北京话元音音位 /a/ 和辅音音位 /∅/ 和的变体及其分布条件如下：

/a/　　[A]　　只出现在零韵尾前
　　　　[ɑ]　　只出现在 [u, ŋ] 前
　　　　[a̪]　　只出现在 [n] 前
　　　　[ɛ]　　只出现在 [i] 和 [n] 之间
　　　　[æ]　　只出现在 [i] 前及 [y] 和 [n] 之间
/∅/　　[ʔ]　　只出现在除 [i, u, y] 外的其他元音前面
　　　　[j]　　只出现在 [i] 前
　　　　[w]　　只出现在 [u] 前
　　　　[ɥ]　　只出现在 [y] 前

记声母调查表的例字时也要记韵母、声调，记韵母调查表的例字时也要记声母、声调。这是因为观察音素的分布环境需要完整的音节资料，而且还可以在一定程度上弥补例字不足的问题。事实上即使两张调查表的例字互为补充，在调查南方方言（特别是闽、粤、客方言）时，有可能仍然无法揭示该方言存在的某些语音对立。例如连城（文亨镇文保村）在声母调查表最后一行中可以记到"延"[˨jie˧]、"然"[˨jie˧]，除了失落鼻尾，并无特别之处。可是记完正表后就会发现该方言存在以下对立：

烟 [˨jie˧] ≠ 挨 [˨ʔɪe˧] ~ 尸磨骨：形容磨洋工
演 [˥jie˩] ≠ 矮 [˥ʔɪe˩]

这种对立的宽式处理可以有两种方案：（1）烟 /₋ie/ ≠ 挨 /₋ʔie/，演 /˥ie/ ≠ 矮 /˥ʔie/；（2）烟 /₋ie/ ≠ 挨 /₋ɪe/，演 /˥ie/ ≠ 矮 /˥ɪe/。前者让声母体现对立（零声母跟喉塞音声母的对立），后者让韵母体现对立（齐齿韵跟开口韵的对立，前面的辅音或通音是条件性的伴随成分）。韵母 /ɪe/ 的辖字很少，正表就只有以上列出的两个字，其中"挨"还是白读（文读 [₋a˧]），如果没有挖掘出来，就只有一个"矮"字了[①]。因此 /ie/ 跟 /ɪe/ 的对立不仅在声母、韵母调查表中无法发现，即使记完整个字表，如果不够细心，又没有核对同音

[①] 即使超越《方言调查字表》，目前我们也只发现 3 个 /ɪe/ 韵词：□ [₋cɪe˧]（咱们）| □ [ɪe˧˩]（硌）| 嬲 [ɪe˧˩]（生气。《广韵》入声黠韵乌黠切：嫐怒）。其中 "□" [ɪe˧˩]（硌）≠ "燕" [ie˩]。

字表，也很可能会漏掉，因为很容易把"矮"记成 [ᶜie]。

记录声母调查表和韵母调查表的例字时，凡有异读的都如实记录。碰到有比较线的字，除了完整记音外，还要根据实际情况把比较线改为等于号或不等号。跟前字同音的可以用"√"表示同前字。例如第六行"倉—昌—槍"北京话（左）和梅州话（右）的记音：

$$\text{倉} \neq \text{昌} \neq \text{槍} \qquad \text{倉} = \text{昌} \neq \text{槍}$$
$$_c\text{ts}^\text{h}\text{aŋ} \ _c\text{tʂ}^\text{h}\text{aŋ} \ _c\text{tɕ}^\text{h}\text{iaŋ} \qquad _c\text{tsʰɔŋ} \quad \surd \quad _c\text{tsʰiɔŋ}$$

图 11　北京话、梅州话声母记音样例

记音除了多比字，并无其他诀窍。韵母比声调、声母的情况都要复杂，尤其要多比字。可以比介音，比主要元音，比韵尾。例如兴宁（水口）话的"落"[lɔ̝ʔ₂₁] 跟"鹿"[lu̝ʔ₂₁] 是主要元音的不同，"鹿"[lu̝ʔ₂₁] 跟"绿"[liu̝ʔ₂₁] 是有无 [i] 介音的不同，"鹿"[lu̝ʔ₂₁] 跟"木"[mu̝ʔ₂₁] 是声母、声调的不同（声调是宽式记法）。

记完声母、韵母调查表的所有例字后，根据声母调查表摘出所有的声母，按发音部位和发音方法进行排列，然后用韵母调查表加以检验和补充；根据韵母调查表摘出所有的韵母，然后用声母调查表加以检验和补充。记音有疑问或前后有矛盾的地方要再次听辨，重新确定记法。韵母的排列通常以四呼为纲，按以下原则依次排列：无尾韵、元音尾韵、鼻化韵、鼻音尾韵、塞音尾韵、声化韵；单元音、复合元音；舌面元音、非舌面元音；前元音、央元音、后元音；低元音、中元音、高元音。这里的单元音、复合元音是按排除介音后的情况来衡量的。严式记音的声母、韵母排好后，不可避免地会出现一些空格，有些空格是音系空格（即该方言不存在的声母或韵母），有些空格则是由调查例字不够多造成的。明显能填补的空格可以补充一些例字把它调查出来，其他则留待调查正表和词汇的时候再补充。最后就是归纳音位，整理出宽式的声母系统和韵母系统，列成一目了然的矩阵，选配例字，并进行必要的文字说明，详略的程度以能根据说明完全恢复出严式记音为准。该方言声母、韵母的主要特点也可以在说明中做简略的交代。因为例字数量有限，归纳音位的时候，对于一时看不清分布是否互补的音素从分不从合，等记完正表之后再观察是否可以合并。汉语的声调就是字调，是能区别意义的最小的超音段语音单位，因此，调类与调位通常一一对应。声母是能区别意义的辅音音素，现代汉语又没有复辅音，因此，每个声母都是辅音音位。但辅音音位并不限于充当声母，因为韵母并非最小的辨义单位，它可以分析为韵头、韵腹、韵尾等更小的辨义单位，而韵尾并不限于元音。因此，一个韵母可能是一个元音音位，也可能是几个元音音位的组合或者元音音位与辅音音位的组合。

整理好声韵调系统后，就可以对《方言调查字表》正表所收的字逐个记音。正表的记音是宽式记音，每个字的声韵调只需跟整理好的声韵调"对号入座"即可，一般不必再细究其语音上的细微差别。但如果怀疑是新的音类，就需要重新比字，以确定是否要增加新的声母、韵母或声调。调查者自己要熟悉《方言调查字表》所收字的形、音、义，诱导发音人说出每一个字的方言读音和用法。要让发音人有一定的思考时间。本地人看见一个字会怎么读固然也要了解，但调查的重点是这个字本地话平时是怎么用的。例如"骆"字兴宁（水口）话读 [loʔ₂˩]，用于"骆驼"[loʔ₂˩ tʰɔ˧˩]，本地没有这种动物，可是"骆"是本地的姓氏之一，要读 [loʔ₂˩]，构成了文白异读。再如兴宁（水口）话的"合"字，《方言调查字表》收了见母合韵（十合一升）和匣母合韵两个地位，匣母的"合"读 [haʔ₂˩] 很容易问出来，可是见母的就不好办，因为"合"不是本地目前实际用到的计量单位。因此兴宁的"合"字似乎只有一个音，一个来历。其实不然。兴宁有一个镇叫"合水"[kaʔ₂˩ ʃui˩]，其中的"合"正是来自《广韵》的古沓切："合集"①，"合水"的得名之由即诸水在此汇集。本地不用、发音人也无法用方言读的字一律删掉。此外还要注意以下几个问题：①要记单字音，避免用连读中发生了语流音变的音代替单字音。②要排除口语中读不出单字音时硬性模仿普通话或权威方言的读音和勉强类推出来的音。③要剔除误读的字音，误读即读白字。例如北京话"尴尬"应读作 [kan˥ ka˥]，但有人却按照偏旁误读作 [tɕian˥ tɕiɛ˥]。④俗读和训读不同于误读，要记录下来，但不能用于音韵比较。俗读音是不合语音规律但当地人普遍使用的字音，例如潮州话将本该与"人参"的"参"同韵的"渗"普遍误读为与"参加"的"参"同韵的 [₋tsʰam˧]；北京话将本该读为去声调的"糙"避讳读作阴平调的 [₋tsʰau˥]。训读是借用方言里某个字的口语音来读另一个丧失了口语音的同义或近义字，如潮州话"香"字的训读音 [₋pʰaŋ˧] 就借用了同义字"芳"的口语音。训读音是借音表义，训读字则是"借义填音之字"，如苏州话的"蕊"[n̩iʏ²˩] 读的是"纽"字的音，即用"蕊"字之义填"纽"字之音。训读音和训读字都是形音义对应关系的错位。

　　汉字通常是一字一音，但也有一字两音甚至多音的。字形相同、字义不同的一字多音是异字同形，不同的意义分别对应不同的读音。字形和字义都相同的一字多音是异读字，有以下几种类型，记音时应加以区别：

　　（1）文白异读：从共时角度看，文白异读是因语用场合不同而产生的异读，用于读书等比较文雅的场合的称为"文读"，日常口语中使用的称为"白读"。文白异读常常分

---

① 表示合集的"合"跟表示计量单位的"合"意义似乎没有联系，要看成同形字。其实不然。《汉书·律历志上》："量者，龠、合、升、斗、斛也，所以量多少也。本起于黄钟之龠，用度数审其容，以子谷秬黍中者千有二百实其龠，以井水准其概。合龠为合，十合为升，十升为斗，十斗为斛，而五量嘉矣。"又《广雅·释器》："龠二曰合，合十曰升。"由"合龠为合""龠二曰合"可知两个"合"字是引申关系。对于"龠"和"合"的关系，《说苑·辨物》的解说不同："千二百黍为一龠，十龠为一合，十合为一升，十升为一斗，十斗为一石。"当以《广雅·释器》为确解。《汉书·律历志上》："权者，铢、两、斤、钧、石也，所以称物平施，知轻重也。本起于黄钟之重，一龠容千二百黍，重十二铢，两之为两。二十四铢为两。十六两为斤。三十斤为钧。四钧为石。"可见"合龠为合"和"两之为两"具有类似的引申关系，前者是合二为一的结果为"合"，后者是一龠十二铢翻倍（两之）的结果为"两"。

布在不同的词语中。例如，上海话"亏"字在"幸亏"中为文读音 [kʰueˇ]，在"亏得"中则为白读音 [tɕʰyˇ]。从历时角度看，文白异读是因形成时期不同而产生的差异，其中最常见的是方言固有的语音层（一般是白读层）与从共同语或其他方言借入的语音层（一般是文读层）叠置而并存的不同读音。语音层的叠置一般不是一两个字，而是具有相同音韵地位的一批字。例如，上海话与"亏"字音韵地位相同的中古止摄合口见系就有一批字有类似的文白异读（前文后白）：贵 [kueˇ/tɕyˇ] ｜ 跪 [gueˇ/dʑyˇ] ｜ 鬼 [kueˇ魔~/tɕyˇ小~] ｜ 龟 [kueˇ/tɕyˇ乌~] ｜ 围 [ɦiueˊ包~/ɦiyˊ~巾]。文白叠置可以分析为声韵调三种音类的叠置，这些音类可以单独叠置，也可以同时叠置，甚至还可以交叉组配。例如，上面所举的"围"就是韵类单独叠置，"贵跪鬼龟"都是声类和韵类同时叠置。厦门话的"知"有三种异读：[tiˀˇ/ₑtiˉ/ₑtsai]，声母 [ts] 是文读，[t] 是白读，韵母 [i] 是文读，[ai] 是白读，[ₑtsai] 的读音就是文读声母和白读韵母的交叉组配。有的方言还有多于两层的叠置，例如厦门话：糊 [hɔˊ文/kʰɔˊ白/kɔˊ白]、前 [tsiɛnˊ文/tsiŋˊ白/tsunˊ白/tsãiˊ白]、盘 [pʰuanˊ文/puanˊ文/pʰũãˊ白/puãˊ白]、平 [iŋˊ文/pʰiãˊ白/piãˊ白/pʰĩˊ白/pĩˊ白]。

文白异读是就一个字存在本地形式和外来形式说的。有些字没有异读，不过从读音的性质看，仍然可以分出本地形式和外来形式，例如北京话古曾摄开口一等部分入声字存在文白异读，表现为韵母 [ɤ/ei(ai)] 的交替：得 [tɤˊ文/teiˉ白] ｜ 勒 [lɤˋ文/lɤˉ文/leiˉ白] ｜ 塞 [sɤˋ文/seiˉ白/saiˉ白]。而多数字并不存在异读，可是从韵母上看，它们分别跟有文白异读的字的文读或白读相同：德 [tɤˊ] ｜ 则 [tsɤˊ] ｜ 刻 [kʰɤˋ]；北 [peiˇ] ｜ 肋 [leiˋ] ｜ 贼 [tseiˊ] ｜ 黑 [xeiˉ/xeiˋ]。这时可以说"德""则""刻"一类的字属于文读层；"北""肋""贼""黑"一类的字属于白读层。

（2）新老派异读：老年人和青年人因年龄层次不同而产生的异读。例如，苏州话"西"老派读作 [siˉ]，新派读作 [ɕiˉ]；"吕"老派为 [liˇ]，新派为 [lyˇ]；"官"老派为 [kuøˉ]，新派为 [køˉ]。新老派异读也可以出现在同一个人的口中，但没有语用场合的分别，通常是新派逐渐取代老派。

（3）城乡异读：市区和郊区因城乡不同而产生的异读。例如福州话"早"字，市区为 [tsaˇ]，郊区为 [tsiaˇ]；"退"字市区为 [tʰœyˋ]，郊区为 [tʰuaiˋ]；"住"字市区为 [tieuˋ]，郊区为 [teuˋ]。城乡异读看似是空间分布区域的不同，实际上仍然反映了历时演变速度的差异。城乡异读通常是乡村模仿城市，最终由城里音逐渐取代乡下音。

新老派异读和城乡异读反映了方言内部不同语言社团当前的语音分歧，要全面认识这些内部分歧，需要进行社会语言学的专项调查。

（4）又读：零散的、不成系统的、条件不明的异读。又读多为自由变读，例如绍兴话"南"[nẽˇ/nõˇ]。又如，北京话"法"有上声和去声两读，"结"有阴平和阳平两种读音，"杉"有 [ʂanˉ/ʂaˉ] 两种读音。又读有时与不同的构词有关，例如，北京话"结果"的"结"既可读阴平又可读阳平,"结合"的"结"则只读阳平;"杉木"的"杉"口语读 [ʂa˥],"杉树"的"杉"则读 [ʂan˥]。

字音全部记完后就可以依据方言音系整理出同音字表和音节表。

将《方言调查字表》所记的全部字音按方言的音系重新排列、登录就成为同音字表,相当于该方言的一本简明韵书。通常以韵母为纲,每一个韵母纵列声母,横列声调,然后把记录到的所有字音都恰如其分地一一归位,同音字表的初稿就制作好了。同音字表要请发音人核对一遍,每一个字都要清晰地读出来。要留意以下几个方面。①记音不合适造成的问题。记音不合适有两种情况,一种是把该分开的音类合成了一个,一种是把该合成一个的音类分开了。核对同音字表特别容易发现前一种问题,因为把含有不同音类的字放在一个同音字串里,只要一读出来就会判若云泥。对于后一种情况,就需要注意听感上很接近的音类分布是否互补。如果互补,合成一个多半没有问题;如果不互补,就要从同音字表中找出具有最小对比的字请发音人读,如果同音就要合并。②发音人改动了读法。一种情况是因为记录《方言调查字表》时调查不到位,发音人认错字了没发现,或者是没有启发出方言口语里的读音,凡这类情况都是该改的改,改增的增。另一种情况是由方言的特点造成的。例如北部吴语常常存在字无定调的现象,那些口语中不容易单用的字尤其如此①。这种情况可以说改不胜改。如果发音人读到过合规则的音,通常就以它为准,但要记下字调不稳的情况。此外方言的演变或接触也会导致一些字音时此时彼、飘忽不定。不管是音类的不稳定还是个别字的不稳定,都要如实记下变异的情况。③摘录错误。分漏摘、看错了标音、放错了位置等不同情况。其中漏摘是无法通过发音人的核对发现的。除了第三种情况,核对同音字表所做的改动都要同步到《方言调查字表》。给同音字表补漏摘的字时也要比对同音不同音。

音节表又称声韵调配合表,它可以反映声母、韵母、声调组合成音节的基本构造规则,犹如古代的韵图。制作音节表可以利用同音字表。同音字表的每一组同音字代表方言的一个音节,在同音字表的每一组同音字中各选一个代表字,将其分解成声韵调三部分,排列成表就是音节表。除了音节表外,反映音节构造规则的还有声韵配合表和四呼配合表。比起音节表来,后两种表较为简略。

同音字表和音节表只是方言语音调查的阶段性成果,还需要通过方言词汇的调查加以检验和补充。《方言调查字表》的收字有限,通过词汇调查可以补充方言用到而《方言调查字表》未收的字②。即使是《方言调查字表》有的字,词汇调查也常常会发现新的读音。这是因为用字表调查方言,很难做到字字到位。事实上发音人看着汉字一下子也很难想清楚它在自己的方言里有多少种读法和用法,有些音到了实在要用的时候才会脱口而

---

① 这种情况通常是由连读变调的影响造成的。字调不稳跟发音人每一次联想到的字组不同有关。
② 例如剌儿南昌话叫作"劈" [let₂],《广韵》入声职韵林直切:"赵魏间呼棘。出《方言》。"

出。而且文字和口语读音脱钩（失去联系）的情况在各方言中都有一定的数量，不少方言里的说法发音人根本就不知道它们原来有字。新的读音多数情况下跟《方言调查字表》所收的音韵地位吻合，但有时反映的是字表没收的另一个古音地位。例如南昌话用身体倚靠的动作叫"凭"[pʰɛn²]，跟《方言调查字表》68页平声蒸韵的"凭"地位不合，来自《广韵》去声证韵皮证切："依几也。"词汇调查记录到的新字、新音、新来历都要同时补到同音字表和《方言调查字表》里去。词汇调查还会记录到许多有音无字的语素，也要补充到同音字表里去。如果碰到新的音类，还要更新声韵调系统。凡属于原先没有出现的音节，都要补到音节表里去。有音无字的语素也要补（通常用编码"①""②"等表示存在该音节，用法见注释）。理想的情况下同音字表和音节表至少要用3000条以上的词汇来进行检验和补充。

《方言调查字表》只供记单字音之用，调查字音在语流中的变化要使用其他调查表，常用的有儿化韵调查表、连读变调和轻声调查表等。此外，根据需要，还可以随时设计其他的调查表。

2.1.4 汉语方言的字音差异和语音对应规律

语音是语言的物质外壳，因此，人们感觉到的方言差异首先是语音差异。汉语方言的语音差异非常显著。请比较十个基本数词在汉语八个代表方言点中的字音分歧：

表 13　七大方言基本数词字音对照表

	北京	苏州	双峰	南昌	梅州	广州	福州	厦门
一	ˬi˥	iɪʔ˥	ˬi˩	it˥	it˩	jɐt˥	eiʔ˥	it˩
二	ɚ˥˩	n̩i˩	e˧	ə˥	n̩i˥	ji˨	nei˨	li˧
三	ˬsan˥	ˬsɛ˥	ˬsã˧	ˬsan˩	ˬsam˧	ˬʃam˥	ˬsaŋ˥	ˬsã˥
四	sɿ˥˩	sɿ˩	sɿ˩	sɿ˩	si˥˩	ʃei˨	sei˨	sɿ˧
五	ˬu˩	ŋ˩	ˬəu˩	ˬŋ̍	ˬŋ̍	ˬŋ̍˧	ŋou˨	ɡɔ˧
六	liou˥˩	loʔ˨	ləu˨	liuk˨	liuk˩	lʊk˨	løy˨	lak˨
七	ˬtɕʰi˥	tsʰiɪʔ˥	ˬtɕʰi˩	tɕʰit˥	tsʰit˩	tʃʰɐt˥	tsʰei˥	tsʰit˩
八	ˬpa˥	poʔ˥	ˬpa˩	pat˥	pat˩	pat˥	paiʔ˥	pueʔ˩
九	ˬtɕiou˩	ˬtɕiy˩	ˬtɕiu˩	ˬtɕiu	ˬkiu	ˬkɐu˧	ˬkau	ˬkau
十	ʂʐ̩˧˥	zɤʔ˨	ʂɿ˩	sət˨	səp˨	ʃɐp˨	seiʔ˨	tsap˨

汉语方言字音的分歧表现在两个方面：一是组成音节的音素不同；二是音节构造规则不同。前者表现为不同的音系常常有不同的音素，甲音系有的音素乙音系却没有，其对应音类的音值当然不会相同。例如，北京话"四"的声母是舌尖前音 [s]，"十"的声母是

舌尖后音 [ʂ]，南昌话没有 [ʂ]，"四"和"十"的声母都是 [s]，因此南昌话的 [s] 就至少要对应北京话的 [s] 和 [ʂ]。苏州话也没有 [ʂ]，但"十"的声母并不是 [s]，而是北京话所没有的浊音 [z]。广州话既无 [s] 和 [ʂ]，也无 [z]，与上述声母相对应的都是舌叶音 [ʃ]。上述几个方言存在如下的对应关系：

从十个数词在以上八个方言里的字音来看，没有一个字的韵母和声调是完全相同的，只有"六""八"的声母分别相同。其中，"十"在八个方言中出现了五个不同的声母、七个不同的韵母和三个不同的声调（但调值有六种）。"六"虽然声母相同，却有七个不同的韵母和三个声调（但调值有八种）。当声韵调全都不同时，整个字音就有极大的差异。例如"一"字北京话读作 [˥i˥]，福州话读作 [eiʔ˨˦]；"十"字北京话读作 [ʂʐ˧˥]，厦门话读作 [tsap₂˩]；"二"字苏州话读作 [n̩.i²˩]，南昌话读作 [ə²˩]，福州话读作 [nei²˩]；"五"字北京话读作 [˥u˩]，苏州话读作 [ŋ̍˩]，福州话读作 [ŋou²˩]。人们听辨这些不同的音节时，很难知道它们表示的是同一个字，这就会出现错误的字音对应。例如，苏州人可能会把福州话的数词"五"[ŋou²˩] 听成苏州话的代词"我"[ŋue²˩]；福州人则可能将苏州话的数词"五"[ŋ̍˩] 听成否定词"伓"[ŋ̍˥]（不）①，因为福州话否定词"伓"[iŋ˥]（不）常被压缩成与后一音节声母同部位的成音节鼻音，在唇音声母前为 [m̩]，在舌尖中音声母前为 [n̩]，在舌面后音声母前为 [ŋ̍]。

音节构造规则不同表现为韵母构造规则和声韵调配合规律的差异。不同方言韵母的构造规则往往不同，例如北京话"六"的韵母是复合元音 [iou]，苏州话是塞尾韵 [oʔ]，福州话是双尾韵 [øyʔ]。北京话的韵母不允许塞音做韵尾，苏州话虽允许塞音做韵尾，但不能跟元音韵尾共现，福州话则无以上两种限制。不同方言在声韵调的配合上也常常有明显的差异，例如南昌话和梅州话"七"的韵母都是 [it]，但南昌话的声母是 [tɕʰ]，梅州话则是 [tsʰ]。南昌话虽然也有 [tsʰ] 声母，但它不能跟齐齿韵配合，而 [tɕʰ] 声母则只能跟齐齿韵、撮口韵配合，因此，"七"的声母只能是 [tɕʰ]。又如，福州话"五"[ŋou²˩] 的声母是 [ŋ]，厦门话虽然也有 [ŋ] 声母，但"五"却不能读 [ŋɔ²˩]。原来福州话 [m, n, ŋ] 声母

---

① "伓"是俗写，本字大概是"无"。试比较几个闽方言"不"的说法：潮州 [˥m̩˧/m²˩]阳上形式只见于独词句｜厦门 [m²˩]｜福清 [˥m̩˧/˥n̩˧/˥ŋ̍˧] 分别出现在双唇音声母前、舌尖音声母前、舌根音声母和零声母前｜建瓯 [eiŋ²˩]。其音变历程为（用 v 代表元音）：mv→m̩→ŋ̍→vN。多数闽语的声调也发生了不规则的变化，原因有待研究。福州话的否定词"伓"从不单说。《汉语方言词汇》（2005: 607）、《福州方言研究》（陈泽平，福建人民出版社，1998: 170）记为阴平调˥ 或˧，《福州方言词典》（冯爱珍，江苏教育出版社，1998: 230）记为阳去调˨˩。

的字在厦门话中有 [m, n, ŋ] 和 [b, l, g] 两套变体，前者只跟鼻化韵、声化韵配合，而后者只跟元音韵、鼻尾韵和塞尾韵配合，例如：门 [˪bun˧文/˪mŋ˧白]、林 [˪lim˧文/nã˧白]、硬 [giŋ²˧文/ŋĩ²˧白]。厦门话"五"的韵母是 [ɔ]，因此声母只能是 [g]（文读为 [˚ŋɔ˦]）。

不管汉语方言之间的字音如何分歧，相互之间又都存在着对应关系。例如根据表 13 "一""七"两个字的读音，可以得到如下的韵母对应：

it（南昌、梅州、厦门）——(j)ɐt（广州）——eiʔ（福州）——iiʔ（苏州）——i（北京、双峰）

这种对应关系还可以得到更多字的支持，例如：

表 14　韵母对应关系举例

	南昌	梅州	厦门	广州	福州	苏州	北京	双峰
	it			(j)ɐt	eiʔ	iiʔ	i	
笔	pit˧	pit˪	pit˦	pɐt˦	peiʔ˧˦	piiʔ˧˦	˚pi˦	˪pi
吉	tɕit˧	tsit˪	kit˦	kɐt˦	keiʔ˧˦	tɕiiʔ˧˦	˚tɕi	˪tɕi

厦门"吉"[kit˦] 是文读，白读为 [kiɛt˦]。其他方言拼零声母时广州话为 [jɐt]，否则为 [ɐt]。不同方言之所以存在着这种语音对应关系，是因为汉语方言同出一源，而且语音的演变是有规律的。古人早已意识到方言之间的这种语音对应关系，例如宋代陆游《老学庵笔记》卷六曾指出：

　　四方之音有讹者，则一韵尽讹。如闽人讹"高"字，则谓"高"为"歌"，谓"劳"为"罗"；秦人讹"青"字，则谓"青"为"萋"，谓"经"为"稽"；蜀人讹"登"字，则一韵皆合口；吴人讹"鱼"字，则一韵皆开口。他仿此。

陆游把跟他心目中的正音不同的读法都视为讹音，这种观念当然是不对的。不过"一韵尽讹"反映的却是方言之间的语音对应关系。研究语音对应得出的规律叫作语音对应规律。探求语音对应规律是方音研究的重要任务之一。弄清楚方音与北京音系的共时对应规律对学习普通话有很大的帮助。

上文曾列出几个方言之间数词"四""十"的声母对应关系，但它只是根据两个字归纳的，还算不上是系统的对应规律。探求方音对应规律的通常做法是依据所记录方言的全部字音，按声、韵、调分别归纳出该方言的每一个音类与北京话或其他方言的对应关系。以南昌话 [s] 声母跟北京话的对应规律为例：

表 15　南昌话 [s] 声母跟北京话的对应规律

南昌	北京	例字（只标南昌音）
s	ʂ	沙 [˗sa] ｜ 事 [sɿ²] ｜ 舍 [˗sa] ｜ 烧 [˗sɛu] ｜ 属 [suk˳] ｜ 神 [sən²]
	s	洒 [˖sa] ｜ 三 [˗san] ｜ 索 [sɔk˳] ｜ 寺 [sɿ²]
	tʂʰ	船 [sɔn²] ｜ 成 [saŋ²]
	ʐ	瑞 [sui²]

即南昌话的 [s] 对应北京话的 [ʂ, s, tʂʰ, ʐ] 四个声母。这条对应规律是根据《汉语方音字汇》收录的南昌话全部读 [s] 声母的字归纳出来的，例字的多寡大体反映对应的主次。有两点需要注意：①为了简洁，归纳的语音对应规律一般是单向的。比如不能反过来说北京话的 [ʂ, s, tʂʰ, ʐ] 对应南昌话的 [s]，因为北京话的 [ʂ, s, tʂʰ, ʐ] 分别对应南昌话的 [s, ɕ]（四 [sɿ²] ｜ 宿 [˖ɕiuk˳]）、[s, ɕ, tsʰ]（师 [˗sɿ] ｜ 书 [˗ɕy] ｜ 柿 [tsʰɿ²]）、[tsʰ, tɕʰ, s]（春 [˗tsʰun] ｜ 橱 [˗tɕʰy] ｜ 常 [soŋ²]）、[n̠, l, ∅, s]（认 [n̠in²] ｜ 认 [lən²] ｜ 容 [˖iuŋ] ｜ 瑞 [sui²]）。②上述对应规律已经排除了例外。"反省"的"省"，南昌话读 [˖sɛn]，北京话读 [˖ɕiŋ]，按理上述语音对应规律还应当包括 [s] 对 [ɕ]。不过北京话的 [˖ɕiŋ] 符合息井切（梗开三上声静韵心母），而南昌话的 [˖sɛn] 并不符合这一音韵地位，符合的是所景切（梗开二上声梗韵生母）。可见南昌话实际上是按所景切的地位来读息井切的"省"的。合并多音字往往跟该方言不用其中一个音韵地位有关。下面再看苏州话 [s, z] 跟广州话的对应规律：

表 16　苏州话 [s, z] 跟广州话的对应规律

苏州	广州	例字（斜线前后分别为苏州音和广州音）
s	ʃ	丝 [˖sɿ/˖ʃi] ｜ 想 [˖siaŋ/˖ʃœn] ｜ 沙 [˖so/˖ʃa] ｜ 叔 [soʔ˳/ʃʊk˳]
	tʃʰ	始 [˖sʮ/˖tʃʰi] ｜ 束 [soʔ˳/tʃʰʊk˳]
z	tʃ	凿 [zoʔ˳/tʃɔk˳] ｜ 谢 [ziɒ²/tʃɛ²] ｜ 助 [zəu²/tʃɔ²] ｜ 郑 [zɐn²/tʃɐŋ²]
	tʃʰ	齐 [˖zi/˖tʃʰɐi] ｜ 徐 [˖zi/˖tʃʰøy] ｜ 柿 [zɿ²/˖tʃʰi] ｜ 重 [zoŋ²/tʃʰʊŋ²]
	ʃ	蛇 [˖zo/˖ʃɛ] ｜ 十 [zɤʔ˳/ʃɐp˳] ｜ 事 [zɿ²/ʃi²] ｜ 旋 [˖ziɿ/˖ʃyn]
	j	惹 [zɒ²/˖jɛ] ｜ 茸 [˖zoŋ/˖juŋ] ｜ 锐 [zɛ³/jøy²]

以上对应关系是从苏州话出发的，不能倒过来——例如说广州话的 [tʃ, tʃʰ, ʃ, j] 对应苏州话的 [z] 显然就有很大问题，因为仅仅是广州话的 [j] 就至少要对应苏州话的 [j, ∅, n̠, z, ɦ, ŋ] 等（爷 [˖jɛ/˖jiu] ｜ 燕 [jin²/ir²] ｜ 肉 [jʊk˳/n̠ioʔ˳] ｜ 茸 [˖jʊŋ/˖zoŋ] ｜ 完 [˖jyn/˖ɦuø] ｜ 软 [˖jyn/ŋø²]）。此外，也同样是排除了例外。所谓排除例外，就是在归纳语音对应规律的时候不把例外性的字音考虑在内。例如"糙"字，《广韵》见于去声号韵七到切，梅州话读

[tsʰau⁼]，声韵调都符合语音演变规律；北京话读 [₋tsʰau]，声调不符合语音演变规律，跟回避某个粗字的读音有关，属于忌讳改音。整理梅州话跟北京话的声调对应规律的时候，就无须设立"去声——阴平"的对应。再如"渗"字，《广韵》见于去声沁韵所禁切，梅州话读 [₋tsʰam]，声韵调都不符合语音演变规律；北京话读 [ʂən⁼]，声韵调都符合语音演变规律。梅州话大概是按半边字"参"（仓含切）来读的，整理梅州话跟北京话的语音对应规律的时候，自然也无须把"渗"字考虑在内。如果条件允许，可以在对应规律的说明中一一列出例外字音。

除了方言与普通话以及方言与方言之间存在共时语音对应规律外，现代方音与中古音之间也存在历时语音对应规律。弄清楚方音与中古音的历时对应规律，对于音韵史研究，特别是语音演变和历史层次的分析是十分重要的。如前所述，《方言调查字表》就是基于这种历时语音对应规律而设计的。探求历时对应规律的做法是全面考察方言字音在《切韵》音系中的音韵地位，逐一排列两个音系的音类对应关系。表 17 是苏州话调类与中古音调类的对应规律表，横向看是从方音出发，反映今调类的古音来历；纵向看是从古音出发，反映古调类的今读表现。从表可见，苏州话的 7 个调类中，阳去调有次浊上、全浊上、次浊去、全浊去 4 个中古音来历，其余 6 个调类都各有 2 个中古音来历。中古音的次浊平、次浊上、次浊去和全浊入在苏州话中都一分为二，其他音韵地位则不分化。

表 17　苏州话调类与中古音对应规律表（仿宋体表示对应的字少）

苏州音	中古音											
	平			上			去			入		
	清	次浊	全浊	清	次浊	全浊	清	次浊	全浊	清	次浊	全浊
阴平 44˧	诗标	蛮鸣										
阳平 24˧		魔明	时民									
阴上 52˩				使早	美裸							
阴去 412˩							试注	夜雾				
阳去 31˩					马脑	是柱		岸漏	事住			
阴入 4˧										接铁		淑夕
阳入 23˧											膜纳	食达

回过头来看前面南昌话 [s] 声母跟北京话的对应规律，南昌话 1 个声母对应北京话 4 个声母，造成这种一对多局面的原因是两个方言经历了不同的历史发展过程，其音类各自发生了不同的分化或合流。也就是说，今音一对多的共时对应可以用古音类的不同音韵地位来解释。因此，我们可以将中古音韵地位作为演变条件加到共时对应规律中去，实际上就是将共时对应规律和历时对应规律综合在一起，即（不举例）：

表 18 南昌话、北京话、中古音对应关系举例

南昌	北京	中古音
s	ʂ	生母书母绝大部分字；船母禅母大部分字；崇母个别字
	s	心母一二等大部分字，止摄开口三等字，止蟹臻通摄合口三等部分字；邪母止摄开口三等仄声字，止摄合口三等字，通摄合口三等部分字
	tsʰ	禅母小部分字
	z̩	禅母个别字

中古音条件的概括要准确。既不能笼统，又不能琐细。能用上一级条件控制的，不用下一级条件逐一列举。单一条件不能控制的，就用多重条件来说明。条件之间不能有冲突。比如南昌 [s]——北京 [ʂ] 的中古音条件如果用"崇生船书禅"，不仅过于笼统，也会跟第三、四条对应的中古音条件冲突，因为不加限制的"禅"代表所有禅母字，只能用一次，如果其他对应条例里再次出现，就说明条件概括得不准确。事实上古禅母字在南昌话里除了读 [s] 声母外，还读 [tsʰ] 声母（小部分字，例如：垂 [₋tsʰui]）和 [ɕ] 声母（少数字，例如：树 [ɕy²]）。崇、生、船、书四母的情况类似（比如崇母在南昌话大部分字读 [tsʰ]，例如：床 [₋tsʰɔŋ]）。南昌 [s]——北京 [s] 的中古音条件比较复杂。心母一二等不提摄，但用"大部分字"加以限制，因为要排除少数读 [tsʰ, tɕʰ] 等其他声母的情况（例如：赐 [tsʰʅ²] | 膝[tɕʰit₋]）；开口三等、合口三等则分别要用"止摄"和"止蟹臻通摄部分字"来加以限制，因为心母三四等字南昌话通常读 [ɕ] 声母。邪母的第一项不仅有摄、开合、等三个方面的限制条件，甚至还有声调上的限制条件，因为邪母止摄开口三等平声字南昌话读 [tsʰ] 声母（例如：祠 [₋tsʰʅ]）。

语音对应规律也可以用表格的形式来表示。以苏州话的声调、部分声母和一个韵母跟北京音、中古音的对应关系为例。用三张表格分别表示，先列苏州音，次列北京音，后列中古音。苏州音和北京音都是今音，用国际音标表示；中古音用汉字注明音韵地位，不标音值。例外字不收入表格，但可以加注予以说明。

表 19　苏州话调类与北京话和中古音的对应规律表

今音		中古音										
苏州	北京	清平	次浊平	全浊平	清上	次浊上	全浊上	清去	次浊去	全浊去	清入	次浊入	全浊入
阴平 44 ┐	阴平 55 ┐	诗标											
	阳平 35 ┐		蛮鸣										
阳平 24 ┐	阳平 35 ┐		魔明	时民									
阴上 52 ↘	上声 214 ↓				使早	美裸							
阴去 412 ↓	去声 51 ↘							试注	夜雾				
阳去 31 ↘							是柱		岸漏	事住			
	上声 214 ↓					马脑							
阴入 4 ┐	阴平 55 ┐										塌接		淑夕
	阳平 35 ┐										识格		
	上声 214 ↓										铁雪		
	去声 51 ↘										魄切		
阳入 23 ┐	阳平 35 ┐											膜没	食达
	去声 51 ↘											叶纳	

表 20　苏州话部分声母与北京话和中古音的对应规律表

今音		中古音										
苏州	北京	帮	滂	并	明	非	敷	奉	微	端	透	定	泥
p	p	波八											
p^h	p^h		普匹										
b	p			避别									
	p^h			皮旁									
m	m				麻灭								
	∅								望袜				
f	f					反福	芳复						
v	f							范佛					
	∅								文物				
t	t									多督			
t^h	t^h										梯秃		
d	t											地毒	
	t^h											题逃	
n	n												拿纳

表 21　苏州话 [ɤʔ] 韵母与北京话和中古音的对应规律表

今音		中古音																						
苏州	北京	开一				开二				开三						合一		合三						
		咸合	咸盍	山曷	曾德	咸	山	梗陌	梗麦	咸叶	深缉	山薛	臻质	曾职	梗昔	山末	臻没	咸	山薛	山月	臻术	臻物	曾	梗
ɤʔ	ɤ	鸽合	磕	割渴	特刻			泽客	责革	摄涉		蛰涩哲舌	瑟	测色										
	o				墨默			魄迫	檗							钵泼	勃没					佛		
	uo															脱夺			说拙					
	u									入	汁执						卒机		出述		物勿			
	ʅ												实质	织食	只释									
	ye																			月				
	ei				黑												没							
	uai																				蟀			

上面这种列表方式的优点是规律鲜明，一目了然，但留有大量空格，不够紧凑，而且不能多举例字，尤其是不能将必要的限制条件一一列出。因此，通常还是采用表 18 那种方式来呈现语音对应规律。以苏州话的 [ɤʔ] 韵母与北京话和中古音的对应为例：

苏州音	北京音	中古音	例字
ɤʔ	ɤ	咸山摄开一见系入声	合蛤鸽喝~酒盍磕，割葛渴喝~彩
		曾开一端系入声多数字	得德忒特肋勒则塞
		曾开一见组入声	刻克
		梗开二见系入声	格客额赫吓，革隔核扼轭
		梗开二知系入声部分字	泽择，责策册
		咸开三章组入声	折褶摄涉
		深开三庄组入声	涩
		臻开三庄组入声部分字	瑟
		山开三薛韵知章组	哲蜇彻撤辙，折~断浙舌设折弄~了
		曾开三庄组入声	侧测色啬

o	曾开一明母入声	墨默
	梗开二帮组入声部分字	伯迫魄帛陌，擘蘖~
	山臻摄合一帮组入声多数字	钵拨泼末沫抹，勃侼没沉~
	臻合三物韵非组个别字	佛
uo	山合一端系入声	掇脱夺捋撮
	山合三章组入声	拙说
u	臻合一端精组入声及疑母入声	突，卒猝，兀
	臻合三术韵知章组	术白~，出术述秫
	臻合三物韵非组多数字	弗物勿
	深开三日母入声	入
ʅ	深开三章组入声	执汁湿十什~物拾
	臻开三知庄部分字章日组入声	侄秩，虱，质实失室，日
	曾开三知章组入声	直值植饬，织职食蚀识式饰殖植
	梗开三昔韵章组部分字	炙斥适释
ye	山合三疑母入声	月白读
ei	臻合一明母入声	没~有
	曾开一晓组入声	黑
uai	臻合三庄组入声	蟀

中古音条件有时可以有不同的表述，例如上述对应中的"曾开一见组入声"也可以说成"曾开一德韵见组"。不过用韵作条件有时比较繁琐，例如"咸山摄开一见系入声"如果用韵作条件，就得说成"咸山摄开一合盍曷韵见系"。另外归纳中古音条件时要注意碰到空格如何处理。所谓空格是指《方言调查字表》中没有字的音节。没有字可能是《切韵》系韵书该音节确实无字，也可能是《切韵》系韵书本来有字，但因为生僻等原因《方言调查字表》没有收。例如果摄开口三等《方言调查字表》只有一个群母字"茄"，做韵母对应规律的时候，这一项来源的中古音条件就可以用"果开三"，无须提韵（果开三只有一个戈韵），也无须提声母条件。上述对应中的"[ɤʔ]——[ei]——曾开一晓组入声"，《方言调查字表》实际上只有晓母收了"黑"字，匣母无字，但归纳条件时可以用"晓组"而不用"晓母"。

探求语音对应规律需要仔细和耐心，要把握好以下几个环节。

（1）要按照规范的北京音系来确定北京音的音值，剔除蓝青官话和北京土音等非标准音值，对于卷舌声母、入声韵等没有把握的音必须不厌其烦地查对规范的现代汉语字典。

（2）要准确地概括中古音条件（参看前文南昌话 [s] 跟北京话的对应关系的说明）。调类对应规律不仅要用中古调类作条件，还要加上声类条件，有时甚至要用韵类作条件。声类对应规律有时也需要采用调类和韵类的条件，韵类对应规律有时也需要采用声类和调类的条件。中古音条件有层级之分，声类分系、组、纽，韵类分摄、呼、等、韵，调类分平、仄或舒、促。高层条件比低层条件的概括性高，但概括到哪一层是很有讲究的，必须根据实际情况分别对待。总的说来有两条原则，一是区别要分明，二是表述要简洁。区别分明就是要使每一条对应规律的中古音条件都跟其他任何一条对应规律有所不同，换句话说，任意两条对应规律的中古音条件都不能完全相同[①]。例如，苏州话的声母 [b] 对应北京话的 [p] 和 [pʰ]，单从声类看，二者的中古音条件都是并母，无法互相区别（表 20 正是在这一点上存在缺陷），这时就必须加上调类条件：[b] 对应 [p] 的中古音条件是并母上声、去声、入声，[b] 对应 [pʰ] 的中古音条件是并母平声。简洁就是概括性强，在不降低区分度的前提下，尽量用高层条件来概括。例如，上述苏州话声母 [b] 对应北京话 [p] 的中古音条件是"并母上声、去声、入声"，跟 [b] 对应北京话 [pʰ] 的中古音条件"并母平声"的区分虽然分明，但是却不够简洁，最好改用高层条件"并母仄声"。

（3）有些对应条例字数很少，算不算规律需要斟酌，若非规律，就应作为例外处理。但判定例外要非常慎重，不能仅凭字数多少来下结论，对于韵母特别是入声韵来说，尤其如此。例外本质上是由误读、训读、特殊音变等非规律性演变造成的，字数少只是其表面现象。前举苏州话 [ɤʔ] 韵母与北京话和中古音的对应规律中，"[ɤʔ]——[u]——深开三日母入声"就可以考虑作为例外而排除。深开三入声北京话今读 [u] 韵母的仅有"入"一个字，其他字逢端系见系读 [i] 韵母，逢知章组读 [ʅ] 韵母，逢庄组读 [ɤ] 韵母。实际上北京话的"入"有 [zʅˀ] 和 [zuˀ] 两个音，前者是窄用音，后者是广用音。窄用音 [zʅˀ] 属于粗话，不过符合语音演变规律，俗写为"日"字，一般的字典、词典都不收"入"的此音此义，连《汉语方音字汇》也只收 [zuˀ] 一个音。陈刚等编写的《现代北京口语词典》（语文出版社 1997: 315）收录了"日"rì，释作"骂人话"，本字就是"入"字。广用音不符合语音演变规律，大概是忌讳改音的结果。

（4）异读字，特别是文白异读字在探求语音对应规律时要分别列入不同的对应条例，并注明其字义或异读性质。这是进行历史层次分析所必需的。

[①] 但以概数形式出现的非规则性条件允许重现。例如"心母个别字""崇母少数字""禅母小部分字"一类的条件在不会互相冲突的情况下，允许在不同的对应条例里重复出现。但"心母一二等大部分字"一类的条件就只能出现一次，如果重复出现就会造成冲突。

2.1.5 语流音变

音素在语流中发生的非音位性共时语音变化称为语流音变。语流音变可以发生在音节内部，也可以发生在音节之间。

音节内部的语流音变（internal sandhi）多为受相邻或相近音素的感染而发生，一般不受语速影响，是受语音环境制约的不自由音变。此类音变有严格的语音条件，符合条件的一般都要发生音变，音变完成后，新的语音形式替换旧形式，最终可以导致音位的交替，从而影响音系的格局。常见的有以下几种：

腭化（palatalization）：非舌面辅音发音时舌面前部向硬腭抬起，因而带有舌面音色彩。常见的是舌根或舌尖声母受舌位较高的前元音韵母感染而发生腭化。例如福建清流话 k 组声母在前元音 [i] 和 [ɛ] 前腭化：旗 [kʲʰi]、结 [kʲɛʔ]；ts 组声母在 [i] 前腭化：齐 [tsʲʰi]。中古见晓组细音字和精组细音字的腭化使不少方言的尖音和团音发生合流，并产生了一组新的舌面声母 [tɕ, tɕʰ, ɕ]，其历程为：

团音（见组细音）：k + i→kʲi→ci→tɕi
尖音（精组细音）：ts + i→tsʲi→tʃi→tɕi

鼻化（nasalization）：韵腹元音受鼻音韵尾感染，发音时软腭提前下垂，气流进入鼻腔，成为鼻化元音，鼻音韵尾则往往同时弱化甚至脱落。例如"山"字，济南、合肥为 [sã]，西安、太原、扬州、双峰为 [sæ̃]。汉语方言中的鼻化韵大都来自中古阳声韵，其音变历程为：an→ãn→ãⁿ→ã。

同化（assimilation）：一个音受另一个音感染而变得与之相同或相似。唇齿辅音 [f] 与圆唇元音 [u] 相拼时，[u] 受 [f] 的感染，唇形往往偏展，有时甚至变成与 [f] 同部位的浊辅音 [v]。例如北京话"师傅、丈夫、豆腐"的后一音节：f + u→fu̜→fv。

异化（dissimilation）：一个音使另一个相同或相似的音变得不同。例如，广州话目前仍保存着整套带双唇鼻音、塞音韵尾的韵母 [am, ɐm, im, ap, ɐp, ip]，这些来自中古咸、深二摄唇音韵尾的韵母早先可以和唇音声母相拼，但现在这些字的双唇音韵尾全都被唇音声母异化成了舌尖中音：帆凡犯范泛 [fam→fan]，品 [pʰɐm→pɐn]，法 [fap→fat]，乏 [fɐp→fɐt]。

跨音节的语流音变又称连读音变（sandhi），这是语流音变的主要类型。连读音变在语速较慢时不一定发生，是自由音变，一般不会导致音位交替。常见的有以下几种：

同化是最常见的连读音变，它可以使发音协调、省力。广州话：今日 [kɐm jɐt→kɐm mɐt]，后一音节的声母 [j] 被与其相邻的前一音节的鼻音韵尾 [m] 同化，发音部位和发音方法都改变，称为完全同化。福州话：公家 [kuŋ ka→kuŋ ŋa]，后一音节的塞音声母 [k] 被前一音节的鼻音韵尾 [ŋ] 同化，发音部位不变，发音方法改变，称为部分同化。以上都是后一音节被前一音节同化，属于顺同化（progressive assimilation）。以下是前一音节被后一音节同化，属于逆同化（regressive assimilation）。武汉话：堂屋 [tʰaŋ u→tʰau u]，前一音节的鼻音韵尾 [ŋ] 被后一音节相邻的元音 [u] 完全同化。河北获鹿话：棉花 [mian xua→miaŋ xua]，前一音节的舌尖鼻音韵尾 [n] 被后一音节相邻的舌根声母 [x] 部分同化为舌根鼻音韵尾 [ŋ]。浙江宁海话：衣橱 [i dʐʅ→y dʐʅ]，前一音节的展唇舌面元音 [i] 被后一音节隔位相邻的圆唇舌尖元音 [ʮ] 同化为圆唇舌面元音 [y]。江苏常熟话：芋艿 [ji na→ɲi na]，前一音节的舌面浊擦音 [j] 被后一音节的鼻音声母同化为舌面鼻音 [ɲ]。

相同或相似的音连读有时会拗口且不易分辨，其中某个音就会变得有所不同，称为异化。例如北京话两个上声字连读时，前一个字的调值会变得与上声不同而与阳平相同：小姐 [ɕiau˩ tɕie˩→ɕiau˧˥ tɕie˩]。异化的音节有时会增加出一个音素，称为增音（epenthesis/insertion）。不少方言的虚词"啊"都是轻读的零声母开口呼单元音韵母，易与前一音节相混，于是便发生增音以保持区别。例如北京话的句末语气词"啊"：拿啊 [na˧˥ a˩ → na˧˥ ia˩]，后一音节的韵母 [a] 因与前一音节韵母相同而发生异化，增加介音 [i]，写作"呀"。苦啊 [kʰu˩ a˩→kʰu˩ ua˩]，[a] 发生异化，增加介音 [u]，写作"哇"；也可视为开口韵 [a] 被前一音节的韵母 [u] 同化成了合口韵 [ua]。看啊 [kʰan˥˩ a˩→kʰan˥˩ na˩]，[a] 发生异化，增加声母 [n]，写作"哪"；也可视为后一音节的零声母被前一音节的鼻音韵尾同化成了鼻音声母。江苏如皋话的"啊"是完成体助词：买啊碗面 [mɛ˩ a˩ ũ˩ mĩ˩]（买了碗面），放啊碗面 [fã˩ ŋa˩ ũ˩ mĩ˩]（放了碗面），吃啊碗面 [tɕʰiəʔ˩ ka˩ ũ˩ mĩ˩]（吃了碗面）。第一例的第二音节未发生连读音变。二、三两例的第二音节发生异化，分别增加了声母 [ŋ] 和 [k]，也可视为第二音节的零声母被第一音节的鼻音和塞音韵尾分别同化为鼻音声母和塞音声母。异化还可以形成换位（metathesis/anastrophe），例如江西临川（今抚州）话"蜈蚣"的说法：蜈蚣虫 [ŋu kuŋ tʰuŋ→ŋuŋ ku tʰuŋ]，第一、二音节的韵母互换位置，目的是使 [kuŋ] 中的 [uŋ] 和 [tʰuŋ] 中的 [uŋ] 远离[①]。

连读时有求省力的自然趋势，常把较强的音发成较弱的音，称为弱化（lenition）。包括清音弱化为浊音，塞音、塞擦音弱化为擦音，送气音弱化为不送气音，前元音和后元音弱化为央元音，复元音弱化为单元音，字调弱化为轻声。连读时读得短而弱的音节称为轻音。轻音也是一种弱化，其声调失去原来的调型，还常伴随着元音辅音的弱化。例如北京话：脑袋[nau˩ tai˥˩→nau˩ dɛ˩]，后一音节的清声母 [t] 弱化为浊声母 [d]，复元音 [ai] 弱化为单元音 [ɛ]，去声 [˥˩] 弱化为轻声 [˩]。有的轻声音节的某个音可以完全脱落，称为减

---

① 参看罗常培、王均《普通语音学纲要》（修订本）196 页，商务印书馆，1981 年。这个例子的换位也可以分析为同化和异化共同作用的结果，即：[ŋu kuŋ tʰuŋ→ŋuŋ kuŋ tʰuŋ→ŋuŋ ku tʰuŋ]，第一步是同化，即第一音节的韵母 [u] 受第一音节声母 [ŋ] 和第二音节韵尾 [ŋ] 的影响（音节内外的因素都起了作用），增生了鼻音 [ŋ]；第二步是异化，即第二音节的韵母 [uŋ] 为了避免跟第一、三音节的韵母 [uŋ] 相同，产生了减音。

音（elision/deletion）。例如上海话：好个 [hɔ˦ gəʔ˦ɕh→hɔ˦ əʔ˦ɕh]（好的），后一音节的声母常常脱落。又如北京的地名：大栅栏 [ta˥ tʂa˥ lan˧→ta˥ ʂ(ɿ)˩ la˩]，第二音节的塞擦音声母 [tʂ] 弱化为擦音声母 [ʂ]，前低元音韵母 [a] 弱化为舌尖元音 [ɿ]，甚至全部脱落，去声调弱化为轻声，第三音节脱落韵尾 [n]。

以上连读音变都是受相邻音节制约的，成因比较单纯。汉语方言里还有一些连读音变比较复杂，不能简单地从音节间影响的角度加以分析，还要进一步从不同的角度考虑多方面的因素。其中特别值得注意的是以下两种音变现象：一是有的连读音变不仅和相邻的语音成分相关，而且和音系的结构要素相关，此类连读音变往往是系统性的，甚至可以形成相对独立于字音系统的变音系统；二是有的语流音变不仅跟语音要素相关，还可能跨越语音层面，和语义层面相关，引起音义关联的连读音变。下面分别举例说明。

福州方言的单字音在字组中连读时会发生复杂的变声、变韵、变调现象，就是一种与音系结构要素相关的系统性音变。

福州方言的变声现象又称"声母类化"。该方言有 15 个声母，分为 5 组：（1）[p, pʰ]；（2）[t, tʰ, s, l]；（3）[ts, tsʰ]；（4）[k, kʰ, x, ∅]；（5）[m, n, ŋ]。字组连读时，后字声母除第 5 组鼻音不变外，其他各组均依前字韵母的类别发生变化，具体情况如下：

表22　福州话声母类化规律表

	p, pʰ	t, tʰ, s, l	ts, tsʰ	k, kʰ, x, ∅	m, n, ŋ
前字无辅音尾	β	l	z	∅	不变
前字为鼻尾韵	m	n	nz	ŋ	不变
前字为塞尾韵（甲）	β	l	z	∅	不变
前字为塞尾韵（乙）	不变	不变	不变	不变	不变

福州话的塞音尾只有 [ʔ] 一个。不过在 [ʔ] 尾之前，曾经有过 [ʔ] [k] 两尾并存的阶段。今 [ɛʔ, œʔ, ɔʔ] 属原 [ʔ] 尾韵，今 [iʔ, eiʔ, aiʔ, uʔ, ouʔ, auʔ, yʔ, øyʔ, œyʔ] 属原 [k] 尾韵，其他入声韵兼属原 [ʔ] 尾韵和 [k] 尾韵。甲类塞尾韵指原 [ʔ] 尾韵，乙类塞尾韵指原 [k] 尾韵。类化后的声母 [z]、[nz] 也记作 [ʒ]。声母类化的例子如：

桌布 [touʔ˨ (tsʰ-)˥ βuɔ˩ (p-)]抹布　　面盆 [miŋ˦ muoŋ˩ (p-)]脸盆
好天 [xɔu˨ lieŋ˩ (tʰ-)] 晴天　　天时 [tʰieŋ˦ ni˩ (s-)] 天气
露水 [lu˦ zuei˩ (ts-)]　　燕鸟 [ieŋ˨ nzɛu˩ (ts-)] 燕子
雷公 [lai˩ uŋ˦ (k-)] 雷　　辰候 [seiŋ˩ ŋau˩ (x-)] 时候

从单个实例来看，以上音变分别可以分析为弱化或同化，但从总体上看，福州音系声母的类型差异显然有一种更具统摄性的高层原因。声母类化产生了声母系统中原本没有的

[β] 和 [z]，这就与字音系统产生了矛盾，甚至可能给音系分析造成麻烦。例如，"枇杷"的读音是 [pi˥˧ βaˊ(p-)]，根据上述音变规律，"杷"字应读 [paˊ]，但实际上"杷"字并不单用，若念单字，有的发音人就可能照样读作 [βaˊ]，若照此记音，福州方言的声母系统就会多于 15 音。

福州方言的变韵现象是指该方言的多数韵母在音节内部与阴去、阳去、阴入等声调相拼时主元音的舌位发生低化、后化、复化等音变，但连读时作为两字组的前字却又不发生变韵。例如：韵母 [i] 的变韵是 [ei]，属于该韵母的"记"和"忆"两个字同为阴去，单字音分别读作 [keiˊ] 和 [eiˊ]，但字组"记忆"却读作 [ki˥˧ eiˊ]，前字读成了本韵，后字仍读变韵。进一步观察，该字组的前字还发生了连读变调，调值由阴去 213 变得跟阳平 53 相同了，后字则未发生变调。由此可以推知，福州音系的变韵是和音系的另一项结构要素声调的变化相关的。该方言两字组连读变调的基本规则是后字一律不变调，前字大都要变调，调值可变同阴平 44、阳平 52、上声 31，但不变同阴去 213、阳去 242、阴入 23。因此，前一类调值分布较广，后一类调值则分布较窄，而变韵只发生在较窄的分布位置，即不发生变调的位置（后字和单字），也就是说，变调会阻止变韵的发生，变韵也就不可能出现在变调位置（前字）上。

音义关联的连读音变常见的例子是合音。合音是指某些常用词语的两个音节结合得十分紧密，以至被压缩成一个音节。从语音上看，合音时两个音节往往不是掐头就是去尾，从而挤压在一个音节的框架内。从语义上看，两个语素的意义却并不减损，而是共用一个音节作为外壳，成为一个并合语素，最后甚至连字形也写成一个。例如苏州话：勿曾 [fɤʔ˥ zən˦]（未曾）合音成 [fən˦]，可以写作"朆"①；阿曾 [aʔ˥ zən˦]（可曾）合音成 [aŋ˦]，可以写作"䞧"②；勿要 [fəʔ˥ iæˊ]（不要）合音成 [fiæˊ]，可以写作"覅"③；直*扛*[zɤʔ˧ gaŋˊ]（这样）合音成 [zaŋˊ]，与"丈"同音；捺*亨*[naʔ˧ haŋ˦]（怎么样）合音成[naŋˊ]，于是在音系中增加了一个本来没有的音节。儿化也是一种合音现象，同时又是一种系统性音变。从语音层面看，"儿"字的零声母元音音节合并到前一音节上，并使前一音节的韵母发生变化，形成不同于基本韵母的儿化韵系统。从语义层面看，实词

---

① 张春帆《九尾龟》（上海交通图书馆 1917 年石印本）作"朆"。例如第五回："倪搭耐一迳客客气气，从来朆说过歇笑话格（我跟你一直客客气气，从来没有说过笑话的）。"
② 廖序东《苏州语音》（江苏人民出版社 1958）87 页写作"䞧"，跟"因~果巷 樱鹦"同音，可能是作者仿照"朆"自造的字。"阿曾" [aʔ˥ zən˦] 的合音比较曲折。大概是前字取声母和主元音，后字取韵尾和声调，因为苏州话有 [aŋ] 无 [an]，"阿"为阴调字，所以 [an˦] 要调整为 [aŋ˦] 才符合音系的结构。
③ 《海上花列传》（光绪二十年[1894]石印本）写作"覅"。例如第一回："耐覅去听俚。俚来哚寻耐开心哉（你别听他。他在拿你寻开心呢）。"作者韩邦庆在该书"例言"中指出："惟有有音而无字者，如说'勿要'二字，苏人每急呼之，并为一音；若仍作'勿要'二字，便不合当时神理，又无他字可以替代，故将'勿要'二字并写一格。阅者须知'覅'字本无此字，乃合二字作一音读也。"（据上海古籍出版社 1994 年标点本，标点略有调整）

"儿"的词汇意义逐渐虚化，变成表小称或昵称等较为抽象的语法意义的词缀。随着这一语法化进程，"儿"的意义越来越抽象，语义上对前一个字的依附性越来越强，语音上的独立性则越来越弱，最后就完全并合到前一语素上去了。儿化现象除了我们熟悉的北京话外，还有种种不同的形式，例如，洛阳话"铃儿"[liŋ˩ ɯ→liɯ˩]，湖北鄂城话"芽儿"[ia˩ a→ia˩]，山西平定话"洞儿"[tuəŋ˧ l→tⱡuəŋr˧]，湖北阳新话"刀儿"[tɑ˦ n̩→tɐn˦]。

连读时声调发生变化称为连读变调，连读变调会形成不同于单字调的连调系统。有的连读变调只和共时语音要素相关，可以分析为异化或同化。例如北京话"小姐"[ɕiau˩ tɕie˩→ɕiau˨˩ tɕie˩] 是逆异化，福州话"棉花"[mieŋ˧˩ ŋua˦] 是逆同化。有的连读变调则是由历史语音条件造成的，例如浙江温岭方言。该方言有 7 个单字调：阴平 33、阴上 42、阴去 55、阴入 5、阳去 13、阳入 1、阳平上 31。中古浊平和浊上今合并为阳平上调，因此，以下几对字今分别同音：桃＝稻、皮＝被、时＝市、墙＝象。但这些同音字的连读变调表现却不相同，例如：

    桃花 [dɔ˨˩ huo˦] ≠ 稻花 [dɔ˩ huo˦]　皮里 [bi˨˩ ʔli˩] ≠ 被里 [bi˩ ʔli˩]
    时价 [zɿ˨˩ ko˥] ≠ 市价 [zɿ˩ ko˥]　　墙角 [ziã˨˩ koʔ˥] ≠ 象角 [ziã˩ koʔ˥]

这就需要用中古音类条件来说明：古浊平字作两字组前字时都要变调，古浊上字则不变调。还有的连读变调属于音义关联的层次。例如苏州方言相同调类组成的两字组往往有几种不同的连读变调。"雇"和"故"今音相同，中古也是同音字，但连读变调却不同：

    雇人 [kəu˨˩ n̩in˦] ≠ 故人 [kəu˨˩ n̩in˧˧]

造成这种分歧的原因不在语音层面，而要到语法语义层面寻求："故人"是偏正式复合词，"雇人"是述宾词组，这两个字组的语法语义关系不同，因而采用了两种不同的连读变调。同类的例子还可以举出很多，甚至同一个字组也可以有不同的连读变调：

    炒菜 [tsʰæ˩ tsʰE˩/tsʰæ˩ tsʰE˩˩]
    跷脚 [tɕʰiæ˦ tɕiɒʔ˥/tɕʰiæ˦ tɕiɒʔ˩]
    拎包 [lin˦ pæ˦/lin˦ pæ˩˩]
    泡饭 [pʰæ˨ vE˩/pʰæ˦ vE˩]

有些方言还有不同于一般连读变调的小称变调、重叠变调、语法变调等，也都属于音义关联的语流音变。

思考与练习

1. 国际音标是怎样设计出来的?
2. 汉语拼音和国际音标有何异同?
3. 怎样利用《方言调查字表》进行汉语方言语音调查?
4. 汉语方言在声韵调方面各有哪些重要的不同点?
5. 某方言有四个声调,能说该方言的声调系统与普通话相同吗?为什么?
6. 若两个方言都有阴平、阳平、上声、去声四个声调,这两个方言的声调一定相同吗?
7. 试对某方言的音系代表字进行严式记音,进而归纳该方言的音系。
8. 怎样探求语音对应规律?
9. 试根据某方言的同音字表探求该方言与普通话和中古音的对应规律。

阅读书目

丁声树、李　荣,1956,《汉语方言调查简表》,中国科学院语言研究所。

李　蓝,2006,"中国通用音标符号集"及若干问题的说明,《方言》第 3 期。

李　荣,1957,《汉语方言调查手册》,科学出版社。

李　荣,1982,《音韵存稿》,商务印书馆。

李　荣,1985,《语文论衡》,商务印书馆。

林　焘、王理嘉,1992/2013,《语音学教程》,北京大学出版社。

罗常培、王　均,1957,《普通语音学纲要》,科学出版社。

雒　鹏,1999,一种只有两个声调的汉语方言——兰州红古话的声韵调,《西北师大学报》(社会科学版)第 6 期。

麦　耘,2005,对国际音标理解和使用的几个问题,《方言》第 2 期。

唐作藩,2016,《音韵学教程》(第五版),北京大学出版社。

中国社会科学院语言研究所,1981,《方言调查字表》(新 1 版),商务印书馆。

周殿福,1985,《国际音标自学手册》(配有录音盒带),商务印书馆。

2.2 方言词汇调查

2.2.1 方言词汇和方言词

汉语各方言所使用的词和普通话所使用的词很大一部分是相同的。所谓相同,是指词义、语素及其构造方式相同,读音则不必相同。十个数词在不同方言里尽管语音上差异很大(参看前文表 13),但仍然是相同的词。这类词称为"通用词"(common word)。

另一方面，各方言都有一定数量的词在词义、语素或构造方式上不同于普通话，称为"方言词"（dialectal word）。方言词汇的特点就体现在方言词上。例如普通话的名词"厨房"[tʂʰu˧ faŋ˧]，太原话为"伙房"[xuɤ˩ fõ˩]，成都话为"灶房"[tsau˩ faŋ˩]，合肥话为"锅间"[ku˩ tɕiĩ˩]，扬州话为"锅上"[ko˩ saŋ˧]，苏州话为"灶下间"[tsæ˩ ɦo˩ kɛ˧]，温州话为"镬灶间"[ɦo˩ tsɜ˩ ka˧]，长沙话、南昌话为"灶屋"[tsau˩ u˧/tsau˧ fat˩(uat)]，双峰话为"茶堂"[dzo˩ doŋ˩]，阳江话、福州话为"灶前"[tʃou˩ tʃʰin˩/tsau˩ leiŋ˩(s-)]，厦门话为"灶骹"[tsau˩ kʰa˧]，潮州话为"灶下"[tsau˩ e˩]，建瓯话为"鼎间"[tiaŋ˩ kaiŋ˧]；普通话的形容词"馊"[sou˧]，济南话为"斯*脑*"[sɿ˩ nɔ˩]或"酸"[suæ˩]，西安话为"尸*气"[sɿ˩ tɕʰi˩]或"酸"[suæ˩]，成都话为"酸臭"[suan˧ tsʰəu˩]，温州话为"蔫"[i˧]，广州话为"宿*"[ʃʊk˩]，阳江话为"臭馊"[tʃʰua˩ ʃ˩]或"宿*"[ɬʊk˩]，厦门话、潮州话、福州话为"臭酸"[tsʰau˩ sŋ˧/tsʰau˩ sũŋ˧/tsʰau˩ souŋ˧]。

方言词汇是特定方言的词语总汇，包括通用词语和方言词语。揭示一个方言的词汇特点固然重要，但调查记录其通用词语也是开展汉语方言比较研究的重要基础，不可忽略。有的方言词通行于某一个或某几个方言区，也有的方言词只通行于某个方言片甚至某个方言点。图12为《汉语方言地图集》词汇卷134图"站~起来 (stand [up])"的模拟图（图例在每种说法的后面标明方言点数）。从图可见，官话方言主要使用通用词"站"（例如北京话 [tʂan˩]），但也有部分方言说"立"（例如陕西商洛原商县、商州市话 [li˩]）。东南诸方言除少数地方使用通用词"站"外，都使用方言词"徛"（例如梅州话 [kʰi˧]）、"立"（例如苏州话 [liɪʔ˩]）等，通行范围最广的是"徛"，其次是"立"（主要见于北部吴语区、江西中部的赣语区、桂北的平话区），"直"、"□"[ŋe˧]①、"竖"、"拉"、"撑"等其他说法则只见于少数方言。"徛"字方言区人民常常写作"企"，温州写作"亍"，本字就是"徛"。《广韵》上声纸韵渠绮切："徛，立也。"

近几十年来，全民文化教育水平有很大提高，随着普通话的推广和现代汉语的规范化，大批普通话词语进入各方言，与原先使用的方言词并用。其中不少普通话词的使用频率日益提高，甚至已经取代或行将取代方言词。反映新概念、新事物的大量新词则基本上都是按普通话的语素和构词规则构造的。可见，方言词正在加速式微，日渐消亡。方言词直接反映地域文化，保存方言词也就具有了保存地域文化的意义。因此，编纂方言词典、挖掘和保存方言词就成了一项紧迫的任务。20世纪末应运而生的《现代汉语方言大

---

① "□"[ŋe˧] 的本字为"隑"。《广韵》平声咍韵五来切："隑，企立。"图12里说"隑"的4个方言从左到右分别为上虞、余姚、慈溪、宁波市镇海区（具体的调查点请看《汉语方言地图集》语法卷附录），都属于吴语太湖片，镇海为甬江小片，其余三点为临绍小片。

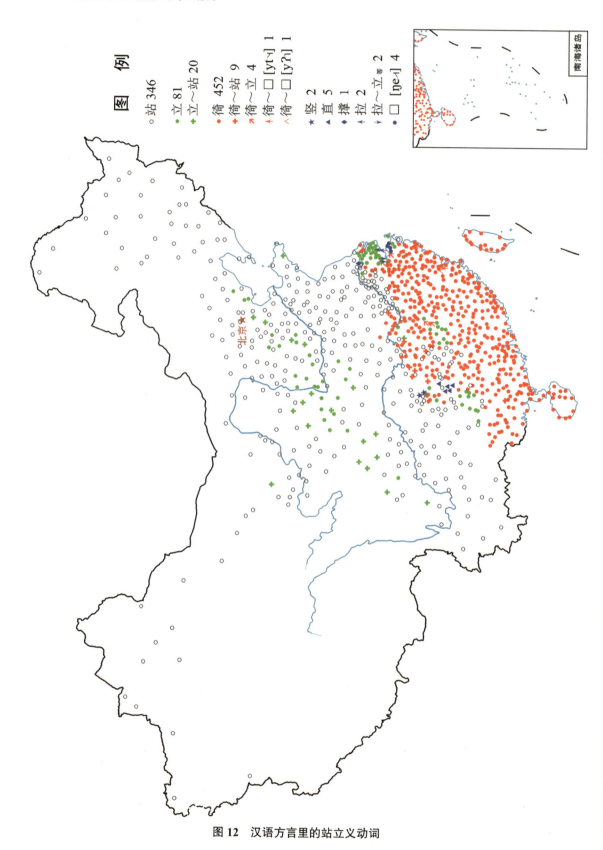

图12 汉语方言里的站立义动词

词典》在这方面做了很好的工作①。

2.2.2 汉语方言的词汇差异和特点

汉语方言经历长期发展，由于人文历史和社会环境不完全相同，因而在词语的继承和创新方面各具特点，久而久之便形成了丰富的方言词。方言词的特点要通过比较来揭示，我们可以通过方言词与相应的普通话词的对比以窥一斑，不妨从以下几方面来观察、分析：

2.2.2.1 词源的差异

同源词作为历史语言学的一个术语，本指亲属语言中具有相同词根的一组词。例如，英语、德语、拉丁语的"母亲"就是一组同源词：mother，Mutter，mater。汉语方言间词义相同或相关、符合语音对应规律的方言词也可以视为同源词。词义相同而不符合语音对应规律的方言词则不是同源词。从这个意义上说，不少同义的常用基本词在不同方言里有不同的词源。例如，普通话的"冰"[piŋ˥]，武汉话为"凌"[nin˩]，广州话为"雪"[ʃyt˧]，潮州话为"霜"[suɯŋ˧]。普通话的"说"[ʂuo˥]，温州话为"讲"[kuɔ˥]，南昌话为"话"[ua˨]，双峰话为"曰"[gua˨]。普通话的"傻"[ʂa˨]，西安话为"瓜"[kua˨]，成都话、双峰话为"哈*"[xa˧˥/xa˨]，武汉话为"苕"[sau˨]，扬州话、合肥话为"呆"（獃）[tɛ˨/tɛ˧]，苏州话、厦门话为"戆"[gɒŋ˧/gɔŋ˧]，温州话为"呆"[ŋe˨]，长沙话为"宝"[pau˨]。普通话"（粥）稠"[tʂʰou˧]，苏州话说"厚"[fiɤ˨]，长春话说"干"[kan˥]，长沙话说"酽"[ȵiẽ˨]，湖南双峰话说"浓"[iɛn˨]，临湘话说"密"[mi˧]，安徽祁门话说"硬"[ŋɒ̃˧]。

有些方言词虽然同源，但在不同的方言里发生了非对应性的变化，以至被当作不同的词，写成不同的字，这种情况可以称为同源异流。例如，普通话的"肮脏"[aŋ˥ tsaŋ˥]，温州话为"鏖*糟*"[ɜ˧˩ tsɜ˧˩]，广州话为"污*糟*"[wu˥ tʃou˥]，南昌话为"腌臜"[ŋa˨ tsa˨]，福建连城（新泉）话为"阿*糟*"[au˧ tsau˧]。又如，普通话的"晾"[liaŋ˨]，上海话为"朗"[lɒŋ˨]。

方言词里还有一些借自兄弟民族或外语的外来词，例如：

① 东北官话借自满语的词（沈阳音）：

    埋*汰* [mai˧ tʰai˧]——肮脏   特*勒* [tʰə˧ lə˧]——不整齐

---

① 分卷本包含 41 种分地词典，由江苏教育出版社 1992—1999 年出版。综合本（六卷本）由江苏教育出版社 2002 年出版。2003 年、2007 年又补充出版了 2 种分地词典。43 个地点分别为（补充的两点列在最后）：崇明、苏州、厦门、长沙、娄底、西宁、太原、贵阳、南昌、武汉、梅县、乌鲁木齐、南京、丹阳、忻州、柳州、黎川、西安、扬州、徐州、金华、海口、银川、洛阳、济南、东莞、万荣、杭州、温州、上海、宁波、萍乡、南宁、牟平、成都、哈尔滨、福州、建瓯、广州、雷州、于都、绩溪、南通。

② 东北官话借自俄语的词（沈阳音）：

裂*巴* [liɛ˧˥ pa˥]——面包　　　　　马*神* [ma˧˥ sən˥]——机器

③ 吴方言借自英语的词（上海音）：

沙*发* [so˧ faʔ˥]——沙发（sofa）

派*司* [pʰɑ˧ sɿ˥]——通行证（pass）

水*汀* [sɿ˧ tʰiŋ˥]——暖气（steam）

司*的*克* [sɿ˧ tiəʔ˥ kʰəʔ˥]——手杖（stick）

水*门*汀* [sɿ˧ məŋ˧ tʰiŋ˥]——水泥制品（cement）

④ 粤方言借自英语的词（广州音）：

波* [pɔ˥]——球（ball）

恤*衫 [ʃøt˥ ʃam˥]——衬衫（shirt）

的*士* [tɪk˥ ʃi˨]——小轿车（taxi）

菲*林* [fei˥ lɐm˧˥]——胶卷（film）

士*的* [ʃi˨ tɪk˥]——手杖（stick）

士*巴*拿* [ʃi˨ pa˥ na˧˥]——扳手（spanner）

⑤ 闽南话借自马来语的词（厦门音）：

道*郎* [to˧ lɔŋ˧˥]——帮助（tolong）

五骹*去* [go˧ kʰa˥ kʰi˨]——街道两旁非露天的人行道（kaki lima）

镭* [lui˥]——铜板（duwit）

雪*文* [sap˨ bun˧˥]——肥皂（sabon）

洞*葛* [tɔŋ˧ kat˨]——手杖（tongkat）

普通话词汇是以汉语北方方言为基础的，中古以来，北方汉语的演变比南方汉语快，一大批晚起词替换了早起词，其词汇面貌与汉语古代文献相比已经发生了显著的变化，而东南方言则较多地保存了古汉语词，其中尤以粤方言和闽方言为多。例如：

广州话：屐 [kʰɛk˨]——木拖鞋　　　　　镬 [wɔk˨]——锅

　　　　行 [haŋ˧˥]——走　　　　　　　走 [tʃɐu˧˥]——跑

　　　　徛 [kʰei˨]——站　　　　　　　着 [tʃœk˨]——穿

　　　　睇 [tʰɐi˧˥]——看　　　　　　　饮 [iɐm˧˥]——喝

　　　　食 [ʃɪk˨]——吃　　　　　　　　畀 [pei˧˥]——给

厦门话：目 [bakㄱ]——眼睛　　　　　　鼎 [tiã˩]——锅

　　　　啼 [te˩]——哭　　　　　　　　觅 [ba˩/bai˩]——寻找①

　　　　惊 [kiã˥]——怕　　　　　　　　厝 [tsʰu˩]——房子

　　　　索 [soʔㄱ]——绳子　　　　　　头毛 [tʰau˩ mŋ˩]——头发

梅州话：禾 [vɔ˩]——稻子　　　　　　　索 [sɔkㄱ]——绳子

　　　　食 [sətㄱ]——吃　　　　　　　面 [miɛn˩]——脸

温州话：嗅 [hoŋ˩]——闻　　　　　　　着 [tɕia˩]——穿

　　　　面 [mi˩]——脸

南昌话：嗅 [ɕiuŋ˥]——闻　　　　　　　徛 [tɕʰi˩]——站

　　　　禾 [uo˩]——稻子　　　　　　　噍 [tɕʰiɛu˩]——嚼

2.2.2.2 复合词的语素差异

现代汉语词汇以复合词居多，复合词由两个及两个以上的实语素构成，构成方言复合词的语素常常与同义的普通话复合词不尽相同或完全不同。例如：

普通话复合名词"手掌"[ʂou˨˩ tʂaŋ˨˩]，北京话为"巴掌"[pa˥ tʂaŋ˨]，温州话为"手掌"[ɕiɤu˨ tɕi˥]，苏州话、厦门话为"手心"[sʏ˨ sin˥/tsʰiu˨ sim˥]，双峰话、长沙话为"手板"[ɕiu˨ pæ˨/səu˨ pan˨]，潮州话为"手底"[tsʰiu˨ toi˨]，梅州话为"手巴掌"[su˨ pa˥ tsɔŋ˨]。

普通话复合动词"接吻"[tɕie˥ uən˨]，太原话为"亲嘴"[tɕʰiŋ˥ tsuei˨]，武汉话为"挨嘴"[ŋai˥ tsei˨]或"斗嘴"[tou˥ tsei˨]，合肥话为"疼嘴"[tʰən˥ tse˨]，苏州话为"香鼻头"[ɕiaŋ˥ bɤʔ dɤ˨]或"香面孔"[ɕiaŋ˥ miɛ˨ kʰoŋ˨]，温州话为"積嘴"[tsaŋ˥ tsʅ˨]②，南昌话为"嗅嘴"[ɕiuŋ˥ tsui˨]，广州话为"嘬嘴"[tʃyt˥ tʃøy˨]，建瓯话为"密*嘴"[mi˨ tsʏ˨]，梅州话为"斟*嘴"[tsəm˥ tsui˨]，厦门话为"相斟*"[sã˥ tsim˥]，福州话为"钟*"[tsyŋ˥]③。还有用"打"加拟声词的，例如双峰话、长沙话为"打啵"[ta˨ pu˥/ta˨ po˥]，武汉话又说"（打）啪"[(ta˨) pʰa˥]，温州话又说"打嘣"[tiɛ˨ poŋ˥]。

普通话复合形容词"讨厌"[tʰau˨ iɛn˨]，合肥话为"讨嫌"[tʰɔ˨ ɕiɛ˨]或"格*厌"[kɤʔ iɛ˨]，扬州话为"犯嫌"[fæ˨ ɕiɛ˨]，苏州话为"惹气"[zɒ˨ tɕʰi˨]或"讨惹厌"[tʰæ˨zɒ˨ iɛ˨]，双峰话、长沙话为"带厌"[ta˥ ĩ˨/tai˥ iɛ˨]，梅州话为"得人恼"[tət˥ ȵin˨ nau˨]，广州话为"乞人憎"[hɐt˥ jɐn˨ tʃɐŋ˨]，厦门话为"顾农怨"[kɔ˨ laŋ˨

---

① 厦门话通用的寻找义动词是"□"[tsʰe˥]，"觅"也可以表示寻找，但对象限于保姆、工作（"头路"[tʰau˨ lɔ˨]）等。

② 《汉语方言词汇》（2005: 416）记作"槙嘴"[tsaŋ˥ tsʅ˨]，据游汝杰、杨乾明《温州方言词典》（江苏教育出版社 1998: 316）调整。《广韵》上声轸韵章忍切："稹，緻也。又聚物。"

③ 梅州话、厦门话的"斟*"、福州话的"钟*"为马来语 chium 的音译。

uan˩]①。

普通话复合形容词"高兴"[kau˥ ɕiŋ˥˩]，成都话为"喜欢"[ɕi˨˩ xuan˥]，梅州话为"欢喜"[fɔn˦ hi˧˩] 或"兴"[hin˨˩]，苏州话为"开心"[kʰɛ˦ sin˦]，温州话为"快活"[kʰa˧˩ ɦo˨˩]。

2.2.2.3 复合词的构词差异

有的复合词语素虽然相同，但是语素的排列顺序却不同。例如，粤语、客家话普遍把"客人"[kʰɤ˨˩ zən˥]说成"人客"（广州 [jɐn˨˩ hak˧]，梅州 [ŋin˨˩ hak˧]）；吴语、闽语、赣语、客家话普遍把"热闹"[zɤ˥˩ nau˥˩]说成"闹热"（温州 [nɯ˧˩ ȵi˨˩]，厦门 [nau˨˩ liɛt˧]，南昌 [lau˨˩ lɛt˥]，梅州 [nau˩ ȵiat˥]）；粤语、闽语、吴语、赣语普遍把"喜欢"[ɕi˨˩ xuan]说成"欢喜"（广州 [fun˥ hei˧˩]，福州 [xuaŋ˥ ŋi˧˩(x-)]，苏州 [huɵ˦ ɕi˧˩]，南昌 [fɔn˥ ɕi˨˩]）；广州把"拥挤"[iuŋ˥ tɕi˧˩]说成"挤拥"[tʃei˧˩ juŋ˥]，陕西清涧把"气味"[tɕʰi˨˩ uei˨˩]说成"味气"[vei˦ tsʰɿ˥]。

有些附加式合成词虽然词根相同，但是附加的词缀却不同。例如，普通话的"竹子"[tʂu˥ tsɿ˩]、"盖子"[kai˨˩ tsɿ˩]，苏州话为"竹头"[tsoʔ˦ dɤ˦]、"盖头"[kɛ˨˩ dɤ˦]；普通话的"老大"[lau˨˩ ta˨˩]、"老二"[lau˨˩ ɚ˨˩]，苏州话为"阿大"[aʔ˥ dəu˨˩]、"阿二"[aʔ˥ ȵi˩]；普通话的"鼻子"[pi˧˥ tsɿ˩]，苏州话、双峰话为"鼻头"[bɤʔ˩ dɤ˦/bi˦ de˩]，南昌话、梅州话为"鼻公"[pʰit˥ kuŋ˨˩/pʰi˨˩ kuŋ˥]，广州话为"鼻哥"[pei˦ kɔ˥]。

有些词在普通话里是单纯词，在方言里则是合成词。例如，普通话的单纯词"纸"[tʂɿ˨˩]、"灶"[tsau˨˩]、"车"[tʂʰɤ˥]，苏州话都是合成词：纸头 [tsɿ˨˩ dɤ˦]、灶头 [tsæ˨˩ dɤ˦]、车子 [tsʰo˦ tsɿ˨˩]。

有的方言还有完全不同于普通话的音变造词法，例如南宁郊区老口村平话有一种音变造词法，某些表示手部动作的动词根据动作对象的大小有两种不同的词形，一种主元音为 [a]，另一种主元音为 [ɛ]，前者表示对较大对象施加动作，后者表示对较小的对象施加同样的动作：挖 [uat/uɛt]、掰 [mat/mɛt]、挟 [kat/kɛt]。

2.2.2.4 词义的差异

有些词词源、语素、构造都相同，但词义不尽相同或完全不同。与普通话相比，方言词的词义差异有以下几种类型。

① 词义较宽：

苏州话：馒头 [mø˦ dɤ˦]——馒头；包子②

---

① 闽南话"农"[laŋ˥]是"人"的意思。
② 词义较宽是就目前的苏州话说的。旧时苏州人吃的馒头都是有馅儿的，因此"馒头"指的是包子，如豆沙馒头、肉馒头。因此属于下文的第三类（词义不相关）。引进了没有馅儿的馒头以后，苏州话的"馒头"就包括了馒头和包子在内。不过无标记的说法通常还是指包子，要明确指馒头的时候必须用有标记的说法：大包子馒头—实心馒头 [dɒ˦ pæ˨˩ tsɿ˩ mø˦ dɤ˦ – zɤʔ˥ sin˦ mø˦ dɤ˦]。

长沙话：蚊子 [mən˧ tsɿ˧]——蚊子；苍蝇①
扬州话：鼻子 [pieʔ˦ tsɛ˧]——鼻子；鼻涕
上海话：吃 [tɕʰiıʔ˦]——适用于固体、液体、气体（吃饭、吃酒、吃烟）
常熟话：一直 [iıʔ˦ dʐəʔ˦]——常常；一直

② 词义较窄：

浙江遂昌话：面食 [miẽ˨ ziıʔ˦]——馄饨
新疆哈密话：荷包 [χɤˇ pɔɾ˧]——端午节佩戴的内装香料的绢绸绣花荷包
常熟话：姊妹 [tsɿ˧ me˨]——妹妹

③ 词义不相关：

上海话：白乌龟 [bʌʔ˦ u˨ tɕy˨]——鹅
福州话：紫菜 [tsie˨ zai˨]——茄子
扬州话：公公 [koŋ˨ koŋ˧]——外祖父
　　　　婆婆 [pʰo˨ pʰo˧]——外祖母
厦门话：惊 [kiã˧]——怕

④ 词义相反：

广州话：房 [fɔŋ˨]——屋子
　　　　屋 [ʊk˧]——房子
常熟话：馒头 [mɤ˨ de˨]——包子
　　　　包子 [pɔ˧ tsɿ˧]——馒头

2.2.2.5 独创词语

有不少表示同一概念、词义完全相同的方言词，由于文化背景和造词心理不同，词形大相径庭。这是方言词中最富个性的一类。例如：

普通话的"蝙蝠" [piɛn˧ fu˧]，北京话为"燕*么*虎*儿" [iɛn˨ mɛ˧ xur˧]，济南话为"檐憋*蝠了" [iæ̃˨ pie˨ xu˨(f-) tsɿ˧]，西安话为"夜标*虎*" [ie˨ piau˨ xu˧]，长沙话为"檐老鼠" [iẽ˨ lau˨ ɕy˨]，广州话为"蝠鼠" [fʊk˧ ʃy˧] 或"飞鼠" [fei˧ ʃy˧]，梅州话为"帛*婆*□" [pʰɛt˧ pʰo˨ ɛ˨]，厦门话为"蜜*婆" [bit˧ po˨]，福州话为"琵*琶*兜*壁" [pi˨ βa˨(p-) lau˧(t-) βieʔ˧(p-)]。

普通话的"螳螂" [tʰaŋ˧ laŋ˧]，北京话为"刀螂" [tau˧ laŋ˧]，西安话为"猴子"

---

① 要加以区分的时候，蚊子叫"夜蚊子" [ia˨ mən˧ tsɿ˧]，苍蝇叫"饭蚊子" [fan˨ mən˧ tsɿ˧]。

[xou˦ tsʅ˦]，太原话为"扁担婆"[pie˥ tæ̃˦ pʰɤ˅]，成都话为"（孙）猴子"[(sən˦) xəu˩ tsʅ˦]，温州话为"剪裾娘"[tɕi˦ tɕy˦ ɲi˩]，长沙话为"禾老虫"[o˩ lau˩ tsən˩]，广州话为"马狂螂"[ma˩ kʰɔŋ˩ lɔŋ˩]，阳江话为"马骝狂"[ma˩ leu˩ kʰɔŋ˩]，厦门话为"草猴"[tsʰau˥ kau˩]，福州话为"草蜢哥"[tsʰau˩ maŋ˩ kɔ˥]。

普通话的"向日葵"[ɕiaŋ˥ zʅ˥ kʰuei˦]，北京话为"转日莲"[tsuan˥ zʅ˥ liɛn˩]，济南话为"朝阳花"[tʂʰɔ˥ iaŋ˦ xua˥]，昆明话为"朝阳饼"[tʂʰɔ˩ iã˦ pĩ˥]，温州话为"太阳佛花"[tʰa˩ ji˩ vai˩ ho˦]。

普通话的"萤火虫"[iŋ˦ xuo˨˩ tʂʰuŋ˦]，苏州话为"游火虫"[jiɤ˦ həu˩ zoŋ˩]，梅州话为"火蓝虫"[fɔ˩ iam˩ tsʰuŋ˩]，厦门话为"火金姑"[he˩ kim˦ kɔ˥]，福州话为"蓝尾星"[laŋ˩ muei˩ liŋ˦(s-)]。

普通话的"猪舌头"[tʂu˥ ʂɤ˦ tʰou˦]，北京话为"口条"[kʰou˨˩ tʰiau˦]，温州话为"猪口赚"[tsei˦ kʰau˦ dziaŋ˩]，南昌话为"招财"[tsɛu˩ tsʰai˦]，广州话为"猪脷"[tʃy˩ lei˩]。

普通话的"闪电"[ʂan˨˩ tiɛn˥]，苏州话叫"霍*险*"[ho?˦ ɕin˩]。

普通话的"雾"[u˥]，苏州话叫"迷露"[mi˦ ləu˦]。

普通话的"菜肴"[tsʰai˥ iau˦]，绍兴话为"下饭"[ɦo˩ væ̃˥]。

普通话的"戏剧说明书"[ɕi˥ tɕy˥ ʂuo˦ miŋ˦ ʂu˥]，广州话为"戏桥"[hei˦ kʰiu˩]。

普通话的"臭虫"[tʂʰou˥ tʂʰuŋ˦]，广州话为"木虱"[muk˩ ʃɐt˥]。

普通话的"煤油"[mei˦ iou˦]，广州话为"火水"[fɔ˥ ʃøy˦]。

普通话的"伞"[san˨˩]，广州话为"遮"[tʃɛ˥]。

普通话的"冻疮"[tuŋ˥ tʂʰuaŋ˥]，常熟话为"死血"[si˦ ɕio?˦]。

2.2.2.6 特殊词语

各方言都有一些本方言通用而不见于或极少见于其他方言的词语。由于成因暂不清楚，故称为方言特殊词语。这类词以东南诸方言较为多见。例如：

① 吴方言（苏州音）

  囡儿 [nø˨˩ ŋ̍˦]——女儿　　 轧 [ga?˦]——挤、拥挤

  掼 [guᴇ˩]——扔

② 湘方言（长沙音）

  里手 [li˩ səu˩]——内行　　 堂客 [tan˦ kʰɤ˦]——妻子

③ 客家方言（梅州音）

  脉*介 [mak˩ kɛ˩]——什么　　 娘□ [ɔi˦ ɛ˩]——母亲

④ 闽方言（厦门音）

囝 [kiãˋ]——儿子　　　　　　　的*括* [tɪkˈ kuatˈ]——得意、棒

□ [kʰaʔˋ]——较、更

⑤ 粤方言（广州音）

嘢 [jɛˋ]——东西　　　　　　　乜 [mɐtˈ]——什么

靓 [lɛŋˈ]——漂亮　　　　　　　叻 [lɛkˈ]——能干

汉语方言存在着南北大分野，南方和北方往往各有一些通行范围较广的特殊词语。例如官话区普遍使用人称代词"我""你""他"，以及表示复数的后缀"们"，南方方言则多与此不同。南方方言表示动物性别的词语也多与北方方言不同，例如：

	公鸡	母鸡
温州	雄鸡 [jyʊŋˋ tsɿˉ]	草鸡 [tsʰɜˊ tsɿˉ] / 鸡娘 [tsɿˉ ɲiʊˋ]
长沙	鸡公（子）[tɕiˉ kənˉ（tsɿˊ）]	鸡婆 [tɕiˉ poˋ]
南昌	鸡公 [tɕiˋ kuŋˋ]	鸡婆 [tɕiˉ pʰɔˋ]
梅州	鸡公 [kɛˉ kuŋˉ]	鸡嫲 [kɛˉ maˋ]
福州	鸡角 [kieˉ kœyʔˊ]	鸡母 [kieˉ muɔˋ]
广州	鸡公 [kɐiˋ kʊŋˉ]	鸡乸 [kɐiˋ naˊ]

2.2.3 方言词汇调查要点

2.2.3.1 确定调查范围

首先，调查方言词汇，如果是为了反映词汇的全貌，就需要记录尽可能多的词语，如果限于条件而不可能做大规模调查，就要以常用词语为重点，而尽可能少涉及书面的和生僻的词语。这是因为常用词语是日常口语中使用的，在整个词汇中具有代表性。方言的词汇特点基本上也表现在这一部分。其次，方言中有许多来自普通话的新词语，对它们进行观察可以了解方言词汇演变的趋势。此外，某些方言还有一些与地区性行业有关的词语（例如海滨、渔场的水产业用词，山乡农村中的蚕茶林药业用词），而有些与行业、阶层等有关的词语却又与地域分布无关，这些词语都值得注意。

词汇调查范围确定后，要着手编制调查表格，按照不同要求设计词条。词条可以包括各个方面，多多益善，不一定局限于常用词语。还可以根据方言特点增加某些词语。词语总数数百至数千不等。词条按词类分列，名词、动词等词类之下再按义类分列，然后按词的音序或笔画顺序排列。这样，调查表格本身就是一个分类词汇集，因而有利于词汇的调查和资料的整理。

2.2.3.2 鉴别方言词语

由于官话方言的强大影响，特别是由于 20 世纪 50 年代以来大力推广普通话，普通话的词语已经大量进入方言。例如上海、温州、福州等地本来把"电影"叫作"影戏"，但后来口语中也同时普遍使用"电影"一词，这样，"电影"也就成了上述各个方言词汇的一员。但普通话词语进入方言的程度深浅有所不同，因此其使用频率往往也是有差异的。所以，要设法鉴别方言区群众使用的与普通话相同的词语，哪些已经完全取代了方言词，哪些还处于并用阶段。如果是后一种情况，就要把并用的方言词记录下来。这就需要注意调查的方式，少用问答式，多用启发式等。此外，还需要注意了解调查对象本身的情况，以鉴别哪些是该方言的俗传词（popular words），即当地老百姓一代代口传下来的词语，哪些是受异方言或普通话影响的词，哪些是借用书面词语的词。

2.2.3.3 记录词条

调查方言词汇首先要记音。记音不仅要记单字音，还要记语流音变和特殊音变（诸如同化、异化、合音等），并加以注释说明。方言中有的语音现象可能要到记录词语时才能发现，这时还要回过头来进行语音的补充调查。

记录方言词语，还要记录方言的字形。有的方言词语无字可写，就借用本方言中的同音字，在右上角加 * 号表示，例如苏州"鲎*"[hɤ˩]（虹）。没有同音字时，就以方框"□"表示，例如梅州"□"[ˍŋam˧]（碰）。有的方言使用方言区自造的俗字，称为"方言字"，应按"名从主人"的原则采用之。例如苏州话把桥两头靠近地面的地方叫 [˧tʰəu˩]，俗写为"堍"字，当为吴语区的方言字①。南宁平话管宰杀叫 [ˍtʰaŋ˩]（～猪｜～鸡｜～鱼），俗写为"㓥"字，是粤语区流行的一个方言字。梅州客家话管"我"叫 [ˍŋai˩]，俗写为"偓"字（喊～唱歌就唱歌 [ham˅ ŋai˩ tsʰɔŋ˩ kɔ˧ tsʰiu˩ tsʰɔŋ˩ kɔ˧]叫我唱歌就唱歌），是客家地区流行的方言字。

方言词语的释义要准确。例如，梅州的"正"有 [ˍtsən˧˅] 和 [tsaŋ˧˅] 两种读音，前者义为"不反"，后者义为"不歪"，应作为两个方言词分别释义。又如，长沙"瘦"[ˍṣəu˧]、"精"[ˍtsin˧] 两词（新派分别读为 [səu˧/tɕin˧]），指人畜时用"瘦"，指肉类时，谓语用"瘦"，修饰语用"精"，这是语法功能不同，释义时应加以说明。"精肉"亦作"腈肉"。

在准确解释词义的基础上，还要进一步弄清方言词语和普通话词语间的对应关系。这种对应关系有简有繁。有的是一对一，例如长沙话"大"[ta˧] 与普通话"大"大致相同。有的是多对一，例如成都话的"围巾"[uei˩ tɕin˧] 和"项巾"[xaŋ˩ tɕin˧] 都与普通话

---

① 苏州话读上声可能是受到了变调的影响（参看叶祥苓《苏州方言词典》157 页，江苏教育出版社，1993 年）。南宋吴文英（四明鄞县今浙江宁波人）《梦窗词集》自度腔《西子妆慢·湖上清明薄游》有"笑拈芳草不知名，乍凌波、断桥西堍"，可知"堍"字已颇历岁月。

"围巾"相当,苏州话的"瘦"[sʏ˩](指人畜)和"精"[tsin˧](指肉类)加起来与普通话的"瘦"相当。有的是一对多,例如广州话的"肥"[fei˨]相当于普通话的"肥"(指牲畜和肉类)加上"胖"(指人)。甚至还有更为复杂的对应,例如:

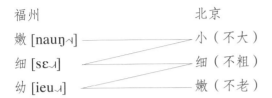

北京和福州的"嫩"互不相关,其他的词则互为一对二的关系。此外,由于各地事物的不同,词语对应也可能口径参差,无法切合。例如东南沿海的"黄花鱼"或指小黄鱼,或指大黄鱼;建瓯的"竹管"[sʏ˩ kɔŋ˧]、"鲎壳"[xau˨ kʰu˩]功能虽然都相当于普通话的"水舀子",可是材料、形制跟北方迥异:"竹管"是装了柄的竹筒,"鲎壳"则是用鲎的甲壳加工而成的。凡此种种,都需要一一加以说明。

用词汇调查表格来调查词语,自有它的方便处,但由于表格中的词目大都来自普通话,因此,某些方言词如果在普通话中没有对应的词,就可能调查不出来。例如闽广特有的水果"杨桃""番石榴"。因此,还要注意避免受词汇调查表格的束缚,遗漏这类方言词。

2.2.4 方言词的本字考证

调查方言词汇时,用同音字(右上角标星号)或方框(表示有音无字)记录的语素以及当地通用的方言俗字是否有本字,如果有的话,是哪一个字,都需要加以考证。有些字虽然与所记的方言词语义相符,但音韵地位是否相符还要进一步验证。这些工作叫作考本字。所谓本字,就是古代确有其字,并在文献中保存至今,但其音其义与方言口语词的对应已不为人知的字。本字就是方言词本来的文字记录形式,大都收录在历代字书、韵书中。本字在音和义两方面本来都与当时的方言词有对应关系,但由于字音、字义或字形发生了历史演变,对应关系也相应改变,早先的本字和后来的方言词就渐渐对不上号了。考本字就是恢复方言词的音义与字形之间的本源关系。一般说来,词义的对应相对容易把握,字音的对应则往往比较复杂,把握起来有一定的难度。因此,考本字的关键往往也在如何说明语音对应关系。

例如,苏州方言"孵小鸡"的"孵"说[bu²˩](苏州古浊上、浊去今读同调),字形通常就写作"孵"。"孵"字《广韵》义为"卵化",词义相符。再看字音:芳无切,音韵地位是遇摄平声虞韵敷母。虞韵对应苏州今韵母[u],如果不考虑声调,韵母是符合对应规律的;但反切下字"无"是平声,与今声调阳去不符;此外,敷母应该对应今声母

[f]，这与实际读音 [b] 不符。[b] 主要来自並母，以及保留上古重唇读音的少数奉母字。因此，从音来看，"孵"的声母和声调都不合对应规律，不能认定为本字。真正的本字应来自並母上声或去声，韵母则不限于虞韵，因为苏州音系的 [u] 韵母除了遇摄虞韵非组的来源外，还有遇摄模韵帮组和流摄尤韵非组两个来源。遍查《广韵》《集韵》，在以上韵类的唇音字中，只有"伏"字语义相符。其义为"鸟菢子"，比"孵"更贴切。"伏"的音韵地位是流摄去声宥韵奉母，符合语音对应规律，可以确定为本字。其实，《方言》卷八就有"伏"用作"孵"的记载："鸡，陈楚宋魏之间谓之鸅鳺，桂林之中谓之割鸡，或曰䎒。北燕朝鲜洌水之间谓伏鸡曰抱。爵子及鸡雏皆谓之鷇。其卵伏而未孚始化谓之涅。"还可以举出其他书证。《吴子》卷上："譬犹伏鸡之搏狸，乳犬之犯虎，虽有斗心，随之死矣。"陈基《夷白斋稿·鸡凫行》："鸡与凫，皆壳育。凫爱水游鸡爱陆。凫昔未辨雌与雄，母不顾之鸡为伏。鸡渴不饮饥不啄，以腹抱凫谁敢触？凫脱壳，鸡鼓翼，日日庭中觅黍稷，啄啄呼凫使之食。凫羽日襡襂，一朝下水不顾鸡。鸡在岸，凫在水，赋性本殊徒尔耳。鸡知为母不知凫，恨不随波共生死。"

又如，苏州方言"左手"口语说成 [tsiɯ sʏɴ]，"左"字的韵母似乎不符合语音对应规律，因此一般不敢确认"左"就是本字。查《广韵》，"左"有"臧可、则箇、作可"三个反切，属果摄上声哿韵和去声箇韵，声母同为精母，声调虽不同，但不论上声还是去声，只要声母为清音，作为两字组连读变调的前字都可变同阴平 44 调。因此，声母和声调均符合语音对应规律。歌、哿、箇韵所对应的今韵母，白读为 [ɒ] 文读为 [ɔu]，都与 [i] 相去甚远。与此平行的是，在其他一些吴语方言里，"左"字的韵母也有不合正常对应规律的另一种读音，如嘉兴 [ˀtsəu/tɕiˀ]，温州 [ˀtsəu/tsei]，宁波 [ˌtsou/tɕiaˀ]，绍兴 [ˀtso/tɕiaˀ]。将这些现象联系起来，"左"字的韵母似乎经历过一个后低元音前化、高化、裂化的音变历程：ɒ → ia → i → ei。"左"的这一音变，在冯梦龙的《山歌》中已有记载："左，俗音际（按：今音 [tsiˀ]）"，这表明该音变发生在明代以前。以上推测可以得到晋中方言的进一步印证。晋中方言"左手"的"左"也不读正常韵母而读同"借"的韵母，如平遥、介休 [ˀtsuə/tɕiɛˀ]，太谷 [ˀtsuo/tɕie]，灵石 [ˀtsuə/tɕieˀ]，娄烦 [ˀtsəɯ/tɕiɿˀ]，文水 [ˀtsʊ/tɕiˀ]。孝义正常读作 [ˀtsɛ]，"左手"的"左"读作 [tɕiɛˀ]，二者主要元音相同，正好反映了《广韵》"左"字分属上去两韵的情形，"左手"的"左"来自去声韵。更重要的是，晋中方言去声"左"的韵母今读还使上面推测的音变历程变得更加完整：ɒ → ia → iɛ → ie → iɿ → i。吴方言和晋中方言去声"左"的平行演变表明二者同源，本字就是"左"。

思考与练习

1. 什么是方言词？方言词的特点表现在哪些方面？
2. 怎样进行汉语方言词汇调查？
3. 试搜集你所熟悉的方言里的方言词并分析其特点。
4. 怎样考证方言本字？

阅读书目

董绍克，2002，《汉语方言词汇差异比较研究》，民族出版社。
李　荣，1997，考本字甘苦，《方言》第 1 期。
李如龙，2000，论汉语方言特征词，《中国语言学报》第 10 期。
［美］史皓元、顾　黔、石汝杰，2006，《汉语方言词汇调查手册》，中华书局。
王福堂，2003，方言本字考证说略，《方言》第 4 期。
中国科学院语言研究所，1955，《方言调查词汇手册》，科学出版社。

2.3 方言语法调查

2.3.1 汉语方言的语法特点

方言语法的特点可以通过方言语法与普通话语法的差异来揭示。跟语音和词汇相比，语法是方言中共性最大的部分。方言语法特点虽然不如语音、词汇特点那么多，那么明显，但毕竟还是存在的，而且是不容忽视的。总的说来，方言语法特点可以从两种角度来分析：一是考察相同的语法手段在不同的方言里是否表示相同的语法意义，是否具有相同的语法功能；二是考察相同的语法意义或语法功能在不同的方言里是否用相同的语法手段来表示。

先以重叠为例从第一种角度来看汉语方言的语法差异和特点。重叠作为汉语的一种重要构词手段，就是将语素或音节重复排列，改变其语义和语法功能，从而构成新词。例如，普通话语素重叠可以构成重叠式合成词："宝→宝宝、干净→干干净净"；音节重叠可以构成拟声词和词缀：[pʰaŋ]→[pʰaŋ pʰaŋ]（拟声词，写作"乓乓"）、[paŋ]→[paŋ paŋ]（词缀，写作"梆梆"：硬梆梆）。汉语各方言虽然都采用重叠构词法，但这种构词手段在不同的方言中却有不同的构词功能。上面的例子表明普通话可以将单音节名词重叠后构成新的双音节名词，可以将双音节形容词重叠后构成状态词，但普通话不能将双音节的约数词重叠后构成新的约数词，而上海话的重叠法则有这种功能："勿少（不少）→ 勿勿少少（很多）、交关（许多）→ 交交关关（非常多）"。普通话双音节偏正式状态词可以整体重叠成四音节状态词（AB → ABAB），却不能部分重叠成三音节状态词（AB → AAB），上海话则都可以，例如：

	碧绿	雪白	笔直	老远
普通话：	碧绿碧绿	雪白雪白	笔直笔直	老远老远
上海话：	碧绿碧绿	雪白雪白	笔直笔直	老远老远
	碧碧绿	雪雪白	笔笔直	老老远

拟声词多由音节重叠而成，普通话有"ABB""AABB""ABAB"等重叠式拟声词：哗啦啦、叽叽喳喳、呼噜呼噜，但没有"BBA"式拟声词。上海话的重叠手段则可以构成这种格式的拟声词，例如：哗哗剥、的的笃。

下面再从第二种角度举例说明汉语方言的几项语法特点。

2.3.1.1 名词的小称

普通话名词用与后缀"儿"合音的方式（即儿化）表小称，例如："瓶儿"[pʰiə̌r]、"罐儿"[kuar˩]、"桃儿"[tʰauɻ˥]、"刀儿"[tauɻ˥]。但不少方言的小称是用其他语法手段表示的。有的方言以重叠方式表示，多见于官话方言的西北、西南地区和闽方言，例如成都话："瓶瓶"[pʰin˧ pʰin˩]、"罐罐"[kuan˧ kuan˥]。有的方言则以音变方式来表示，例如浙江温岭话的小称变调（变音）："桃"[dɔ] 读本调˩时表示一种树木及其果实的概念义，读变调˦时表示"桃儿"；同样，"李"[li] 读本调˩时表示另一种树木及其果实的概念义，读变调˦时表示"李子"①。山东阳谷话老派也用儿化表小称，但形式复杂，有如下四种类型②：

（1）"l̩"型儿化：字儿 [tsl̩] ｜ 衣儿 [il̩] ｜ 锯儿 [tɕyl̩]。

（2）复辅音型儿化：塔儿 [tʰlar] ｜ 刀儿 [tlɔr] ｜ 座儿 [tsluɤr]。其中 [l] 近似略后的 [ɾ]。

（3）双音节型儿化：碟儿 [tiler] ｜ 卷儿 [tɕylɛr]。其中 [l] 近似略后的 [ɾ]。

（4）普通型儿化：把儿 [par] ｜ 块儿 [kʰuɛr] ｜ 弓儿 [kuər]。

前三种类型都是普通话所没有的。闽南漳平方言一般用词尾"仔"[a]（大概是"囝"字的弱化形式）表小称，但当"仔"[a] 出现在韵腹为 [a] 的无尾韵母后面时，便与之合音，表现为 [a] 音段的消失，同时发生一种特殊的变调，从而使该方言具有了两种功能相同的小称手段。例如，普通"仔"尾词：箱仔 [siŋ˧ ŋã˩]，韵母为 [a] 的合音变调词（用下画线表示两字合音）：<u>车仔</u> [tsʰa˩]（←[tsʰa˧ a˩]）。

---

① 关于变音可参看李荣《关于方言研究的几点意见》第肆节，《方言》1983 年第 1 期。关于温岭方言的变音，可参看李荣《温岭方言的变音》（《中国语文》1978 年第 2 期）、阮咏梅《再论温岭方言的变音》（游汝杰等主编《吴语研究——第六届国际吴方言学术研讨会论文集》，上海教育出版社，2011 年）。

② 分布条件及原韵母跟儿化韵的对照请参看董绍克《阳谷方言研究》51—54 页，齐鲁书社，2005 年。

2.3.1.2 人称代词的数

人称代词复数的构成，多数方言用附加法，官话区多附加复数后缀"们"。也有少数方言采用音变方式表示复数。

变韵的如厦门话（"侬"是方言字）：

单数	我[guaˇ]	汝[liˉ]	伊[iˉ]
复数	阮*[gunˇ]	恁*[linˇ]	㑌[inˉ]

根据漳州话的"阮*"[guanˇ]可知厦门发生了"[guanˇ]→[gunˇ]"的变化，跟韵头[u]、韵尾[n]都具有"高"的特点有关。

变调的如陕西商洛市（原商县、商州市，在字的右上角加 ᵀ 表示变调）：

单数	我[ŋɤˇ]	你[niˇ]	他[tʰaˇ]
复数	我ᵀ[ŋɤ˩]	你ᵀ[ni˩]	他ᵀ[tʰa˩]

共时系统中的一些音变现象往往是历史上的合音造成的。例如上举闽南话人称代词以变韵的方式表示复数（单数人称代词加[n]尾就成了复数人称代词），实际上是由"我农""汝农""伊农"的合音造成的①。《祖堂集》卷十一（据全国图书馆文献缩微复制中心 1993 年影印高丽海印寺刻本）睡龙和尚偈云：

瞎眼善解通，聋耳却获功。一体归无性，六处本来同。
我今齐举唱，方便示汝浓。祖传佛祖印，继续老胡宗。

其中"浓"即表示人的"农"，"汝浓"就是"你们"的意思。睡龙和尚为福唐县（今福清市）人。《祖堂集》为五代南唐泉州招庆寺静、筠二禅僧编，记述自迦叶以至唐末、五代共 256 位禅宗祖师的主要事迹及问答语句，而以南宗禅雪峰系（义存禅师，822—908）为基本线索。可见唐五代时福建地区已用"单数人称代词 + 农"的手段来表示人称复数。今福鼎、龙岩方言仍然保存了这种用法的分析形式（据陈章太、李如龙《闽语研究》，语文出版社 1991：114—115）：

	我们	你们	他们
福鼎	我农 [˪uaˉ ˪neŋ]	汝农 [˪niˉ ˪neŋ]	伊农 [˪iˉ ˪neŋ]
龙岩	我农 [˪guaˉ ˪laŋ]	汝农 [˪liˉ ˪laŋ]	伊农 [˪iˉ ˪laŋ]

"汝"原记作"女"。标音不反映连调，调值根据同书 46 页。梅祖麟根据西班牙传教士

---

① "农"是"人"的意思，一般写作"侬"。《庄子·让王》："舜以天下让其友石户之农。"成玄英疏："石户，地名也。农，人也。今江南唤人作农。"参看黄典诚《闽语人字的本字》（《方言》1980 年第 4 期）。

在马尼拉记录的华侨闽南话推断:"至晚在 1600 年,闽南话复数人称代词已经变成合音词。"①

2.3.1.3 形容词的形容程度

普通话和多数方言以重叠方式改变形容词的形容程度。例如北京话"嘴唇涂得红红的"(很红)。闽粤方言部分地区形容词重叠后,形容程度或加强或减弱要受变调和附加成分的制约。例如广州话的"白"重叠成"白白"[pak˨ pak˨]表示很白,而后面附加"地"则表示略白:"白白地"[pak˨ pak˨ tei˧˥]。个别地点还有形容词的三叠方式,构成一套完整的等级体系,例如厦门话:

红 [aŋ˧˥]

红红 [aŋ˥˥ aŋ˧˥](很红)

红红红 [aŋ˧˥ aŋ˥˥ aŋ˧˥](极红)

单音节形容词还利用附加成分的重叠来改变形容程度和修饰色彩。多数方言以后加成分重叠为主,例如北京话的"绿油油"[ly˥˩ iou˥ iou˥]。这种方式还有两种变体。(1)形容词与重叠的后附成分之间有衬字,多见于西北地区官话,例如陕西绥德话"蓝格映映"[lã˥ kəʔ iəŋ˥ iəŋ˥]。(2)后附成分为复合成分,例如北京话"傻不楞登"[ʂa˥˩ pu˥ ləŋ˥ təŋ˥]。吴方言则多前加成分重叠,例如苏州话"石石硬"[zaʔ˥ zaʔ˥˥ ŋaŋ˨]、"墨墨黑"[məʔ˥ məʔ˥˥ həʔ˥]。

单音节形容词后加成分的重叠,由于不同的附加成分有不同的修辞色彩,因此在使用上也各有范围。例如苏州话"黄希希"[ɦuɒŋ˨ ɕi˥ ɕi˥]用于一般物体,"黄蜡蜡"[ɦuɒŋ˨ laʔ˥ laʔ˥]用于面色,"黄焦焦"[ɦuɒŋ˨ tsiæ˥ tsiæ˥]用于烧烤的食品。有些方言前加成分的重叠所产生的形容强度要大于后加成分的重叠,例如浙江绍兴话:

绿滴滴 [loʔ˨ tieʔ˥˥ tieʔ˥˥](略绿)

滴滴绿 [tieʔ˥˥ tieʔ˥˥ loʔ˨](很绿)

热火火 [nieʔ˨ hu˥˥ hu˥˥](温热)

火火热 [hu˥ hu˥˥ nieʔ˨](很热)

2.3.1.4 动词的动态和动量

普通话和大多数方言用助词来表达动词的动态,例如北京话的"看着"表进行,"看了"表完成。有个别方言则通过动词的变调来表示动态,例如陕西商洛市"抓"[tsya˨]变

---

① 参看黄丁华《闽南方言里的人称代词》(《中国语文》1959 年 12 月号)、梅祖麟《闽南语复数人称代词形成合音的年代》(丁邦新、余蔼芹主编《语言变化与汉语方言——李方桂先生纪念论文集》,"中研院"语言学研究所筹备处、华盛顿大学 2000)。

调为 [tsya˧˩] 时表示完成，相当于普通话的"抓了"。广州话也借助变调区别动作的进行和完成，例如"佢来啦"[kʰœy˨ lai˨ lɑ˨] 表示"他动身来了"，变调为 [kʰœy˨ lai˧˥ lɑ˨] 则表示"他来到了"，前者表示"来"的动作正在进行，后者表示"来"的动作已经完成。还有的方言用动词重叠表示动态，例如：

安徽霍丘：吃吃，没菜了。（正吃着，没菜了。）
　　　　　走走，又栽了一跤。（正走着，又摔了一跤。）
　　　　　担心担心，那边火又着了。（正在担心，那边又着火了。）
广州：行行下街忽然之间落起雨上喱。（正在街上走着，忽然下起雨来。）
　　　睇睇下戏有人嘈起上哩。（正在看戏，有人吵起来了。）

还有的方言用动词前缀表示动态。以下例句中的前缀"圪""忽"都表示反复体：

河南获嘉：为一点小事儿，成天净圪吵。（为一点小事，成天吵个不停。）
呼和浩特：他有个毛病，就爱圪眨眼睛。（他有个毛病，老是不停地眨眼。）
　　　　　天气也不热，你穷忽扇甚呢？（天气也不热，你干吗不停地扇呢？）

用同一种语法手段表示同一种动态时，不同的方言也往往采用不同的虚词。苏州和南通都用副词表进行体，但所用副词与普通话完全不同，例如：

苏州（勒*海*）：俚勒*海*吃饭。（他正在吃饭。）
南通（赖*下*）：他赖*下*吃饭。（他正在吃饭。）

许多方言都用助词表进行和持续，但词形也不相同，例如：

长沙（起）：骑起一部新单车。（骑着一辆新自行车。）
南昌（倒）：坐倒吃比站倒吃要好些。（坐着吃比站着吃要好些。）
重庆（起、倒）：外头正下起雨的，等一下儿走。
　　　　　　　（外头正下着雨呢，等一会儿走。）
　　　　　　　出个题目大家讨论倒。（出个题目大家讨论着。）
山东牟平（的）：光的头、赤的脚跑到外面。（光着头、赤着脚跑到外面。）
广州（紧、开）：佢食紧/开饭。（他吃着饭呢。）

除了表达手段不同，汉语各方言的动态类型也不一致，同一类动态也不一定完全等价。例如，兰银官话的中宁方言有一种始动体，与普通话的起始体大体对应，但不等价。中宁话"雨下开了""天热开了""他愁开了"的始动体标记"开"大体可以用普通话的起始体标记"起来"替换。但普通话的"天热起来了，还要热下去呢"中宁话就很难对译，中宁话下列相关例句的"开"也不能替换成普通话的"起来"，而要换用别的说法：

坐开了把报纸铺在底下。（坐的时候把报纸铺在底下。）
跪开了跪到席子上。（跪的时候跪到席子上。）
蹲开了小心点。（蹲的时候小心点。）

这是因为中宁话的始动体和普通话的起始体在各自的动态系统中具有不同的价值。若动作的起点为 A，终点为 C，在 A、C 间任取一点 B，可将整个动作过程 AC 分为 AB 和 BC 两段。进行体对应 B 点，完成体对应 C 点，这是普通话和中宁话相同的。从 A 趋向于 B，普通话为起始体，中宁话为始动体，二者大体也相同。但是，从 B 趋向于 C，普通话为继续体，中宁话则缺少相应的体范畴。

普通话：	起始体	进行体	继续体	完成体
	A	B		C
中宁话：	始动体	进行体	——	完成体

动词的动量通常通过重叠方式来表示。多数方言是以动词重叠表示动作的短暂。如北京话"走走"、上海话"问问"，这种重叠式实际上是"V—V"省略了"一"的结果。也有个别方言用动词重叠来强化动量。厦门话用动词重叠表示动作范围的扩大，例如"将这些碗收收起来（把这些碗全收起来）"。广东阳江话则用动词重叠来表示动作的多次重复，例如"树叶飞飞下来（树叶一片一片地飞下来）"。

2.3.1.5 指示代词

普通话和大多数方言的指示代词有近指和远指两个基本语素，由此构成两个指示代词系列。有些方言的指示代词则有三个基本语素。例如山西阳曲话：近指"这儿"、远指"兀*儿"、中指"那儿"，具体用例如下：

甲：你把碟碟放到这儿。
乙：是这儿还是那儿？
甲：不是放到那儿，是兀*儿（指更远）。

山东潍坊话：近指"这"、远指"那"、中指"聂*"。苏州话的指示代词也有三个基本语素："该*、归*、辩*"。但这三者并非近指、远指、中指三分。"该*"是近指，"归*"是远指，"辩*"则既可指近又可指远。"辩*"与"该*"并用时是远指，与"归*"并用时是近指。三者不能同时分指远、中、近。从词形上看"该*"[kɛ˧]与"归*"[kuɛ˧]明显同源，而"辩*"[gəʔ˩]则另有来源。因此，一个方言的指示代词若有三个基本形式，三者所指事物的空间位置可能是远近二分，也可能是远中近三分。除此之外，湖南湘乡话的指示代词也有三个基本语素：近指"咯*"、远指"糯*"、不定指"滴*"。"滴*"在用法和构词能力上受到很多限制，在词形上也与"咯*""糯*"不平行。普通话和大多数方言都没有专用的不定指代词和任指代词。

2.3.1.6 双宾语的次序

普通话和大多数方言双宾语的次序是指人宾语在前，指物宾语在后，例如北京话的"给我本儿书"。东南诸方言则还普遍使用另一种相反的语序：指人宾语在后，指物宾语在前，例如：

上海：拨本书我。[pəʔ˩ pəŋ˩ sɿ˧˩ ŋu˩]（给我一本书。）

广州：佢畀三本书我。[kʰœy˨ pei˧ sam˥ pun˧˥ sy˥ ŋɔ˨]（他给我三本书。）

2.3.1.7 比较句的句型

比较句可依比较结果的异同分为等比式和差比式两种。汉语各方言的等比式句型较为一致，例如北京话为"他跟我一般儿高"，上海话为"伊搭我一样高"，厦门话为"伊合我平悬"。差比式句型在普通话和大多数方言里为"A+介词+B+形容成分"，例如北京话"他比我高"。但闽粤方言的差比式句型则与古汉语相似，例如：

福州：伊悬我。[i˥ keiŋ˨ ŋua˨]（他比我高。）

厦门：伊较悬我。[i˥ kʰaʔ˧ kuãi˦ gua˨]（他比我高。）

广州：佢高过我。[kʰœy˨ kou˥ kuɔ˧ ŋɔ˨]（他比我高。）

2.3.1.8 疑问句

普通话有特指问句、是非问句、选择问句、反复问句四类疑问句。前三种疑问句各方言相同。反复问句普通话的句型为"VP不VP"。有的方言没有这种疑问句，却另有一种"副词+VP"式疑问句，例如：

安徽霍丘：你<u>可</u>是学生？（你是不是学生？=你是学生吗？）

合肥：你<u>克</u>相信？（你相信不相信？=你相信吗？）

云南鹤庆：你<u>给</u>吃凉茶？（你喝不喝凉水？=你喝凉水吗？）

昆明：你<u>格</u>认得？（你认识不认识？=你认识吗？）

苏州：俚今朝<u>阿</u>去？（他今天去不去？=他今天去吗？）

广东新丰：介只妹子<u>咸</u>靓？（这姑娘漂亮不漂亮？=这姑娘漂亮吗？）

也有的方言"VP不VP"和"副词+VP"两种疑问句并存，例如：

安徽巢湖：我讲得对不对？=我讲得克对？（我讲得对不对？=我讲得对吗？）

扬州：晓得不晓得？＝可晓得？＝可晓得不晓得？（知道不知道？＝知道吗？）

"VP不VP""副词＋VP"和"VP吗"三种疑问句式之间在语法功能、语用功能和语源等方面的异同关系十分复杂，调查方言时要理清这些关系。

"VP不VP"句式又分两种类型，北方多为"VO 不V"式，例如：

　　北京：有茶没有？/你信我的话不信？
　　河南获嘉、洛阳：你吃饭不吃？
　　山西忻州：你吃烟呀不（吃）？
　　山西寿阳：他能来不能？
　　山西大同：你愿意去不愿意？
　　山西临汾：你去过北京啊没有去过？
　　陕北清涧：你想家也不？
　　青海西宁：你饭吃了没？

南方则倾向于"V 不 VO"式，例如：

　　湖北应城：你们种不种大麦啊？
　　湖北钟祥：你那个哥哥喜欢不喜欢你啊？
　　湖北巴东：你家里有不有哥哥兄弟啊？
　　湖北大冶：二嫂不晓得能不能来啊？
　　广州：你系唔系中国人？（你是不是中国人？）
　　杭州：你吃不吃酒？（你喝不喝酒？）

"V 不 VO"句式在有些方言里还常常紧缩成"VVO"，其中的 O 也不是必有成分，O 不出现则成了"VV"，例如：

　　福州：你洗洗？（你洗不洗？）
　　绍兴：伊来*来*东*屋里？（他在不在家？）
　　浙江嵊县：买买西瓜来？（买不买西瓜？）
　　福建连城（新泉）：洗洗衫裤？（洗不洗衣服？）

上述"VV"式疑问句一般而言是由省略否定词或否定词跟相邻音节发生合音造成的。例如福建连城（新泉）客家话就是由否定词的合音造成的：
　　非合音的说法（用得少）：

　　　　a. 洗唔洗衫裤？[sai˨ ŋ˧ sai˨ sa˧ føə˦]

合音的说法（用得多）：

　　b. 洗唔洗衫裤？[sai˧ sai˨ sa˦ føɿ]
　　c. 洗唔洗衫裤？[saiːˬ sa˦ føɿ]

否定词"唔"是俗写，本字为"无"。否定词"唔"跟前字合音就得到 b，合音字"洗唔"[sai˧]再跟后字合音就得到 c。第一次合音采用置换声调的办法，即删除后音节（即否定词）的音段，并把前音节的声调换成后音节的声调。第二次合音采用加合声调的办法，即删除后音节的音段，并把前音节（即合音字"洗唔"[sai˧]）的声调跟后音节的声调加合起来，是一个长音节。再如"你明天来不来新泉"的说法：

　　尔晨晡来唔来新泉？[ŋ̍˧ ʂaŋ˧ pøɿ liu˧ ŋ̍˧ liu˧ seŋ˦ tsʰie˧]
　　尔晨晡来唔来新泉？[ŋ̍˧ ʂaŋ˧ pøɿ liu˧ liu˧ seŋ˦ tsʰie˧]
　　尔晨晡来唔来新泉？[ŋ̍˧ ʂaŋ˧ pøɿ liuː˧ seŋ˦ tsʰie˧]

2.3.2 方言语法特点的发掘

　　语音是语言的物质外壳，词汇是词义灌注到语音模子中而形成的音义结合的基本语言符号，语法则是语言符号的组织规则。比起语音、词汇来，语法处在语言结构较深的层次，因而也较为抽象。目前我们还缺乏较为成熟的语法调查表格。因此，方言语法的调查客观上有一定难度。

　　过去对方言语法有一种误解，即认为方言语法与普通话语法实际上是一致的。[①] 这种看法从宏观上看大概是对的。因为从交际的角度说，方言之间语法上的差别的确可以忽略不计。可是从研究的角度说，这种差别非常重要，不能忽略，研究得越细密，这种差别就越显得重要。[②]

　　方言语法调查要区分口语和书面语。书面语不稳定，不宜用作语法研究的语料。例如：

　　　　在斜对门的豆腐店里确乎终日坐着一个杨二嫂，人都叫伊"豆腐西施"。（鲁迅《故乡》）
　　　　远远地他看见了一个大的泥沼，在里面跪着许多艳装的女子。（巴金《灭亡》）
　　　　在电灯杆上，在店铺门前，在墙壁上，都贴着标语。（巴金《死去的太阳》）
　　　　在岸边上的槐树下睡着一头大花狗。（赵树理《三里湾》）

　　根据以上语料会得出这类句子必须使用介词"在"的结论。但是，这类句子只见于书

---
① 赵元任《汉语口语语法》13 页，商务印书馆，1979 年。
② 朱德熙《现代汉语语法研究的对象是什么？》，《中国语文》1987 年第 5 期。

面语，口语中从来不说。那么，从书面语的语料得出的结论用到口语上就不够准确了。汉语的书面语具有高度的一致性，这种一致性首先体现在语法上，其次是词汇。如果着眼于书面语或者书面化的口语即"知识分子的口语"，我们将很难捕捉到方言语法的特点。例如，普通话"火车快（要）开了"，苏州话也可以说成"火车快要开哉"，但这是一种书面化的说法，没有多少方言特点。而口语里常用的说法是"火车开快哉"，这在语序上就很有特点了。由此可见，汉语方言的语法特点主要存在于口语之中。

　　考察方言语法还要防止用普通话去认同方言语法现象。所谓认同，就是先将方言例句对译成普通话，然后再用普通话的语法框架去分析。这样的认同有可能抹杀方言语法特点，例如，苏州话"火车开快哉"对译成普通话是"火车快开了"，按照普通话的语法框架分析，"快开了"是状中结构，"开快了"则是述补结构，于是就会以为：普通话用时间状语表示动作行为将要发生，苏州话则用述补结构来表示。但是，苏州话的"开快哉"有两种意思，作为述补结构并不表示普通话状中结构"快开了"的意思，而是表示"车速过快"，这种意思普通话也用述补结构"开快了"表示。而苏州话的"开快哉"表示普通话"快开了"的意思时则不能像普通话那样分析成述补结构，其句法性质只能从苏州话自身去确定。实际上，苏州话是将"快哉"凝固在一起，附加在谓词后面来表示即将发生的情况的，"快哉"的语法功能相当于一个助词。

　　发掘方言语法的特点，还要注意以下两点：

　　（1）扩大视野。不但在调查语法时，就是在调查语音、词汇时也要注意语法问题。因为常常某些语音词汇现象里包含着语法特点。闽、粤、湘等方言中表示动物性别的复合词以不同于普通话的语素顺序构成，实际上就是一种语法特点。例如，广州话的"鸡公"[kɐi˥ kuŋ˥]、"鸡乸"[kɐi˥ na˧]。

　　（2）深入探索。即发现与语法有关的现象要追究。首先要注意从个别求一般。因为个别的现象常常反映一般规律。例如发现厦门话有"角六"[kak˥ lak˩]（一角六分）的特殊说法后，就要准备一批同类例子追问，这样才能找出厦门话数量结构的数词为"一"时通常省略的规律。其次，要注意从大同中求小异，用与普通话不同的语法手段表达不同的语法意义容易引人注意。例如潮州话除以附加成分"囝"表小称外，还能再加一个附加成分"儿"表极小称："椅囝"[i˥ kiã˥]（小椅子）——"椅囝儿"[i˥ kiã˥ ni˥]（很小的椅子）①。用与普通话不同的语法手段表达与普通话相同的语法意义也能引人注意。例如成都话名词以重叠方式表示与普通话儿化相同的小称意义。但是，用与普通话相同的语法手段表达与普通话相似的语法意义就容易导致以偏概全，实际上即使在这种情况下也可能潜藏着方言语法上的差异，需要仔细分辨。例如兰州话词尾"们"，用于人

---

① 潮州话"儿"尾有人读 [ni˥]，有人读 [ni˩]，俗写为"挐"。詹伯慧《潮州话的一些语法特点》（《中国语文》1958 年第 5 期）记的是"挐"[niuʔ˩]，可能不是市区话。

称代词和指人名词后表复数，与普通话相同；但它还可以用在一般名词后，如"书们"[fuˬ mən˩]、"头发们"[tʰəuˬ faˬ mən˩]，语法分布的范围比普通话要大。而广州话词尾"哋"[tei˩] 则只用在人称代词后，如"我哋"[ŋɔ˨˩ tei˩]（我们）、"你哋"[nei˩ tei˩]（你们）、"佢哋"[kʰœy˩ tei˩]，分布范围比普通话小。这类特点如果不细心挖掘，就有可能被忽略。

2.3.3 方言语法特点的调查和记录

方言语法调查目前还难以像语音调查那样事先设计好系统的调查表格，也难以像词汇调查那样列出足以反映全貌的词目，只能通过与普通话或调查者所熟悉的方言的比较来发现若干语法特点。在拟定调查项目时，通常选择那些在某些方言中已经显示出特点的语法例句，分门别类加以排列。随着对方言语法现象的深入了解，这样的语法例句数量将会日益增多。

用上述例句调查方言语法特点是有局限性的。一个语法特点并不是一两个例句就能充分揭示的，有些细微的差别需要从不同的角度来揭示。这就要求我们在调查过程中根据需要随时增补例句。例如，语法例句"客厅里挂着一幅山水画"，苏州话说成"客厅里挂仔幅山水画"[kʰAʔɿ tʰin˦˨ li˦˨ koˬ tsʅˬ foʔ sE˦ sʮ˦ o˦]①，但若据此得出结论：苏州话的持续体不用"着"标记，而用"仔"标记，那就算不上准确，因为苏州话还有"客厅里有幅山水画挂勒*海*"[kʰAʔɿ tʰin˦˨ li˦˨ iø˦˨ foʔ sE˦ sʮ˦ o˦ koˬ ləʔɿ hEˬ] 的说法，要发现这种说法就需要增补一条普通话例句："客厅里有幅山水画挂着"。以上两条普通话例句都用"着"表持续，苏州话却分别用"仔"和"勒*海*"表示。"仔"和"勒*海*"还可以配合着用，即：

客厅里挂仔幅山水画勒*海*。
[kʰAʔɿ tʰin˦˨ li˦˨ koˬ tsʅˬ foʔ sE˦ sʮ˦ o˦ ləʔɿ hEˬ]

客厅里有幅山水画挂勒*海*仔。
[kʰAʔɿ tʰin˦˨ li˦˨ iø˦˨ foʔ sE˦ sʮ˦ o˦ koˬ ləʔɿ hEˬ tsʅˬ]

由于方言语法例句是根据普通话和已知方言的语法特点设计的，调查者也就只能参照普通话和已知方言去挖掘待调查方言的特点，因而只能发现参照方言和待调查方言都有的语法现象，待调查方言里有而参照方言没有的语法现象靠这些例句则无从发现。例如，若用普通话例句调查方言的指示代词，某些方言的"中指"就难以调查出来，因为普通话只有近指和远指，没有中指。这就要求我们不能完全依赖事先设计的语法例句进行调查，而

---

① 例句的苏州话标音为新派音系，参看李小凡《苏州方言语法研究》，北京大学出版社，1998年。

要在整个调查过程中时时留心捕捉语法例句以外的语法特点。

有些语法特点要依靠语境凸显，而孤零零的一句话往往体现不了语境。进一步深入调查方言语法，还必须记录相当数量的成篇语料。成篇语料包括会话、口头流传的故事、本地的风土人情、历史掌故等。但是，要注意剔除说书、做报告等艺术化、书面化的成篇语料。成篇语料可以提供较为纯粹的方言语法现象，可以对根据语法例句调查出来的语法特点起到验证、补充和修正的作用。

记录方言语法例句和成篇语料时需要注意以下各点：

（1）首先要写出每一个词和语素的本字，本字不明时可用方言字、方言同音字或"□"代替。语料需要记音，记音要准确，不仅要记单字音，还要照实记录语流音变，不能局限于按已知的语流音变规律去推，因为语流音变规律不一定能反映语法规律，而不规则的音变后面往往隐藏着语法特点。例如，安徽歙县"鸡蛋孵出了小鸡"这句话的两个"鸡"语音形式不一样：前一个为 [₋tɕi˩]，后一个为 [tɕi:n⊦]。抓住这一点进一步挖掘，就可以发现 [tɕi:n⊦] 是一种相当于普通话儿化的小称形式。这种现象在记字音和词汇时可能发现不了，在记语料时又很可能将其当作例外而弃之不顾，那将是十分可惜的。

记录下来的语料中，所有的方言字、方言同音字和"□"都要加以注释，有时还要用普通话对译。对译时，语法意义的对应要严格、准确，否则会掩盖语法特点。对译还要符合"土人感"。例如，福州话的"會"[a²↘]、"𣍐"[ma²↘] 单说相当于普通话的能愿动词"会""不会"（在句子里有时候也相当于"会""不会"）①，但是，下面的例子就不能照此对译："我會去得𣍐？"[ŋuai↘ ɛ↗(←a↘) kʰo↗ li⊦(←ti⊦) ma↗] 不能对译成"我会去得不会？"，而要译成"我可以去吗？"。"我會看见"[ŋuai↘ ɛ↗ kʰaŋ↗ ŋiɛŋ↘(←kiɛŋ↘)] 不能对译成"我会看见"，而要译成"我看得见"。

（2）语法意义的对应要明确严格。为此，一定要有使用实例，必要时还要注明上下文，以免含混。例如，浙江绍兴话人称代词表多数的词尾"赖*"[lar] 也可以出现在指人名词的后面，例如："小人赖*"[ɕiɒ⊣ n.iŋ⊣r lar]（孩子们）。但其性质和普通话的"们"不完全相同。现以普通话"孩子们"的各种人称和格与绍兴话进行比较：

① 孩子们上学去了。（第三身主格）
② 把玩具给孩子们。（第三身宾格）
③ 孩子们，快来！（第二身呼格）
④ 我们不是孩子们了。（第一身）

---

① "會"[a²↘] 是俗写，本字为"解"，《广韵》上声蟹韵胡买切："解，晓也。"普通话读 [ɕie↘]。"𣍐"[ma²↘] 是否定词和"會"的合音。福州话有复杂的连读音变现象。"會"[a²↘]、"𣍐"[ma²↘] 进入句子后会变成 [ɛ]、[mɛ]。

绍兴的"小人赖*"只能与上述①②两种场合对应：

① 小人赖*上学去哉。[ɕiɒ˧ n̠ȵin˧˩ laɪ˧ zɒŋ˧˩ ɦoʔ˥ tɕʰi˧˩ tsɛv]（孩子们上学去了。）

② 嬉家生拨小人赖*。[ɕi˧˩ ko˥ saŋ˥ peʔ˥ ɕiɒ˧ n̠ȵin˧˩ laɪ]（玩具给孩子们。）

事实上，绍兴话人称代词词尾"赖*"用于指人名词后只限于第三身。因此，它实际上是名词与代词的并列同位语。"小人赖*"中的"赖*"是"伊赖*"[ɦi˧˩ laɪ]（他们）的简式。"小人赖*"与"孩子他们"才是真正严格的对应。

思考与练习

1. 汉语方言语法研究长期滞后的原因是什么？
2. 汉语方言语法调查为什么会比语音和词汇调查难？
3. 汉语方言语法调查要注意哪些问题？
4. 举例说明"重叠"这种语法手段在汉语方言中可以表示哪些语法意义。
5. 试描写分析你熟悉的方言的代词系统、体貌系统和疑问句式。

阅读书目

戴昭明主编，2003，《汉语方言语法研究和探索》，黑龙江人民出版社。
邓思颖，2003，《汉语方言语法的参数理论》，北京大学出版社。
黄伯荣等，2001，《汉语方言语法调查手册》，广东人民出版社。
李如龙、张双庆主编，1997，《动词谓语句》，暨南大学出版社。
李如龙、张双庆主编，1999，《代词》，暨南大学出版社。
李小凡，2008，漫谈汉语方言语法的调查研究，《语言学论丛》第三十六辑，商务印书馆。
赵元任，1926，北京、苏州、常州语助词的研究，《清华学报》第 3 卷第 2 期。
张双庆主编，1996，《动词的体》，香港中文大学中国文化研究所吴多泰中国语文研究中心。
Anne Yue-Hashimoto (余霭芹), 1993, *Comparative Chinese Dialectal Grammar: Handbook for Investigators*, Centre de Recherches Linguistiques sur l'Asie Orientale.

2.4 方言调查的实施

2.4.1 方言调查的目的和任务

早在周秦时代，汉族的祖先便形成了到各地采风、搜集方言俗语的传统，这可算是最早的汉语方言调查。但此类方言调查都是出于统治和读经的目的，方法上也只能利用汉字记录词条，顶多还能利用反切记出音类。现代意义上的汉语方言调查，开始于20世纪初瑞典语言学家高本汉，成形于汉语方言学的奠基人赵元任。

方言调查的目的是搜集活的语料，为语言研究服务，同时也为制定和推行国家的语文政策，如推广普通话和汉语规范化等工作服务。因此，方言调查的任务，就是记录方言材料，描写方言的语言结构，揭示方言的特点，找出方言与普通话的对应规律等。其中，记录方言语料是最基本的环节，通常称为田野调查（field work）。

2.4.2 方言调查的类型

方言调查，就深度说，有概括了解和深入发掘之分；就广度说，有地点和区域之分。方言调查的具体目的和要求是多种多样的，调查类型也多种多样。就汉语方言调查工作的实际来看，有下列两种主要类型：

（1）普查。即对汉语区进行全面而概略的调查。这是一种基础性的调查工作，例如1956—1958年由高等教育部、教育部和中国科学院语言研究所组织进行的全国汉语方言普查，共调查1800多个方言点。每个方言点的调查内容包括2136个单字音，172个词或词组，37个语法例句。通过这次普查，了解了汉语方言的基本情况，为开展方言研究和推广普通话的工作提供了良好的基础。普查也可以以某个区域为对象，例如1933年白涤洲对陕西关中地区进行方言语音调查，包括42个县的50个调查点。

（2）典型调查。即对一个地点方言进行深入的调查。这是基本的调查类型，例如1959年中国科学院语言研究所对河北昌黎方言进行的调查，其调查报告《昌黎方言志》描写和分析了方言的语音、词汇、语法及其特点，与普通话的对应关系，方言的内部分歧等。

上述两种类型的调查，内容可以是全面的，也可以是局部的、专题性的。20世纪80年代，中国社会科学院语言研究所为绘制汉语方言地图而对各方言区边界进行调查，侧重调查作为划分方言依据的方言特点，是一种专题性的调查。

此外，深度和广度常常需要结合起来考虑。为了对地点方言有更深入的了解，对周边方言的面上情况的掌握是不可或缺的；而面上的普查，又需要在若干代表点典型调查的基础上进行才能有比较好的效果。

2.4.3 方言调查的方式

方言调查通常采取两种方式：

（1）现场调查，也叫田野调查。即到方言区进行实地调查。这种调查是在当地的语言环境中进行的，能够对该方言的具体情况有真切的了解，也便于审核原始材料，从而获得可靠的方言语料,具有极大的优点。在条件许可的情况下,方言调查应尽可能采取这种方式。

(2)非现场调查。即在人力物力和时间不许可的情况下,不在方言区现场,而在外地向该方言区的人调查。为了弄清发音人的方言与当地方言是否有出入,调查所得的材料事后最好能到方言区进行审核。

现场调查和非现场调查都是通过调查人和被调查人的面对面交流来完成设定的工作,因此也叫作"直接调查法"(direct method)。方言调查也可以采用通信调查的方式,即通过写信提问向方言区发音人进行调查。这种调查不存在调查人和被调查人的面对面交流,因此也叫作"间接调查法"(indirect method)。《德国语言地图集》(*Deutscher Sprachatlas*, Marburg: Elwert 1926—56)的语料基础就是根据间接调查法获取的。温克尔(Georg Wenker,1852—1911)设计了一份包括 42 个短句(后来修订为 40 个)的调查问卷,邮寄到每一个学区,请当地的教师帮助转写为本地方言。调查问卷先后寄往莱茵兰(Rhineland,1876)、西伐利亚(Westphalia,1877)、德国北部和中部的其他地区(1879)以及当时德意志帝国所辖的剩余地区(1887)。温克尔从 40,736 个学区中收回了 44,251 份调查问卷[①]。为了了解官话方言区分不分尖团音的情况[②],中国科学院语言研究所在 1955 年七八月间进行了一次通信调查。拿县(或市,或相当于县的行政区域)作调查单位,官话区域每处发一封信,请当地文教科(或局)找生长在县城(或人民委员会驻在地,或自治区政府驻在地)的人填调查表。调查表的内容包括 30 对一尖一团的字,例如:

尖音字	团音字
精	经
酒	九
清	轻

---

① 参看 W. G. Moulton, *Geographical Linguistics*, Linguistics in Western Europe (Current Trends in Linguistics Vol. 9). Mouton, 1972. 在后来的岁月里,调查问卷实际上寄送到了欧洲的所有德语区,如荷兰和比利时北部的德语区、弗利然语区,德国马尔堡的地图集办公室拥有的回收问卷来自 52,800 个地点。温克尔、吴雷德(F. Wrede)和他们的助手共同绘制了大量的地图,这些手工绘制的尚未出版的地图组成了所谓的《德意志帝国语言地图集》(*Sprachatlas des Deutschen Reichs*)。目前,马尔堡的地图集办公室可供学者们使用的地图总数是基于 339 条词汇绘制的 1646 张地图。《德国语言地图集》就是吴雷德在这些地图的基础上经过选择、简化,并加上卢森堡、瑞士、奥地利和捷克斯洛伐克德语区的材料编辑而成的。

② 分不分尖团音是指古声母精组(精清从心邪)和见晓组(见溪群晓匣)在今细音(开口呼、合口呼韵母是洪音,齐齿呼、撮口呼韵母是细音)前有没有分别说的。所谓"分尖团"是说精组声母和见晓组声母在今细音前有分别,读音不同。所谓"不分尖团"是说精组声母和见晓组声母在今细音前没有分别,读音相同。例如精母字"津"和见母字"斤"在北京语音里都是 [ᴄtɕin],这就叫作不分尖团;但是在河南、山东有些方言中,"津"是 [ᴄtsin],"斤"是 [ᴄtɕin] 或 [ᴄcin],声母不同,其中"津"是尖音,"斤"是团音,这就叫作分尖团。参看丁声树、李荣《汉语音韵讲义》(《方言》1981 年第 4 期)。

秋　　　邱
想　　　响

如果填表的人依照他本地的音读起来两个字同音，就请他在中间画个"="号。如果读起来两个字不同音，就请他在中间画个"×"号。另外还有两对全是尖音字（"前"和"钱"，"秀"和"绣"），两对全是团音字（"气"和"器"，"机"和"基"），是检验填表人是不是认真填写的。根据 1200 多封回信整理的结果说明：官话方言以不分尖团为主，分尖团的地区集中在河北南部、山东东部、山东河南两省交界处、河南西南部、陕西中部、广西东北部等处。总体来说，官话方言区不分尖团的方言占 79.7%，分尖团的方言占 20.3%。《汉语方言地图集》是第一部根据统一的实地调查（2002—2006）获取的语料编写的全国性汉语方言语言特征地图集。地图含 930 个汉语方言调查点（其中 364 个为官话方言）。根据语音卷 067 图"酒—九尖团声母的异同"所绘制的官话方言"酒—九"声母的异同见图 13。假设"酒—九"声母的异同大体可以代表官话方言分尖团和不分尖团的情况，则分尖团的方言约占 15%，比例略低于 20 世纪 50 年代的通信调查结果，原因可能跟分尖团的方言正处在不断萎缩的过程中有关。而图 13 所呈现的官话方言分尖团的集中分布区跟 20 世纪 50 年代的通信调查结果大体上也是吻合的。可见，如果有恰当的选题，调查问卷设计合理，间接调查法也是很有用的，可以用相对少的投入高效获取大量语料。当然对复杂的汉语方言来说，在绝大多数情况下采用间接调查法恐怕都是难以奏效的。除特殊情况外，汉语方言学工作者普遍采用的是直接调查法。

2.4.4 方言调查的工作要点

为使调查工作取得较好效果，要事先通盘考虑工作的要点，包括如下项目：

1. 拟定调查大纲

根据方言调查具体的目的和任务拟定调查大纲。先决定调查什么方言，对方言的语音、词汇、语法要了解到什么程度，在此基础上确定要调查的语言现象的项目。此外，还要准备在调查过程中根据情况对大纲做可能的修正补充。

2. 调查表格

根据大纲所确定的项目，准备好一定数量的单字、词、词组、句子的例子，编制成调查表格，以供调查之用。

3. 调查人员自身的准备

调查人员要根据方言调查的任务和要求，在专业方面进行必要的学习和准备，诸如听音记音、查阅方言区的人文历史、了解方言区的社会和自然情况。调查用品也要有所准备，如必要的调查工具、参考资料、文化用品、生活用品等。

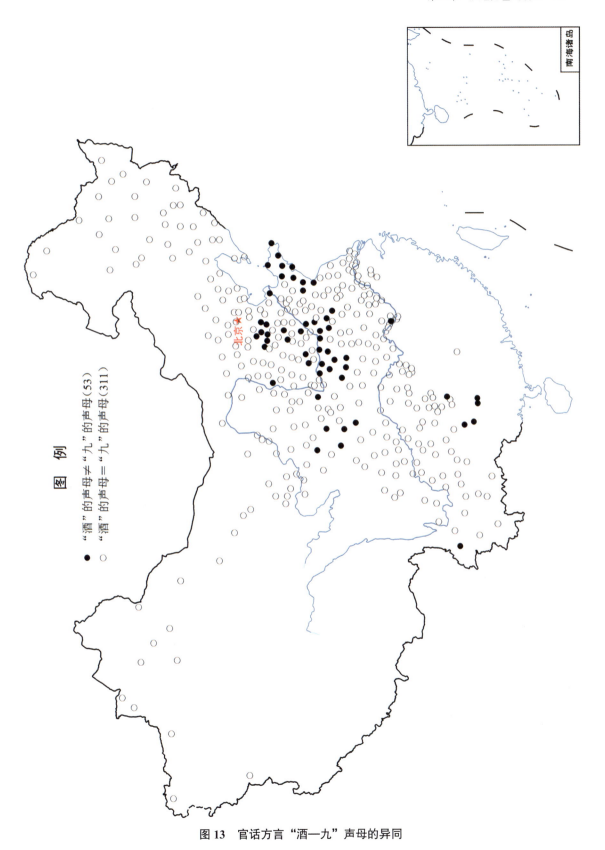

图 13　官话方言"酒—九"声母的异同

4. 选择发音合作人

了解当地方言有没有内部分歧，哪里的话最有代表性，是否存在书面语言、戏曲语言，不同年龄、性别、职业和文化程度的人有没有口音差别，祖上从外省迁来的人有没有双重语言等。选择发音人要力求方言纯正、口齿清楚、有一定文化水平、认真负责、有耐心等。在调查过程中，要尊重发音人，调动他们的积极性，处理好调查人和发音人的关系。

5. 制定调查日程

根据任务和条件确定方言调查的组织形式（如人员的分组、分点）、工作方式（如分工或合作、讨论或走访）、工作日程（注意调查项目的次序和阶段、记录和审核整理，以及调查工作和其他活动的关系），在具体进行中，要根据情况灵活掌握。

6. 记录、审核和整理方言材料

在调查过程中，要以严肃认真的科学态度和负责精神来对待工作，掌握好方言材料的记录、审核和整理等关键环节。特别是对同音字表的制作和核对要严格把关。

7. 编写调查报告

将调查所得的材料加以分析综合，按一定次序编排，加以必要的文字说明，就构成了方言调查报告的骨架。调查报告的基本部分最好在现场完成，并且要及时做好审核工作。某些在当地一时无从着手的工作（如方言区人文历史资料的考证和方言词语的词源考释），可以留待日后有条件时再进行。调查报告的内容大致如下：

（1）方言区简况（人文、历史、地理、语言及其内部分歧）。
（2）音系（包括声韵调表及说明、声韵调配合表或音节表、声韵调音变条例等）。
（3）同音字表。
（4）比较音韵（与北京音的对应和与中古音的对应）。
（5）词汇（方言词语的特点、分类词汇集）。
（6）语法（方言语法的特点、语法例句）。
（7）成篇材料及其注释和翻译。
（8）方言地图（方言特点的地理分布、方言内部分歧）。

思考与练习

1. 方言调查有哪些类型？
2. 方言调查之前需要做哪些准备？
3. 怎样选择方言发音人？
4. 怎样写方言调查报告？
5. 方言调查队员怎样分工合作？

6. 方言调查人员与发音人合作要注意哪些问题?

阅读书目

岑麒祥,1956,《方言调查方法》,文字改革出版社。

傅懋勣,1998,《论民族语言调查研究》,语文出版社。

河北省昌黎县县志编纂委员会、中国科学院语言研究所,1960,《昌黎方言志》,科学出版社。

李　荣,1957,《汉语方言调查手册》,科学出版社。

邢公畹,1982,《汉语方言调查基础知识》,华中工学院出版社。

第三章 汉语方言概况

3.1 汉语方言的历史鸟瞰

3.1.1 史前汉语的多源融合

在中国漫长的封建大一统社会中，方言向来被视为俚俗之言，因此在文献中鲜有记载，这就造成了方言历史语料的贫乏，从而给方言史的研究造成了极大的困难。我们现在还不清楚汉语各方言形成、发展、演变的细节。不过，汉语是随着汉民族的发展而发展的，汉语方言是随着该地区汉族居民的历史演变而演变的。以汉民族的发展史和区域发展史为线索，参照文献中关于汉语方言的零星记载和出土的考古资料，我们可以粗略地勾勒汉语方言形成和发展的历史轮廓。

汉民族形成之初就是一个多民族共同体，汉文化也有诸多源头。已发现的 7000 余处新石器时代文化遗址遍布全国，其中重要遗址不仅有黄河流域中游的仰韶文化-龙山文化，还有下游的大汶口文化-山东龙山文化，以及长江流域中游的大溪文化-湖北龙山文化、下游的河姆渡文化-良渚文化等。

汉民族的主源是发源于黄河流域的华夏族。华夏文明分布广阔，人口稠密，部族众多。这在世界古代文明中是独一无二的。距今 5000 年的龙山文化分布范围已达 150 万平方千米，而两河流域文明分布范围不超过 20 万平方千米，古埃及文明不到 10 万平方千米，古希腊文明、古罗马文明分布范围则更为狭小，印度河文明鼎盛时也不过 130 万平方千米。龙山文化分布区的人口十分稠密。6000 年前陕西沣水一段长 20 千米的河岸旁就有氏族村落十几处，一个村落有几万平方米至十几万平方米的面积、四百到五百人口。5000 年前河南洹水一段长 7 千米的区域内，村落更多达 19 个。据晋代皇甫谧《帝王世纪》，大禹时代人口已达 13,553,923[①]。商周两代在夏的基础上进一步融合了东西两翼的黄河下游和关中一带的部族，逐渐形成庞大的华夏共同体，春秋战国时期进一步向南融合了长江

---

① 《帝王世纪》宋后即已散佚。清宋翔凤集校本辑文较为完备，分卷也比较合理。宋翔凤集校本卷十（据《续修四库全书》第301册）载："及禹平水土，还为九州，今《禹贡》是也。是以其时九州之地凡二千四百三十万八千二十四顷，定垦者九百二十万八千二十四顷，不垦者千五百万二千顷。民口千三百五十五万三千九百二十三人。"（不垦者当为千五百一十万顷）

流域中游的楚族和下游的越族,到秦汉时期最终建立起封建大一统的国家体制,从此称为汉族。此时的分布面积已达到650万平方千米,人口近6000万。

华夏族是由夷羌苗黎诸部族融合而成的。据《国语》等书记载,华夏族祖先是同出于少典氏的炎帝与黄帝。炎黄等血缘性部落和部落联盟结成地缘性的部族,征服了蚩尤。后来,黄帝又战胜了炎帝,成为黄河流域大部落联盟的最高首领。从黄帝到舜是所谓的"五帝"时代(约前30世纪初—前21世纪初)[1]。尧舜禹禅让而治天下,成为政权交接的典范。尧、禹都是黄帝的玄孙(两人是堂兄弟关系),舜是黄帝的八代孙[2]。禹本来打算禅让给皋陶,皋陶早逝,又举荐其子伯益,但"益之佐禹日浅,天下未洽",而"禹子启贤,天下属意焉",故诸侯皆去益而朝启,启遂即天子之位,是为帝启,禅让制自此结束,进入夏朝(约前2070—前1600)。商(前1600—前1046)、周(前1046—前256)始祖皆为黄帝曾孙帝喾之子。次子契为子姓始祖,商的祖先;长子弃(即后稷)为姬姓始祖,周的祖先[3]。商族发达之前,已经经历了跟北方有娀氏的融合[4]。《尚书序》称"自契至于成汤八迁",发展历程相当曲折。周王朝的奠基人周太王姬亶(古公亶父)是周祖后稷的第12世孙。周与羌关系密切,周祖后稷即为羌女姜原所生[5],周太王娶太姜为妻,武王、康王、穆王、懿王、厉王、宣王、幽王亦娶姜女,姬、姜两姓可谓世代联姻。在以黄帝族为核心的华夏族不断融合其他部族的过程中,华夏族的"夏言"也逐渐成为各部族的通用语,这就是汉语的前身。和华夏族、华夏文化一样,夏言同样也有多个源头。

原始社会是汉语发展的史前期。语言产生于氏族社会的部落中。恩格斯在《家庭、私有制和国家的起源》中指出,"部落和方言在本质上是一致的",每一个部落都"有独特的、仅为这个部落所有的方言"[6]。人口的繁衍导致部落不断分化,部落方言也随之分

---

[1] 五帝的说法有很多种。《史记·五帝本纪》认定的是黄帝、颛顼、帝喾、尧、舜。颛顼是黄帝之孙,帝喾是黄帝之曾孙。帝喾崩,其子挚立,不善,其弟放勋立,是为帝尧。

[2] 黄帝—玄嚣—蟜极—高辛—放勋(即帝尧);黄帝—昌意—颛顼—穷蝉—敬康—句望—桥牛—瞽叟—重华(即虞舜);黄帝—昌意—颛顼—鲧—禹。

[3] 《史记·殷本纪》:"殷契,母曰简狄,有娀氏之女,为帝喾次妃。三人行浴,见玄鸟堕其卵,简狄取吞之,因孕生契。"《史记·周本纪》:"姜原为帝喾元妃。姜原出野,见巨人迹,心忻然说,欲践之,践之而身动如孕者。居期而生子,以为不祥,弃之隘巷,马牛过者皆辟不践;徙置之林中,适会山林多人,迁之而弃渠中冰上,飞鸟以其翼覆之。姜原以为神,遂收养长之。初欲弃之,因名曰弃。"其中当有商、周后人神化始祖的成分。《史记·五帝本纪》:"自黄帝至舜、禹,皆同姓而异其国号,以章明德。故黄帝为有熊,帝颛顼为高阳,帝喾为高辛,帝尧为陶唐,帝舜为有虞。帝禹为夏后而别氏,姓姒氏。契为商,姓子氏。弃为周,姓姬氏。"商、周的源头聚讼千古,纷纭难决,非本书所能详论。

[4] 朱彦民《商族的起源、迁徙与发展》认为冀北的龙山文化雪山类型应当是先商文化主要来源和前身(商务印书馆2007:136),唐际根《殷墟:一个王朝的背影》认为商族人立国之前,曾在今河北南部、河南北部活动(科学出版社2009:45),王震中《商族起源与先商社会变迁》认为商族的发祥地在今冀南漳水流域至磁县一带(中国社会科学出版社2010:12)。

[5] 《说文》羊部:"羌,西戎牧羊人也。从人,从羊,羊亦声。"一般认为,"姜"是"羌"的分化字。即先有部族标志"羌",后有姜姓。两字都从羊。

[6] 中共中央马克思、恩格斯、列宁、斯大林著作编译局译,第89页,人民出版社,1972年。

化。随着社会的发展，不同的部落又联合成部落联盟，而"只有基本方言相同的部落才结合成为一个大的整体"。相传黄帝时中原有"万国"，相应也就有上万种部落方言。不过，原始社会血缘性的部落方言还不是后来的地域方言，部族共同语才开始具有地域方言的性质，而部落方言与部族共同语的关系则是后来地域方言与民族共同语关系的雏形。可见语言从一开始就既有分化，又有融合，是在变异和趋同两股力量的共同作用下不断向前发展的。

3.1.2 上古汉语的共同语和方言

从奴隶社会到封建社会初期的秦汉时期，是汉语发展的上古期。这一时期，地缘性部族的兼并、联合取代血缘性氏族的分化而成为社会发展的主流。黄帝时的万国到夏朝已并为三千，到西周（前1046—前771）时则为八百诸侯。公元前771年，西方的犬戎乘周内乱攻破镐京，杀死周幽王。次年，周平王迁都洛邑，进入东周（前770—前256）时期。周虽仍为天下共主，但王室衰微，已无力控制诸侯。东周还可以分为春秋（前770—前476）和战国（前475—前221）两个时期。春秋时期大小诸侯国见诸经传的有170余个，弱肉强食，五霸争业①，据史书记载，有大小战事480多起，43名君主被臣下或敌国所杀，52个诸侯国被灭。到了战国时代，兼并之势愈发难挡。公元前473年，越灭吴，尽有其地，势力范围从今浙赣扩展到了今山东东南部，成为一个东方大国。公元前306年，楚灭越，设江东为郡。而在北方，发生了韩、赵、魏三家分晋。公元前403年，周威烈王承认三家为诸侯。公元前386年，田氏代齐。从此形成了秦、齐、楚、燕、韩、赵、魏七国争雄的局面，而其余诸国只能苟延残喘，坐以待毙。公元前256年，秦灭周。公元前230年至公元前221年，秦先后灭韩、赵、魏、楚、燕、齐六国，结束了中国自春秋以来长达500多年的诸侯割据纷争的局面，建立秦帝国。与这种历史背景相应，上古期汉语的发展也出现了互相渗透和融合的潮流。强国的方言逐渐取得优势，形成了若干方言区域。秦始皇建立中央集权的大一统封建帝国后，推行"书同文"政策，统一了文字，从而也就统一了书面语，这既推动了部族方言的融合和汉族共同语的形成，又为日后地域方言可以脱离书面语而独立发展提供了条件。

先秦文献中已有关于不同部族、不同地域存在语言差异的记载，例如：

> 中国、夷、蛮、戎、狄，皆有安居、和味、宜服、利用、备器。五方之民，言语不通，嗜欲不同。达其志，通其欲，东方曰寄，南方曰象，西方曰狄鞮，北方曰译。（《礼记·王制》）

---

① "春秋五霸"史上有多种说法，最具代表性的两种是：齐桓公、晋文公、秦穆公、宋襄公、楚庄王（《史记索隐》）；齐桓公、晋文公、楚庄王、吴王阖闾、越王勾践（《荀子·王霸》）。

我诸戎饮食衣服不与华同，贽币不通，言语不达，何恶之能为？（《左传·襄公十四年》）

今也南蛮鴂舌之人，非先王之道，子倍子之师而学之，亦异于曾子矣。（《孟子·滕文公上》）

此非君子之言，齐东野人之语也。（《孟子·万章上》）

秦伯师于河西，魏人在东。寿余曰："请东人之能与夫二三有司言者，吾与之先。"（《左传·文公十三年》）

孟子谓戴不胜曰："子欲子之王之善与？我明告子。有楚大夫于此，欲其子之齐语也，则使齐人傅诸？使楚人傅诸？"曰："使齐人傅之。"曰："一齐人傅之，众楚人咻之，虽日挞而求其齐也，不可得矣；引而置之庄岳之间数年，虽日挞而求其楚，亦不可得矣。"（《孟子·滕文公下》）

"五方"即中原华夏族以及毗邻部族集团的居住地区。其中，东夷、西戎与华夏同处黄河流域，首先开始融合。周初，姬姓各族被封为中原"诸夏之国"的诸侯，异姓功臣姜太公吕望则被封为东夷故地的齐国诸侯，从而使东夷进一步与黄河中游的华夏族融合。黄河上游、秦岭西北的西戎，春秋战国时被秦国征服，一部分向漠北迁移，大部分融入秦，进而随秦与华夏融合。长江流域以南广大地区为南蛮之地。其中，中游汉水流域的楚为荆蛮，下游太湖流域的吴越为蛮夷。

先秦文献中还有一些更为具体的关于各地语言差异的记载。例如：

郑人谓玉未理者璞，周人谓鼠未腊（xī）者朴。周人怀朴过郑贾曰："欲买朴乎？"郑贾曰："欲之。"出其朴，视之，乃鼠也。因谢不取。（《战国策·秦策》）

初，若敖娶于䢵，生鬭伯比。若敖卒，从其母畜于䢵，淫于䢵子之女，生子文焉。䢵夫人使弃诸梦中，虎乳之。䢵子田，见之，惧而归。夫人以告，遂使收之。楚人谓乳"谷"，谓虎"於菟"，故命之曰"鬭谷於菟"。以其女妻伯比，实为令尹子文。（《左传·宣公四年》）

前一条表明周郑两地某些词语同名异实，后一条则反映当时的楚语虽为夏言（从楚辞的情况看亦颇有楚地特色①），但"虎乳——谷乳於菟虎"不仅用词相去甚远，就连语序也正

---

① 例如《九歌·湘夫人》："捐余袂兮江中，遗余褋兮醴浦。"《方言》卷四："褋衣，江淮南楚之间谓之褋，关之东西谓之褋衣。"《说文》衣部："褋，衣不重也。从衣，單声。"《释名》卷五："褋衣，言无里也。"

好相反，很可能是楚地发生语言融合后留存的民族语底层①。

　　从以上例子来看，当时秦魏（晋）之间、齐楚之间，甚至同处中原腹地的周郑之间，都存在着方言差异。然而，我们还应看到另一方面：当时也存在带共同语性质的雅言，即黄河中游诸夏之国的语言。荀子是赵国人，操雅言，先后在东方的齐国、西方的秦国、南方的楚国生活过。鲁国人孔子也曾周游列国长达14年，很难设想他只用鲁语与别国人交谈。据《论语·述而》记载，即使在鲁国，孔子也并非只操鲁语，凡是教书、接待宾客、出席礼仪，都用雅言："子所雅言，诗书执礼，皆雅言也。"

　　王念孙《读书杂志》卷八《荀子·荣辱》"君子安雅"条曰：

　　　　"譬之，越人安越，楚人安楚，君子安雅。"引之曰："雅"读为"夏"。"夏"谓中国也，故与"楚""越"对文。《儒效》篇"居楚而楚，居越而越，居夏而夏"是其证。古者"夏""雅"二字互通，故《左传》齐大夫子雅《韩子·外储说右篇》作"子夏"。杨注云："正而有美德谓之雅"，则与上二句不对矣。

　　王念孙用《荀子·儒效》来证明《荀子·荣辱》的"雅"实即"夏"，又以《左传》人名"子雅"《韩非子》作"子夏"为证。《说文》夂部："𡕾，中国之人也。从夂、从頁、从臼。臼，两手；夂，两足也。"《荣辱》篇用来指中国（即今中原地区）。唐杨倞《荀子注》释雅为正，王引之认为若依此训，则"君子安雅"就无法与"越人安越，楚人安楚"相对了。周人以"夏"自居，例如《尚书·立政》"帝钦罚之，乃伻我有夏，式商受命，奄甸万姓"②。可见"雅言"即夏言之谓也，也就是中原正音的意思。唐兰已指出③：

　　　　孔子曰："夷狄之有君，不如诸夏之亡也"，可见以"夏"为中国，其来远矣。然则"子所雅言，诗书执礼，皆雅言也"，亦即夏言而已，为中国共同之言语，

---

① 陈士林认为四川彝文 vyxtu(vuxtu)，axddu 等与楚语"於菟"的密切关系，不是偶然的，而是彝楚族源关系的反映。参看陈士林《彝文vyxtu(vuxtu)与楚语"於菟"——彝经考释之一》，载中国民族古文字研究会《中国民族古文字研究》（第二集），天津古籍出版社，1993年。

② 大意是：（因为纣王的暴政，所以）上帝施加惩罚，并让我中国之人（即夏）以商的土地承受国运，抚治万方之民。

③ 见唐兰1948年前后为讨论《切韵》性质写给陈寅恪的信，见《唐兰全集12——书信、诗词、附录》（上海古籍出版社 2015）。把雅言视为夏言是很普遍的看法，例如刘师培《南北学派不同论·南北文学不同论》（1905，本书据刘师培《国学发微·外五种》，广陵书社 2013）、梁启超《饮冰室专集》第十六册《中国之美文及其历史·附〈释"四诗"名义〉》（1924，本书据上海中华书局 1936）、傅斯年《中国古代文学史讲义·诗部类说》（1928，本书据上海古籍出版社 2012）。《说文》隹部："雅，楚乌也。一名鸒，一名卑居，秦谓之雅。从隹牙声。"段注："楚乌，乌属，其名楚乌，非荆楚之楚也。"可见"雅"的本义是寒鸦（非乌鸦），是秦方言词，通语叫"鸒""鸒斯"或"卑居"（鹎鵙）。假借为"夏"字后又引申出正、雅之义。傅斯年曾引《荀子·王制篇》"声则凡非雅声者举废""使夷狄应为俗邪音不敢乱雅"说明"雅者中国之音之谓；所谓正者，纵有其义，亦是引申"。此说甚是。

而非乡土之习语也。

《荀子》一书"夏""雅"和"楚""越"对举，说明语言文化上的南北差异在当时已经是相当明显的事实，其分界大体在秦岭淮河一线，这是先秦汉语方言地理的基本格局。黄河流域的诸夏与东夷西戎进一步融合，语言也更趋一致，尽管存在秦、晋、齐等方言差异，但用雅言可以互相沟通。长江流域的习俗语言则与黄河流域有较大差别，而且东西又各自不同。

据《史记·越王勾践世家》记载："越王勾践，其先禹之苗裔，而夏后帝少康之庶子也。封于会稽，以奉守禹之祀。文身断发，披草莱而邑焉①。后二十余世，至于允常……允常卒，子勾践立，是为越王。"夏王少康大约公元前1932—公元前1904年在位。可见汉人很早就进入了吴地。不过西晋臣瓒（姓氏籍贯均不详）在《汉书·地理志下》的注中已指出："自交趾至会稽七八千里，百粤杂处，各有种姓，不得尽云少康之后也。" 交趾是中国古代地名，范围一直有变动，中心大体在越南北部。会稽在今长江下游江南一带（即苏南、浙江一带）。可见汉人的势力虽然已经进入南方，但土著民族仍有广泛的分布，不过由于缺少记载，其语言面貌已不得而知。西汉刘向《说苑·善说》里记载的《越人歌》是目前唯一能见到的完整的古越语作品：

> 庄辛迁延沓手而称曰："君独不闻夫鄂君子皙之泛舟于新波之中也？……会钟鼓之音毕，榜枻越人拥楫而歌，歌辞曰：'滥兮抃草滥予昌枑泽予昌州州䱡州焉乎秦胥胥缦予乎昭澶秦踰渗惿随河湖。'鄂君子皙曰：'吾不知越歌，子试为我楚说之。'于是乃召越译，乃楚说之，曰：'今夕何夕兮，搴舟中流？今日何日兮，得与王子同舟？蒙羞被好兮，不訾诟耻。心几顽而不绝兮，知得王子。山有木兮木有枝，心说君兮君不知！'"

因为是用异族语言唱的，芈子皙（楚共王的四子）完全听不懂《越人歌》，所以提出了"楚说之"的要求，而通晓楚语的越译则用楚辞的形式译出了原歌。用汉字记录古越语的发音当然也只能做到大致上的相当，一定程度的偏差走样是在所难免的。正如近人用汉字记录英语（例如：school 司苦而学堂 | teashop 帝沙浦茶馆 | smallhouse 司马而好胡司小屋 | clubhouse 哭六泼好胡司会馆②）所碰到的情形相类。要破译约2500多年前的《越人歌》显然已非易事。记录《越人歌》的那些汉字用的是当时的通语发音还是楚语发音，这是首先要弄清楚的问题。比如英语 smallhouse 的汉字转写"司马而好胡司"，用北京话读是 [s

---

① "披草莱而邑焉"是说在那里斩除荒草、建造城邑，也就是艰苦创业之意，但"文身断发"有些费解，《汉书·地理志下》的说法是："其君禹后，帝少康之庶子云，封于会稽，文身断发，以避蛟龙之害。"

② 据《英话注解·屋字门》（咸丰庚申年 [1860] 镌，守拙轩藏版，第17页）。

ma ɚ xau xu sʅ]，用宁波话读是 [ʐʅ mɔ əl hao ɦu sʅ]①，显然后者更接近英语的发音。从芈子晳、庄辛皆楚人来看，记录《越人歌》的那些汉字很可能是采用楚语的读音，这就牵涉到古楚语的研究问题。其次，各有种姓的"百粤"（即百越）也只是一个统称，与现代少数民族之间的关系难免扑朔迷离，更何况 2500 多年的演变足以使《越人歌》的后代语言发生翻天覆地的变化，直接用今天的某种少数民族语去释读显然是不合适的。但今天的哪些少数民族语可视为《越人歌》的后代，能用来构拟原始越语？还有，能否绕开当时的楚译？以上这些问题恐怕一时都难以取得一致的意见。

秦、汉、魏、晋时期的汉语方言地理大体沿袭了南北分野的局面，但用词上已改为更加分明的"楚""夏"对举。汉荀悦《申鉴》卷二说："文有磨灭，言有楚夏，出有先后……"② 西晋左思《魏都赋》说："盖音有楚夏者，土风之乖也；情有险易者，习俗之殊也。"林语堂（1927）根据扬雄的《方言》分前汉方言为 14 系③，罗常培、周祖谟（1958）同样根据扬雄的《方言》分汉代方言为 7 个大的区域：（1）秦晋、陇冀、梁益；（2）周郑韩、赵魏、宋卫；（3）齐鲁、东齐、青徐；（4）燕代、晋之北鄙、燕之北鄙；（5）陈楚江淮之间；（6）南楚；（7）吴越。扬雄《方言》地名大略图参看图 14④。罗常培、周祖谟还同时指出⑤：

> 《方言》这一部书是记载汉代方言词汇的书，对于我们研究汉语词汇发展的历史启发很大，至少我们可以看到全民的语言是怎样吸收不同的方言词汇而丰富起来的，但是在方音的异同上并没有给我们很多的提示。⑥我们要了解汉代不同方言的语音情况需要从其他方面的材料去找。

秦灭巴蜀（今四川）后建立巴郡，与中原交通，北方汉语随之向长江上游一带扩展。《方言》中出现了西南部的梁益跟中西部的秦晋并举的情况：

> 修、骏、融、绎、寻、延，长也。陈楚之间曰修，海岱大野之间曰寻，宋卫荆吴之间曰融。自关而西秦晋梁益之间凡物长谓之寻。周官之法，度广为寻，幅广为充。延，年，长也。凡施于年者谓之延，施于众长谓之永。（卷一）

---

① 宁波话以德国人穆麟德《宁波方言音节》（*The Ningpo Syllabary*，上海美国长老会印书馆 1901）的罗马字记音作为国际音标转写的基础，"司马而好胡引"按穆麟德的罗马字记音为：s-mô-r-hao-wu-s。
② 大意是：有的书文字有所磨损，语言有南方北方的区别，发掘出来也有先后……
③ 见《前汉方音区域考》，《贡献》1927 年第 2、3 期。
④ 根据周祖谟校、吴晓玲编《方言校笺及通检》（科学出版社 1956）所附的《方言地名简图》绘制。
⑤ 罗常培、周祖谟《汉魏晋南北朝韵部演变研究》70—73 页，科学出版社，1958 年。
⑥ 如卷一云："悇、忦、矜、悼、怜，哀也。齐鲁之间曰矜，陈楚之间曰悼，赵魏燕代之间曰悇。""悇"即"怜"之音转，韵尾辅音不同，"怜"为 [-n]，"悇"为 [-ŋ]。又如卷六云："揞、揜、错、摩、藏也。荆楚曰揞，吴扬曰揜。""揞、揜"二字，一在侵部，一在谈部，也是相同的词。《方言》中这种例子并不多。（罗、周原注，《方言》原文为节引，但卷一引文漏前一"悼"字。）

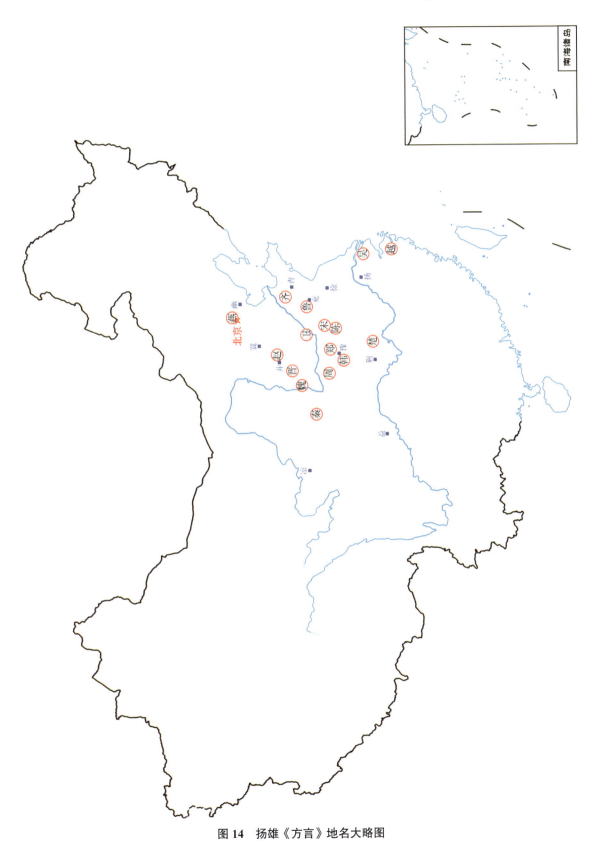

图 14　扬雄《方言》地名大略图

恌、恧，惭也。荆扬青徐之间曰恌，若梁益秦晋之间言心内惭矣。山之东西自愧曰恧，赵魏之间谓之㖡。（卷六）

据《三国志·魏书·卫觊传》记载，三国时"关中膏腴之地，顷遭荒乱，人民流入荆州者十万余家，闻本土安宁，皆企望思归"。这种成规模的人口（按一户3人计约三四十万人）来回流动，必然会促进方言之间的互相渗透。西晋郭璞注《方言》时一些原先的方言词已变为通语，其中就有楚方言词。例如（只引相关的郭注，用小字表示）：

虔、儇，慧也。秦谓之谩，晋谓之㦂，宋楚之间谓之倢，楚或谓之䜴他和反，亦今通语。自关而东赵魏之间谓之黠，或谓之鬼。（卷一）

颔、颐，颔也。南楚谓之颔亦今通语耳。秦晋谓之颔。颐，其通语也。（卷十）

张雯（2015）在前人研究的基础上，通过郭璞《方言注》《尔雅注》《山海经注》和《穆天子传注》中与方言地理有关的注解，将晋代的方言分划如下①：

表 23　晋代方言的分划

第一层	通语						
第二层	中州	河北	齐	淮南	关西	荆楚	江东
第三层	梁国 南阳 沛国 汝颍 汝南	北燕 朝鲜 渔阳	青州 东齐 东郡	江西	凉州	江南 荆州 长沙 零陵 建平	吴 扬州

大体而言，其中的中州相当于前文罗常培、周祖谟（1958）汉代7个方言区中的周郑韩、赵魏、宋卫；河北相当于燕代、晋之北鄙、燕之北鄙；齐相当于齐鲁、东齐、青徐；淮南相当于陈楚江淮之间；关西相当于秦晋、陇冀、梁益；荆楚相当于南楚；江东相当于吴越。虽然范围上的参差在所难免，但基本的格局相当吻合。说明在三百年左右的时间里方言区域并未发生大的变化。

3.1.3 中古汉语方言格局的形成

晋隋唐宋是汉语发展的中古期。这一时期汉语的发展既有统一，也有分化。

---

① 张雯《郭璞注所见晋代方言的语言地理及其特征分析》，上海师范大学2015年硕士论文。第二层的七区排列顺序本书有所调整。

3.1.3.1 北方汉语的进一步融合和扩展

秦以后强有力的中央集权抑制了北方各方言的自由发展，而以京畿地区为中心的方言统一趋势则进一步加强。中国封建社会改朝换代、天灾人祸以及异族入侵联绵不断，京城在关中长安和中原汴洛间几度辗转，从而加速了北方汉语的融合。西周（前1046—前771）定都丰镐（宗周）①，同时为了控制东方新征服的土地，方便贡赋输送，以洛邑（今洛阳）为陪都②。公元前770年，平王东迁，定都洛邑（成周），史称东周（前770—前256）。周代的雅言当指周王室所在地丰镐一带的关中方言，亦即中国之音，并随着分封（如周武王"封弟周公旦于曲阜，曰鲁"）和东迁进一步扩大其影响力。秦朝定都咸阳，西汉定都长安（今西安），东汉、西晋定都洛阳。三国时，以洛阳、长安两京为中心的中原地区和关中地区发生了大规模的人口流动。《后汉书·董卓传》记载："迁天子西都……于是尽徙洛阳人数百万口于长安。""天子东归后，长安城空四十余日。强者四散，羸者相食。二三年间，关中无复人迹。"大规模的人口无定向流动使中原、关中一带的方言进一步混化。隋唐建都长安，北宋建都开封，均在关中、中原地区。古都洛阳唐代为东都，宋代为西京，长期保持着文化中心的地位。北宋越州山阴（今浙江绍兴）人陆佃（1042—1102）《陶山集》卷二《依韵和再开芍药十六首》之五原注："《花谱》云：洛阳得天地之中，故花比他州特异。"其孙陆游《老学庵笔记》卷六亦称："中原惟洛阳得天地之中，语音最正。"即使东晋、南宋偏安江南期间，人们仍以洛阳音为正宗。东晋名士普遍流行"洛生咏"便可见一斑。

> 张融字思光，吴郡吴人也……出为封溪令……广越嶂险，獠贼执融，将杀食之，融神色不动，方作洛生咏，贼异之而不害也。（《南齐书·张融传》）

> 桓公伏甲设馔，广延朝士，因此欲诛谢安、王坦之……王之恐状，转见于色。谢之宽容，愈表于貌。望阶趋席，方作洛生咏，讽"浩浩洪流"，桓惮其旷远，乃趣解兵。（刘孝标）按，宋明帝《文章志》：（谢）安能作洛下书生咏，而少有鼻疾，语音浊，后名流多学其咏，弗能及，手掩鼻而吟焉。（《世说新语·雅量》）

唐宋盛行科举，并以诗词为重。因此，以中原之音为基础的《切韵》《广韵》《集韵》等韵书的正音对历代读书人产生了深远影响。除了"正音"，唐以后还出现了话本等以北方口语为基础的新的文学样式，并逐渐奠定了共同语的词汇语法基础。这些都使北方汉语更趋统一，从而最终奠定了其汉民族共同语基础方言的地位。

---

① 丰京和镐京的并称，遗址在今西安市长安区马王镇、斗门镇一带的沣河两岸，丰在河西，镐在河东。
② 汉伏胜《尚书大传》（清陈寿祺辑校）卷四记载："周公摄政，一年救乱，二年克殷，三年践奄，四年建侯卫，五年营成周，六年制礼作乐，七年致政成王。"成周即洛邑。司马迁曾在《史记·周本纪》里特别澄清西周首都一事："太史公曰：学者皆称周伐纣，居洛邑，综其实不然。武王营之，成王使召公卜居，居九鼎焉，而周复都丰、镐。至犬戎败幽王，周乃东徙于洛邑。所谓'周公葬于毕'，毕在镐东南杜中。"

同时，北方汉语随着大规模的北人南迁而不断向南扩展。中古时期南北汉语的界限已从淮河、秦岭一线向南推移到长江一线，并进一步向江南推移。东晋京城一度迁至江南建康（今南京），使长江下游南京、镇江地区的吴语日后被北方话所置换。南宋建都临安（今杭州），又给位于吴语腹地的杭州话打上了北方话的烙印。安史之乱后，北方移民大批涌入长江中游洞庭湖以北地区。据《旧唐书·地理志》记载："自至德后，中原多故，襄、邓百姓，两京衣冠，尽投江湘，故荆南井邑，十倍其初，乃置荆南节度使。"①随着北人的大量涌入，这一带也成为了北方话的势力范围。

中央王朝对南方的统治相对较弱，南方的社会动乱也少于北方，经济发展后来居上。魏晋南北朝时期，南方汉语和北方汉语的差异已十分明显，当时的学者颜之推、陆法言、陆德明等对此多有记述：

> 南方水土和柔，其音清举而切诣，失在浮浅，其辞多鄙俗。北方山川深厚，其音沉浊而鈋钝，得其质直，其辞多古语。然冠冕君子，南方为优；闾里小人，北方为愈。易服而与之谈，南方士庶，数言可辩按：通辨；隔垣而听其语，北方朝野，终日难分。（《颜氏家训·音辞篇》）

> 吕静《韵集》、夏侯该《韵略》、阳休之《韵略》、周思言《音韵》、李季节《音谱》、杜台卿《韵略》等，各有乖互。江东取韵，与河北复殊。因论南北是非，古今通塞，欲更捃选精切，除削疏缓。（《切韵序》）

> 方言差别，固自不同。河北江南，最为巨异，或失在浮清，或滞于沉浊。（《经典释文·序录》）

西晋"八王之乱"严重削弱了朝廷的政治、经济、军事力量，北方少数民族统治集团便乘虚而入，侵扰中原，迫使晋室南迁，形成南北对峙的分裂局面，史称"永嘉丧乱"。大批北方居民，包括平民和士族、望族也随之大规模移居南方，直到北魏孝文帝迁都洛阳，实行汉化政策之后，汉人才逐渐改变心态，停止南迁。这是中国历史上第一次大规模的移民运动。此后，中唐安史之乱、北宋靖康之难又分别引起了第二次和第三次北人南迁的大规模移民运动。三次移民运动都处于长达两百年左右、历经数代人的社会大动乱时期，移民数量超过百万，移民方向都是由北向南。移民沿东、中、西三条路线南下。东路经江淮至江南、皖南，再至江西、福建、粤东、粤北；中路经湖北至湖南，再至两广；西路由陕西至四川，再至云贵。南迁人数之多、规模之大、持续时间之长，世界罕见。其结果是使中国人口地理发生了重大改变，北方人口在总人口中的比重从秦汉时期的80%以上下降到宋代的40%。北方汉语随长达千年的三次移民运动一波又

---

① 至德（756—758）是唐肃宗的年号。唐肃宗在位时间不长，平定了安史之乱，使得唐朝危而复兴。襄、邓即今豫南鄂北一带。两京指长安、洛阳。

一波地向南扩展，深刻影响了南方汉语方言的形成和发展，并最终奠定了南方六大方言与北方方言并存的汉语方言地理格局。

3.1.3.2 吴方言的形成

吴语源自华夏。据史书记载，吴地很早就有汉人活动或居住了。

> 帝禹东巡狩，至于会稽而崩。（《史记·夏本纪》）
> 或言禹会诸侯江南，计功而崩，因葬焉，命曰会稽。会稽者，会计也。（《史记·夏本纪》）
> （夏后帝少康之庶子）封于会稽，以奉守禹之祀。（《史记·越王勾践世家》）
> 夏少康封少子无余以奉禹祀，号曰"于越"。越国之称始于兹矣。（唐李吉甫《元和郡县志》卷二十七）
> 吴太伯、太伯弟仲雍，皆周太王之子，而王季历之兄也。季历贤，而有圣子昌，太王欲立季历以及昌，于是太伯、仲雍二人乃奔荆蛮，文身断发，示不可用，以避季历。季历果立，是为王季，而昌为文王。太伯之奔荆蛮，自号句吴。荆蛮义之，从而归之千余家，立为吴太伯。（《史记·吴太伯世家》）

春秋时期，吴国起初臣服于楚国，后来逐渐强盛，曾破楚、亡越、与晋争霸，最后反被越国所灭，吴越遂合为一体。吴越两国诸侯本来都是华夏后裔，两国的土著居民则同为越族，习俗语言都无大的差异。吴国名相、楚国人伍子胥深知此情，并借以制定攻伐战略：

> 夫齐之与吴也，习俗不同，言语不通，我得其地不能处，得其民不得使。夫吴之与越也，接土邻境，壤交通属，习俗同，言语通，我得其地能处之，得其民能使之。越于我亦然。（《吕氏春秋·知化》）

随着吴越的合一，古吴语和古越语也逐渐合流。最晚到三国魏晋时期，这一合流过程已经基本完成。表 24 是扬雄《方言》中的有关数据：

表 24 扬雄《方言》中的吴越方言数据

《方言》		《方言校笺及通检》中的卷数和条数[①]
通行范围	频度	
吴越	6	6.7, 6.16, 6.18, 6.42, 7.28, 7.29
吴越之间	4	5.5, 6.35, 7.26, 7.27
吴扬	3	2.33, 6.20, 6.43

---

① 周祖谟校、吴晓玲编《方言校笺及通检》（科学出版社 1956）。例如 1.20 表示第 1 卷第 20 条。

(续表)

《方言》通行范围	频度	《方言校笺及通检》中的卷数和条数
吴扬之间	3	5.1, 8.5, 9.1
吴扬江淮之间	2	2.24, 2.28
扬越	2	6.10, 10.30
东南丹阳会稽之间	1	9.25
扬州会稽	1	10.9
瓯越	1	6.52
江滨	1	10.7
吴	1	6.52
荆扬之间	1	2.36
东瓯之间	1	2.36
东越扬州之间	1	10.39
荆吴淮汭之间	1	1.20
荆吴扬瓯之郊	1	1.21
东齐吴扬之间	1	8.9
吴扬江淮南楚五湖之间	1	9.3
燕之外郊越之垂瓯吴之外鄙	1	7.30

这一片地区方言词语通行范围的名称多达 19 个，"吴越""吴越之间"的频度并不算高（对比：秦晋之间 50，秦晋 34），至于"扬越""瓯越"等其他名称，几乎都是偶现，说明这片区域内的方言一致性程度还不算很突出。到了晋代郭璞注《方言》，情况就大不一样了，郭注中"江东"一词出现了 62 次，既有讲语音的，也有讲词汇的，例如：

蘴旧音蜂。今江东音嵩，字作菘也，菍铃铙，芜菁也。（3.9）

铃，戾也相了戾也。江东音善。（3.37）

逞、苦、了，快也。自山而东或曰逞，楚曰苦苦而为快者，犹以臭为香，治为乱，徂为存；此训义之反覆用之是也，秦曰了今江东人呼快为愸。相缘反。（2.17）

可见在三国两晋时代，江东方言（即《方言》中的扬吴越瓯）已经是一支特色鲜明的独立方言，也就是现代吴语的前身。东晋王嘉《拾遗记》（今传本经过南朝梁宗室萧绮的整理）卷八有一则记载跟吴语的语音有关：

黄龙元年，始都武昌。时越嶲之南献背明鸟。形如鹤，止不向明，巢常对北。多肉少毛，声音百变。闻钟、磬、笙、竽之声则奋翅摇头，时人以为吉神当为祥之误。是岁迁都建业，殊方多贡珍奇。吴人语讹，呼背明为"背亡鸟"，国中以为大妖。不及百年，当当为常之误有丧乱背叛灭亡之事。散逸奔逃，墟无烟火，果如斯言。后此鸟不知所在。

这则记载没有交代吴人阳部开口四等跟阳部合口三等的关系，因此"吴人语讹"的具体内涵可以有不同的解读。很有可能是一种连读音变现象：

[*puək miaŋ tiəu] → [*puək mǐwaŋ tiəu]

即吴人说"背明鸟"时要发生同化增音现象，结果"明"[*miaŋ]就成了"亡"[*mǐwaŋ]①。

晋以后流行以婉约细腻著称的吴歌，歌中女性以"侬"自称②，"吴侬"即成为吴人、吴语的别称。近代又出现了"吴侬软语"的说法。

古吴语的范围比今天大，包括今苏北、安徽和江西的部分地区。这可以根据某些史实来推断，例如，吴王夫差曾在苏北扬州一带筑邗沟以争霸中原，伍子胥弃楚奔吴之地在安徽昭关。文献中也有此类记载，例如：

卫侯会吴于郧今江苏如皋北，公及卫侯、宋皇瑗盟，而卒辞吴盟。吴人藩卫侯之舍。……乃舍卫侯，卫侯归，效夷言（宋）林（尧叟）：学为吴人方言。（《左传·哀公十二年》）

东吴辖地及于豫章（今江西）乃至荆州（今湖北、湖南），使吴语和楚语连成一片。《水浒传》中山东好汉宋江因杀阎惜姣被发配江州（今九江），一日在浔阳楼醉酒后题诗称"心在山东身在吴"，可见直到宋元时代江州仍被视为吴地。东吴以京口（今镇江）、建业（今南京）为都城，使得江淮一带居民大批涌入江南，安徽、江西一带居民则向江东迁移，吴语北界遂开始由淮河向长江退缩，西界则向江浙东移。关于此次吴语边缘地区向中心区的移民运动，史籍也有记载：

而江、淮间十余万众，皆惊走吴。（《三国志·蒋济传》）

初，曹公恐江滨郡县为权所略，征令内移。民转自惊，自庐江、九江、蕲春、广陵今扬州户十余万皆东渡江，江西遂虚，合肥以南惟有皖城。（《三国志·吴志二》）

从语言特点来看，江淮官话里至今留有吴语的底层，例如，"环"字官话方言的声母

---

① 拟音据郭锡良《汉字古音表稿》，华学诚主编《文献语言学》第八辑，中华书局，2018年。
② 例如宋郭茂倩辑《乐府诗集》卷第四十四《子夜歌》四十二首之二："芳是香所为，冶容不敢当。天不夺人愿，故使侬见郎。"之十六："年少当及时，蹉跎日就老。若不信侬语，但看霜下草。"

一般为擦音 [x]，苏北扬州、泰州、如皋、南通等地则为塞音 [kʰ]（例如扬州 [₅kʰuæ̃˧]），与吴语"环"字今声母为浊塞音 [g]（例如苏州 [₅guɤ˧]）相对应。又如，官话区一般不用表示"支流"的"港"字作水名或聚落名，江淮官话区则有大量"港"字地名，也与吴语区相同。

古吴语还包括闽越（今福建闽语地区）。闽越一带周时归越国统治，秦初属会稽郡。秦征服东瓯（今温州一带）、闽越后，析置闽中郡。汉时分封为东海国、闽越国，闽越后来仍属会稽管辖。以上史实均有文献记载：

> 闽越王无诸及越东海王摇者，其先皆越王勾践之后也，姓驺氏。秦已并天下，皆废为君长，以其地为闽中郡。（《史记·东越列传》）

> 汉武帝世，闽越反，灭之，徙其民于江、淮间，虚其地。后有遁逃山谷者颇出，立为冶县，属会稽。（《宋书·州郡志》）

三国时期江东经济显著发展，大批土著山越居民归附，吴语与山越语言进一步接触。闽为东吴属地，吴人大批入闽，吴语对这一地区语言的影响不言而喻。郭璞《方言》注中提到的一些江东方言词已不见于今吴语，但是却见于今闽语①。例如：

> 袹襦谓之袖衣䘨，音橘。江东呼䘨，音婉。（4.32）

> 鑢瓢勺也，音丽。陈、楚、宋、魏之间或谓之箪，或谓之𣞙今江东通呼勺为𣞙，音羲，或谓之瓢。（5.6）

今闽语袖子叫"手䘨"（例如福州 [tsʰieu˨ uŋ˩]，厦门 [tsʰiu˥ ŋ̍˧]），舀水的工具叫"鲎𣞙"（福州 [xau˨ ie˥(x-)]，厦门 [hau˧ hia˥]）。"𣞙"也作"桸"，"桸"当为假借字②。舀水的工具福州、厦门都有多种说法，这里不详举。

吴语区靠近北方话，因而不断受到北方话的蚕食。永嘉丧乱后，北人纷纷南迁。长江两岸今江苏境内设侨郡 23，侨县 75，原青徐二州（今山东、江苏淮河以北）即占 18 郡 60 县。东晋定都建康（今南京），吴音与北音一时并重，后来北音占了上风，南京一带终被北方话替换。唐朝安史之乱，又有大批北人南迁入吴。顾况《送宣歙李衙推八郎使东都序》称："天宝末，安禄山反，天子去蜀，多士奔吴为人海。"③李白《为宋中丞请都

---

① 有时也见于一些浙南吴语。
② "桸"本为木名。《广韵》平声微韵香衣切："桸，木名，汁可食。"也有以"桸"为勺义的正字的。辽僧行均《龙龛手鉴·木部》："𣞙，或作许宜反。正作桸杓，杓也。"不过影印宋碛砂版《大藏经·广弘明集》卷二十三所收《南齐禅林寺尼净秀行状》（南朝沈约撰）仍作"𣞙杓"："又尝请圣僧浴。器盛香汤，及以杂物，因而礼拜。内外寂默，即闻器𣞙杓作声，如用水法。意谓或是有人出，便共往看，但见水杓自然摇动，故知神异。"（据上海古籍出版社 1991 年影印《弘明集·广弘明集》）
③ 见清董诰辑《全唐文》卷五百二十九，又周绍良主编《全唐文新编》第 3 部第 1 册第 6152 页，吉林文史出版社，2000 年。

金陵表》亦称："天下衣冠世庶，避地东吴，永嘉南迁，未盛于此。"①宋室南渡，大批北人三度入吴。《建炎以来系年要录》卷一百五十八称："四方之民云集二浙，百倍常时。"南宋偏据临安，杭州吴语因此受到北方话的深刻影响，至今与别处吴语不同，试比较杭州话与北京话、苏州话、绍兴话的若干说法：

	晚上	他	不要	豆儿	花儿
北京	[uan˨˩ ʂaŋ˥]	[tʰa˥]	[pu˥˩ iau˥˩]	[tou˥˩]	[xua˥]
杭州	[fẽ˨˩ zaŋ˧˥]	[tʰa˧]	[pəʔ˥ ʔɕi˨˩]	[dei˨ əl˧˥]	[hua˧ əl˧˥]
苏州	夜里 [iɒ˨˩ li˧˥]	俚 [li˧]	弗要 [fiæ˨˩]	[dɤ˨]	[ho˧]
绍兴	夜头 [ɦia˨ dɤ˥]	佢 [ɦi˨]	弗要 [fiɒ˨˩]	[dɤ˨]	[hou˨]

其中苏州、绍兴的"弗要"都是合音形式，分别来自 [fɤʔ˥ iæ˨˩] 和 [feʔ˥ iɒ˧]。

3.1.3.3 湘方言的形成

湘方言区属古楚地的一部分。楚源自华夏集团祝融八姓之一的芈姓部族。古楚语本属古南方方言，不过随着北人不断涌入楚地，古楚语的分布区域后来已多半置换为北方方言。湘方言当与古楚语的南部变体有渊源关系，但是已经不容易确证。扬雄《方言》中涉及今湖南省的方言词语通行范围名称有：

表 25　扬雄《方言》中的南楚方言数据

《方言》通行范围	频度	《方言校笺及通检》中的卷数和条数
南楚	27	1.30, 3.46, 3.48, 3.49, 3.51, 3.52, 5.31, 7.30, 7.34, 8.5, 8.15, 9.18, 10.9, 10.29, 10.31, 10.35, 10.39, 10.41, 10.42, 10.43, 10.44, 10.45, 10.46, 11.3, 12.111, 13.141, 13.143
南楚之外	11	1.32, 2.3, 2.35, 3.12, 5.35, 6.22, 8.11, 8.14, 9.11, 10.8, 11.7
江湘之间	7	3.11, 4.39, 5.10, 10.3, 10.19, 10.21, 10.31
南楚江湘之间	6	1.15, 1.16, 3.8, 3.10, 4.42, 10.40
江淮南楚之间	6	3.8, 3.22, 4.1, 4.3, 5.27, 8.1
南楚之间	5	5.36, 6.34, 6.55, 10.47, 11.4
沅澧之间	2	10.5, 10.37
沅湘之间	2	5.27, 10.11
江沅之间	2	10.1, 10.20
楚郢以南	2	10.12, 10.24

---

①　见《李太白集》（宋刻本）卷二十六。

（续表）

《方言》		《方言校笺及通检》中的卷数和条数
通行范围	频度	
南楚江沔之间	2	4.44, 13.142
南楚江湘	1	9.25
南楚江淮之间	1	2.5
南楚东海之间	1	3.4
南楚宛郢	1	9.2
南楚瀑洭之间	1	6.55
南楚以南	1	10.25
江湘郊会	1	10.38
江湘之会	1	10.28
江湘九嶷之郊	1	10.13
江淮南楚	1	4.2
湘潭之原荆之南鄙	1	10.2
湘潭之间	1	10.36
湘沅之会	1	10.4
沅澧之原	1	10.7
沅湘之南	1	3.8
沅湧幽	1	10.41
九嶷荆郊之鄙	1	10.11
九嶷湘潭之间	1	10.7
陈楚之郊南楚之外	1	1.31
陈楚之间南楚之外	1	2.24
荆汝江湘之郊	1	10.10
楚以南	1	10.15
楚郢江湘之间	1	10.23
楚郢以南东扬之郊	1	10.33
卫鲁扬徐荆衡之郊	1	1.30
吴楚衡淮之间	1	2.3
魏宋南楚之间	1	4.5
自关而东江淮南楚之间	1	3.15
宋卫南楚	1	2.13

"南楚"独立提到达 27 次，并提的就更多了。南楚和楚的关系也可以在《方言》中找到一些蛛丝马迹：

> 緤、末、纪，绪也。南楚皆曰緤。或曰端，或曰纪，或曰末，皆楚转语也。（10.44）

东汉时，中原汉人沿汉水经湖北南下至湖南，这一带的人口和经济都明显得到增长。据《汉书·地理志》和《后汉书·郡国志》记载，从元始二年（2）至永和五年（140）的 138 年间，长沙郡（今湘北）人口从 23 万增至 105 万，零陵郡（今湘南桂北）人口从 14 万增至 100 万。三国时期该地区在东吴治理下得到进一步开发。永嘉丧乱后，秦雍（今陕西、山西）一带北人纷纷沿汉水南下荆州，继而进入洞庭湖流域，这一带人口和经济再次迎来了高速增长期。东晋、南朝将长沙、零陵等郡从荆州析出设立湘州。可见，南楚本来只是楚语内部的一支土语，但随着湘地的逐步开发，以及楚语北区逐渐融入北方话，才逐渐成为自成一系的方言，也就是今湘语的前身。《方言》中记载的南楚特点在今湘语中是否还能找到一些反映，值得研究。其中一条被广为引用，需要稍加讨论：

> 崽者，子也崽音枲，声之转也。湘沅之会两水合处也。音狶凡言是子者谓之崽，若东齐言子矣声如宰。（10.4）

小字为郭璞的注。侯精一（2002: 118）认为：

> 称"子"为"崽"，是湘语亲属称谓中一大特色，"崽"可以看作湘语的一个核心特征词。（《现代汉语方言概论》，上海教育出版社；湘语章为鲍厚星所撰）

这种看法恐有未安。郭璞的注已经很清楚地说明"崽音枲"，是"声之转也"，也就是说南楚此字精母读如心母（即 [*ᶜtsĭə] → [*ᶜsĭə]，崽＝枲）①，而"湘沅之会"（范围小于南楚）的"崽" [*ᶜsĭə] 就跟东齐人说"子" [*ᶜtsə]（子＝宰）一样。意思是湘沅之会、东齐都发生了音转。拿今天的眼光看，湘沅之会是声母由同部位的塞擦音变成擦音，东齐是韵母失落介音，即一为声转，一为韵转。可见这条材料要说明的是语音变异问题，不是词汇（词源）问题。但读"子"如"枲"写"崽"，而读"子"如"宰"则仍写"子"，说明 [*ᶜtsĭə] 和 [*ᶜsĭə] 的差异程度要比 [*ᶜtsĭə] 和 [*ᶜtsə] 大，所以专造了一个字（不知道是湘沅之会的方言字还是扬雄自创的方言字）。

---

① 精母读如心母的例子如白语"椒" [su˦]（花椒），据徐琳、赵衍荪《白语简志》54 页（民族出版社 1984），原书只有标音和意义，实为"椒"字，韵母可对比"桥" [ku˨]（154 页）、"少" [ɕu˦]（169 页）。因为缺乏系统的记载，已无法知道"湘沅之会"精母读如心母是个别现象还是批量现象。拟音据郭锡良《汉字古音表稿》（华学诚主编《文献语言学》第八辑，中华书局 2018）。

"子"读洪音在今方言中分布很广，例如北京幼畜、幼雏叫"崽儿"[tsair˨]①，莱州马驹儿也叫"崽子"[tsɛɾ˦ tsʅ˨]②，广州儿子叫"仔"[tʃei˨]，"崽""仔"的本字都是"子"。可知原先的东齐特点曾经成为通语，所以在今方言中还有广泛的分布，而湘沅之会的转语"崽"xǐ 则已被发源于东齐的"子"zǎi 所覆盖。扬雄时代的"子"[*ᶜtsĭə] 是通语，而所以要特别提到东齐，必定有其特点，即"声如宰"[*ᶜtsə]。误解郭璞的音注大概是从《玉篇》开始的（思部：崽，子改、山皆二切。《方言》云：江湘之间凡言是子曰崽）③。《广韵》"崽"字不收"宰"音（平声皆韵：崽，《方言》曰：江湘间凡言是子谓之崽。自高而侮人也。山皆切。又山佳切）。《集韵》收音最杂：

> 平声佳韵：崽，所佳切，《博雅》"子也"。一曰呼彼称。
> 平声皆韵：崽，山皆切，子也。《方言》"江湘间凡言是子谓之崽"。自高而侮人也。
> 上声止韵想止切：崽，《博雅》"子也"。
> 上声海韵子亥切：崽，湘沅呼子曰崽。

山皆切承自《玉篇》，所佳切承自《广韵》，想止切承自《方言》郭璞注（崽音枲），子亥切承自《玉篇》。《集韵》后的各韵书、字书，"崽"字一般都收"宰"音，并为现代人所沿袭。

古楚语跟古吴语接近，都属于古南方方言，差异本来不大。例如汉赵晔《吴越春秋·王僚使公子光传》有如下记载：

> 郑定公与子产诛杀太子建。建有子名胜，伍员与胜奔吴。到昭关，关吏欲执之，伍员因诈曰："上所以索我者，美珠也。今我已亡矣，将去取之。"关吏因舍之。与胜行去，追者在后，几不得脱。至江，江中有渔父乘船从下方溯水而上。子胥呼之，谓曰："渔父渡我！"如是者再。渔父欲渡之，适会旁有人窥之，因而歌曰："日月昭昭乎侵已驰，与子期乎芦之漪。"子胥即止芦之漪。渔父又歌曰："日已夕兮，予心忧悲；月已驰兮，何不渡为？事寖急兮，当奈何？"子胥入船。渔父知其意也，乃渡之千浔。④

---

① 陈刚等《现代北京口语词典》431 页，语文出版社，1997 年。
② 钱曾怡等《莱州方言志》116 页，齐鲁书社，2005 年。
③ 清郝懿行《证俗文》卷四："崽者，子也。崽音枲，声之转也。案：崽《广韵》音腮，《正韵》音洒。当从《玉篇》音宰。"清卢文弨《重校方言（附校正补遗）》："子音与枲相近，故注又云'声之转也'。下注崽音如宰者，郭殆指湘沅之语则然。且一字无妨有两音……"卢文弨精研经训，博及群书，不过此条按语恐不足为训。
④ 昭关位于安徽省含山县城以北 7.5 千米处，春秋时为吴楚之界。两山对峙，因以为关。寖，"浸"的古字，这里是"渐渐"的意思。"侵已驰"的"侵"亦同"浸"。浔，当作"寻"。四尺曰仞，倍仞曰寻。

避难于郑的楚国太子建因谋杀郑定公未果被诛，楚国臣子伍子胥带着太子建的儿子奔吴。虽然侥幸得以出关，但仍然被紧紧追赶，命悬一线。伍子胥在江边遇到渔父，不仅可以互相交流，而且为避人耳目，渔父又用唱歌的办法指引伍子胥渡河，而所唱的吴歌与楚辞非常接近①。三国时期，东吴辖区及于湘地，吴语和湘语更趋混同。不过吴湘的紧密联系后来随着江西一带客赣方言的形成而中断，走上了各自发展的道路。

3.1.3.4 赣方言的形成

江西介于南楚和吴之间，是所谓"吴头楚尾"的过渡地带。扬雄在《方言》中没有独立提到这一地区的方言，而是包含在"吴楚之间"（5.41，6.28）、"吴楚"（6.11，6.12）、"荆扬之间"（2.36，6.2）、"吴楚衡淮之间"（2.3）、"吴楚之外郊"（6.2）等区域之中，当然独立提到的"南楚""吴越""瓯越"等区域也可以部分涵盖这一区域。江西汉时属豫章郡，与湘地开发大体同步。其人口同一时期也从35万增至166万。至晚在魏晋时期，江西人及其方言就已经引起注意，有了"傒"（也作"溪"）的标志：

> 石头事故，朝廷倾覆，温忠武与庾文康投陶公求救。陶公云："肃祖顾命不见及。且苏峻作乱，衅由诸庾，诛其兄弟，不足以谢天下。"于时庾在温船后，闻之，忧怖无计。别日，温劝庾见陶，庾犹豫未能往。温曰："溪狗我所悉，卿但见之，必无忧也。"庾风姿神貌，陶一见便改观，谈宴竟日，爱重顿至。（南北朝刘义庆《世说新语·容止》）

> （谐之）既居权要，多所征求。就梁州刺史范柏年求佳马。柏年患之，谓使曰："马非狗子，那可得为应无极之求？"接使人薄，使人致恨归，谓谐之曰："柏年云：'胡谐是何傒狗，无厌之求。'"谐之切齿致忿。（唐李延寿《南史》卷四十七《列传第三十七》）

> 胡谐之，豫章南昌人也……建元二年，为给事中、骁骑将军。上方欲奖以贵族盛姻，以谐之家人语傒音不正，乃遣宫内四五人往谐之家教子女语。二年后，帝问曰："卿家人语音已正未？"谐之答曰："宫人少，臣家人多，非唯不能得正音，遂使宫人顿成傒语！"帝大笑，遍向朝臣说之。（同上）

陶公即陶侃，为江州鄱阳郡枭阳县（今江西省都昌县）人。胡谐之豫章郡南昌县（今江西省南昌市）人。两个人都有"傒狗"（溪狗）之称。第三则史料说明所谓的"傒语"主要是"傒音"（江西口音）的问题，而皇上（齐高帝）派宫人到胡家的目的也是帮助其子女正音。不过傒音的具体面貌以及跟吴、楚的相近程度如何，今已不得而知。

---

① 同篇下文还有伍子胥在溧阳（今吴语区）濑水跟击绵女子乞食的对话，沟通并无困难。

西晋永嘉丧乱后，中原并、司、豫州（今山西、河南）的汉人为躲避战乱，纷纷南迁，沿颍水至江淮、皖南和太湖地区，继而进入鄱阳湖流域的赣北、赣中地区。唐中叶安史之乱后又有大批豫南鄂北移民迁入这一带。这两次迁移过后都有三四百年休养生息的和平安定时期，使得这一地区的经济得以发展，从而导致区域内部的一体化，移民方言和本地方言就逐渐混化成了赣方言的雏形。

明袁子让[①]《字学元元》卷八"方语呼音之谬"条对江右音[②]有如下记载：

江右音，或以"朝"为"刀"，以"昼"为"丢"去声，盖误知于端也。[③]

下面是五个赣方言点这两对字的读音对比[④]：

临川：朝 = 刀 [₋tau˩] ｜ 昼 [tiu²˧] ≠ 丢 [₋tiu˩]

东乡：朝 [₋tɛu˩] ≠ 刀 [₋tau˧] ｜ 昼 [tei²˧] ≠ 丢 [₋tiə˧]

安义：朝 = 刀 [₋tau˩] ｜ 昼 [tu²˧] ≠ 丢 [₋tiu˩]

余干：朝 [₋tʃɤu˧] ≠ 刀 [₋tau˧] ｜ 昼 [tʃu²˧] ≠ 丢 [₋tu˧]

南昌：朝 [tsɛu²˩] ≠ 刀 [₋tau˩] ｜ 昼 [tsɤu²˧] ≠ 丢 [₋tiu˩]

可见袁子让所言非虚，今天的赣语的确存在以"朝"为"刀"，以"昼"为"丢"去声的现象。不过另一方面，今天的赣语并非所有的方言都有读知（实为知三）如端的现象，例如余干话、南昌话。而"朝"和"刀"、"昼"和"丢"的韵母是否相同也存在复杂的情况。例如东乡"朝""刀"韵母不同，安义"昼""丢"韵母不同。临川城区"朝"和"刀"同音，但乡下则不同音，"朝"要读 [₋tɛːu˩]。袁子让大概是从自己所了解的江西话来描述江右音的特点的，但不用具体的地点而用"江右音"这样的全称概念，难免会出现以偏概全的情况——虽然上述情况不排除涉及古今语音的变化问题，但恐怕主要还是跟以点代面的做法有关。

3.1.3.5 客家方言的形成

"客家方言"即客家话，得名于族群名称"客家"。不过，作为一个汉族特定族群的称呼，"客家"一词的出现是相当晚的，而且一开始可能是他称（说粤语的本地人对客家人的称呼），后来才成为客家人的自称。按目前所掌握的资料，"客家"一词的出现时间

---

① 袁子让生卒年不详，为万历十三年（1585）举人，万历二十九年（1601）进士，主要活动于晚明万历年间。

② 清魏禧《日录·杂说》："曰：江东称江左，江西称江右，何也？曰：自江北视之，江东在左，江西在右耳。"

③ 其中"刀"字万历三十一年（1603）重刻本的字形在"刀"与"刁"之间，当为"刀"字。

④ 临川：罗常培《临川音系》，商务印书馆，1940年；东乡：张文娟《东乡方言语音研究》，江西师范大学2018年硕士论文；安义：高福生《安义方言同音字汇》，《方言》1988年第2期；余干：陈昌仪《余干方言同音字汇》，《方言》1990年第3期；南昌：《汉语方音字汇》。

大概在清初，不会早于1696年，因为屈大均（1630—1696）的晚年著作《广东新语》还不用这种说法；同时，也不会晚于1761年，因为清乾隆二十六年（1761）刊刻的《长宁县志》（李绍膺修、谢仲坃纂）卷八《风土志·方音》已经明确使用了"客家"一词：

> 语音。小儿读书多训官话，惟言语则不然。语有两样：一水源音，一客家音。传说开建之始祖自福建而来则客家音，自江西而来则水源音。今各随其相沿，亦不拘泥。

道光《长宁县志》（高炳文修、冯兰纂，抄本，序于道光十九年[1839]）卷八《风土志·方音》大体沿袭旧志：

> 乡中小儿读书多训官话，亦训土音；惟言语则不然。语有两样：一水源音，一客家音。传说开建之始祖自福建而来则为客家音，自江西而来则为水源音。各乡间有相殊，要亦大同小异耳。

长宁即今广东省韶关市新丰县。根据周日健（1990）[①]，新丰县如今依然存在客家话和水源话两种方言。以今日的眼光看，水源话也是一种客家话。《长宁县志》既然把县内的方言分别为水源音和客家音两种，说明"客家"一开始只指嘉应州那一路的客家人。新丰客家话和水源话语音上的差别主要表现在声调上。它们都只有阴平、阳平、上声、去声、阴入、阳入六个调。古浊去字客家话派入上声，水源话派入阴平。古浊上字客家话白读层派入阴平，文读层派入上声；水源话白读层派入去声，文读层派入阴平（古全浊字）和上声（古次浊字）。可见两者的差别在于原阳上调、阳去调的归派方向不同，只能算是小异。

徐旭曾讲述于嘉庆年间的《丰湖杂记》[②]首次对"客人"进行了较全面的论述。《丰湖杂记》通篇不用"客家"，而只用"客""客人"，跟"土""土人"相对："客者，对土而言，寄居该地之谓也。""彼土人，以吾之风俗语言未能与同也，故仍称吾为客人；吾客人，亦因彼之风俗语言未能与吾同也，故仍自称为客人。客者对土而言。土与客之风俗语言不能同，则土自土，客自客，土其所土，客吾所客，恐再千数百年，亦犹诸今日也。"徐旭曾对客人的地理分布范围做了明确的界定：

> 西起大庾，东至闽汀，纵横蜿蜒，山之南、山之北皆属之。即今之福建汀州各属，江西之南安、赣州、宁都各属，广东之南雄、韶州、连州、惠州、嘉应各属，及潮州之大埔、丰顺，广州之龙门各属是也。

[①] 周日健《新丰方言志》，广东高等教育出版社，1990年。下文对新丰客家话和水源话声调的讨论均依据该书的同音字表。

[②] 一般认为《丰湖杂记》是徐旭曾于嘉庆十三年（1808）应邀到惠州丰湖书院所做的演讲，收入和平《徐氏族谱》。本书据罗香林编《客家史料汇篇》297—299页，香港中国学社，1965年。

在《丰湖杂记》的语境里,"客"即"客家",两者的区别在于文体,即"客"是书面语,"客家"是口语。"客家"的构词法跟"船家""农家""厂家""店家""兵家""官家"等相同,"家"表示从事某种专门工作或掌握某种专门知识技能的人、具有某种身份的人。这类词的"家"字多数情况下是不能拿掉的。"客"和"客家"的同一性在大埔人林达泉的《客说》[①]一文中可以看得很清楚:

> 楚南、江、闽、粤、滇、黔之间,聚族而居,有所谓客家者。其称客,越疆无殊;其为语,易地如一……大江以北,无所谓客,北即客之土;大江以南,客无异客,客乃土之耦。生今之世,而欲求唐虞三代之遗风流俗,客其一线之延也……客为唐虞三代之遗,避乱而南,而大江以南因有客家。汉回斗,犹曰戎不乱华;土客斗,奈何指客为匪?

林达泉的题目即是《客说》,而非《客家说》,全文仅两次使用"客家",余皆用单音词"客"。同样,"土人"只使用了四次,余皆用单音词"土"。

无论《丰湖杂记》还是《客说》,都写于土客械斗的特定历史时代,客家人被视为野蛮的夷匪,身为客家的徐旭曾和林达泉,在强调客家人血缘和文化习俗的正统性方面难免偏颇。梅州人黄遵宪(1848—1905)《己亥杂诗》可以说就是这种心态的典型表现[②]:"筚路桃弧辗转迁,南来远过一千年。方言足证中原韵,礼俗犹留三代前。"自注云:

> 客人来州,多在元时。本河南人。五代时有九族随王审知入闽,后散居八闽。今之州人皆由宁化县之石壁乡迁来,颇有唐、魏俭啬之风。礼俗多存古意,世守乡音不改,故土人别之曰"客人"。方言多古语,尤多古音。陈兰甫先生云:"证之周德清《中原音韵》多相符合。"大埔林海岩太守则谓:"客人者,中原之旧族,三代之遗民。"殆不诬也。

一般而言,长江以南的汉民,都是历史上的中原南下移民,多古语,多古音,礼俗常存古意。非但客家如此,吴、闽、粤等无不如此。"客家"本为他称,主要指嘉应州那路的客家族群。徐旭曾《丰湖杂记》划定客家的地理区域(闽粤赣交界地带),开启了构建客家意识的先河,至罗香林《客家研究导论》(1933),理论工作可谓大功告成。徐旭曾突破"客家—嘉应州"两相联系的限制,把"客家"跟一个较大的连续地理区域联系起来,可谓极具慧眼。

---

① 据温廷敬辑《茶阳三家文钞》(宣统庚戌[1910]活字本)。林达泉(1830—1878)为咸丰十一年(1861)举人,《客说》可能是同治二年(1863)所写,其背景是咸丰同治年间广东的土、客(广府人与客家人)大械斗(1854—1867),此时官府开始转向剿客。

② 据《人境庐诗草》卷十。己亥是光绪二十五年(1899)。

有人认为，在清代以前既然没有客家认同，当然也没有客家方言的问题了。因此是"客家认同制造了'客家话'"①。这是一种似是而非的看法。"客家"作为指称特定族群的名称确实起于清初，客家人普遍用作自称只有一百来年的历史（有些客家地区的客家意识甚至是改革开放后才形成的），但是客家族群、客家话并不因为没有"客家"这一称呼或意识而泯然不存。实际上屈大均《广东新语》（康熙水天阁刻本）②卷十一《文语·土言》已注意到一个特别的族群："兴宁、长乐人曰哎子。"长乐即今五华。屈氏的记载过于简略，需要结合其他材料来看。王槩纂修的《高州府志》（乾隆二十四年[1759]刻本）卷四《地理·风俗》：

> 高郡方言大概与会城相仿，但音稍重而节略促。吴川较清婉而过于柔。石城则参以廉州。惟电白大异，与福建潮州同俗，谓之"海话"。诸县中间有一二乡落与嘉应语音类者，谓我为"哎"，俗谓之"哎子"。其余则彼此相通矣。

屈氏不提"嘉应"，是因为当时还没有嘉应州③。到了王槩的《高州府志》，则径用"嘉应语音"指称粤东北一带的方言。而"哎子"的意思即嘉应州的客家族群，他们的方言自成一系，其第一人称代词的说法是"哎"（例如今梅州话 [$_{\subset}$ŋai]），跟广府话很不一样（例如今广州话 [$^{\subset}$ŋɔ]）。《茂名县志》（秦沅、王勋臣修，吴徽叙纂，嘉庆二十四年[1819]刻本）卷十七《风俗》也说：

> 茂之乡音约有两种。其城邑及西、南、北三方与信、化及广、肇相类，谓之"白话"；东至电与嘉应、阳春相类，谓之"哎话"。

光绪《高州府志》（杨霁修、陈兰彬纂，光绪十一年[1885]刊本）卷六《舆地·风俗·方言》把"哎子"和"哎话"的关系说得更为清楚：

> 诸县中间有一二乡落与嘉应语音类者，谓我为"哎"，俗谓之"哎子"，其言谓之"哎话"。

也就是说，第一人称代词说 [$_{\subset}$ŋai] 的那个族群叫"哎子"，哎子所说的方言叫"哎话"。实际上客家话还有其他称呼，例如民国《来宾县志》（宾上武修、翟富文纂修，民国二十五年[1936]铅印本）上篇《县之人民二·地理篇十四·方言》：

> 客语在他方或谓之"厓语"，以其自称曰"厓""厓"本浊平声，客语例读去声，若官

---

① 刘镇发《客家——误会的历史、历史的误会》62—64页，学术研究杂志社，2001年。
② 潘耒序于康熙庚辰，即康熙三十九年（1700），时屈大均已去世四年。
③ 清雍正十一年（1733），程乡县（即后来的梅县，今梅县区、梅江区）升为直隶嘉应州，领本辖程乡及兴宁、长乐（今五华）、平远、镇平（今蕉岭）四县，统称为"嘉应五属"。

语之"儜"。县境谓之"麻介语"。介者，客语中之耆宿以为什物计也。客语有所不知而问必曰"什物计"即集韵所谓拾没，语急并转为"麻介"。问辞而云"什物计"者，谓就诸什物中计算之以告我。此亦秦汉以前中原语之遗音也。两粤诸县凡操客语者自称曰"客家"，盖对于土著之人其来稍后，故云然耳。县境称客语之人为"来人"，来人者亦客之义。

"厓"跟"哎"一样，都只是个记音字，"厓语"即"哎话"，得名于客家话第一人称代词。来宾则把客家人称为"来人"，而"来人"所用的方言为"麻介语"。"麻介"也是记音字，是客家话疑问代词"什么"的说法，例如今梅州话"乜个"[mak˩ kɛ˧]，跟广府话的"乜嘢"[mɛt˩ jɛ˧]区别明显。《来宾县志》对"麻介"所做的词源解释不必当真。值得注意的是"两粤诸县凡操客语者"此时已经"自称曰'客家'"。

以目前所知，明祝允明（枝山，1460—1526）于正德年间所撰《兴宁志》大概是首次描写客家话语音特点的文献①，全本今已不传②，有关内容保存于嘉靖（1522—1566）《兴宁县志》（黄国奎修、盛继纂）卷四：

> 为⌈方言⌋ 其声大率齐韵作灰、庚韵作阳，如黎为来、声为商、石为铄之类，与江南同，乃出自然，益信昔人制韵释经之不谬。亦有"杨""王"不辨之陋，如"天王寺"为"天洋"之类。至有姓王者自呼杨，问之，云："王乃吾上，避不敢犯。"此尤可笑尔祝志。谓父曰阿爸闽人呼父为郎罢。顾况诗：囝别郎罢心摧血。爸即郎罢，母曰阿姐；呼哥嫂輙以亚先之，如兄则曰亚哥，嫂曰亚嫂；呼小厮曰癞音赖，呼儿曰泰；游乐曰料；问何物曰骂介，问何人曰骂𫝢；无曰冒；移近曰埋；其不检者曰散子；其呼溪曰开，岭曰两。用通志广州志参修。

嘉靖志不止照录正德祝志的方言部分，还补充了新的内容，以词汇为主，但也兼及语音。根据嘉靖志所记可归纳出 16 世纪前半叶的兴宁话语音特点：

1. 齐韵作灰：如黎为来、呼溪曰开；
2. 庚韵作阳：如声为商、石为铄、岭曰两。

第一点是说蟹摄开口四等会读 [ai] 类韵母，其中"灰"应改为"咍"（"来"即咍韵字）。第二点是说梗摄开口字的主元音是个低元音 [a]。这两点今兴宁话仍然如此，以水口话为例：犁 [˨laɛ] | 溪 [˨haɛ] | 声 [˨ʃaŋ] | 石 [ʃaʔ˨] | 岭 [˨liaŋ]。其中"黎"字水口读 [˨li]，换成同地位的"犁"字。"溪"字已不读 [kʰ-]，大概跟粤语的影响有关。

从词汇的角度看，除"移近曰埋""不检者曰散子"还有待调查外，其他 10 条有 7

---

① 祝允明于正德十年（1515）出任兴宁知县，《兴宁志》即为其任职期间的成果。
② 刻本五卷，今仅存一卷，而传世的手书稿本不是最后的定稿，只有四卷。

条水口话还说：阿爸 [a˧ pa˧]｜阿哥 [a˧ ko˧]｜阿嫂 [a˧ sʌʏ˨]｜料（一般写作"嬲"）[liʌʏ˨]｜骂介 [ma˨ kɛʏ˨]｜骂鄞 [maɛn˨ nin˨]｜冒（本字即"无"）[mʌʏ˨]。从用字的情况看，编志者的严谨性明显是不够的。例如"阿爸"和"阿哥/嫂"的前字分写两字，而实为一字，即词头"阿"。粤东客家话"亚"字本来就读 [₌a]。把客家话的"人"记作"鄞"也稍嫌粗了一些。从当时的用字情况看，问什么和问谁有一个共同的语素"骂"，跟今天的客家话不同（比较梅州：什么[makʏ kɛʏ]、谁[man˨ n̩in˨]），可以推测是连读音变造成的结果，即"谁"原来是 [*makʏ ₌n̩in]，后来前字的塞音韵尾被后字的鼻音成分同化为鼻音尾，而水口话前字的元音和后字的声母还发生进一步的变化。关于古今不同的三条词，母亲水口说"阿伯" [a˧ paʔ˥]、"阿娘" [a˧ niʌŋ˨] 或"奶奶"[niɛn˧ niɛn˨]。水口的"阿姐" [a˧ tsia˨] 指姐姐。儿子叫"穑子" [laɛʏ tsʏ]，小孩叫"穑子子"[laɛʏ tsaɛʏ tsʏ]。即"呼儿曰泰"已消失，用原来指小孩的"穑子"来指儿子①，小孩的说法则稍作变化，改成双词尾的"穑子子"。可见兴宁话在四五百年的时间里，词汇虽然有所变化，但稳定性亦相当明显，说明现代客家话的基本面貌至晚在明代中叶就已成形。

因为缺乏资料，客家话形成的具体过程目前无法说定。客家话的形成牵涉到以下三类人口（重要性递减）：①从唐代安史之乱至宋元之际不同时间迁入闽粤赣交界地区的汉人；②生活在这一地区的畲人；③早先迁入这一地区的汉人。大体而言，客家话就是这三类人口所用方言或语言在闽粤赣交界地区的融合体。罗香林（1933：74）已指出："客家初到闽赣粤的时候，不能不与畲民互相接触，接触已多，就想不与他们互相混化，亦事势所不许。"②这种混化由今分布在闽、浙、赣、粤、皖多个省份的畲人都讲非常接近客家话的畲话可见一斑。然而，语言上客、畲具体如何融合，土、客具体如何混化，已经不得而知。

3.1.3.6 粤方言的形成

粤语未见于上古文献。西周以前，岭南一带土著居民基本上是百越族。《墨子·节用》称"古者尧治天下，南抚交趾，北降幽都，东西至日所出入，莫不宾服"。可见中原汉人的足迹早就及于岭南。据《左传·襄公十三年》，子囊在跟大夫们商议楚共王的谥号时曾这样评价已故的楚王："赫赫楚国，而君临之，抚有蛮夷，奄征南海，以属诸夏，而知其过，可不谓共乎？请谥之'共'。"《后汉书·南蛮西南夷列传》亦载："及楚子称霸，朝贡百越。"楚悼王还派吴起发兵平定百越，使楚文化进一步渗入岭南。秦始皇二十六年（前221）统一中国后，曾派尉屠睢率50万大军分五路南征，"三年不解甲弛

---

① 阮元修、陈昌齐纂《广东通志》（道光二年 [1822] 刻本）卷九十二《舆地略十·风俗一》云："奴仆曰'弟仔'。惠州曰'赖子'，言为主人所赖也。"聊备一说。"穑"本来就是方言字，明陆容《菽园杂记》卷十二："广东有穑字，音奈平声，老年所生幼子。"今广州话有 [laiˈ]，表示最末的：～仔｜～女。跟客家话"赖子"的"赖"恐非一字，但客家话的"赖子"也有写成"穑子"的。

② 罗香林《客家研究导论》，兴宁希山书藏，1933 年。

弩",其中一支"处番禺之都",遭到越人的反抗后又"发適戍以备之"(调发成卒来防备越人)①。秦始皇三十三年(前214)"发诸尝逋亡人、赘婿、贾人,略取陆梁地,为桂林、象郡、南海,以適遣戍"②。汉高帝十一年(前196)五月诏曰③:

> 粤人之俗,好相攻击。前时秦徙中县之民南方三郡,使与百粤杂处。会天下诛秦,南海尉它居南方长治之,甚有文理,中县人以故不耗减,粤人相攻击之俗益止,俱赖其力。今立它为南粤王。

"中县之民"即中国县民,也就是中原人民。"三郡"即桂林、象郡、南海。"它"即赵佗。可见秦汉时期今两广地区已深得中原教化,促成了北方汉语在岭南地区的播迁。古粤语当由北方汉语和楚语、越语融合而成。唐朝张九龄开通大庾岭驿道,大大方便了北人入粤,岭南人口因此剧增。唐宋之际常常将官宦文人贬往岭南,也在一定程度上推动了中原文化对岭南的教化。北宋靖康之难,大批北方汉人南迁入粤,广东人口激增,经济文化有较大发展。唐宋移民的语言对粤语的形成影响很深,《朱子语类》卷一百三十八的一条语录反映了这种情形:"却是广中人说得声音尚好,盖彼中地尚中正。自洛中脊来,只是太边南去,故有些热。"

清陈澧(1810—1882)《广州音说》首次对广州音进行了专业的论述④。《广州音说》从五个方面说明其合于隋唐韵书切语而为他方所不及者(略去关系不大的注):

> 平、上、去、入四声各有一清一浊,他方之音多不能分上、去、入之清浊。如平声"邕"(《广韵》於容切)、"容"(餘封切),一清一浊处处能分;上声"拥"(於陇切)、"勇"(余陇切),去声"雍"(此"雍州"之"雍",於用切)、"用"(余颂切),入声"郁"(於六切)、"育"(余六切),亦皆一清一浊,则多不能分者(福建人能分去入清浊,而上声清浊则似不分)。而广音四声皆分清浊,截然不溷,其善一也。
>
> 上声之浊音他方多误读为去声,惟广音不误。如"棒(三讲)、似市恃(六

---

① 据四部丛刊景钞北宋本《淮南鸿烈解》卷十八:"(秦皇)又利越之犀角、象齿、翡翠、珠玑,乃使尉屠睢发卒五十万,为五军,一军塞镡城之岭,一军守九嶷之塞,一军处番禺之都,一军守南野之界,一军结余干之水,三年不解甲弛弩。……(越人)相置桀骏以为将,而夜攻秦人,大破之,杀尉屠睢,伏尸流血数十万。乃发適戍以备之。"

② 见《史记·秦始皇本纪》。林鹏《蒙斋读书记·〈淮南子·人间训〉札记》(山西古籍出版社、山西教育出版社1998)认为此事即《淮南子》所记屠睢兵败后的"发適戍以备之"。依此,则屠睢伐越当在秦始皇三十年(前217)前后。

③ 见《汉书·高帝纪第一下》。

④ 《东塾集》卷一,光绪壬辰(1892)刊行。梁启超《中国近三百年学术史》曾指出:"研究方言学主要目的,要发现各地方特别发音的原则。像陈兰甫先生的《广州音说》东塾集卷一,把广东话和北京话不同的那几点提出纲领来,才算学者的著述。"(中华书局1936:223—224)

止）、伫墅拒（八语）、柱（九麌）、倍殆怠（十五海）、旱（二十三旱）、践（二十八狝）、抱（三十二皓）、妇舅（四十四有）、敛（五十琰）"等字是也。又如"孝弟"之"弟"去声（十二霁），"兄弟"之"弟"上声浊音（十二荠）；"郑重"之"重"去声（三用），"轻重"之"重"上声浊音（二肿）。他方则"兄弟"之"弟"、"轻重"之"重"亦皆去声，无所分别，惟广音不淆，其善二也。（李登《书文音义便考私编》云："'弟子'之'弟'上声，'孝弟'之'弟'去声，'轻重'之'重'上声，'郑重'之'重'去声。愚积疑有年，遇四方之人亦甚夥矣，曾有呼"弟""重"等字为上声者乎？未有也。"案：李登盖未遇广州之人而审其音耳。）

"侵、覃、谈、盐、添、咸、衔、严、凡"九韵皆合唇音（上去入声仿此），他方多误读，与"真、谆、臻、文、殷、元、魂、痕、寒、桓、删、山、先、仙"十四韵无别。如"侵"读若"亲"，"覃、谈"读若"坛"，"盐"读若"延"，"添"读若"天"，"咸、衔"读若"闲"，"严"读若"妍"。广音则此诸韵皆合唇，与"真、谆"诸韵不淆，其善三也。（广音亦有数字误读者，如"凡、范、梵、乏"等字皆不合唇，然但数字耳，不似他方字字皆误也。）

"庚、耕、清、青"诸韵合口呼之字，他方多误读为"东、冬"韵。如"觥"读若"公"，"琼"读若"穷"，"荣、萦、茔"并读若"容"，"兄"读若"凶"，"轰"读若"烘"，广音则皆"庚、青"韵，其善四也。

《广韵》每卷后有新添类隔，今更音和切。如"眉"武悲切，改为目悲切；"绵"武延切，改为名延切，此因字母有"明微"二母之不同。而陆法言《切韵》、孙愐《唐韵》则不分，故改之耳。然字母出于唐季而盛行于宋代，不合隋唐初之音也。广音则明、微二母不分，武悲正切眉字，武延正切绵字，此直超越乎唐季宋代之音，而上合乎《切韵》《唐韵》，其善五也。

第一点说的是声调问题。"邕、容；拥、勇；雍、用；郁、育"八字分属古音的平、上、去、入四声，声母一清一浊，按照黄锡凌《粤音韵汇》（上海中华书局 1941）所记为 [₁juŋ ₂juŋ ʿjuŋ ˆjuŋ juŋˈ juŋ² juk₇ juk₂]，截然不混，即古四声按声母的清浊皆分化为阴阳两调。部分闽语（例如潮州话）和吴语（例如绍兴话）也具有四声八调的特点（广州话阴入有两个，实为九调）。第二点说的还是声调问题，即许多汉语方言全浊上归去声（如果去声分阴阳则归阳去），而广州话读阳上。第三点说的是咸深摄诸韵广州话仍收 [-m, -p] 尾（有少数例外）。比较[①]：

[①] 《汉语方音字汇》未收"覃""妍"，广州参考了饶秉才《广州音字典》（广东人民出版社 1983）。

表26　北京、广州咸深摄和山臻摄部分字音比较

	侵—亲		覃谈—坛		盐—延		添—天		咸衔—闲		严—妍	
北京	tɕʰin˥		tʰan˥		iɛn˥		tʰiɛn˥		ɕiɛn˥		iɛn˥	
广州	tɕʰɐm˥	tɕʰɐn˥	tʰam˥	tʰan˥	jim˨	jin˨	tʰim˥	tʰin˥	ham˨	han˨	jim˨	jin˨

北京话咸深摄阳声韵字都收 [-n] 尾，混入相应的山臻摄字，广州话则仍收 [-m] 尾，跟山臻摄字不混。部分闽语（例如厦门话）、客家话（例如梅州话）和少数赣语（例如高安老屋周家）也保留闭口韵。第四点说的是梗摄合口是否混入通摄。比较：

表27　北京、南昌、福州、广州梗摄合口和通摄部分字音比较

	琼—穷		荣—容		兄—凶	
北京	tɕʰiuŋ˥		ʐuŋ˥		ɕiuŋ˥	
南昌	tɕʰiuŋ˥		iuŋ˥		ɕiaŋ˨	ɕiuŋ˨
福州	kiŋ˨	kyŋ˨	iŋ˨	yŋ˨	xiŋ˥ / xiaŋ˥	xyŋ˥
广州	kʰɪŋ˨	kʰʊŋ˨	wɪŋ˨	jʊŋ˨	hɪŋ˨	hʊŋ˨

可见梗摄合口入通虽然普遍，但保持区别的也不限于广州，其中情形相当复杂。最后一点说的是明、微不分的问题。广州话确实是把明、微不分维持得最好的汉语方言。陈澧最后还总结道：

> 五者之中又以四声皆分清浊为最善，盖能分四声清浊，然后能读古书切语而识其音也……至广中人声音之所以善者，盖千余年来中原之人徙居广中，今之广音实隋唐时中原之音，故以隋唐韵书切语核之而密合如此也。

3.1.3.7 闽方言的形成

闽方言保留了上古轻唇归重唇、舌上归舌头的现象，其形成时代应早于客赣方言。早期进入闽地的汉人多来自吴越，因此闽语至今仍留有吴语的底层。屠睢统帅的五路南征大军有一支攻占闽越，并从会稽郡析置闽中郡，治所在东冶（今福州）。这是最早入闽的北方汉人。西晋永嘉丧乱后，青徐和司豫一带的北方汉人纷纷南下，大批北方士族涌入江东，后来为避免与江东士族发生利益冲突，遂转而向南开发。唐杜佑《通典》卷一百八十二记载："闽越遐阻，僻在一隅。凭山负海，难以德抚。永嘉之后，帝室东迁，衣冠避难，多所萃止。"陈道监修、黄仲昭编纂《八闽通志》（明弘治庚戌[1490]刻本）卷八十六拾遗亦载："永嘉二年，中州板荡，衣冠始入闽者八族，所谓林、黄、陈、郑、詹、丘、何、胡是也。"移民的方言与古闽语以及土著语言逐渐融合成闽方言。唐初，陈政、陈元光父子四代驻守闽南漳、泉二州，唐末王潮、王审知兄弟治理闽东福州等五州，

他们都是河南光州人，自然给闽方言打上了中原音的烙印。唐朝科举兴盛，崇尚文教，《切韵》音系作为文读系统也进入了闽语。因此，闽语以音韵层次复杂著称。至晚在北宋时代，闽语就已经是一支特色鲜明的方言了。宋丁度等《集韵》（仁宗宝元二年 [1039] 编成）已提到闽人的特点：

> 上声旨韵之诔切：㴝，闽人谓水曰㴝。
> 上声狝韵息浅切：囝，闽人呼儿曰囝。

又宋何梦桂（淳安人，生卒年不详，咸淳元年 [1265] 进士）《潜斋集》卷二（据四库全书本）《观禽鸟哺雏有感赋诗三首示诸子侄》其一："父母人心物岂无，静观禽鸟见中孚。自来择木心劳瘁，到得成巢口卒瘏。囝翅渐长郎罢短闽人呼子为囝，呼父为郎罢，仔身已壮阿婆癃江西呼子为仔，呼母为阿婆。人间恩义尚如此，几个林中反哺乌。"今福州话父亲仍叫"郎罢"[louŋ˧ ma˧(p-)]，福州话、厦门话、潮州话儿子仍叫"囝"[ˀkiaŋ˧/ˀkiã˧/ˀkiã˧]，福州话、厦门话、潮州话水仍叫"㴝"[ˀtsui˧/ˀtsui˧/ˀtsy˧]。从本字的角度看，"㴝"就是"水"字，两字读音的差别仅在一为章母，一为书母，而闽语古书母字读如古章母字并不限于"水"字，例如：

	书	少多少	叔
福州话	[ˌtsy˧]	[ˀtsieu˧]	[tsøyʔ˧]
厦门话	[ˌtsu˧]	[ˀtsio˧]	[tsɪk˧]
潮州话	[ˌtsɿ˧]	[ˀtsie˧]	[tsek˧]

可见，"闽人谓水曰㴝"反映的其实是语音特点（一些书母字读如章母字）而非词汇特点。

明李时珍《本草纲目》卷十四"茅香"条：

> 〔时珍曰〕苏颂《图经》复出"香麻"一条，云出福州，煎汤浴风甚良，此即香茅也。闽人呼"茅"如"麻"故尔。今并为一。

苏颂（1020—1101）所编《本草图经》今已不传①。唐慎微（约 1056—1136）《重修政和经史证类备用本草》卷三十所引如下②：

> 《图经》曰：香麻生福州，四季常有苗叶而无花，不拘时月采之。彼土人以煎作浴汤，去风甚佳。

---

① 有今人尚志钧的辑校本（安徽科学技术出版社 1994）。
② 据宋淳祐九年（1249）张氏（存惠）原刻晦明轩本。

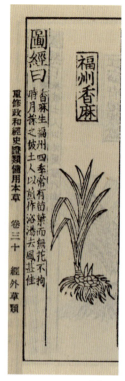 

图 15　福州香麻（宋代）和现代标本比较图①

茅香即英语的 sweetgrass（甜草）或 holy grass（圣草），为禾本科茅香属的一种芳香性植物，学名 *Hierochloe odorata* (Linn.) Beauv.。闽人呼"茅"[*ₛmau] 如"麻"[*ₛma] 显然是从通语的角度来辨识的，或者说是福州人难改乡音，把福州腔带入通语所造成的。所以"香茅"就成了"香麻"。如果是从方言本身出发，福州话"麻"读 [*ₛmuai]（文读 [*ₛma]），跟"茅"[*ₛma] 并不同音②。陈道监修、黄仲昭编纂《八闽通志》（明弘治庚戌 [1490] 刻本）卷二十五食货—土产—福州府—药之属"香茅""香麻"兼收：

香茅苗叶如茅而香，可煮作浴汤，辟邪气，令人身香。其花即茅香花。

香麻四季常有苗叶而无花，土人以煎浴汤，去风甚佳。

"香茅"当为本地的辨识，而"香麻"则是转述《本草图经》所记，两者实为一物。《本草图经》既没有用对本字，"无花"的描述也模棱难解，是不开花还是不常见到开花？由此可见李时珍编写《本草纲目》在田野调查和名实分析上的确是下足了功夫。

---

① 标本图据中国科学院植物研究所植物标本馆（http://www.cvh.ac.cn/spm/PE/00537463，访问日期：2019 年 8 月 2 日）。

② 拟音据《戚林八音校注》（李如龙、王升魁校注，福建人民出版社 2001）李如龙的前言。《戚林八音》全称《戚林八音合订》（即《戚参将八音字义便览》与《太史林碧山先生珠玉同声》的合订），晋安刊行于乾隆十四年（1749）。"麻"字的声韵为蒙歪（白读）或蒙嘉（文读），"茅"字的声韵为蒙郊。

值得注意的是，福州话"茅"字今读 [ₛmau] 不读 [ₛma]，例如白茅草的根茎叫"茅根" [ₛmauꜛ kouŋ˧]①。不过古效摄开口二等福州话存在 au～a 的文白分层的问题，例如（前文后白）：饱 [ᶜpau/ᶜpa] ｜抛 [ₛpʰau/ₛpʰa] ｜炒 [ᶜtsʰau/ᶜtsʰa] ｜交 [ₛkau/ₛka]。有不少字只有文读层的读法，例如：包 [ₛpʰau] ｜炮 [pʰauᵓ] ｜效 [xauᵓ]。可以设想福州话原先"茅"字也是 [ₛmau/ₛma] 文白两读，后来文读音淘汰了白读音。也就是说，最晚在北宋时代，福州话效开二已经读 a，而到了《戚林八音》的时代，"茅"字的白读音已经被文读音 [ₛmau] 所替换。李时珍（1518—1593）生活在明正德十三年（1518）至万历二十一年（1593）期间，跟戚继光（1528—1588）是同时代的人。《戚林八音》目前所能见到的最早版本即晋安的乾隆刊刻本（1749），既不见单行的《戚参将八音字义便览》《太史林碧山先生珠玉同声》的刻本和抄本，也不见文献家著录之，因此两书恐怕皆为伪托，晋安序所谓"顾是书也，历时久远，传写滋误，彼此分行，构（购）觅维艰"云云，实不可信。两书当编写于 18 世纪上半叶，即康熙后期至乾隆前期这段时间，相去闽人呼"茅"如"麻"的李时珍时代一个多世纪。

3.1.4 近代汉语方言的发展演变

元明清是汉语发展的近代时期。这一时期，全国一级、二级行政区已趋于稳定，区域文化也逐渐定型，南方人口反超北方，中古时期由北向南大规模的定向移民运动不再可行。这样的社会背景使七大方言的格局逐渐稳定下来，各方言在共同使用统一的文字和书面语的前提下各自独立发展，同时又互相接触、互相影响。

近代以来，北方汉语随着北方中央王朝统治民族和居民成分的剧烈变动而发生了较大的变化，东南六大方言则相对保守，变化缓慢。北方汉语的结构变化突出表现在语音系统的简化和词汇系统的复音节化上。其地域变化则有两个特点：一是基础方言东移，二是继续向西南、西北、东北等地广人稀之处扩张。自元朝起，北京成为全国的政治中心。同时，随着新兴文学样式元曲的兴盛，北京也渐渐荟萃成为文化中心。元代周德清（1277—1365）编纂的《中原音韵》冲破传统韵书的束缚，完全以当时的北曲用韵实际为归依，成为反映时音的一部划时代韵书。周德清在自序（即《中原音韵起例》）中说：

> 言语一科，欲作乐府，必正言语；欲正言语，必宗中原之音。乐府之盛、之备、之难，莫如今时。其盛，则自缙绅及闾阎歌咏者众；其备，则自关、郑、白、马一新制作：韵共守自然之音，字能通天下之语。

---

① 参看冯爱珍《福州方言词典》167 页，江苏教育出版社，1998 年。

北曲主要用大都话创作，四大家中的关汉卿、马致远都是大都人①。大都即今北京。周德清把自己编写的曲韵称为"中原音韵"，是作词必宗之音，这表明北京音已经逐渐取代了中原正音长达千年的通语地位②。

明代推行移民和屯垦戍边的政策。据《明史·食货志》记载，"太祖时徙民最多"，"于时，东自辽左，北抵宣大，西至甘肃，南尽滇蜀，极于交趾，中原则大河南北，在在兴屯矣"。清代除继续向西北、西南移民外，到了咸丰十年（1860），还放弃了执行两百余年的封禁东北政策，鼓励农民出关谋生，直接促成了"闯关东"（陆路）和"下关东"（水路）的移民狂潮③，直到民国前期也未有稍减。

明清移民主体是官话区人，他们将官话扩展到青海、四川、广西、云贵、东北等地。东南地区唐宋时已经开发，人口密度超过中原，在此基础上形成的宋代行政区划也就比较稳定而得以长期延续。人口地理、行政地理和文化地理的稳定对方言地理影响深刻，因此，东南地区六大方言相对比较稳定。但人烟稠密的长江中下游流域，由于清朝后期的太平天国运动（1851—1864）沦为太平军和清军反复争夺的烧杀之区，生灵涂炭，满目劫灰，在一定程度上重塑了这一地区方言（尤其是吴语和江淮官话）的地理分布格局。

思考与练习

1. 怎样利用汉民族的发展史来考察汉语方言的形成和发展？
2. 现代汉语方言区域与行政区域为什么不完全吻合？
3. 上古"五方"之异、"夷夏"之争、"夏楚越"之别对上古的语言分歧有何提示作用？
4. 中古汉语和上古汉语的发展主流有何不同？
5. 从上古到中古，江淮之间广大地区的汉语发生了怎样的变化？
6. 现代汉语七大方言各自是怎样形成的？
7. 近代以来汉语方言格局为什么没有大的变化？

---

① 据元钟嗣成《录鬼簿》载："关汉卿，大都人，太医院户，号已斋叟。""马致远，大都人，号东篱老。江浙省务提举。"不过清邵远平《元史类编》（康熙三十八年[1699]刊）卷三十六说："关汉卿，解州人，工乐府，著北曲六十本。"解州州治即今山西运城市盐湖区解州镇。又《祁州志》（乾隆二十一年[1756]刊）卷八说："关汉卿，元时祁之伍仁村人也。"即今河北安国市人。钟嗣成的活动时代有20多年是跟关汉卿重叠的，其说当可采信。

② 关于《中原音韵》的基础方言，学界存在不同的看法。耿振生《怎样用现代方言去证明〈中原音韵〉的语言基础》（见中国音韵学研究会编《中国音韵学：中国音韵学研究会南京研讨会论文集》，南京大学出版社2008）评述诸家得失，认为《中原音韵》的基础方言是以大都话为代表的幽燕方言。

③ 清朝初期，满人倾族入关，东北人口锐减。清政府把东北视为"龙兴之地""祖居圣地""祖宗肇迹兴王之所"，借保护"参山珠河之利"，严禁关内居民入境垦殖。虽然由于黄河下游连年遭灾，关内土地兼并日益严重，不断有走投无路的民众冒险闯关流入东北，但一直没有形成规模性的移民潮。

阅读书目

陈寅恪，1936，东晋南朝之吴语，《历史语言研究所集刊》第 7 本第 1 分。

丁启阵，1991，《秦汉方言》，东方出版社。

董达武，1992，《周秦两汉魏晋南北朝方言共同语初探》，天津古籍出版社。

葛剑雄等，1993，《简明中国移民史》，福建人民出版社。

华学诚，2003，《周秦汉晋方言研究史》，复旦大学出版社。

李范文，1994，《宋代西北方音》，中国社会科学出版社。

李如龙、辛世彪，1999，晋南、关中的"全浊送气"与唐宋西北方音，《中国语文》第 3 期。

李小凡、陈宝贤，2002，从"港"的词义演变和地域分布看古吴语的北界，《方言》第 3 期。

李恕豪，2003，《扬雄〈方言〉与方言地理学研究》，巴蜀书社。

林语堂，1932/1989，前汉方音区域考，《语言学论丛》，开明书局/上海书店。

刘君惠等，1992，《扬雄方言研究》，巴蜀书社。

罗常培，1933，《唐五代西北方音》，历史语言研究所单刊甲种之十二。

苏秉琦，1999，《中国文明起源新探》，生活·读书·新知三联书店。

孙　毕，2006，《章太炎〈新方言〉研究》，华东师范大学出版社。

谭其骧，1934，晋永嘉丧乱后之民族迁徙，《燕京学报》第十五期。

周振鹤、游汝杰，1986，《方言与中国文化》，上海人民出版社。

3.2 汉语方言分区的历史

方言分类（dialectal classification）和方言分区（dialectal division）既有联系，又不相同。前者指根据方言的语音、词汇、语法等特征，对既定方言所进行的分类。例如官话方言根据"酒—九"声母的异同，可以分为声母相同的方言和声母不同的方言两类（参看前文图 13）。后者指根据语音、词汇、语法等特征的同言线表现，确定既定方言区域的类型分划，或者说区域结构（areal structure）。典型的例子如图 16[①]。

图中有两条较粗的线，代表重要的同言线（一条或多条）所通过的地方。两条粗线把美国东部的方言划分为三个较大的语言区域（speech area），即北区（the North）、中区（the Midland）和南区（the South）。图中还有较细的线，代表次要同言线所通过的地方，这些细线又把北区分割成了 6 个次区（sub-area, 1—6），中区分割成了 7 个次区（7-13），南区分割成了 5 个次区（14—18）。这张图是叠加一系列同言线图之后得到的，而具有层次的方言区域结构也因此而呈现。

---

① Hans Kurath, *A Word Geography of the Eastern United States*, Figure 3, University of Michigan Press, 1949.

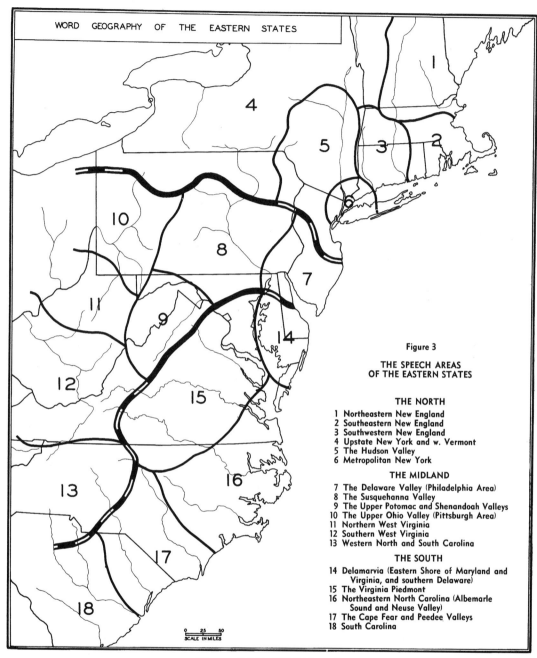

图 16　美国东部的语言区域

当方言分类的目的在于归纳既定方言的群组关系（grouping）时，跟方言分区会发生相当程度的重叠。而方言分区也必定以方言分类为基础，但它要受到地理学方面的若干限制。无论中国学者还是外国学者，研究汉语方言时往往并不区分方言分类和方言分区这两个不同的概念。因此本节介绍汉语方言分区的历史也完全不区分这两个概念。

3.2.1 西人的汉语方言分区

汉语方言的复杂性早就引起了外国人的注意。马礼逊（1815：3）[①]已经指出：

> ［中国］官场的发音，欧洲称为 Mandarine Tongue（官话），中国称为 Kwan hwa（官话），为帝国各地的公职人员和教育人士所使用。官话跟各省的方言不同；而各省的方言亦自不同。澳门的方言跟广州有差异，而南京的官话又跟北京不是一回事。因此任何一种拼写法都必然是不完美的译按：意思是众口难调，拼写法无法照顾不同的方言。

面对纷繁复杂的汉语方言，麦都思（1842：3）[②]曾有如下感慨：

> 通行于整个帝国的许多方言跟官话差别很大，无论是声母（the initials）还是韵母（the finals），而且几乎不可能概述这些（复杂的）变异。即便是官话方言，也有各种不同的花样。

麦都思（1845：34）[③]把"必要的语言知识"（knowledge of the language requisite）列为在中国旅行的重要条件，重点是官话的掌握：

> 在中国旅行应该熟悉其语言。众所周知，帝国各省区的方言彼此差异很大，不过外国人往往并不了解这种差异的惊人程度。有一些省的方言差异是如此之大，以至一个省的人无法跟另一个省的人互相沟通。甚至同一省的不同地区，方言也不一样。这自然成了旅行的一大障碍。要是没有官话，就无法便利出行。

来华的西人以传教士为多，也最为活跃。为了有效工作，传教士需要接受系统严格的训练，其中就包括语言文字之学的训练。因此传教士中不乏出色的语言家（linguist）和语言学者（linguistician）。从 19 世纪来华传教士的一些著作中，我们可以看到他们对汉语已经有相当深入的认识。现代意义的汉语方言分区工作就是从他们开始的。在当时的条件下，能够得到科学考察的汉语方言只有很少一部分。因此，西人早期的汉语方言分区工作可谓筚路蓝缕，功不可没。

3.2.1.1 艾约瑟（1857）

艾约瑟（1857：77—89）[④]第一部分语音论（On Sound）的第八章第一节专论官话和其

[①] Robert Morrison, *A Grammar of the Chinese Language*（《通用汉言之法》）. Serampore: The Mission Press, 1815.
[②] Walter Henry Medhurst, *Notices on Chinese Grammar*. Batavia: The Mission Press, 1842.
[③] Walter Henry Medhurst, *A Glance at the Interior of China, Obtained during a Journey through the Silk and Green Tea Districts*. The Mission Press (The place of publication is unknown), 1845.
[④] Joseph Edkins, *A Grammar of the Chinese Colloquial Language Commonly Called the Mandarin Dialect*（《官话口语语法》）. Shanghai: London Mission Press (墨海书馆), 1857.

他现代方言的起源（On the Parent Stem of the Mandarin and Other Modern Dialects）。艾约瑟不仅给汉语方言做了分区，而且对每个方言区的音韵特点都做了描述。遗憾的是，除了官话和客家话采用现成的叫法外，艾约瑟没有给其他方言区命名，因此他的分区工作很容易被分省介绍的形式所掩盖。艾约瑟的方言分区可概括如表 28。史语所（1948）参看下文 3.2.2.9 和图 19。

表 28　艾约瑟（1857）的汉语方言分区

页码和编号	艾约瑟的方言分区			本书的归纳	史语所（1948）的分区
p.78 (a)	北部各省 (northern provinces)			A. 官话	北方、下江、西南官话
p.79 (b)	江南及浙江 (Jiang-nan and Cheh-kiang)			B. 江浙话	吴语
	徽州府 (The city of Hwei-cheu)			C. 徽州话	徽州方言
p.80 (c)	江西 (Kiang-si)	抚州		D. 抚州话	赣语
		南康		E. 南康话	
		南昌		F. 南昌话	
p.80 (d)	湖南 (Hu-nan)	大部分地区		G. 老湖南话	湘语
		长沙		H. 新湖南话	
p.81 (e)	广东 (Canton)	广府 (Canton)		I. 广府话	粤语
		客家 (Hakka)		J. 客家话	客家话
		海南 (Hai-nan)		K. 海南话	闽南语
		潮州 (Tie-chiu)		L. 漳潮话	
p.82 (f)	福建 (Fuh-kien)	南部			
		北部		M. 福州话	闽北语
p.83 (g)	西部各省 (western provinces)	广西	东部	J. 客家话	粤语（东南部）
			某些地区		西南官话（西北部）
		四川首府成都		A. 官话	西南官话
		贵州			

　　下面以编译的方式，依本书归纳的顺序，依次介绍艾约瑟对 13 种方言的语音特点的观察。这 13 种方言相当于原书的 a—f 项，g 没有出现新的方言，其内容归到相应的方言里。根据原书其他章节补充的内容都标出页码。

　　艾约瑟认为：正如曾经在整个西欧使用的拉丁语成为若干现代语言的祖语一样，现代汉语方言也应该源自某种曾经通行全国的古代口语。在缺乏文献记载的情况下，可以假设在公元的头几个世纪里，整个中国说着一种共同的方言（common dialect），各地只是小有不同。这是一种单音节系统，任何一种现代方言都未得其全，不过其面貌可以通过从每一种方言中选择（相关的）片段而得到构拟（restoration）①。艾约瑟简要地构拟了这个系统的语音要素，分声母（initial）、韵尾（final）、韵腹（medial）、声调（tone）四项一一详列。而艾约瑟要做的工作即比较这种古音和若干现代方言，解释现代方言的起源，说明哪些部分是存古，哪些部分是本地创新。

A. 官话

艾约瑟（1857: 7）指出："中国人把宫廷和官场里使用的发音叫作'官话'（KWAN HWA）或'官话方言'（mandarin dialect）。这种发音本质上是长江以北各省、四川、云南、贵州以及湖南和广西部分地区人民的共同语。它的通行范围如此之大，涵盖了中国三分之二的面积，因此至少在语音上有足够的相似性，才配得上用相同的名字来称呼。"虽然允许掺杂"乡谈"，或者说"土音"（provincialisms），艾约瑟认为"把上述各省的方言视为真正的官话（genuine mandarin）仍然是正确的"。艾约瑟认为"这些区域的发音很容易分成三个系统：南京系统、以北京为代表的北部系统以及西部系统"。

官话语音上发生的变化最大②：① 一共有 8 个首辅音变成了其他辅音；② 1 个尾辅音变成了其他辅音；③ 3 个 [塞音] 韵尾消失；④ 1 个声调派到了其他声调；⑤ 还产生了 1 个新的声调。按：① 指 g, d, b, dj, v, dz, z, h 8个浊辅音变成了相应的清辅音（h 代表 ɦ）；② 指 -m 尾并入 -n 尾；③ 指 -p, -t, -k 尾消失；④ 指入派三声；⑤ 指阳平调。

艾约瑟还留意到西部省份一些官话的某些语音特点，提到的有：① 四川官话第四声和第五声合并（指古入声字今读阳平，例如"何"跟"合"同音，都读 .ho [*₋xo]③）；② 韵尾 -ng 与 -n 合并（例如"平"跟"贫"同音，都读 .p'in [*₋pʰin]）；③ 成都地区原先读 ng 声母的字在元音 i 前保留 g 声母，例如"义"gi'[*giˀ]；④ 在贵州省，所有声母为 y 的字都读作软音 j，这种现象很普遍，就像在客家方言里一样。其中①②无须多说，③需要说明两点：艾约瑟所记的 g《汉语方音字汇》记作 [ŋ]；成都话古疑母字存在文白分层现象，例如（先文后白）：义艺[n̠iˀ/iˀ] ｜ 严 [₋n̠iɛn] ｜ 眼[ˤiɛn]。读 n̠ 的是文读层，属于外来层次，因此不能用来说明成都话的保守性。④则还需要进一步调查。从艾约瑟的描述看，所有声母为 y 的字都读作软音 j 在贵州省大概是比较普遍的，可是查检今天的贵阳、遵义、毕节、黎平、镇远、都匀，齐齿呼韵母都可以拼零声母，并没有产生浊擦音声母 j [*ʐ]④，例如贵阳：衣 [₋i] ｜ 哑 [ˤia] ｜ 夜 [ieˀ] ｜ 羊 [₋iaŋ]。

---

① 艾约瑟的构拟方法不只是比较现代方言，也参考域外译音（日本汉字音、安南语）和译经语言的变化。
② 原文是 Here the greatest changes have taken place，这里述其大意，不限于北部省份。
③ 方括号里的拟音是本书酌加的，下同。
④ 参看陈章太、李行健主编《普通话基础方言基本词汇集》，语文出版社，1996 年；贵州省地方志编纂委员会《贵州省志·汉语方言志》，方志出版社，1998 年。

B. 江浙话

艾约瑟所说的"江南"为清代的一级行政区名，辖境大致相当于今江苏省、上海市和安徽省以及江西省婺源县、湖北省英山县、浙江省嵊泗列岛等地。①江浙话在江南的分布主要限于长江南岸地区。

江浙话的语音特点是：完整地保留了古声母（the old initials are all preserved）；-m 韵尾变成了 -n 韵尾，[塞音韵尾] -t, -p 已经消失，但 -k 还保留在一些乡村地区；有 4 个高调 4 个低调，（每个调的）曲拱和高低又常有不同，以致有 4 到 8 种调，硬辅音和送气音配高调，软辅音和鼻音配低调②。按："完整地保留了古声母"重点在古全浊声母（艾约瑟称为"软辅音"）的保留。调类不仅阴阳高低相配，而且跟声母也有较严格的配合关系，即清声母（硬辅音和送气音）配高调，浊声母（软辅音和鼻音）配低调。这两点至今仍是吴方言区的普遍特点。如绍兴话有以下 29 个声母和 8 个调类③：

p	pʰ	b	m	f	v
t	tʰ	d	n		l
ts	tsʰ	dz		s	z
tɕ	tɕʰ	dʑ	ɲ	ɕ	ʑ
k	kʰ	g	ŋ	h	ɦ
∅					

	平	上	去	入
阴	阴平 52 ˧	阴上 335 ˧	阴去 33 ˧	阴入 45 ˧
阳	阳平 231 ˧	阳上 113 ˧	阳去 11 ˧	阳入 23 ˧

绍兴话跟清塞音、清塞擦音 p/pʰ, t/tʰ, ts/tsʰ, tɕ/tɕʰ, k/kʰ 配的浊辅音为 b, d, dz, dʑ, g，跟清擦音 f, s, ɕ, h 配的浊辅音为 v, z, ʑ, ɦ，系统相当严密。古四声绍兴话都分为

---

① 原为明朝南京（南直隶）地区，清入关后，于清顺治二年（1645）沿明制设江南承宣布政使司，废除南京为国都的地位，巡抚衙门设于江宁府（今南京市）。清康熙六年（1667）分置为安徽省和江苏省。安徽省取安庆府、徽州府（今黄山市）首字得名，江苏省取江宁府（今南京市）、苏州府首字得名。

② 原文为：The tones are four upper and four lower, and they often differ in inflexion as well as elevation, so that they may be counted as being from four to eight in number. The hard consonants and aspirates take the upper series, the soft consonants and nasals the lower. 按：说有 4 个高调 4 个低调是就一个方言的声调系统说的，说有 4 到 8 种调是就每一种声调（比如说阴平）在吴语里的高低曲拱类型说的。根据《汉语方言地图集》语音卷 001 图，136 个吴方言点（含徽语在内），调类数和方言点数的分布情况为：九2，八52，七52，六17，五11，四2。即今天的吴语以 8 个调和 7 个调为主，4 个调的方言只有 2 个，而且都是边际吴语。可以想见100多年前的吴语大概还没有 4 个调的方言（按艾约瑟的记载，今天 5 个调的上海话在当时是 8 个调）。

③ 据王福堂《绍兴方言研究》，语文出版社，2015年。

阴、阳两类，调型相同①只是高低有别（即阴高阳低）。第 1、2、5 列声母配阴调，第 3、4、6、7 列声母配阳调。边音、鼻音声母在阴调出现时，要带上一个喉塞音，并减轻喉头声带摩擦，例如"捞"[ˌʔlɒ]、"搣"[ʔmieʔ₂]。

尽管江浙话的内部存在差异，艾约瑟强调"苏州、杭州、宁波、温州及其周边的乡村地区可以视为拥有同一种方言"，大约有 3000 万人。

C. 徽州话

徽州府属于旧江南的长江南岸地区，但其方言自成一家（The city of Hwei-cheu has a dialect of its own）。软辅音已变成硬辅音和送气音，韵尾 -n 和 -ng 在口语词中也多已丢失（例如"深、申、升、十"的读音跟"斯"sï 一样，"轻、清"的读音跟"妻"tʻsi 一样），不过在读书音中还保留着。其他辅音韵尾都不复存在。按："十"是古音收 -p 尾的字（深摄开口三等缉韵），不应作为鼻韵尾例字。

D. 抚州话

江西省东部的抚州府，软辅音全部变成送气音。6 个尾辅音唯缺 -k。有 7 个声调，音高不太规则。按：根据罗常培（1940）②的记录，临川（今抚州市临川区）方言有 -m, -n, -ŋ, -p, -t, -ʔ 6 个韵尾，所谓的缺 -k 实际上只是弱化为喉塞音罢了。艾约瑟所说的音高不太规则大概是指抚州话平声、入声阴低阳高，去声阴高阳低。罗常培（1940: 18—19）根据实验数据所画的"临川声调曲线图"相当直观地反映了这一现象。

E. 南康话

鄱阳湖东边的南康府保留了古声母，尾辅音只缺 -k 和 -t。有 4 个声调，规则地分为[高低]两个系列。按：赣南今有南康县，通行客家话，不是这里说的南康话。南康府故治为今星子县，清末时南康府辖星子、都昌、建昌（今永修县）、安义四县。艾约瑟所说的南康话并非南康府整个辖境的方言，而是专指都昌话（星子、永修、安义都在鄱阳湖西边）。都昌话古全浊声母今读擦音的为清音，今读塞音、塞擦音的为浊音，不过都昌古次清和全浊有相同的表现，当为晚近音变所致，并非古声母的保留（详见 3.6.2 的介绍）。

F. 南昌话

江西首府南昌，硬辅音和送气辅音不规则地出现在阳调。按：因为今天的南昌话跟艾约瑟所描写的抚州话一样（软辅音全部变成送气音），因此阳调类（阳平、阳去、阳入）逢塞音、塞擦音一定是送气的，跟艾约瑟所描写的"硬辅音和送气辅音不规则地出现在阳调"颇不一致，是否代表了南昌话古全浊声母在这一百多年的时间里有过较大的变化，还需要进一步研究。

---

① 阴平是降调，阳平是升降调，调型不同，不过阳平升少降多，其主体部分跟阴平的调型平行。
② 罗常培《临川音系》，商务印书馆，1940 年。

G. 老湖南话

该省大部分地区的软辅音虽然正在缓慢消失，但是依然存在（In many parts of this province, the soft initials still linger）。其中 linger（逗留，徘徊；缓慢消失）一词的使用可谓传神。艾约瑟特别用脚注说明自己是在跟湖南五个地方的本地人交谈后观察到古全浊声母的保留情况的。这五个地方是：长沙府安化_{今益阳市安化县}、衡州府清泉_{今衡阳市衡南县}、靠近广西边境的永州府_{今永州市}、靠近四川边境的辰州沅陵县_{今怀化市沅陵县}以及靠近贵州边境的沅州_{今芷江侗族自治县}。这些点《中国语言地图集》（2012）分别划归湘语娄邵片（涟梅小片）、衡州片（衡阳小片）、永全片（东祁小片）、西南官话湖广片（湘西小片）、西南官话湖广片（怀玉小片）。其中沅陵《中国语言地图集》（1987）划归湘语辰溆片。可以说湘语四个片都有代表了。其中芷江方言需要稍加讨论。《中国语言地图集》（2012）B2-8 图的文字说明提到：

> 在湘西南，西南官话同样地在以强势方言的地位与湘语争夺地盘。怀靖片中的芷洪小片可以作为一个典型。芷洪小片包括芷江侗族自治县和洪江市（由原洪江市与黔阳县组成）。如果从古全浊声母今读的特点（塞音、塞擦音无论清浊一般读不送气音）看，该小片符合湘语的条件，但从声调特点（调值十分接近西南官话的常见调值）看，该小片方言又明显带有官话的色彩。当地人的语感普遍强调他们的话接近湖北话。这些情况和湘西吉首一带的方言类似，因此，芷洪小片也同样地以划入西南官话为宜。

B2-8 图的文字说明中的西南官话分类和地图略有参差。文字说明中的"怀靖片"相当于地图中"湖广片怀玉小片"和"湖广片黎靖小片"的概括，但又包括了地图中划归"湖广片湘西小片"的麻阳苗族_{自治县}和凤凰。很明显，芷江属于西南官话和湘语接触产生的混合方言。按照胡萍（2007）①所记，芷江（麻缨塘）仍然相当程度地保留了古全浊声母，跟艾约瑟一个半世纪前的观察一致，例如：同_{定平} [˪doŋ] ｜ 动_{定上} [doŋ²] ｜ 洞_{定去} [doŋ²] ｜ 读_{定入} [təu²]。即古全浊声母逢舒声（平上去）保留浊音的读法，逢入声清化（舒、入是古音条件）。胡萍（2007: 202）认为把芷江划入西南官话比较合适，但也承认它是"具有湘语底层的西南官话"。

H. 新湖南话

长沙府方言的 5 个声调跟官话相同，送气辅音和其他辅音有同样的分布。按：长沙方言实有 6 个调类，即阴平、阳平、上声、阴去、阳去、入声。古全浊上字、浊去字有明显的文白分层现象，即文读层读阴去，白读层读阳去，例如：厚 [xəu²/xəu²] ｜ 骂 [ma²/ma²] ｜

---

① 胡萍《湘西南汉语方言语音研究》29—30 页，56—57 页，湖南师范大学出版社，2007 年。

洞 [tən²/tən²]。即在文读系统里，去声是不分阴阳的，因此只有阴平、阳平、上声、去声、入声 5 个调，跟当时的南京、武汉、成都等地的官话相同①。有理由相信，艾约瑟并没有系统调查长沙话，他观察到的长沙话声调当为文读系统②。至于第二点，可能是艾约瑟的行文有误，因为长沙话的送气辅音跟其他辅音的分布不同，即送气辅音不能出现在阳平调、阳去调。这一特点跟长沙话古全浊声母清化，逢塞音、塞擦音一般不送气有关（逢入声有小部分字送气）。即今送气辅音主要来自古次清声母，因此不出现在阳平调、阳去调。这是长沙话的本质性特点，相信艾约瑟时代即已如此。

I. 广府话或本地话

广府话（the dialect of Canton）又叫"本地话"（Pen-ti dialect），其语音特点为：

> 软辅音由硬辅音或送气辅音不规则地替代。6 个收尾辅音全都还用。有 8 个调，而且高低也很有规则，即其声调的高低表现跟其调名所指是对应的。

艾约瑟之所以会认为广府话古浊塞音、浊塞擦音声母不规则地变为不送气清辅音或送气清辅音，大概跟没有区分文白层次有关。实际上广府话古浊塞音、浊塞擦音声母的清化相当有规律，即逢平声、上声清化为相应的送气辅音，逢去声、入声清化为相应的不送气辅音。其中逢上声清化为送气辅音是白读层（读阳上调），清化为不送气辅音是文读层（读阳去调）。广府话保留 6 个收尾辅音，有 8 个调（实际上有 9 个调，古清入字要一分为二）。至于广府话声调音高表现的规则性，则多少有些费解③。

J. 客家话

艾约瑟所说的"客家"指嘉应州移民的后裔（descendants of emigrants from Kia-ying-cheu），即跟广府人混杂或比邻而居的嘉应人后代。"通行于广东和广西很多地区的客家话，是嘉应州移民后裔所使用的方言。其祖上于康熙年间离开家园，向西迁徙，大多定居在乡村地区，现在已约占当地人口的三分之一。""客家方言和嘉应州原乡的方言差别不大。"艾约瑟用汉字"客家话"作为英语 Hakka dialect 的对译，并且比较准确地概括了这种方言的主要特点：

> 这种方言的软辅音被送气音所替代，所有阳调字的辅音都是送气的。y 被 zh (j) 所

---

① 今天的成都、武汉入声已归阳平。按照传教士的记录，一百多年前的成都、武汉都是五调系统。参看项梦冰《保留入声的汉语方言》，《贺州学院学报》2014 年第 4 期。

② 发音人的语言生活状况以及调查方式等多种因素都能影响到发音人呈现给调查者的语料的性质。例如杨时逢《湖南方言调查报告》（"中研院"历史语言研究所 1974: 1201—1216）所报告的凤凰音系就完全是一个文读系统，而李启群《湖南凤凰方言同音字汇》（《方言》2011 年第 4 期）所报告的才是比较真实的凤凰音系。

③ 广府话声调阴高阳低，上声为升调，入声为短调，这是符合规律的方面，但是平声为降调，去声为平调，则属于名实不相符合的方面。当然不排除艾约瑟时代的广府话声调跟今日有所不同。

替代；收尾辅音 k 被 t 所替代。有 6 个调，第二调、第三调与第六调、第七调相同。

客家话古浊塞音、浊塞擦音声母变为送气的清辅音，所以阳调的塞音、塞擦音都是送气的。这是绝大部分客家话的共同特征。声调方面，第三调与第七调相同（即去声不分阴阳）是两广绝大多数客家话的共同特征（唯海陆例外）。至于第二调和第六调相同（上声不分阴阳）的说法则不够准确。多数客家话古次浊上白读层归阴平，文读层归上声（同清上字）；古全浊上白读层归阴平，文读层归去声。因此比较准确的说法是第六调和第一调相同（原阳上调归入阴平）。

艾约瑟所描写的客家话具体地点不详。兴宁、大埔、饶平、海陆都有"y 被 zh (j) 所替代"的现象（即 [ĩ] 变成 [ʒ]）。后三个地点塞音韵尾俱全，唯兴宁目前呈现出变异状态。但兴宁是"嘉应五属"之一，不属于艾约瑟所说的"客家话"。

K. 海南话

硬辅音软辅音化（softened），"帝""地"都读 di'，跟安南今越南语中的汉字音接近。很多官话读 w, f 声母的词读 b 或 p 声母，例如"万"ban、"父"p'u。按：海南话硬辅音软辅音化实为不送气塞音浊内爆音化，而且只限于唇音和舌尖音。比较海口的以下三对字音：半帮 [ɓuaˀ]: 拌並 [ɓuaˀ] | 帝端 [diˀ]: 弟定 [diˀ] | 季见 [kuiˀ]: 跪群 [kui]①。"万"字海口有文白异读：[ˬvaŋ]~—/[ˬmaŋ]数目。"父"字海口今读 [fuˀ]，但古非敷奉母字白读层却读双唇音声母，例如：斧非 [ˀɓu꜄] | 糞非 [ɓunˀ] ~草：垃圾 | 妇奉 [ɓuˀ] 新~：儿媳妇。海口父亲背称 [ɓɛˀ꜄]，本地写作"爸"字，实际上就是"父"字（古奉母字）。

L. 漳潮话

漳州话可视为闽南方言的代表。与福建接壤的潮州府，其方言跟闽南方言无论元音还是辅音都非常接近，不过声调有所不同。对潮州话的描述几乎可以适用于漳州话。漳潮话的语音特点是：

① k 代替 h。例如漳州：下 ke [keˀ]①；潮州：行 kiang [ˬkiã]②、况 k'wang [kʰuaŋ]、汗 kwan [kuãˀ]、绘 kwai [kuaiˀ]、滑 kut [kuk꜄]、县 kuin [kuĩˀ]、呵 k'o [ˬho]*③、厚 kau [ˀkau]、猴 kau [ˬkau]、効 kio [hauˀ]。按：这一点说的是匣母读如群母。"行""汗""滑""县""厚""猴"都是典型的例字。不过艾约瑟选字不够精细。"况"是晓母字（许访切），"呵"也是晓母字（虎何切），不应作为例字。"绘"字《集韵》又古外切，跟"会~计""刽~子手"的音韵地位相同，这几个字潮州话都读

---

① 用方括号注出漳州今读（据马重奇《漳州方言同音字汇》，《方言》1993 年第 3 期）。

② 用方括号注出潮州今读。《汉语方音字汇》未收的字据李新魁《新编潮汕方言十八音》（广东人民出版社 1979）的标音折合，在方括号后加星号表示。下同。艾约瑟的例字标音，记不记声调颇不一致，本书一律略去声调。艾约瑟未标音的例字直接标注今读。

③ 高德《汉英潮州方言字典》（美华书馆 1883: 81）"呵"字的读音是 [ˬkʰo]。

[kuai²]，是古见母字，也不应作为例字。"効"字可疑①。

② p 代替 f。例如漳州：佛 put [put₂]；潮州：幅 [pak₂]*、放 [paŋ²]、纺 [ᶜpʰaŋ]、蜂 [ᶜpʰaŋ]、父 [ᶜpe]、斧 [ᶜpou]、缝 [pʰaŋ²]、飞 [ᶜpue]、分 [ᶜpuŋ]等。按：这一点说的是非敷奉母读如帮滂并母，所举例字都十分恰当。

③ m, b 代替 w。例如潮州：勿 [mãi²]、缓 [ᶜhueŋ]、物 [muẽʔ₂]、微 [ᶜmui]、问 [muŋ²]；未 [bue²]、毋 [ᶜbo]*、巫 [ᶜbu]*、侮 [ᶜbu]*、务 [bu²]、亡 [ᶜbuaŋ]、文 [ᶜbuŋ]。按：这一点说的是微母读如明母。"勿"[mãi²] 是俗读，实为"唔"[ᶜm̩] 和"爱"[ai²] 的合音字，应排除。"缓"是匣母字（胡管切），潮州话读 [maŋ²] 是训读，本字是"慢"，也应排除。"毋"[ᶜbo] 是训读，本字即"无"。"毋""无"两字音韵地位相同，字义相近，从宽可不细辨。

④ j 代替 y。例如潮州：俞 [ᶜzu]*、逾（踰）[ᶜzu]*、谕 [ˢzu]*、裕 [ˢzu]、悦 [zuek₂]、允 [ᶜzuŋ]。按：这一点说的是部分古以母字今读 z 声母。漳州与潮州 z 对应的声母是 dz，但潮州读 z 声母的以母字漳州多数读零声母，少数读 dz 声母。例如：逾 [ᶜi]、悦 [uat₂]、允 [ᶜun]、裕 [dzu²]。

⑤ t 代替 ch。例如潮州：中 [ᶜtaŋ]、虫 [ᶜtʰaŋ]、宠 [ᶜtʰoŋ]、诛 [ᶜtu]*、茶 [ᶜte]、猪 [ᶜtɯ]、黜 [tuk₂]*、唇 [ᶜtuŋ]、著 [tu²]。例不胜举。按：这一点说的是知组读如端组。但"唇"是章组字（食伦切，船母），不应作为例字。

⑥ ch 和 cʻh 代替 s 和 sh。例如潮州：十 chap [tsap₂]、星 cʻheⁿg [ᶜtsʰẽ]、醒 cʻheⁿg [ᶜtsʰẽ]、叔 chek [tsek₂]、膝 cʻhek [tsʰak₂]、僧 cheng [ᶜtseŋ]、巳 chi [ˢtsi]、舌 chi [tsiʔ₂]、市 cʻhi [ˢtsʰi]、试 cʻhi [tsʰi²]、鲜 cʻhiⁿ [tsʰĩ]、石 [tsieʔ₂]、上 [ᶜtsiẽ]、深 [ᶜtsʰim]、寻 [ᶜtsʰim]、树 [tsʰiu²]、手 [ᶜtsʰiu]、蛇 [ᶜtsua]、徐 [ᶜtsʰɯ]、水 [ᶜtsui]等。按：这一点说的是古心、邪、生、书、禅母字有一些字读塞擦音声母 ts, tsʰ。心母字如"星醒膝僧鲜"，邪母字如"巳寻徐"，书母字如"叔试深手水"，禅母字如"十市石上树"。艾约瑟未举生母字，例如：生 [ᶜtsʰẽ]。艾约瑟还举了两个船母字（舌、蛇），应予排除②。

⑦ ng 代替 i, y, w。例如潮州：宜 [ᶜŋĩ]、言 [ᶜŋaŋ]、雅 [ᶜŋiã]、严 [ᶜŋiəm]、尧 [ᶜŋieu]、午 [ᶜŋõu]、五 [ᶜŋõu]、银 [ᶜŋɯŋ]。例不胜举。按：这一点说的是保留疑母。艾约瑟的另一种表述是："ng 可以出现在 y，w 和 i 的前面"（Ng is found before y, w and i）。这种表述显然是从官话出发的，因为"言""午""五""银"在潮州话里是开口韵。揣摩艾约瑟所以要这么表述，是想跟一部分官话古疑母字逢开口一二等也读 ŋ 声母区别开来。例如

---

① 高德《汉英潮州方言字典》（美华书馆 1883: 86）"効"字的读音即为 [hau²]（该字典"効""效"分立字头，今并为一字）。潮州古效开二读 io 没有旁例。

② 船、禅两母谁是塞擦音谁是擦音学者们有不同的看法，如果禅母已作为擦音声母看待，船母就要看作塞擦音声母。

"熬"字：济南 [₋ŋɔ]、西安 [₋ŋau/ŋau]、武汉 [₋ŋau]、成都 [ŋau₋]。

⑧ n 代替 j。例如漳州：染 nin [˚nĩ]、让 niong [niɔ˞ˀ]、软 nun [˚nuĩ]；潮州：肉 [nek₂]、懦 [˚no]*、汝 [˚lɯ]。按：这一点说的是日母保留鼻音声母的读法。不过潮州三个例字只有"肉"字能用。"懦"字《广韵》人朱切，为日母字，《集韵》又奴卧切，为泥母字。李新魁（1979: 7）所收的 [˚noˬ] 音显然借自官话的 [nuoˬ]，来自奴卧切，不是日母字。高德（1883: 117）记作 [₋no]，勉强能用。

艾约瑟认为上述声母特点事实上恐怕是古代国音的残余（vestiges of an old national pronunciation）。所举的例字都是口语音比读书音更为古老①。江南也有少量字表现出同样的声母，例如（用方括号注出苏州今读法）：防 bang [₋bɒŋ]、敷 p'u [₋fu]②、环 gwan [₋guɛ]、问 men [mən˞]等；在陕西，v 代替 w；在天津，j 代替 y。总之，方言里的俗传层次（antiquated colloquialism）都倾向于支持这样的看法。艾约瑟还提到漳潮话的另外两个特点：

⑨ 两种方言中的声母 ts 和 t's、sh 和 f 都一致让位给 ch 和 c'h、s 和 hw，除非是像 ch 替换 sh 以及 p 替换 f 的情况。按：艾约瑟的行文明显有误。"ts 和 t's"跟"ch 和 c'h"要互换位置，因为艾约瑟想表达的意思明显是漳潮话古精庄知章组今都读 ts, t's, s（知组限于文读层），所以是 ch, c'h, sh 让位给 ts, t's, s。又排除例外时，第一种情况（ch 替换 sh）也不应包括进来。因为"ch 替换 sh"后还要遵守"ch 让位给 ts"的规律，也就是说音系里不应当再有 ch。

⑩ 古韵尾 m, k, t, p 仍然在用，但是在口语中 ng, n, m 鼻尾韵常常变为鼻化韵，而 k, t, p 则常常省略。即读书音常常在鼻韵尾（ng, n, m）和唯闭音（the mute finals，指做韵尾的 k, t, p）上出现复古，而口语音则呈现出变化（变为鼻化韵、省略）。按：塞音韵尾不是省略，而是合并及弱化为喉塞。艾约瑟没有举例，这里用漳州话来说明（前文后白，不止两读的只取代表性读法，不说明用法）：三咸摄 [₋sam/₋sã]、山山摄 [₋san/₋suã]、生梗摄 [₋siŋ/₋sẽ]、合咸摄 [hap₂/haʔ₂]、葛山摄 [kat₂/kaʔ₂]、隔梗摄 [kik₂/kɛʔ₂]。今潮州话已无 n 尾韵母，古 n 尾韵并入 ng 尾韵。不过按照高德《汉英潮州方言字典》（1883: 193），当时的潮州话"山"字是 sán/sⁿua，即 [₋san/₋suã]。高德的字典中潮州话还有成系列的 n 尾韵母，说明潮州话的 n 尾并入 ng 尾是 19 世纪末之后才发生的。

关于漳州话和潮州话的不同，艾约瑟提到的有两项：a) 古声母 ng 在闽南被 g 所替换，

---

① 艾约瑟在讨论吴语的时候已提到："有些字有两种读音，一种用于平时说话，另一种用于读书。前者较为古老，后者则接近官话。"讨论漳潮话的语音特点时，所举的例字自然是就口语音而言的。实际上漳潮话的字音常常也有文白之异。例如潮州：行 ₋heŋ/₋kiã、行 huaⁿ²/paŋ²、柱 ˚tsu/˚tʰiəu。

② 陆基民国二十四年（1935）《苏州同音常用字汇》"敷"字也只有 [fu] 一个读音。参看丁邦新《一百年前的苏州话》56 页，上海教育出版社，2003 年。

而潮州话通常保留了这个声母①。按：艾约瑟的这项观察大概不能成立。疑母在漳州话和潮州话里都是部分字读 ng 声母部分字读 g 声母，差别在于条件不同。今天的漳州话 ng 只配鼻化韵、鼻化塞音尾韵，g 只配无尾韵、元音尾韵、鼻音尾韵和非鼻化的塞音尾韵，两者是互补的。而今天的潮州话 ng 和 g 则不存在严格的互补关系，例如：逆 [ŋek₂]、玉 [gek₂]。尽管一百多年前的潮州话跟今天的音系格局存在差异，但 ng 和 g 的不严格互补关系在高德的《汉英潮州方言字典》里已是如此。g 只配无尾韵、元音尾韵和个别塞音尾韵，不配鼻尾韵；ng 则可配无尾韵、元音尾韵、鼻尾韵、塞音尾韵。ng, g 都能配的韵母有 8 个（ai, au, e, ek, i, ia, o, ó），例如：硬 [ₑŋe]②、牙 [ₑge]、逆 [ŋek₂]、玉 [gek₂]（索引部分"玉"还有文读音 [ŋiok] 原未标调）。b) m, p 尾字潮州话比闽南更近于古音系统。例如漳州：凡 hwan [ₑhuan]、犯 hwan [huan²]、法 hwap [huat₂]。（按：这些字潮州话都还保留 m, p 尾的读法，即：凡 [ₑhuam]、犯 [ₑhuam]、法 [huap₂]）漳潮话的 p 声母（按：包括 p'）都不允许配 m, p 尾韵，但 h 声母只有闽南才不能配 m, p 尾韵。按：即古代的 *pVm/p、*p'Vm/p 类音节（V 代表元音），漳潮话都要发生异化作用，把 m/p 尾异化成 n/t 尾，但是古代的 *pfVm/p、*pf'Vm/p、*bvVm/p 类音节③，闽南也要发生异化（唇齿音声母和双唇音声母一致行动），而潮州话则不发生异化（唇齿音声母跟双唇音声母对双唇音韵尾的排斥力不同）。

此外，艾约瑟还提到潮州话有 8 个声调，包括 3 个去声在内，但是没有描写漳州话的声调。

M. 福州话

闽北的福州话跟前述几种方言有较大的差别。韵尾 n, m 并入 ng, t, p 省略。有 7 个声调，跟漳州话一样。很多口语词的声母和漳潮话一样，例如：行 kiang [ₑkiaŋ]、分 pung [ₑpuɔŋ]、重 teing [tœyŋ²]。ts, t's, sh 和 f 让位给 ch, c'h, s 和 f。有些词里的 t 听起来像 d。声母 j 由 y 或 n 取而代之。常常可以听到官话中已消失的词首 ng。

按：韵尾的归并或省略（omitted）艾约瑟未举例。"三""山""生"分别为古咸、山、梗摄字，福州话都读 [ₑsaŋ]。同样，"鸽""葛""隔"分别为古咸、山、梗摄字，福州话都读 [kaʔ₂]。可见塞音韵尾不是省略，而是合并及弱化为喉塞。艾约瑟明确提到的福州话语音特点，有 6 项跟前述漳潮话相同，即：行——①；分——②；重——⑤；声母 j 由 y 或 n 取而代之——⑧（福州：肉 [nyʔ₂]）；常常可以听到官话中已消失的词首 ng——⑦（福州：严 [ₑŋieŋ]、午 [ₑŋu]）；ts, t's, sh 和 f 让位给 ch, c'h, s 和 f——⑨。这最

---

① 原文为：For the old initial ng, which is usually preserved in the Tio-chiu dialect, g is substituted in southern Fuh-kien.
② 高德字典中去声分三类。所谓的"上去"今一般处理为阳上。"硬"即属上去调。
③ 非敷奉母也有的学者构拟成 f, f', v。如何构拟跟这里讨论的问题关系不大。

后一项的原文为：ts, t's, sh and f, also give place to ch, c'h, s and f。行文明显有两个错误：f 重现；ts, t's 和 ch, c'h 应互换位置。艾约瑟想表达的是福州话 ch, c'h, sh, f 被 ts, t's, s, hw 替换，即福州话没有 f 声母，古精庄知章组今都读 ts, t's, s（知组限于文读层）。

实际上漳潮话的③⑥两项特点福州话也具备，例如：问 [muoŋ˦]｜无 [˨mɔ]；醒 [˦tshaŋ]｜寻 [˨tshieŋ]｜水 [˦tsy]｜手 [˦tshieu]｜树 [tshieu˦]。即漳潮话的前列 10 项特点中，福州话只有④⑩两项不具备。

以上就是艾约瑟有关汉语方言分区的大要。下面从三个方面对其工作做一些讨论。

一、目的和方法。艾约瑟前述工作目的在于揭示现代方言来源，确定其存古和创新的成分，而方言分区只是自然达成的结果。艾约瑟的主要立足点是各方言在存古和创新方面所表现出来的异同，但也注意这种异同的地理上的分布。

二、分区的标准。现当代学者所采用的汉语方言分区标准，艾约瑟大部分都已用到。计有：1. 古全浊声母（艾约瑟称为软辅音）的演变；2. 古塞音韵尾（包括鼻音韵尾 m, n, ŋ 和塞音韵尾 p, t, k）的演变；3. 声调的演变；4. 古非组的读法；5. 古日母的读法；6. 古疑母的读法；7. 匣母读如群母；8. 知组读如端组；9. 古擦音声母读作塞擦音声母；10. 古精照组的读法。可以用两项指标性的研究做一个比较。一是王力（1937），其汉语方言分区共使用以下 6 项标准[①]：1. 古全浊声母的演变；2. 古塞音韵尾（包括鼻音韵尾 m, n, ŋ 和塞音韵尾 p, t, k）的演变；3. 声调的演变；4. 知组读如端组；5. 古非组的读法；6. 有无撮口呼。其中前三项施用于所有方言，第 4、5 项只施用于闽音系，最后一项只施用于客家话。一是丁邦新（1982）[②]。在梳理李方桂（1937）[③]、Forrest（1948）[④]、董同龢（1953）[⑤]、袁家骅等（1960）[⑥]、詹伯慧（1981）[⑦]区分汉语方言的条件后，丁邦新认为可用以下 6 项条件区分汉语方言：1. 古全浊塞音声母 b, d, g 的演变；2. 古塞音韵尾 p, t, k 的演变；3. 古知彻澄母字读 t, t'；4. 古次浊上声"马买理领晚"等字读阴平；5. 古舌根音声母 k, k', x 在前高元音前的演变；6. 古调类平上去入的演变。其中前两项是普遍条件，中间两项是独特条件（第 3 项针对闽语，第 4 项针对客家话），最后两项是补充条件。王力（1937）的 6 项条件只有最后一项（有无撮口呼）艾约瑟没有用到，丁邦新

[①] 本书根据王力《中国音韵学》下册（商务印书馆 1937）280—281 页归纳。

[②] 丁邦新《汉语方言区分的条件》，《清华学报》1982 年第一、二期。本书据《丁邦新语言学论文集》166—187 页，商务印书馆，1998 年。

[③] 首发于 1936。见：Li, F. K.(李方桂). Languages and Dialects[C]. In Zhao-ying Shih [时昭瀛] et al. (Ed.), *The Chinese Year Book* (1936-37, Second Issue), pp.121-128. Shanghai: The Commercial Press, LTD, 1936。

[④] Forrest, R. A. D. *The Chinese Language*. London: Faber and Faber, 1948。

[⑤] 董同龢《中国语言》，《中国文化论集》第一集 33—41 页，1953 年。本书据丁邦新编《董同龢先生语言学论文选集》353—365 页，食货出版社，1974 年。

[⑥] 袁家骅等《汉语方言概要》，文字改革出版社，1960 年。

[⑦] 詹伯慧《现代汉语方言》，湖北人民出版社，1981 年。

（1982）的 6 项条件，艾约瑟只有第 4、5 两项没有用到。可见主要的标准艾约瑟都已经提出，不过能否用好这些标准是另外一回事。无论在每条标准的具体特征的确定上，还是在标准使用的平衡性上，艾约瑟显然没有王、丁成熟。例如丁邦新（1982）根据桥本万太郎（Hashimoto 1973: 440）[①]的意见，在声调的演变这条标准中析出"古次浊上声'马买理领晚'等字读阴平"以增加赣客的区分性。此外，艾约瑟把漳潮话、天津话"j 代替 y"，陕西"v 代替 w"也看作存古，实际情况恐怕正好相反，把它们分别看作 i 和 u 擦化的结果比较妥当，属于晚近音变。其中天津话只限于梗摄合口三等庚（举平以赅上去）韵和通摄合口三等的影组字（但"熊、雄"例外），例如：永梗韵云母 [˗zuŋ]、雍锺韵影母[˗zuŋ]、用用韵以母 [zuŋ˗]。而漳潮话则限于 *iu(V) 韵母的以母字，而且漳州、潮州的实际表现存在较大差异，试比较：

表 29　漳州话、潮州话合口三等以母字今读举例

	愉	裕喻	锐	维	遗	唯	悦	允
漳州	ˬi	dzu˨	dzue˨	ˬui	ˬi	ˬui	uat˨	ˀun
潮州	ˬzu	ˬzu	ˬzue	ˬzui	ˬzui	ˬzui	zuek˨	ˀzuŋ

从表 29 可见，潮州话凡 *iu(V) 韵母的以母字都读 z 声母（流摄开口三等的 iu 实为 iᵊu，不符合条件），而漳州话读 dz 声母的字要少多了，其中显然存在不同时间的音变或是外来层次的问题。

三、分区方案。官话、江浙话、广府话、客家话分别看成一支，划定的范围跟今日基本相同；徽州方言独立为一支；今天的闽语看成漳潮话、福州话、海南话三支；湖南除部分地区通行官话外，大部地区都不归官话，但要分成两支，即保留古全浊声母的方言（大部分地区）和声调系统跟官话系统相同的长沙话；江西也不归官话，但要分成南昌话、南康话和抚州话三支。艾约瑟明确把杭州及其周边的乡村跟苏州、宁波、温州等地区所说的方言归为一种。湖南地区的非官话划分为两支，相当于今天的老湘语和新湘语，根据艾约瑟的调查和印象，显然当年新湘语的分布范围还是比较小的，换言之，古全浊声母的消失在其后一百多年明显扩大了地理范围。江西的方言分为三支，但如果稍作概括，比较接近客家话的南赣（抚州话）和北赣（南昌话、南康话）分立的雏形就浮出水面了。总体上看，西人首次对汉语方言的系统分区就有很高的起点[②]，其方法、标准和方案都可圈可

---

① Mantaro J. Hashimoto (桥本万太郎), *The Hakka Dialect: A Linguistic Study of Its Phonology, Syntax and Lexicon*. Cambridge University Press, 1973.

② 艾约瑟的方言分区在其更早的一本著作里已略呈端倪 (*A Grammar of Colloquial Chinese: As Exhibited in the Shanghai Dialect*. Shanghai: London Mission Press, 1853)，但是还不够确定和系统，因此本书以艾约瑟（1857）为准。西人中是否还有比艾约瑟（1857）更早对汉语方言进行系统分区的，尚待继续挖掘史料。

点，湘、赣、闽概括不够，跟标准的平衡性掌握有关。比如海南话帮、端母（包括大部分已清化的並、定母和读如端组的知、澄母白读层）的浊内爆音化，属于独特条件，如果认为非常重要，就只能从闽语中分出。再如福州话，声母特点跟漳潮话有 8 项相同，只有辅音韵尾不够存古、合口三等以母没有读 j 的现象 2 项不同，而恰恰是这不同的 2 项在艾约瑟的分区里起了作用。

3.2.1.2 萨伊斯（1880）

英国牧师萨伊斯（1880: 48）[①]把汉语分为厦门话（Amoy）、广州话（Cantonese or Kong）、福州话（Foochow）、本地话（Punti）、上海话（Shanghai）、官话（Mandarin）六种。书中说明厦门话参考了 Macgowan（麦嘉湖/马约翰）的 *Manual of the Amoy Dialect*（1869）[②]，（？广州话至）上海话、官话参考了 Edkins（艾约瑟）的 *Grammar of the Shanghai Dialect*（1868）[③]和 *Grammar of the Mandarin Dialect*（1864，2nd edit.）[④]。穆麟德（1896，出处详见下文）已指出 punti 即 pen-ti（本地），也就是广州话，是相对于客家话来说的。此说甚是。艾约瑟（1857: 81，参看前注）即有 "the dialect of Canton or Pen-ti 本地 dialect"（广州话或称本地话）之说。因此萨伊斯的分类实际上是闽南话、粤语、闽北话、吴语、官话五种。

3.2.1.3 甲柏连孜（1881）

1881 年，甲柏连孜（Georg von der Gabelentz，1840—1893）的《汉文经纬》[⑤]出版，作者在参考卫三畏《汉英韵府》[⑥]、艾约瑟《官话口语语法》的基础上，列出了以下五种当时已相对较为熟知的汉语方言：

1. 官话。又分为南官话（中心区域在南京）、北官话（其主要形式是京话）和西部官话（其中心区域在成都府）。

2. 浙江和江苏的方言，尤其是我们最熟悉的上海话。

[①] Archibald Henry Sayce, *Introduction to the Science of Language*（《语言科学导论》）Vol.II. C. Kegan Paul & Co., 1880. 萨伊斯 1891 年至 1919 年曾在牛津大学担任亚述学（Assyriology）教授。

[②] 即 *A Manual of the Amoy Dialect Colloquial*（《英华口才集》，同治己巳年镌）. De Souza & Co., 1869。

[③] 即 *A Grammar of Colloquial Chinese: As Exhibited in the Shanghai Dialect*（《上海方言口语语法》）. Shanghai: Presbyterian Mission Press（美华书馆），1868。此为第二版。第一版由墨海书馆 (London Mission Press) 于 1853 年在上海出版。

[④] 即 *A grammar of the Chinese Colloquial Language Commonly Called the Mandarin Dialect*（《官话口语语法》），1857 年由 London Mission Press (墨海书馆) 于上海初版，修订后由美华书馆 (Presbyterian Mission Press) 于 1864 年再版。

[⑤] 参看姚小平中译本 §35—§42，外语教学与研究出版社，2015 年。

[⑥] Samuel Wells Williams, *A Syllabic Dictionary of the Chinese Language: Arranged According to the Wu-Fang Yuen Yin, with the Pronunciation of the Characters as Heard in Peking, Canton, Amoy, and Shanghai*. Shanghai: American Presbyterian Mission Press, 1874. 卫三畏是最早来华的美国新教传教士之一，也是美国汉学研究的先驱。

3. 广东本地话（广州方言）。

4. 客家话。与广州话很接近。

5. 福建省的方言，包括广东潮州府的土话。

以上五种方言相当于我们今天所说的官话、吴语、粤语、客家话、闽语。不过甲柏连孜强调："汉语分作许多方言和土话，而究竟有多少种，目前还不清楚。"除了上列五种方言，"关于这个庞大帝国的其他方言土语，我们还很不了解，因此无法加以分类"。

3.2.1.4 伍丁（1890）和吉普森（1890）

伍丁（1890）也对汉语方言复杂的程度深有体会，"有多少种不同的方言尚不清楚"（The whole number of these entirely distinct dialects is not yet known），而已经有所了解的方言他认为至少有 24 种，包括官话在内的 20 种沿海省份方言以及大致估计的使用人口为：1. 官话，2 亿 400 万；2. 苏州话，1000 万；3. 上海话，200 万（？）；4. 宁波话，400 万；5. 台州话，100 万（？）；6. 金华话，100 万（？）；7. 温州话，100 万（？）；8. 浦城话，50 万（？）；9. 建宁话，100 万；10. 顺昌话和将乐话，50 万；11. 泰宁话，25 万；12. 邵武话，50 万；13. 福州话，500 万；14. 兴化话，50 万；15. 厦门话，900 万；16. 汕头话，400 万；17. 新宁话，200 万（？）；18. 客家话，700 万；19. 广东话，1000 万；20. 海南话，175 万（？）。其中官话、苏州话、上海话、宁波话、福州话、厦门话、汕头话、客家话、广州话是 9 种主要的方言（main dialects/principal dialects），"需要更广泛的调查"（a more extended survey）。①

吉普森（1890）则把汉语方言分为 10 大类 15 小类。Ⅰ—官话：1. 北部官话，2. 南部官话，3. 西部官话；Ⅱ—苏州话；Ⅲ—上海话；Ⅳ—1. 宁波话，2. 金华话，3. 温州话，4. 台州话；Ⅴ—福州话；Ⅵ—厦门话；Ⅶ—汕头话；Ⅷ—客家话；Ⅸ—广州话；Ⅹ—海南话。②

吉普森的 10 大类方言跟伍丁的 9 种主要方言非常接近，差别只有三项：官话分了小类；宁波、台州、金华、温州概括成了一个大类；增加了海南话。伍丁的分类大概是基于互通度（intelligibility）的一种实用分类，所以比较琐碎。吉普森试图有所概括，但是做

---

① S. F. Woodin, Review of the Various Colloquial Versions and the Comparative Advantages of Roman Letters and Chinese Characters(《圣经方言版本综述及罗马字本和汉字本的优点比较》), *Records of the General Conference of the Protestant Missionaries of China held at Shanghai*(《中国基督教新教传教士大会[上海]录》), pp.89-98. Shanghai: American Presbyterian Mission Press, 1890.

② J. C. Gibson, Review of the Various Colloquial Versions and the Comparative Advantages of Roman Letters and Chinese Characters (《圣经方言版本综述及罗马字本和汉字本的优点比较》), *Records of the General Conference of the Protestant Missionaries of China held at Shanghai* (《中国基督教新教传教士大会[上海]录》), pp. 62-89. Shanghai: American Presbyterian Mission Press, 1890. 吉普森在 64 页集中谈到了广东话、汕头话、客家话、厦门话、福州话、官话（分北部、南部、西部三支）、上海话、宁波话和海南话等 9 种方言及其分布，75 页也提到了"上海和苏州方言"。本文所引的分类见吉普森一文的附录《方言和圣经白话版本列表》（Table of dialects and vernacular versions of Scripture）（706 页）。

得并不成功：苏州话、上海话属于北部吴语，互通度较好，可是仍然单立；而金华话、温州话、台州话属于南部吴语，互通度较差，可是却概括为一种。宁波话也属于北部吴语，跟上海话、苏州话近而跟金华话、温州话、台州话远，可是既未单立，也没有归入上海话或苏州话，而是跟金华话、温州话、台州话归在了一起。

3.2.1.5 庄延龄（1892）

1892年，翟理思的《华英字典》出版①。字典的每个非参见字头标明《佩文韵府》所属的韵，以及庄延龄②用罗马字拼写的方言读音和域外汉字音，共有12种（字典中标音时均用首字母分别读音的归属）：广州话（Cantonese）、客家话（Hakka）、福州话（Foochow）、温州话（Wênchow）、宁波话（Ningpo）、北京话（Peking）、华中话（Mid-China）、扬州话（Yangchow）、四川话（Ssǔch'uan）以及高丽汉字音（Korean）、日本汉字音（Japanese）和安南汉字音（Annamese）。这是首次对汉语单点方言字音的规模性记录。《华英字典》第 xiv—xlvi 页有庄延龄撰写的《语文学小论》（Philological Essay），这篇小论的第一节汉语方言（Chinese Dialects）以汉代乌孙公主刘细君（前121—前101）的《悲愁歌》（一作《乌孙公主歌》）③为切入点，对汉语和英语、古今语音、域外方音等进行比较，除了《悲愁歌》的汉字文本外，庄延龄共提供了英译文本和汉语古音、方音、域外音的15种罗马字标音文本。揣摩《语文学小论》的叙述语境，庄延龄大致把汉语方言分为7种，分别为：

    广州方言（Cantonese）

    客家方言（the Hakka dialect）

    汕头-厦门类方言（the Swatow-Amoy class of dialects）

    福州方言（the Foochow dialect）

    温州方言（the Wênchow dialect）

    宁波方言（the Ningpo dialect）

    北方方言/官话方言（the various northern or so-called "mandarin" dialects）

---

① 翟理思（Herbert Allen Giles，1845—1935），英国外交官、著名汉学家。1867年，翟理斯通过英国外交部的选拔考试，成为英国驻华使馆的一名翻译学生。此后，他历任天津、宁波、汉口、广州、汕头、厦门、福州、上海、淡水等地英国领事馆翻译、助理领事、代领事、副领事、领事等职。1893年以健康欠佳为由辞职返英。《华英字典》原题 *A Chinese–English Dictionary*, Bernard Quaritch, 1892.

② 庄延龄（Edward Harper Parker，1849—1926），英国外交官、著名汉学家。1869—1894年来华，初在英国驻北京公使馆任翻译，后在天津、汉口、广州等地领事馆供职，担任过上海、福州等地的领事，其间还在朝鲜任领事等职（1885—1887）。曾到蒙古地区旅游。1896年任英国利物浦大学汉语讲师。1901年起任曼彻斯特大学汉语教授。有许多关于中国的宗教、历史、外交等领域的研究著述。

③ 《汉书·西域传》："昆莫年老，语言不通，公主悲愁，自为作歌曰：'吾家嫁我兮天一方，远托异国兮乌孙王。穹庐为室兮旃为墙，以肉为食兮酪为浆。居常土思兮心内伤，愿为黄鹄兮归故乡！'"（清乾隆武英殿刻本卷九十六下）

它们分别相当于后来所说的粤语、客家话、闽南话、闽北话、南部吴语、北部吴语、官话。其中"汕头-厦门类方言"提供了文读音（standard）和白读音（vulgar）两种标音文本（即文白自成系统）。北方方言提供了北京话（Pekingese）、华中话（The Middle dialect，用的是汉口音）、四川话（The Ssǔch'uan variety）、扬州话（The Yangchow version）四种标音文本。在庄延龄看来：广州方言最符合康熙拼写体系（the spelling system of K'ang Hsi）①；汕头-厦门类方言跟广州方言和福州方言完全不同，具有自己的若干特点；福州方言具有若干显著的特点，所有的（入声韵）收尾辅音都已经变成 k②；福州方言和温州方言对大多数中国人来说是完全无法听懂的（totally incomprehensible）；宁波方言在某些方面比温州方言退化（degenerate）得更为严重，其说话的方式（the Ningpo cast of speech）介于抽象的标准语（imaginary standard）和温州方言（the idiom of Wênchow）之间。

庄延龄没有具体描述 7 个方言的地理范围，各方言的特点往往也语焉不详（比如说福州方言具有若干显著的特点，可是只提到了入声韵一律收 k 尾这一项）。庄延龄自己并不熟悉汕头-厦门类方言，但鉴于它们"跟广州方言和福州方言完全不同，具有自己的若干特点"，因此"至少含有一个这样的沿海方言样本非常重要"（It is important to have at least one specimen of these maritime dialects included）。关于湖南方言（The Hunan dialects），庄延龄说："这个计划里湖南方言没有设点③，但是我经常被湖南人叫作't'ing-shï'而不是'领事 ling shï'。"庄延龄所碰到的湖南人具有部分来母字读塞音 t' 的特点，但这个特点在湖南并不普遍④，从 The Hunan dialects 采用复数形式看，"湖南方言"并非是一个大方言的专称，但庄延龄未将湖南方言的主体划归官话这一点大概是明确的。

3.2.1.6 穆麟德（1896）

德国人穆麟德（Paul Georg von Möllendorff，1847—1901）1869 年来华，曾先后在中国海关和德国驻华领事馆任职，为李鸿章的洋幕僚。在华工作引起了穆麟德对汉学的兴

---

① 康熙拼写体系大体指《康熙字典》注音所反映的中古音系统。黄侃曾批评《康熙字典》的注音"古今杂陈，然否不辨"（《论〈康熙字典〉之非》，《制言》1937 年第 40 期 1—2 页），不过主体部分当为《切韵》系韵书的反切。

② 福州方言入声韵今收喉塞音尾，但邻近的宁德一律收 k 尾。对照庄延龄（1892）的描写，可知福州方言的入声韵尾发生了从 k 到喉塞的变化。按照《汉语方音字汇》的描写，福州方言的入声韵尾有时还能约略区分出两种差别不大的发音部位，反映曾经有过喉塞和 k 两种韵尾。

③ 原文为：The Hunan dialects are not represented under this scheme。见《语文小论》xli 页。

④ 按照《汉语方言地图集》语音卷 060 图，湖南"梨"字读 t' 的只有岳阳市，但读 t 的有岳阳县、衡南、涟源，读 d 的有辰溪（湘语）、新邵、溆浦、祁阳、临湘，读 ld 的有洪江、会同，读 nd 的有新晃。

趣。1896 年他发表《现行中国之异族语及中国方言之分类》一文①，将汉语方言分为以下 4 个大类 9 个小类：

表 30　穆麟德（1896）的汉语方言划分

大类	小类	人口	变体
广东方言 The Kwangtung Dialects	1. 广州话	1500 万	新会、新宁今台山、东莞、新安今深圳
	2. 客家话	500 万	
闽方言 The Min Dialects	3. 漳州话（厦门话、福建话）	1000 万	
	4. 潮州话（汕头话、福佬话）	500 万	
	5. 福州话	500 万	
吴方言 The Wu Dialects	6. 温州话	100 万	
	7. 宁波话	2500 万	绍兴、台州
	8. 苏州话和上海话	1800 万	徽州
官话 Kuan-hua	9. 北部、中部和西部	3 亿	扬州

跟前文介绍的甲柏连孜（1881）相比，穆麟德把广州话和客家话合为一个大类，所以成了 4 类；跟伍丁（1890）的 9 种主要方言相比，穆麟德把苏州话和上海话归为一个小类，并增加温州话小类，厦门话改称"漳州话（厦门话、福建话）"，汕头话改称"潮州话（汕头话、福佬话）"，仍是 9 类。此外，广东话新增 4 种变体，宁波话新增 2 种变体，苏州话和上海话新增 1 种变体，官话除分为北部、中部和西部外还新增 1 种变体。各方言的人口数也做了不少调整，总计为 3 亿 8400 万。

广东方言：广东省有三种方言，汕头话（Swatow or Hoklo dialect，属于闽语）通行于东部沿海地区，客家话（Hakka）通行于嘉应州各县，其他地区主要通行广州话（Cantonese）。海南、广西东部也通行广州话。嘉应州辖境即今梅州市（含梅江区、梅县区、大埔县、丰顺县、五华县、平远县、蕉岭县、兴宁市）的绝大部分地区。海南话是纯粹的广州话，不过也有许多来自厦门、汕头的移民，客家人也不少。②先于汉人的土著有源自暹罗的黎族和来自大陆的苗族，人口不详。穆麟德特别指出广东省需要在地图上呈现出三种方言的划分（the division of the three dialects）。

---

①　原题 On the Foreign Languages Spoken in China and the Classification of the Chinese Dialects，文见《中国传道手册初集》（*The China Mission Handbook: First Issue*）46—58 页，Shanghai: American Presbyterian Mission Press（美华书馆），1896。毛坤中译（《歌谣周刊》89 号，1925 年 5 月 3 日）谓文出《中国教会年鉴》（*China Mission Year Book*），实误。《中国教会年鉴》的出版时间为 1910—1925，1926 年开始改称《中华基督教年鉴》（*China Christian Year Book*）。

②　原文为：The language of Hainan is pure Cantonese, but there are also many immigrants on the island from Amoy and Swatow, and not a few Hakkas. 毛坤译为：海南话纯为广东话，但亦有自厦门、汕头迁来的，唯无客家。把 and not a few Hakkas 译为"唯无客家"恐非原意。

闽方言：广东东部、福建、台湾及浙江南部。

吴方言：浙江全省及以南、以北地区。

官话：可以分为北部、中部、西部三区。北部官话包括满洲（多为直隶、山东移民）、直隶、山东、山西、陕西、甘肃、河南、云南、贵州及广西部分地区。后三省的官话主要是由 17 世纪下半期镇守西南的吴三桂（辽东人，卒于 1678）所带的北军传入的。中部官话包括苏北、江西、安徽以及浙江的杭州（杭州是南宋 [1127—1279] 的首都，当下有旗军驻防）。西部官话包括湖北、湖南、四川。湖南南部接近南方方言。穆麟德的三支官话分别相当于甲柏连孜的北官话、南官话、西部官话，但是地理范围更加明确。穆麟德认为官话区所发生的种种变异仅仅属于土语（patois）的性质，而非方言（dialects），因此三支官话只算是同一种方言。

穆麟德的论文配有一幅彩绘地图，这是迄今所知最早的汉语方言分区图。作图者不详，也没有图例，题 MAP TO ILLUSTRATE MR. MÖLLENDORFF'S PAPER（穆麟德先生论文插图），可见此图非穆麟德自己绘制，而是美华书馆组织人力绘制的。

穆麟德汉语方言划分的鲜明特点是：官话只立一种方言，但分北部、中部、西部三种土语，江西归中部土语，湖南归西部土语（但湘南接近南方方言），杭州归官话；客家话和广州话组成广东方言；徽州似可归吴语①。

艾约瑟（1857: 81）已指出古全浊声母在客家话里被送气辅音代替，在广东话里被硬辅音或送气辅音不规则地代替②。甲柏连孜（1881）虽然认为客家话"与广州话很接近"，但客家话和广东本地话（即广东话）是分立的（中译本 §39—§40）。粤东客家话和粤语除了都有 -m, -n, -ŋ, -p, -t, -k 等辅音韵尾外，差别还是明显的，不宜归为一个方言。

关于徽州府的方言，艾约瑟（1857: 80）认为：

> The city of Hwei-cheu has a dialect of its own. The soft initial consonants are exchanged for hard and aspirated ones. The finals n and ng, are in many words entirely omitted in the colloquial form of speech(Thus 深, 申, 升, 十 are identical in sound with 斯 sï, and 轻, 清 with 妻 t'si), though retained in reading. The other consonant finals none of them occur. [徽州府的方言自成一家。软辅音已变成硬辅音和送气音，韵尾 n 和 ng 在口语词中也多已丢失（例如"深、申、升、十"的读音跟"斯"sï 一样，"轻、清"的读音跟"妻"t'si 一样），不过在读书音中还保留着。其他辅音韵尾都不复存在。

---

① 关于徽州方言，穆麟德认为："对这种方言尚一无所知，但一般认为它跟周边的方言不同。其地离浙境不远，历史上曾为吴国的一部分。"论文所配地图将安徽全省划归官话，并未体现穆麟德的看法。

② 实际上粤语古全浊声母清化是有规律的：逢平声、上声送气，逢去声、入声不送气。例如广州话：团 [ˌtʰyn]｜断 [ˈtʰyn]｜缎 [tyn²]｜夺 [tyt₂]。艾约瑟觉得没有规律可能跟没有区分粤语全浊上字的文白分层有关系。例如广州话（先文后白）：坐 [tʃɔ²/ˌtʃʰɔ]｜近 [kɐn²/ˌkʰɐn]｜重 [tʃʊŋ²/ˌtʃʰʊŋ]。即古全浊上字广州话文读不送气清音，阳去调，白读送气清音，阳上调。

按:"十"是古音收 -p 尾的字(深摄开口三等缉韵),不应作为鼻韵尾例字。]

可见穆麟德并没有取艾约瑟的看法。不过把徽州方言划归吴语恐怕主要出于地理和历史方面的考虑,因为穆麟德承认对徽州话尚一无所知。

3.2.1.7 影响长达半个世纪的五分法和四分法

汉语方言分区,工作甫始,艾约瑟(1857)就运斤如风,从方法到结果都可圈可点(参看前文 3.2.1.1)。也许是他太过超前,曲高和寡,后来者在一些重要方面并没有跟进艾约瑟的研究。庄延龄(1892)把汉语方言分为七种,甲柏连孜(1881)的五分法和穆麟德(1896)的四分法可以视为庄延龄七分法的进一步概括,把宁波方言和温州方言概括为吴语、把福州方言和汕头-厦门类方言概括为闽语即成为五分法,再进一步把客家方言和广州方言概括为粤语即成为四分法。从甲柏连孜(1881)到中央研究院历史语言研究所(1934,参看 3.2.2.5),历经半个多世纪,在这段时间里左右学术界的主要就是这五分法和四分法。下面罗列若干著述以见一斑。

西山荣久(1914:第二十三图)①将汉语区分为官话、瓯语(浙江语)、闽语(福建语)、粤语四种,是典型的穆麟德方案。其中官话再分为北方官话、中央官话(扬子江官话)、四川官话(西蜀官话)三支②,相当于穆麟德的北部、中部、西部三个土语。瓯语再分为松江方言(上海方言)、宁波方言、温州方言等。闽语再分为福州方言(榕语)、厦门方言、汕头方言等。粤语即广东省的广东话和客家话。地图将徽州划归徽州方言(属于官话)③,雷州半岛和海南岛划归雷州方言(属于闽语),但说明中强调这些地区的方言种类颇多,地图只能呈现其大略。把海南岛和雷州半岛的汉语方言划归闽语是西山荣久对穆麟德方案的一个重要修正。

除了高丽译音、日本译音、安南译音 3 种域外方言(dialectes étrangers),高本汉《中国音韵学研究》④把自己要详细研究的 30 种汉语方言分为官话(dialectes mandarins,22 种)、吴方言(dialectes Wou,上海、温州、宁波 3 种)、闽方言(dialectes Min,福州、厦门、汕头 3 种)、粤方言(dialectes Yue,广州、客家 2 种)四大类,是典型的穆麟德方案。

东方孝义1931年把汉语分为四类。(一)官话;(二)吴语:1. 苏州上海话;2. 宁波话;3. 温州话;(三)闽语:1. 南部福建话(厦门话系列);2. 福州话;3. 汕头话;

---

① 西山荣久《最新支那分省图》,[东京]大仓书店,1914 年。第二十三图为中国语言分布图。周振鹤《我所知最早的中国语言地图》(《地图》2011 年第 6 期)对此图有较详细的介绍。

② 地图用大号字呈现北方、中央、四川三支官话,用小号字呈现扬州官话、南京官话、徽州官话;但文字说明未区分这种层次,扬州官话和三支官话并列。穆麟德已在官话中列出扬州变体。

③ 徽州方言穆麟德认为可以归到吴语,但论文中的地图划归官话。

④ Karlgren Bernhard, *Etudes sur la Phonologie Chinoise*, pp.230-232. E.J. Brill, 1915—1926. 汉译《中国音韵学研究》144—145 页,赵元任、罗常培、李方桂译,商务印书馆,1940 年。

（四）粤语：1. 广东话；2. 客家话（台湾称为广东话）。也是典型的穆麟德方案，只是名称和顺序略有调整。

1922 年由中华续行委员会出版的《中华归主》（*The Christian Occupation of China*, Shanghai: China Continuation Committee）第一编"调查的一般背景"，专列一章讨论中国的语言区域和语言发展（7—11 页），含一幅《中国语言图》（Language Map of China），共分八区：官话（Mandarin）、吴方言（Wu dialects）、福建方言（Fukien dialects）、广州话（Cantonese）、客家语（Hakka）、土番语（Tribal dialects）、藏语（Tibetan）、蒙语（Mongolian）。前五区是汉语方言，后三区是民族语。土番语指黔桂滇一带的苗瑶壮侗等民族语。图中客家话虽然自立一区，但在讨论汉语划分的文字部分却没有单列，而是分别作为官话和粤语的一支，代表撰文者和绘图者在四分还是五分上有不同的理解（如果作者相同，则其立场是摇摆不定的）。类似的矛盾情况还有汕头话，在分省简述中说"汕头地区通用一种类似闽南话的土语"，在讨论汉语划分的文字部分却又作为粤语的一支，而地图则划入闽语区。穆麟德（1896）已指出客家话是老官话和广东话参半的方言，但只列在粤语下；《中华归主》也认为"客家话包含着一部分老官话和一部分广东话"，但是又认为客家话"以官话为主体"（Mandarin being the chief element），所以列在广东话下是继承穆麟德的做法，兼列在官话下又是一种新的处理。《中国语言图》为黑白图，效果不是很好，其典型标志是不含台湾。葛德石（1934: 11）[①] 曾重绘此图，仍为黑白图，但效果好很多。葛德石所做的调整主要有两点：一是补出完整的东北地区，一是把官话区分为北部官话区和南部官话区。无论穆麟德还是《中华归主》，官话都划分为三支（北部、中部、西部或北部、南部、西部），只是地图不表现次方言的划分。葛德石分为两支反而是更早些的做法，例如 James Summers（1863: 4）[②] 把官话分为：1. 北官话（the northern mandarin），也叫"京话"（the language of Peking）；2. 南官话（the southern mandarin），也叫"正音"（correct sound）或"通行的话"（the language of universal circulation）。卫三畏（1874: xxxii）的官话分类相同[③]。

申报馆 1933 年出版的《中国分省新图》含一幅《语言区域图》[④]，其图例呈现的语言分类框架为：

[①] George Babcock Cressey, *China's Geographic Foundations: A Survey of the Land and Its People*. New York and London: McGraw-Hill Book Company, Inc., 1934.

[②] *A Handbook of the Chinese Language*. Oxford: The University Press, 1863.

[③] S. Wells Williams, *A Syllabic Dictionary of the Chinese Language*（《汉英韵府》）. Shanghai: American Presbyterian Mission Press, 1874.

[④] 《语言区域图》的作者有不同的说法，本书处理为中央研究院历史语言研究所的集体成果，下同。

```
              ┌ 中国语系
              │ 藏缅语系
     汉藏语族 ┤
              │ 汉台语系
              └ 苗瑶语系
     乌拉阿尔泰语族
     南亚语族
     南岛语族
```

其中"语族""语系"后来习惯称为"语系"（language family）、"语族"（language group）。"中国语系"后来习惯称为"汉语族"（Chinese group）。汉语方言的划分没有在图例中说明，地图以不同的颜色和纹路区分为六类：华北官话区、华南官话区、吴方言、闽方言、客家方言、粤方言。较之《中华归主》的《中国语言图》，《语言区域图》提供了一个中国语言的全新分类框架，不过就汉语方言的划分而言，它大体是在穆麟德论文插图（1896）和《中国语言图》（1922）的基础上绘制的，前者的典型标志是海南岛和雷州半岛划归粤语区，台湾仅西部划归闽语区；后者的典型标志是客家话独立且分布范围改为粤中、粤北、赣南、湘南，潮汕地区（包括粤东）直接划入闽语区。《语言区域图》所做的调整主要有两点：一是把官话区分为华北官话区和华南官话区，一是把客家话的分布范围在《中国语言图》粤中、粤北、赣南、湘南的基础上进一步扩大到粤东、闽西、桂北。即广东东部地区北部是客家方言区，南部是闽语区。《语言区域图》把官话分为两区跟葛德石（1934）可谓不约而同①，沿袭穆麟德把海南岛和雷州半岛划归粤语的做法则显然不如西山荣久（1914）准确。

王力《中国音韵学》下册（1937）②将中国现代方音分为官话音系、吴音系、闽音系、粤音系、客家话五大系。王力用注释交代了分类的根据和所做的调整：

> 参看丁文江、翁文灏、曾世英《中华民国新地图》中，傅斯年、赵元任、王静如所编的语言区域图。图中华北官话区及华南官话区，今并为官话音系。

---

① 《中国分省新图》初版于1933年8月16日，葛德石的书（*China's Geographic Foundations: A Survey of the Land and Its People*）1933年11月序于美国雪城大学（Syracuse University），出版于1934年。从序可知，此书1926—1928年曾在上海油印过三次，1928年改定后题名《中国地理》（*The Geography of China*）交由上海商务印书馆出版，延宕至1932年即将出版时不幸遭逢日本侵略上海，底版和所有的地图及照片尽毁于战火，作者不得已只好重新组织和改写，并改由美国麦格劳希尔出版社（McGraw-Hill Book Company, Inc.）出版。《中国分省新图》中《语言区域图》的编者们是否见过葛德石1926—1928年在上海先后油印过三次的《中国地理》不得而知。

② 《中国音韵学》原为商务印书馆出版的大学丛书之一种，上册出版于1936年9月（1937年7月再版），下册出版于1937年5月，讨论现代音的章节见于下册。

张清常《如何在云南推行国语教育》（1944）谓"中国各地方音之属于汉语系统者约有五大系：官话，吴语，粤语，闽语，客家话"[①]。

3.2.2 中国学者的汉语方言分区

3.2.2.1 林达泉（1863）

林达泉《客说》前文在讨论客家话的形成时已经介绍过。该文对于方言有如下论述：

> 土之音，迁地弗为良。大江以北姑勿论矣，大江以南，徽音异苏，苏异浙，浙异闽，闽异粤，粤异于滇黔，滇黔异于楚南江右。其土既殊，其音即异。惟于客也否。客于县而他县之客同此音也，客于府而他府之客同此音也，于道于省无不如此。是称客无殊，其音即无异也。且土之音或不叶于韵，客则束发而授语孟，即与部颁之韵不相径庭，盖官韵为历代之元音，客音为先民之逸韵，故自吻合无间，其有间则杂于土风耳，非其朔也。是为客之音。

林达泉提出了移民是造成语言变异的原因，即"土之音，迁地弗为良"[②]，"其土既殊，其音即异"。林达泉把大江（即长江）以南的汉语方言分为 8 种，即徽、苏、浙、闽、粤、滇黔、楚南江右、客，大体相当于今日所说的徽语（近江地带为宣州片吴语）、北部吴语、南部吴语（实际上浙北亦属北部吴语）、闽语、粤语、西南官话、湘语和赣语、客家话。即吴语一分为三（徽、苏、浙），湘、赣合二为一。林达泉认为客家话不受"其土既殊，其音即异"原则的约束，只要同为客家，其方言就没有差别，即"是称客无殊，其音即无异也"。尽管这种说法有合理成分，但无论从理论上看还是从事实上看，都是不足为训的。任何一种分布广阔的方言，都无法抗拒由时空不同所带来的变异运动。今日的客家话已非昔时之北方方言，而梅州、蕉岭、平远、兴宁、五华等又各自不同，更不用说粤东客家话跟闽西、赣南那些客家话的明显差异了。以梅州、兴宁（水口）为例[③]：

	担	单	钉	搭	达	笛	紫	纸	椅	夜
梅州	$_c$tam	$_c$tan	$_c$taŋ	tap₂	tʰat₂	tʰak₂	^{c}tsɿ	^{c}tsɿ	^{c}i	ia^c
兴宁	$_c$taŋ	$_c$taɛn	$_c$taŋ	taʔ₂	tʰaɛʔ₂	tʰaʔ₂	^{c}tsɿ	^{c}tʃʅ	^{c}ɜʅ	ɜa^c

梅州还维持中古的 6 个辅音韵尾，兴宁则 m 并入 ŋ, p, t, k 变为 ʔ。梅州"紫"和"纸"同音，古精庄知章今读 ts 组，兴宁"紫"和"纸"不同音，古精庄知二今读 ts 组，古知三章今读 tʃ 组。梅州零声母可以拼齐齿呼韵母，这类音节到了兴宁都变成了 ɜ 声母拼开

[①] 《云南日报·星期增刊》1944 年 5 月 21 日。
[②] 语本《周礼》卷十一："郑之刀，宋之斤，鲁之削，吴粤之剑，迁乎其地而弗能为良，地气然也。"
[③] 兴宁（水口）据北京大学中文系 2018 年方言调查实习报告。

口呼韵母（实际上是介音 i 擦化后变成了 ʑ）。兴宁话的鼻音韵尾虽然有 n, ŋ，可是 n 只出现在 ɿ, i, ε 等具有 [+前] 特征的元音后（例如 ɿn, in, εn, aεn），ŋ 只出现在 a, ʌ, u 等具有[+后] 特征的元音后（例如 aŋ, ʌŋ, uŋ），两者实际上不对立，而梅州的 n, ŋ 是对立的（例如：山 [ˌsan] ≠ 生 [ˌsaŋ]），两者性质不同。可见"惟于客也否"并非事实。至于把变异视为品质的退化（迁地弗为良），以及在方言之间评判优劣和正统性，就更不可取了。

3.2.2.2 章炳麟（1904）和刘师培（1906）

1904 年，章炳麟在《訄书·方言》提出"凡今语言，略分十种"，把汉语方言分为十种，后在 1915 年的《检论·方言》①中改为九种，文字也稍有差异。下面依光绪三十年（1904）重订本《訄书》转录有关内容，并注明《检论》（据"章氏丛书"本）的不同之处：

> 河之朔，暨于北塞，东傅海，直隶、山东《检论》无山东、山西，南得彰德、卫辉、怀庆，为一种。纽切不具，亢而鲜入，唐、虞之遗音也《检论》作：唐、虞及房之遗音也。

> 陕西为一种。明彻正平，甘肃宵之，不与关东同。惟开封以西，却上。陆法言曰："秦、陇则去声为入，梁、益则平声似去。"至今犹然，此即陕西与关东诸部无入者之异也。

> 汝宁、南阳，今日河南，故荆、豫错壤也；及沿江而下，湖北至于镇江《检论》作：及江之中，湖北、湖南、江西，为一种。武昌、汉阳，尤呭缓，当宛平二言。

> 其南湖南，自为一种。《检论》无此种，湖南与湖北、江西同。

> 福建、广东，各为一种。漳、泉、惠、潮，又相鞒也，不足论。

> 开封而东，山东曹、沇、沂，至江、淮间，大略似朔方，而具四声，为一种。

> 江南苏州、松江、太仓、常州，浙江湖州、嘉兴、杭州、宁波、绍兴，为一种。宾海下湿，而内多渠浍湖沼，故声濡弱。

> 东南之地，独徽州、宁国处高原，为一种。厥附属者，浙江衢州、金华、严州，江西广信、饶州也。浙江温、处、台，附属于福建而从福《检论》作：附属于福建而从福宁。福建之汀，附属于江西而从赣。然山国陵阜，多自鬲绝，虽乡邑不能无异语，大略似也。

---

① 《訄书》为章炳麟第一部自选文集，初刻于 1900 年初（目录后有"辛丑后二百三十八年十二月，章炳麟识"），收文 50 篇，同年再印增"附：《訄书》补佚"，加《辨氏》《学隐》两篇为 52 篇，无《方言》篇。1904 年重订后的《訄书》在日本铅印出版，分"《訄书》前录""《訄书》重订本"两部分，前者收《客帝匡谬》《分镇匡谬》共 2 篇，后者收文 63 篇，附 4 篇，第 24 篇即为《方言》篇。其后章炳麟"复取《訄书》增删，更名《检论》"，于 1915 年收入上海右文社版"章氏丛书"。《检论》收文 63 篇，附 7 篇，分为 9 卷，《方言》编入卷五，文后说"右《方言》篇，亡清庚子、辛丑间为之"。可见《方言》篇写于 1900—1901 年间。

四川上下与秦、楚接，而云南、贵州、广西三部，最为僻左，然音皆大类关中《检论》作：然音皆大类湖北，为一种。滇、黔则沐英以兵力略定，胁从中声，故其余波播于广西。湖南之沅州，亦与贵州同音。

江宁在江南，杭州在浙江，其督抚治所，音与他府县绝异《检论》作：音与他府县稍异，略似中原《检论》无此句，用晋、宋尝徙都故《检论》作：用晋、宋尝徙都，然弗能大变也。

夫十土同文字，而欲通其口语，当正以秦《检论》作：巴、蜀、楚、汉之声。……

章炳麟只做了分类，没有给各个类命名，间有含义模糊的文学描写（明彻正平、啴缓），甚至是方言特点的水土解释（宾海下湿，而内多渠浍湖沼，故声濡弱）。①

章氏方案比起之前传教士的分区工作，已经细致、成熟多了，主要表现为三点：（1）方言类别的数目不会太多，也不会太少；（2）对每一种大方言的地理分布范围有了比较明确的描述；（3）分区方案的背后存在对方音特征地理分布范围的有意识的考察。当然，正如王福堂（1999: 42）②所指出的，用水土不同来解释方音差异是"出于传统，缺乏科学性"。

章炳麟的方言分区从十种（1904）改为九种（1915），从数量上说只是微调，跟穆麟德从4类（1896）变16种（1899）③的做法不可同日而语；从质量上说，这种调整亦不构成致命伤，因为湖南方言本来具有混合性质，若立足于老湘语，特点比较突出，若立足于新湘语，说它跟西南官话相近也不为过，例如周振鹤、游汝杰（1986: 9—10）④就把新湘语看作是西南官话的一种。

四川、云南、贵州、广西从"大类关中"改为"大类湖北"，同时共同语的标准也从"秦、蜀、楚、汉"相应地改为"巴、蜀、楚、汉"，说明上江官话在章炳麟的心中享有重要的地位，而且已经跟关中的中原官话做了切割。《检论》所呈现的上江官话群包含了四川、云南、贵州、广西、湖北、湖南、江西，其核心是"巴、蜀、楚、汉"，即重庆、四川和湖南、湖北。章氏虽然在《訄书》中宣称"凡今语言，略分十种"，而实际行文中其实是十一种，即"东南之地"那段中的"福建之汀，附属于江西而从赣"，可谓客赣方

---

① 类似的描写和水土解释是传统语文学常见的做法，例如西汉刘安《淮南子·地形训》："轻土多利，重土多迟；清水音小，浊水音大；湍水人轻，迟水人重。中土多圣人，皆象其气，皆应其类。"陆法言《切韵序》有"吴楚则时伤轻浅，燕赵则多伤重浊"之说。颜之推《颜氏家训·音辞篇》亦断言："南方水土和柔，其音清举而切诣，失在浮浅，其辞多鄙俗；北方山川深厚，其音沉浊而钝鈋，得其质直，其辞多古语。"人的生理、心理特质未必跟自然环境没有关系，不过此类研究需要从科学的角度切入，其结论才会有意义。

② 王福堂《汉语方言语音的演变和层次》，语文出版社，1999年。

③ 穆麟德（1896）前文已介绍。穆麟德 Classification des Dialects Chinois（《汉语方言的分区》，Inprimeimerie de la Mission Catholique de Nin-po, 1899）一书把汉语方言分为16种：北京（北方）、南京（中部）、湖北（西南）、杭州、扬州、徽州、苏州、上海、宁波、金华、温州、福州、厦门、汕头、客话、广州。见游汝杰《西洋传教士汉语方言学著作书目考述》（黑龙江教育出版社 2002）2页，游汝杰指出穆麟德（1899）的这种分类法"反而没有1896年的分类合理"。

④ 周振鹤、游汝杰《方言与中国文化》，上海人民出版社，1986年。

言的最早论述。可见，湘语和客赣方言在《訄书》中都已初步分出。可惜这一灵思在《检论》没有得到发扬光大，不仅取消了湖南跟客赣的独立性，还把两者跟湖北划到了一起，并跟四川、云南、贵州、广西联成了一个庞杂的上江官话群。

《訄书》认为江宁（南京）与杭州因晋、宋曾徙都于此，音与他府县绝异，略似中原，即倾向于看作北方话。而《检论》则改为"音与他府县稍异"，虽然晋、宋曾徙都于此，"然弗能大变也"，即倾向于看作苏浙语。问题在于两地虽然有相似的历史背景，可是其语言情况却不能等量齐观。《訄书》的说法较适合于江宁，《检论》的说法较适合于杭州。

章氏对于方音特征地理分布范围的考察主要集中在 1910 年于日本出版的《国故论衡·正言论》中，何仲英（1933/1934/1935: 81—82）[1]、何九盈（1995: 415—416）[2]等都有介绍和评论，这里据上海大共和日报馆 1911/1913 版引两条材料以见一斑（改为现在的标点）：

> 舌上归舌头界：福建。
> 鼻音收舌收唇无别界：除广东，他省皆然。

尽管章氏所归纳的方音特征的地理分布范围不一定都对，但至少可以说明他对方言差异的认识并非出于见闻和印象，而是有语言特征的考察做基础的。当然，不足的是，他并没有系统地将方音特征的分布表现跟方言分区联系起来。此外章氏的分区方案没有给方言区命名，没有提供分布地图，也没有架构分区的层次，这些都是不足的方面。

无独有偶，刘师培在《中国文学教科书》（10 册，上海国学保存会 1906）第十九课"字音总论"也提出了一个十分的方案（据 1936 年宁武南氏校印的《刘申叔先生遗书》六十七册）：[3]

> 近世以来，以北京、南京之音为官话，然中国本部之方言仍各不同，试区为十种：
> 一曰河北关西之音。因地多高峻，故发音粗厉，然间杂夷音。
> 一曰河南淮北之音。因地多平原，故发音平易。
> 一曰淮南江北之音。因地居南北之中，其音重浊而略涉清扬。
> 一曰汉水南北之音。因其地多山，故其言佶屈，其音自清川北属之。
> 一曰江浙之音金陵之东。因地处众水下流，故发音轻浅而多浮。

---

[1] 何仲英《训诂学引论》，上海商务印书馆，1933 年。
[2] 何九盈《中国古代语言学史》，广东教育出版社，1995 年。
[3] 刘师培的汉语方言分区论述已见于刘光汉（刘师培又名）《南北文学不同论》，载《国粹学报》1905 年第 1 卷第 9 期，但名称和内涵都有差异，本书以后出者为准。《南北文学不同论》曾提到："考厥指归，则析分南、北为二种"，"论其大旨，则南音、北音二种"。

一曰皖南之音金陵以西。因表里皆山川，故其音清扬亦略涉重浊。

一曰湘赣之音川南属之。因其地多山，故发音抗厉，似浮而实沉。

一曰粤西滇黔之音。其地多山，然其言平易，多与金陵同。

一曰闽中之音。因开辟最迟，故其音佶屈。

一曰粤东之音。因其地边海，成一特别之音。其音最多亦最清浅。

就以上所言观之，可以知声音之不同实地理上之关系矣。此皆声音之随地而殊者也。

这种分法，相当于把官话和非官话各分成五种。非官话为江浙（吴语）、皖南（徽语）、湘赣、闽中（闽语）、粤东（粤语）。湘赣合一的做法跟前文介绍的《客说》如出一辙。此外，刘氏还注意到粤西滇黔之音"多与金陵同"。刘氏把川北归为汉水南北之音，可是川南没有明确交代。

因有章炳麟（1904）、刘师培（1906）的汉语方言十分方案，故胡以鲁（1923:83）[①]说"大别之，十部而止"。虽然黎锦熙（1924）已提出了4类12系的划分（详下），不过十分方案仍有一定的影响。伪华北合作事业总会出版的《华北合作》1937年11—12期13页以补白的形式发表了无名氏《中国方言的种类》：

一、燕齐语——黄河以北，东至海，包河北、山东、山西以及河南之彰德、卫辉、怀庆等处。其特性为高亢无入声。

二、秦语——以陕西为其行使区域。以明晰简直为其特性。

三、中原语——自开封以西汝宁、南阳等处，以至武昌、贵阳均属之。

四、湖南属之。

五、闽语——福建属之。漳、泉诸郡之语尤为特异。

六、粤语——广东属之。嘉、潮等处之语亦甚特异。

七、江淮语——开封以东，山东之曹、兖、沂以至江淮间。具有四声。

八、吴越语——苏属之。苏州、松江、太仓、常州及浙属之湖州、嘉兴、杭州、宁波、绍兴等处均属之。语音多濡弱。或以为地土卑湿之故。

九、蜀语——四川省属之。与关中语大同小异。

十、滇黔语——云南、贵州、广西三省属之。近于湘、蜀。

根据第五、六、九、十的述例，可知第四条当漏排了"湘语——"。很明显，《中国方言的种类》大体是章炳麟《訄书·方言》十分方案的白话译述，但是也有若干修改：
1. 给每个类加上了序号和名称，而章炳麟合在一条里的"福建、广东，各为一种"编序后

[①] 胡以鲁《国语学草创》，商务印书馆，1923年。此书撰写于1912年，1913年曾有线装自印本行世。本书以商务印书馆1923年正式出版本为准。

自然要按闽语、粤语分列两条。闽语中注意到"漳、泉诸郡之语尤为特异",相当于南北有异。粤语中注意到"嘉、潮等处之语亦甚特异",说明还没有把嘉应州的客家话、潮汕地区的闽语跟粤语切割开。2. 修改了章炳麟第三种的范围。"东退西进",不提"沿江而下至于镇江",但是却包括了西南的贵阳,跟第十种"滇黔语"产生了部分重叠。3. 取消了章炳麟的第九种,但是没有交代该如何归属。对于江西、福建汀州以及浙江温、处、台的归属也没有交代。4. 把章炳麟的最后一种分为"蜀语"和"滇黔语"两种,认为蜀语与关中语大同小异,可是又说滇黔语近于湘、蜀。

3.2.2.3 黎锦熙(1924)

为了探讨"因地制宜"的国语教学法,黎锦熙在《新著国语教学法》第五章第二节中提出了4类12系的汉语方言分区方案①,并配有一幅"汉语方言十二系区域略图"。这是目前所知由中国学者绘制的第一幅汉语方言分区图。

原图是带省界的黑白图,方言界线只有一种。模拟图根据原书的分类框架用粗红线分类(4大类),用细红断线分系(12系)。河北系:直隶、山西(但太原一带土语较多)、东三省、山东的北部(登莱半岛土语也很多,但可属这系)、河南的河北道属之;河南系:河南中部开封一带、山东的南部、江苏安徽的淮北一带属之;河西系:陕西甘肃连带新疆属之;江淮系:江苏的江北一带(但东边要除开北岸的南通,西边要添加南岸的镇江和南京)、安徽的中部芜湖安庆一带及江西的九江属之;江汉系:河南的南部和湖北等处属之;江湖系:湖南的东部、湖北的东南一角、江西的西部南部属之(这系中的土语也很复杂,唯江西的赣州语较为普通);金沙系:范围很广,四川、云南、贵州、广西的西北部、湖南的西部属之;太湖系:江苏的苏常沪海两道、浙江浙西的钱塘道(即旧杭嘉湖三府;但杭州和附近的话,要另属于南方官话,似近乎江湖系)和浙东的宁绍等处属之;浙源系:浙江上流的金华道(即旧金严衢三府)、溯源而上,安徽的徽州宁国等处和江西的饶州广信等处属之;瓯海系:浙江的永嘉道(即旧温处台三府)、福建的福宁等处属之;闽海系:福建的闽江流域、南及漳厦和广东的潮汕一带属之(福州和厦门汕头的语音本不同,但还可以归总作一个系;例如潮汕一带的话即名"福佬话",一作"福漏话");粤海系:广东的大部分和广西的东部属之。

---

① 黎锦熙《新著国语教学法》商务印书馆1924年7月初版,1925年12月再版,1930年12月订正三版,1933年9月国难后第一版,1939年补正,1996年收入黎泽渝、马啸风、李乐毅编的《黎锦熙语文教育论著选》(398—506,人民教育出版社;据1933年版,第七章存目略文,"全书的结论"及三个附录均略)。张鸿苓、李桐华编《黎锦熙论语文教育》(河南教育出版社1990)第100—104页据1924年版完整收录了第五章第二节的内容。本书据1925年版。

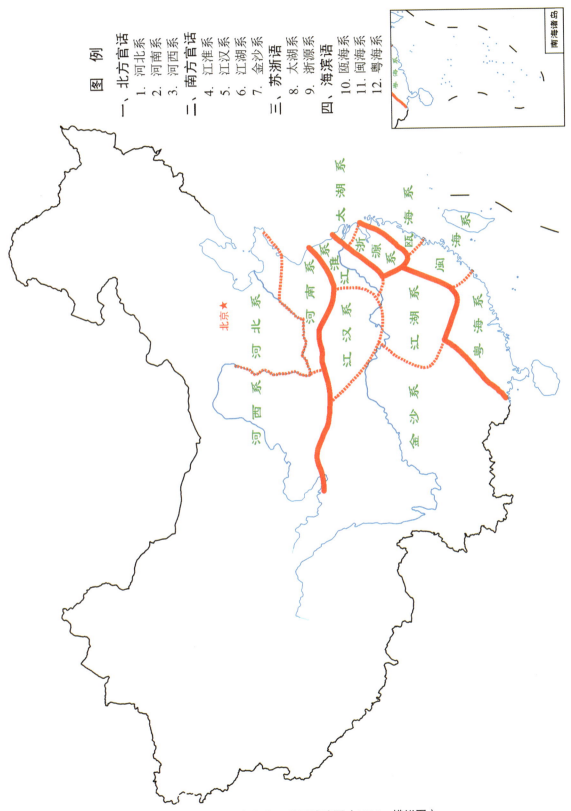

图 17　黎锦熙汉语方言十二系区域略图（1924；模拟图）

黎锦熙的这一方案何仲英《训诂学引论》（1933: 84—87）做了详细的介绍，岑麒祥（Kitchin Tsen 1934/1936）《粤语发音实验录》①、王力《中国音韵学》下册（1937: 288）也都做了简要介绍。

3.2.2.4 吴玉章等（1931）和瞿秋白（1932）

中国的文字拉丁化运动也引发了对汉语方言进行划分和调查的兴趣。1931年9月26日，旅苏华侨在苏联海参崴召开了中国文字拉丁化第一次代表大会，讨论并通过了在瞿秋白等人《中国拉丁化的字母》的基础上制定的新文字方案《中国汉字拉丁化的原则和规则》。新文字方案的起草人为吴玉章、林伯渠、肖三（萧三）、王湘宝（刘长胜）等人。新文字方案认为："中国各地的发音，大概可以分为五大种类：（1）北方口音，（2）广东口音，（3）福建口音，（4）江浙一部分的口音，（5）湖南及江西的一部分口音。"

瞿秋白在《再论大众文艺答止敬》②一文中提出"方言区域和普通话的口音标准等等还要详细的调查研究下去"。又在《中国文和中国话的现状》③中指出：

> 中国除去所谓官话之外，就存在几百几千种方言和土话，这些种的言语又在较大的区域里各自形成较小的系统，例如江南区（常州以东，宁波以北）的言语——各县虽然不同些，而比较起北方话、广东话、福建话、上江话（两湖）、江北话（南京、扬州、淮河流域）来，它们自己之间仿佛又是相同的。这样，"中国话"事实上是一个很复杂的语族：

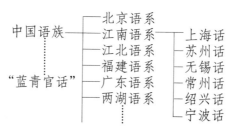

图18　瞿秋白中国语族划分设想（1932）

这只能算是一个尚未完成的汉语方言分类初步设想。江南语系相当于北部吴语，江北语系相当于江淮官话，两湖语系相当于西南官话的东部，福建语系、广东语系相当于闽语和粤语（可能含客家话在内）。

---

① 法文。原题 Étude Expérimentale Sur Les Articulations Des Sons Du Dialecte Cantonais，见 1934 年《中法年鉴》，本书据中山大学《语言文学专刊》1936 年第 1 卷第 2 期 315—345 页的转载。

② 瞿秋白《再论大众文艺答止敬》（《文学月报》1932 年 9 月第 3 期，署名宋阳），本书据《瞿秋白文集·文学编》第三卷（人民文学出版社 1989）。

③ 1932 年 8 月 8 日手稿，本书据《瞿秋白文集·文学编》第三卷（人民文学出版社 1989）。又参看顾祖年《新发现的瞿秋白论语言文字手稿四篇》（《上海师范大学学报》1987 年第 4 期）。

3.2.2.5 中央研究院历史语言研究所（1934）

申报馆 1934 年出版的《中华民国新地图》中的《语言区域图》，语言和方言的划分跟 1933 年版的《中国分省新图》相同，仅有一些绘图细节上的差异。前文已经提到，1933 年的《语言区域图》大体是在 1896 年穆麟德论文插图和 1922 年《中国语言图》的基础上绘制的，和《中华民国新地图》中的《语言区域图》性质相同[①]。1934 年版《中国分省新图》（第二版）的《语言区域图》则已非前人分区图的微调。此图分汉语为以下九区：北方官话区、上江官话区、下江官话区、吴方言、皖方言、闽方言、潮汕方言、客家方言、粤方言。跟《中国分省新图》第一版（1933）《语言区域图》的不同有 5 项：1. 官话由两个区（华北官话区、华南官话区）改为三个区（北方官话区、上江官话区、下江官话区；湖南归上江官话区，江西归下江官话区）；2. 闽方言由一个方言改为两个方言（闽方言和潮汕方言）；3. 徽州一带的方言自成一区（皖方言）；4. 杭州旁标"吴音官话"；5. 不处理台湾。

官话三分是甲柏连孜（1881）、穆麟德（1896）等的普遍做法。闽语吉普森（1890）、穆麟德（1896）等大都分为三支（福州、厦门/漳州、潮州/汕头）。官话或闽语无论几分，看作大方言还是次方言，各家并不相同。现在官话取三分法，视为大方言，闽语则概括为两支（即把厦门/漳州、潮州/汕头合为一支），也视为大方言。艾约瑟（1857）已提出"徽州府的方言自成一家"，章炳麟也说"东南之地，独徽州、宁国处高原，为一种"，刘师培（1906）亦列"皖南之音"。因此设立"皖方言"也是顺水推舟。穆麟德（1896）已将杭州划归官话，《中华归主》（前文已介绍，1922: 49）也认为"杭州一带使用的是官话的一种变体"（Around Hangchow a variation of Mandarin is used）。

中央研究院历史语言研究所（1934）已将海南岛的汉语方言划归潮汕方言，但雷州半岛仍划归粤方言，仍不如西山荣久（1914）准确。

3.2.2.6 李方桂（1936）

李方桂 1936 年为《中国年鉴》（第二辑）[②] 撰写的《语言和方言》把汉语方言分为以下 8 种：

（1）**北部官话（The Northern Mandarin group）**。占据了中国北部的广大区域，包括河北、山西、陕西、甘肃、河南、山东等省，并向北延伸至新疆、内蒙古和东北三省，

[①] 申报馆出版的《中国分省新图》本为《中华民国新地图》的普及版，但阴差阳错的结果是普及版反而先出版了。

[②] *The Chinese Year Book*（1936—1937, Second Issue），时昭瀛、张启贤主编，中国年鉴出版公司赞助出版，商务印书馆发行，121—128 页。《语言和方言》在 1937 年版的 *The Chinese Year Book*（1937 Issue, Third Year of Publication）里略有修订，1973 年《中国语言学报》创刊号（JCL 1.1）重新发表此文时又有所修订，题注说"这篇文章的压缩版最早见于《中国年鉴》，上海 1937"。《语言和方言》最早见于 1936 年出版的《中国年鉴》，不是 1937 年，而且恐怕也不能看成所谓的"压缩版"（condensed version）。这里讨论汉语方言分区的历史，故以 1936 年的最初版本为准。

向南延伸至湖北、安徽、江苏等省。其特点是古浊塞音、浊塞擦音、浊擦音清化以及入声调的消失。通常只有四个调类（阴平、阳平、上、去）。北京话在这组方言里最为人所熟知。北部官话可以进一步划分小组。

（2）**东部官话**（The Eastern Mandarin group）。通行于安徽江苏两省的长江下游地区。它与北部官话组的不同之处是有一个短促的入声调，因此有五个调类。不过原先跟入声调共现的收尾辅音 -p, -t, -k 消失了。

（3）**西南官话**（The Southwestern Mandarin group）。通行于四川、云南、贵州以及湖北、广西的部分地区，内部相当一致。正如北部官话组一样，它也没有入声调。

（4）**吴语**（The Wu group of dialects）。通行于江苏的长江以南地区、浙江以及江西东部（限于部分地区）。其特点是保留了古代的浊塞音、浊塞擦音和擦音，读为送气的浊辅音。亦保留了入声调，不过收尾的 -p, -t, -k 已消失。常表现为六个或七个调类。

（5）**赣–客家语**（The Kan-Hakka group）。主要通行于江西、广东两省。其特点是古浊塞音、浊塞擦音在四声中都变为送气清音（在三个官话里仅逢平声才送气）。保留入声调，收尾的 -p, -t, -k 不同的方言保留的程度不同。多为六个或七个调类。北片即赣语，在连续话语里具有将所有的送气清音都读作浊音的倾向。客家片收尾辅音 -m, -p, -t, -k 等保留得比较好。两广各地都有客家人定居。

（6）**闽语**（The Min group）。可以进一步划分为两片。北片通行于闽北，南片则通行于闽南、广东东部、海南岛以及雷州半岛的部分地区。其特点有：中古的浊塞音、浊塞擦音变成不送气的清音，甚至在送气读法最为常见的平声中也是如此；中古的腭爆破音 t, t^h, d^h（知、彻、澄）保留为齿爆破音；保留了收尾的 -p, -t, -k（有时是其变化形式）；通常有七个调类。海南方言的语音相当特别，大概是受到了某种土著语言（很可能是台语）的影响。

（7）**粤语**（The Cantonese group）。通行于两广。其特点是保留了收尾辅音 -m, -p, -t, -k。它表现为八调或九调系统，甚至还可以有更多的调类。像粤语那样的长短元音区别也是一个特别之处。某些调类的区别取决于元音的长短。

（8）**湘语**（The Hsiang group）。主要通行于湖南。中古的浊塞音等通常仍保留为真正的浊辅音。收尾的 -p, -t, -k 多已丢失，但通常表现为六调或七调系统。

此外，还有一些孤立的方言（isolated groups），可以提到的如通行于皖南的方言以及湖南和广西东北部的某些方言。

李方桂分类的特点是湘语独立，赣语作为赣–客家语的次方言（即北片）也不再划归官话（华南官话或下江官话），同时把皖南方言、湖南和广西东北部的某些方言（即湘南土话和桂北土话）视为"孤立的方言"，即无法确定其系属的方言。

中央研究院历史语言研究所 1935 年春实施了江西方言调查计划，同年秋实施了湖南方言调查计划①，李方桂从原来的官话区分出赣语（跟客家话合成一个大方言）、湘语（自成一个大方言）跟此时对江西、湖南两省方言已经有了相当的认识有关。关于湖南省的方言，苏联龙果夫（А. А. Драгунов）、龙果娃（Е. Н. Драгунова）夫妇1932年②曾经指出：

> 只根据湘潭、湘乡、益阳这三种方言资料，要想判断湖南全省的各种方言，显然是不够的。可是它们很有价值：第一，使我们现在就可以提出将湖南的一系列地区划归一个与汉语其他各组方言不同的独立方言单位的问题；第二，使我们可以在很大程度上根据新的成果对该省继续进行语言学考察。

1931年的新文字方案《中国汉字拉丁化的原则和规则》所以会把"湖南及江西的一部分口音"作为中国各地发音的五大种类之一，当跟龙果夫为方案起草人之一有关。不过"湖南的一系列地区划归一个独立方言单位""湖南及江西的一部分口音"两种提法都尚未进入术语层面，而且对这种方言分布范围的认识也还是摇摆的，湘语作为一个大方言的确认当以李方桂（1936）为准。"龙果夫发现湘语"③"他（龙果夫）没到过湖南却发现了'湘语'"④一类的说法虽有根据，但并不准确⑤。

赣语从官话划出也是一个重要变化。不过新划出的赣语并不是作为一个大方言独立，而是跟原来的客家话共同组成"赣-客家语"⑥。

3.2.2.7 王力（1939）

王力1936、1937年在燕京大学暑期学校讲中国语文，讲义经三次修改后以《中国语文概论》为题于1939年由商务印书馆出版。此书1950年改题《中国语文讲话》由开明书店再版，1952年重印，1954年修订后由中国青年出版社出版，1955年再度修订，内容有较大的改动和补充，改题《汉语讲话》，由文化教育出版社出版。下面的介绍以1939版为准，并用加波浪线的小字说明1955年版所做的改动。《中国语文概论》对汉语方言的分类仍沿袭了王力（1937）的五分法，属于穆麟德方案（参看前文的介绍），但是却首次

---

① 这一调查计划的最终成果即杨时逢整理的《湖南方言调查报告》，"中研院"历史语言研究所，1974年。
② 龙果夫、龙果娃《湖南湘潭和湘乡的方言》（《苏联科学院通报》[社会科学部分] 1932），本书据曾毓美的中译《中国中部方言的拉丁化——湖南湘潭方言与湘乡方言》（湖南师范大学文学院编《湖湘文化论集》下册，湖南师范大学出版社2000）。《湖南湘潭和湘乡的方言》的语料来源于龙果夫20世纪30年代初在列宁格勒大学（今彼得堡大学）东方学院教中国留学生俄语时对中国留学生所进行的调查。
③ 周有光《周有光文集》第13卷296—297页，中央编译出版社，2013年。
④ 李明滨《中国文化在俄罗斯》155—157页，中国国际广播出版社，2012年。
⑤ 根据前文的介绍，林达泉（1863）曾提出"楚南江右"，章炳麟（1904）曾提出"湖南自为一种"，刘师培（1906）曾提出"湘赣之音"，是萌芽状态的湘赣语或湘语。
⑥ 按照前文的介绍，章炳麟（1904）已提出"福建之汀，附属于江西而从赣"，大概是赣客观念的最早表述。

对五大方言的次方言进行了细致的刻画（为便于阅读用方括号注明《中国语言地图集》[1987] 的相应类别）：

（一）官话1955年改为：官话方言，即华北方言、下江方言、西南方言，并加脚注：这几种方言从前叫作"官话"。

　　A. 冀鲁系　　包括河北、山东、辽宁、吉林、黑龙江等处。1955年改为：包括河北、山东及东北等处。1955年小类改用数字1、2、3等区分。[冀鲁官话、胶辽官话、东北官话]

　　B. 晋陕系　　包括山西、陕西、甘肃等处。[晋语、中原官话、兰银官话]

　　C. 豫鄂系　　包括河南、湖北。[中原官话、西南官话]

　　D. 湘赣系　　包括湖南东部、江西西部。[湘语、赣语]

　　E. 徽宁系　　包括徽州、宁国等处。[徽语]

　　F. 江淮系　　包括扬州、南京、镇江、安庆、芜湖、九江等处。[江淮官话]

　　G. 川滇系　　包括四川、云南、贵州、广西北部、湖南西部。[西南官话]

（二）吴语1955年增加脚注：这里的"吴语"是采用的一般叫法，严格地说，该叫"吴方言"。

　　A. 苏沪系　　包括苏州、上海、无锡、昆山、常州等处。[太湖片苏沪嘉小片]

　　B. 杭绍系　　包括杭州、绍兴、湖州、嘉兴、余姚、宁波等处。[太湖片杭州小片、临绍小片、苕溪小片]

　　C. 金衢系　　包括金华、衢州、严州等处。[处衢片、徽语严州片]

　　D. 温台系　　包括温州、台州、处州等处。[瓯江片、台州片、处衢片]

（三）闽语

　　A. 闽海系　　包括福州、古田等处。[闽东区]

　　B. 厦漳系　　包括厦门、漳州等处。[闽南区泉漳片]

　　C. 潮汕系　　包括潮州、汕头等处。[闽南区潮汕片]

　　D. 琼崖系　　包括琼州、文昌等处。[琼文区]

　　E. 海外系　　指华侨的闽语，在新架嘉坡、暹罗、马来半岛等处。[未分片]

（四）粤语

　　A. 粤海系　　包括番禺、南海、顺德、东莞、新会、中山等处。[广府片、四邑片]

　　B. 台开系　　包括台山、开平、恩平等处。[四邑片]

1955年增加：C. 西江系　　包括高要、罗定、云浮、郁南等处。（原C—F改为D—G）[广府片、勾漏片]

　　C. 高雷系　　包括高州、雷州等处。[高阳片，雷州主要通行闽语，划归闽南区雷州片]

　　D. 钦廉系　　包括钦州、廉州等处。[钦廉片]

　　E. 桂南系　　包括梧州、容县、贵县今贵港市、郁林、博白等处。[勾漏片]

　　F. 海外系　　指华侨的粤语，在美洲、新架嘉坡、安越南、南洋群岛等处。[未分片]

（五）客家话

A. 嘉惠系　包括梅县、惠阳、大埔、兴宁、五华、蕉岭、丰顺、龙川、河源等处。[粤台片、粤中片]

B. 粤南系　散布台山、电白、化县今化州市等处。[未分片]

1955年增加：C. 粤北系　散布曲江、乳源、连县一带。（原C—G改为D—H）[粤北片]

C. 赣南系　在江西南部。[宁龙片]

D. 闽西系　散布福建西北一带。[汀州片，应以闽西旧汀州府辖境为核心]

E. 广西系　散布广西东部、南部各县。[未分片]

F. 川湘系　散布四川、湖南等处。[四川未分片，湖南于桂片、铜鼓片]

G. 海外系　指华侨的客家话，大部分在南洋、荷属群岛印尼。[未分片]

右上列五大系，其畛域颇为清楚；1955年此处有脚注编号但是缺脚注内容，1954年《中国语文讲话》不缺：但也有人以湘语独立为一系，又有人以湘赣为一系。《王力文集》（山东教育出版社1985）第三卷580页改为：但也有人以湘语独立为一系。至于每系所分诸小系，则系暂时很粗的猜测。1955年改为：则系初步调查的结果，还未能作为定论。

以上划分是在汉语方言普查还没有全面展开的情况下进行的，可谓难能可贵，其中不乏可圈可点之处，例如"晋陕系"官话可以视为"晋陕官话"的雏形，只是分布范围要排除甘肃，陕西也只限于北部（即山西省及其毗邻地区有入声的方言，以山西大部分地区和陕北、内蒙古西部为核心范围）。

3.2.2.8 赵元任（1943，1947，1948）

赵元任1943年发表《中国的语言和方言》①，论文所配的中国语言地图是按照《中国分省新图》（1934）的《语言区域图》绘制的。《语言区域图》分汉语方言为九种（参看前文的介绍）。赵元任这篇短文也把汉语方言粗分为九种（nine main groups），但实际内容和配图有明显的不同。下面按原文先后提到的顺序罗列，编号是本书加的。

1. 粤方言（Cantonese group）

2. 客家方言（Hakka group，江西大部分地区属于这种方言）

3. 厦门-汕头方言（Amoy-Swatow group，海南岛的一部分地方属于这种方言）

4. 福州方言（Foochow dialect，虽然在许多方面接近厦门-汕头，但自成一组）

5. 吴方言（Wu dialects，包括上海和永嘉[温州]）

6. 湘方言（Hsiang group，包括湖南的大部分地区，然而长沙并不典型）

7. 北方官话（Northern [Mandarin] group，包括黄河流域以及整个东北地区。北平属于北方官话，其发音已作为全国的标准）

---

① Yuen Ren Chao, Languages and Dialects in China, *The Geographical Journal*, 102(2):63—66.

8. 南方官话（Southern Mandarin group，分布在汉口和南京之间）

9. 西南官话（Southwestern Mandarin [group]，覆盖好几个省，包括重庆、昆明、贵阳、桂林在内，并以楔形向东扩展，包括武汉市在内，是一个内部一致性极高的方言）

其中，粤语、客家话、厦门-汕头话的特点是保留古代的辅音韵尾 -m, -p, -t, -k。吴方言和湘方言的特点是保留像 b-, d-, g-, v-, z- 一类的古浊音声母。官话大体在可以互相通话的范围内，词汇上有较大的一致性，北方官话、南方官话、西南官话是官话的进一步细分。论文的"湘方言"有一条尾注："西南官话的一支，通行于湘江流域"（A sub-division of the S.W. Mandarin group spoken along the Hsiang river），可是如果取消湘方言的独立性，论文所分的方言种类就不是九种，而是八种。可见赵元任（1943）是《中国分省新图》（1934）方案和李方桂（1936）方案的折中。李方桂（1936）的特点是湘方言独立，客赣方言合为一支，皖方言不视为大方言。赵元任（1943）不提皖方言，把江西的大部分划归客家话（即客赣合一），有了"湘方言"，但是又说它是"西南官话的一支"，还没有完全摆脱《中国分省新图》（1934）的影响。把"闽方言"改称为"福州方言"，大概是为了跟"厦门-汕头方言"取得一致。跟李方桂（1936）的不同之处是闽语仍分成两大方言。

赵元任（1947: 4；1948: 6）①只是进一步确认赵元任（1943）的九分法，即：粤语（Cantonese）、赣–客家语（Kan-Hakka）、厦门-汕头方言（Amoy-Swatow）、福州方言（Foochow）、吴语（Wu）、湘语（Hsiang）、北方官话（northern [Mandarin] group）、南方官话（southern [Mandarin] group）、西南官话（southwestern [Mandarin] group）。其中"赣–客家语"对应于赵元任（1943）的"客家话"。

3.2.2.9 中央研究院历史语言研究所（1948）

《中国分省新图》战后订正第五版（申报馆 1948）中的《语言区域图》不同于此前的任何一个版本。《语言区域图》左上方说明"根据中央研究院历史语言研究所划分"。图 19 是《语言区域图》汉语方言部分的模拟图。

总共是 11 区。跟中央研究院历史语言研究所（1934）的 9 区（参看 3.2.2.5）相比，增加了两个区，即从上江官话中析出"湘语"，从下江官话中析出"赣语"，其他都只是名称上的调整②。跟李方桂（1936）的 8 区（参看 3.2.2.6）相比，除了维持闽语南北分立、徽州方言独立外，对从下江官话析出的赣语亦采取自立一区的处理，没有跟客家话合为一个大方言。

---

① Yuen Ren Chao, *Cantonese Primer*. Harvard University Press, 1947; Yuen Ren Chao, *Mandarin Primer*. Harvard University Press, 1948.

② "上江官话"改称"西南官话"，"皖方言"改称"徽州方言"，"闽方言"改称"闽北语"，"潮汕方言"改称"闽南语"，"吴方言"改称"吴语"，"客家方言"改称"客家话"。

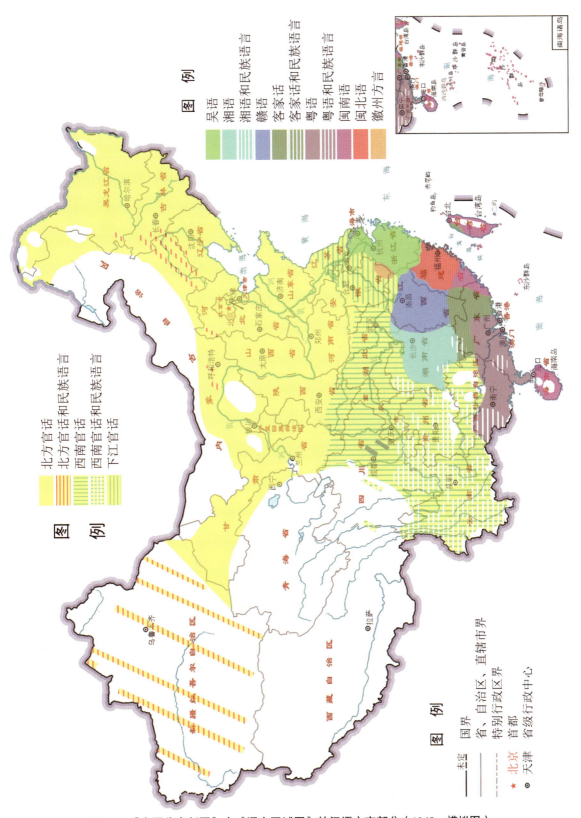

图 19 《中国分省新图》中《语言区域图》的汉语方言部分（1948；模拟图）

史语所（1948）的汉语方言分区方案出版后，其他学者先后有过多种调整。首先是黎锦熙 1948 年曾就《语言区域图》做了一个略加调整的"说明表"①，其中汉语部分的调整如下（标数码的是《语言区域图》所分；加圆点的和标"甲""子"等的是黎锦熙所分）：

(1) 北方"官话"
  (甲) 北京标准区
  (乙) 热、吉、黑区（仍以北京为中心）（以下多使用单字的旧地名，如同铁路名，好说些）
  (丙) 冀、豫、鲁区（保定、郑州、济南为中心）
  (丁) 胶（鲁东）、辽、沈区（沈阳为中心）
  (戊) 晋、察、绥区（太原为中心，但太原一带是特别方言）
  (己) 关、陇、青、新区（西安为中心）

(2) 西南"官话"（即上江"官话"）
  (庚) 江汉区（鄂及陕南、湘西北，武汉为中心）
  (辛) 金沙区（川、康、滇、黔、桂北及湘西，成都、昆明为中心）

(3) 下江"官话"
  (壬) 江淮区（包括南京，即以南京为中心）

(4) 湘语（但沅水以北入江汉区，以西入金沙区，本省语向以长沙为中心，但特别方言多）

(5) 赣语（但鄱阳湖以北入江淮区，本省以南昌为中心）
  ——以上湘、赣两种可称为：
  (癸) 江湖区，附入"下江官话"

以上是三大"官话"系，原分 5 种，再分 10 区。以下是两大方言系，原分 6 种，再分 7 区：

(6) 吴方言
  (子) 太湖区（上海为中心，包括苏、松、常和浙之嘉、湖及甬，但杭州归入"下江官话"）
  (丑) 瓯海区（温州为中心，包括台州、处州一带）

---

① 黎泽渝编《黎锦熙著述目录》（书目文献出版社 1996）79 页把《〈中国语言区域图〉说明》列为 1946 年稿，不过按黎锦熙《汉语发展过程和汉语规范化》（《中国语文》1955 年 9 月号）自己的说法，是作于 1948 年。根据曹述敬主编《音韵学辞典》（湖南出版社 1991）"黎锦熙"条，《〈中国语言区域图〉说明》北京师范大学曾有油印本。具体内容的介绍据黎锦熙（1955）。

（7）徽州方言

    （寅）浙源区（皖南的徽州为中心，包括浙之衢州、赣之饶州部分）

    ——以上 2 种 3 区，合为一系，称"吴越"或"苏浙方言"。

（8）闽北语——（卯）闽海区（福州为中心）

（9）闽南语——（辰）潮海区（厦门和潮州为中心，包括闽之漳州、泉州，以及台湾、海南岛）

（10）客家话——（巳）惠海区（梅县为中心，包括粤东，渗入粤西、桂南、闽西和赣、湘）

（11）粤语——（午）粤海区（广州为中心，包括桂南）

    ——以上 4 种 4 区，合为一系，称"闽粤方言"。

合共五大系 17 区。

董同龢（1953）、周法高（1955: 13—15）都调整为九大方言：北方官话、西南官话、下江官话、吴语、湘语、客家语、赣语、粤语、闽语①。至于徽州方言，董同龢（1953）说"似乎又是自成一系的。他和别的方言的关系现在还不知道"。周法高（1955）也说"似乎是自成一支的"。

罗常培、吕叔湘（1955）首次把汉语方言概括为八大方言："汉语方言还没有经过全面的调查。根据现在知道的情况，可以分成八个大方言，每个大方言内部包括许多小方言。北方话使用的人口最多，约占使用汉语全部人口的 70% 以上。"②但是除了北方话，没有提到其他七大方言的名称。罗常培、吕叔湘（1956）补列了八大方言的名称和人口③：

北方话④	387 百万
江浙话	46 百万
湖南话	26 百万
江西话	13 百万
客家话	20 百万

---

① 董同龢《中国语言》，《中国文化论集》1: 33—41，1953 年。又见丁邦新编《董同龢先生语言学论文选集》353—365 页，食货出版社，1974 年。周法高《中国语文研究》，中华文化出版事业委员会，1955 年。九大方言的顺序取董的排列。周的顺序为：北方官话、西南官话、下江官话、吴语、客家语、赣语、闽语、粤语、湘语。

② 罗常培、吕叔湘《现代汉语规范问题——在现代汉语规范问题学术会议上的报告提纲》，《中国语文》1955 年第 42 期。这种处理大概是在征求了丁声树、李荣的意见后决定的。

③ 罗常培、吕叔湘《现代汉语规范问题》，《语言研究》1956 年第 1 期。又见《现代汉语规范问题学术会议文件汇编》4—22 页（现代汉语规范问题学术会议秘书处，科学出版社 1956）。

④ 广义的，包括所谓"下江官话"和"西南官话"。

闽北话　　　　7 百万
闽南话　　　　15 百万
广东话　　　　27 百万

罗、吕版的八大方言以地方命名（客家话除外），方言名称大体可以反映其分布的核心范围。这一方案可视为 1948 年史语所分区的调整和总结。一是把北方官话、西南官话、下江官话合并为"北方话"，一是把不成熟的徽语取消，并首次用"大方言"来指称所分的类。

丁声树、李荣（1956）①亦把汉语方言分为八区，即"官话"区、吴语区、湘语区、赣语区、客家话区、闽北话区、闽南话区、粤语区。所列各区人口跟罗、吕相同。丁、李版的八大方言采用术语性的名称，而且对每个大方言的分布范围和主要特点都有所刻画。论文在讨论"官话"区时曾提到：

"官话"区包括长江以北地区，长江以南镇江以上九江以下沿江地带，湖北（东南角除外）、四川、云南、贵州四省，湖南省西北角。

北京话和本区多数方言都没有入声……本区也有少数地区保留入声。一是山西省大部分方言。河北、河南、陕西三省和内蒙古自治区毗连山西的地区也有入声，如河北的宣化、武安、磁县，河南的安阳、博爱，陕西的米脂、府谷，内蒙古自治区的郡王旗、呼和浩特、卓资。二是江苏、安徽两省的中部南部（江苏南部镇江以东是吴语区，也有入声），湖北的东部。三是四川省，沿江两岸自眉山到江津都有入声。四是云南省，也有少数有入声的方言。

根据以上两项描写，可知取消了大方言资格的徽语（徽州方言）总体上是归到"官话"区里去了。

袁家骅等《汉语方言概要》（文字改革出版社 1960）把汉语方言分为七种，即北方话、吴方言、湘方言、赣方言、客家方言、粤方言、闽方言。这一方案是根据汉语方言普查后的实际情况对丁声树、李荣（1956）八区方案的进一步调整，即闽南话区、闽北话区就其共性看，不宜分为两个大方言②，而另一方面，仅分闽南、闽北又不足以刻画其内部差异，潘茂鼎等（1963）就把闽语分为以福州、莆田、厦门、永安、建瓯为代表的闽东、

---

① 丁声树、李荣《汉语方言调查》，见《现代汉语规范问题学术会议文件汇编》80—88 页（现代汉语规范问题学术会议秘书处编，科学出版社 1956）。

② 按前文的介绍，萨伊斯（1880: 48）的六分法（实为五分法）厦门话、福州话单立；甲柏连孜（1881）的五分法闽语只有一类（福建省的方言，包括广东潮州府的土话）；穆麟德（1896）的四分法闽语也只立一个大类，但分漳州、潮州、福州三小类；史语所（1934）的九分法闽方言、潮汕方言单立；黎锦熙（1924）已指出"福州和厦门汕头的语音本不同，但还可以归总作一个系统"；李方桂（1936）闽语只立一大类，但分南北两片。

莆仙，闽南，闽中，闽北五小区①。

把 11 区（史语所 1948）调整为 9 区（董同龢 1953，周法高 1955）、8 区（罗常培、吕叔湘 1955，1956；丁声树、李荣 1956）、7 区（袁家骅等 1960），共同点是都不把徽语看作大方言②，不同点是 9 区说只将 11 区的闽北语、闽南语概括为一个大方言——闽语，8 区说只将 11 区的北方官话、西南官话、下江官话概括为一个大方言——北方话或官话区，而 7 区说是既将 11 区的两个闽语区概括为一个，也将 11 区的三个官话区概括为一个。

八分法自提出之日，即开始发生重要的影响，一直持续至今。名称上又存在罗、吕版和丁、李版的差别。例如：

罗、吕版：彭楚南《汉语知识讲话·汉语》（新知识出版社 1957）第 16 页；北京大学外国留学生中国语文专修班《汉语教科书》上册（时代出版社 1959）第 15 页；吴振强《东南亚史纲》（[新加坡]青年书局 1966）第 197 页；辽宁师范学院中文系、旅大师范学校中文科《现代汉语》（内部出版物 1978）第 5 页（"话"都改为"方言"）；吴积才、程家枢《现代汉语》（云南人民出版社 1981）第 2 页（"话"都改为"方言"）。

丁、李版：岑麒祥《方言调查方法》（文字改革出版社 1956）第 7—10 页；北京大学中文系汉语教研室《现代汉语》（商务印书馆 1962）第 15—16 页（"语""话"均改为"方言"，"官话"改称"北方方言"③）；胡裕树《现代汉语》（上海教育出版社 1962）第 3—5 页（"语""话"均改为"方言"，"官话"改称"北方方言"）；哈尔滨师范学院中文系现代汉语教研室《现代汉语》（黑龙江人民出版社 1975）第 7—10 页。

安徽省教育局教材编写组《现代汉语》（安徽人民出版社 1974）第 3—5 页则是把罗、吕版和丁、李版综合起来：北方话（包括西南话和江淮话）、江浙话（吴语）、湖南话（湘语）、江西话（赣语）、客家话、闽北话、闽南话、广东话（粤语）。就目前所知，第一张汉语方言八区图是黄伯荣、廖序东《现代汉语·试用本》上册（甘肃人民出版社 1979）第 5 页的现代汉语方言区示意图，是以《中国分省新图》（1948）的《语言区域图》为基础，按八分方案绘制的。

七分法时间上仅比八分法晚出 5 年，不过真正得到普遍接受要到 20 年之后（20 世纪

---

① 潘茂鼎等《福建汉语方言分区略说》（《中国语文》1963 年第 6 期）。另可参看陈章太、李如龙《论闽方言的一致性》（《中国语言学报》1983 年第一期），李如龙、陈章太《论闽方言内部的主要差异》（《中国语言学报》1985 年第二期）。

② 丁、李把安徽南部归入官话，罗、吕未做交代；董、周认为徽州方言似乎是自成一系的，袁等则认为皖南话"有点接近吴方言或赣方言，正确的分类尚有待于今后的调查研究"。

③ 编者用脚注说明："北方方言"这个名称不很恰当，因为其中包括江淮话、西南话等。有人称为"官话"，更不妥。现在姑且用"北方方言"作为总名称。专指北方的时候就叫北方话，专指江淮的时候就叫作江淮话，专指西南的时候就叫作西南话，专指西北的时候就叫作西北话。

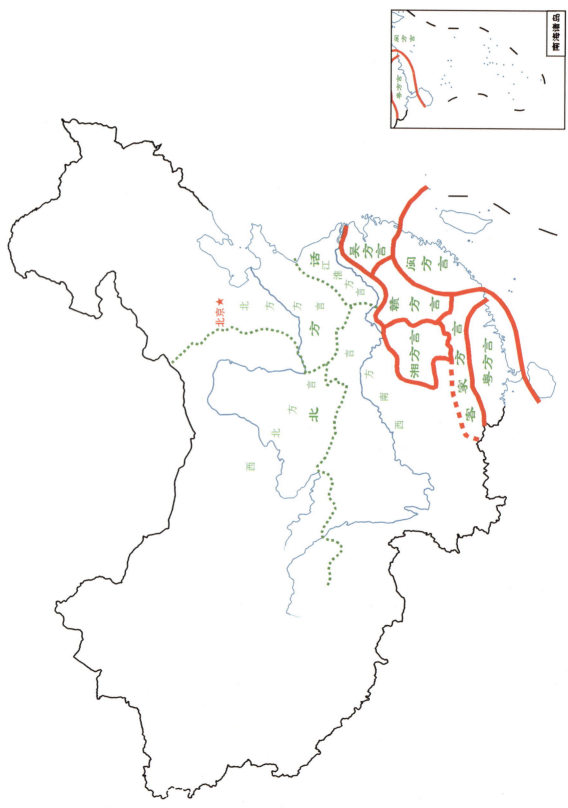

图 20　最早的七大方言示意图（保罗·克拉托赫维尔 1968；模拟图）

80 年代后）。首次为汉语方言七区方案绘制地图的是保罗·克拉托赫维尔（1968）①，图 20 是其模拟图。

原图是带省界的黑白图，汉语分布区用疏密不同的小细点表示人口密度。为了绘图的方便，图 20 用不带省界的中国地图模拟其大方言和次方言的划分，也不画小细点。红线原图为粗断线，为大方言的分界，绿线原图为细断线，为北方话次方言的分界。红色断线表示客家话的分布不局限在线内，或者说断线并非确定性的边界（fuzzy boundary）。

20 世纪 80 年代以后的现代汉语和汉语方言学教材普遍都采用七分法，例如黄伯荣、廖序东《现代汉语》上册第 4—7 页（甘肃人民出版社 1981，未配图）、邢福义《现代汉语》第 7—9、12—13 页（高等教育出版社 1986，有图）、黄景湖《汉语方言学》第 33—44 页及其后的插页（厦门大学出版社 1987，有图）。七分法也是目前学术界较为通行的汉语方言分区方案之一。例如 Lehmann（2002: 86）、孙朝奋（Chaofen Sun 2006: 6）、端木三（San Duanmu 2007: 1）②都采用七分法。

赵元任（1968: 96）③还曾对七分法做过进一步的调整，即把汉语分为六大方言：

官话（Mandarin，内部变异相对较小）	38700 万
吴语（Wu，如上海）	4600 万
闽语（Min，如福州）	2200 万
粤语（Cantonese，如广州）	2700 万
客家话（Hakka，如江西省）	2000 万
湘语（Hunanese，如长沙）	2600 万

此外还有其他一些小方言（minor dialects），未提具体名称。赵元任说明人口数依据袁家骅等《汉语方言概要》（1960: 22，文字改革出版社），其中的"客家话"显然对应于《汉语方言概要》的"赣方言"（1300 万）和"客家方言"（2000 万），因此人口数也应相加，为 3300 万。六分法可以看成赵元任对自己的汉语方言分区工作所做的最后总结。其显著特点是赣客合一，这是赵元任（1943，1947，1948）接受李方桂（1936）"赣-客家语"（The Kan-Hakka group）后的一贯坚持（参看前文的有关介绍）。

3.2.2.10《中国语言地图集》（1987）

中国社会科学院、澳大利亚人文科学院合作编制的《中国语言地图集》（1987）A1

---

① Paul Kratochvil, *The Chinese Language Today*, Hutchinson & Co (Publishers) LTD, 1968.该书的图 1 即《汉语方言图》（Map of Chinese dialects），插于 16 页和 17 页之间。

② W. P. Lehmann, *Historical Linguistics: An Introduction*. Foreign Language Teaching and Research Press, 2002. Chaofen Sun, *Chinese: A Linguistic Introduction*. Cambridge University Press, 2006. San Duanmu, *The Phonology of Standard Chinese*. Oxford University Press, 2007.

③ YuenRen Chao, *Language and Symbolic Systems*. Cambridge University Press, 1968.

图（中国语言图）图例汉语方言列 10 区，即：官话、晋语、吴语、徽语、赣语、湘语、闽语、粤语、平话、客家话。此外还有乡话、韶州土话、儋州话。A1 图的文字说明也指出："汉语方言可以分为官话、晋语、吴语、徽语、赣语、湘语、闽语、粤语、平话、客家话等十区。"不过 A1 图的文字说明又认为："官话区又可以分为东北、北京、冀鲁、胶辽、中原、兰银、西南、江淮等八区。对这八区而言，总括的官话区可以叫作官话大区。"A1 图的表一即以"官话大区—东北官话区"两个层次罗列人口数。A2 图（中国汉语方言图）图例不仅官话列八区，闽语也列七区（闽南区、莆仙区、闽东区、闽北区、闽中区、琼文区、邵将区）。A2 图的文字部分闽语列八区，多了雷州区（B13 图归为闽南区雷州片）。按 A2 图的文字说明，《中国语言地图集》（1987）汉语方言区划最多分为"大区—区—片—小片—点"五个层次，"总括的几个'区'叫'大区'"。

可见《中国语言地图集》（1987）汉语方言分区的特点是新增晋语、平话两个大方言，徽语也按《中国分省新图》（1934，1936，1938，1948）《语言区域图》的做法按独立的大方言处理。此外还把官话和闽语的次方言（即"片"）升级为区，因此就有了两个大区（官话大区和闽语大区）。作者也许意识到了这种处理或有滞碍，在 A2 图的文字说明中特别指出：

> 为了跟吴语区、粤语区、客家话区等取得一致，闽语大区也许改成闽语区好一点。这样一来，闽南区等八区就要相应地改为闽南片等八片；各区下属的片就要改为闽南片泉漳小片、闽东片侯官小片、琼文片府城小片等。这只是分区层次名称的更改。说话作文，仍旧可以说闽南话、闽南方言等等。

其实不仅闽语不宜视为大区，官话也以定位为区比较适宜。丁声树、李荣（1956）把过去分为三区（北方官话、西南官话、下江官话）的官话概括为一个"官话"区是妥当的做法。事实上凡介绍或采用《中国语言地图集》（1987）汉语方言分区框架的著述，大都采用 A1 图的 10 区说，而非 A2 图的 23 区说，例如王福堂（1999: 45）[①]、何大安（2015）[②]。侯精一主编《现代汉语方言概论》[③]对现代汉语方言的分区在很大程度上参考了《中国语言地图集》（1987），但只讨论了九个方言区（官话、晋语、吴语、徽语、湘语、赣语、客家话、粤语、闽语），未列平话，原因是"平话的研究还不够充分，平话的主要共同点——古全浊声母今读塞音、塞擦音时一般不送气的现象在粤语的一些地区也存在"[④]。该书官话部分的内部划分采用了《中国语言地图集》（1987）"区—片—小

[①] 王福堂《汉语方言语音的演变和层次》，语文出版社，1999 年。
[②] Dah-an Ho, Chinese Dialects, in William S-Y Wang & Chaofen Sun Ed., *The Oxford Handbook of Chinese Linguistics*. Oxford University Press, 2015.
[③] 上海教育出版社，2002 年。
[④] 参看李荣《汉语方言的分区》，《方言》1989 年第 4 期。

片"层级架构（例如：冀鲁官话区—保唐片—天津小片）。该书闽语部分则明确其内部分歧属于次方言的不同，即闽东、闽南、莆仙、闽北、闽中、琼雷为闽方言六个次方言区的划分，另设两个过渡区（218—241页）。《汉语方言地图集》侧重语言特征的地理分布，没有讨论汉语方言分区，其语法卷附录《调查点、发音人和调查人一览表》含有"方言区""方言片"两栏，编者的相关说明如下：

> 方言区划及其名称以《中国语言地图集》（1987年版）为依据，但个别点根据所调查方言的实际情况有所调整。为便于阅读，官话方言在"方言区"栏直接写"江淮官话""西南官话"等，闽语的"闽北区""闽南区"等则视为方言片。土话、乡话、畲话、儋州话暂写在"方言区"栏。

即官话的"区—片"架构同《中国语言地图集》（1987），但闽语大区的各区（闽北区、闽南区等）则视为方言片。把土话、乡话、畲话、儋州话暂写在"方言区"栏只是一种便宜处理。

《中国语言地图集》（2012）保持了1987版的基本格局，仍然划分为10区，以下是方言区的名称和人口数，单位为"万人"（A2图说明）。

官话区 79858.5　晋语区 6305　吴语区 7379　闽语区 7500　客家话区 4220

粤语区 5882　　湘语区 3637　赣语区 4800　徽语区 330　平话和土话区 789

2012版把1987版的平话区扩大为"平话和土话区"，1987版土话属于"未分区方言"。第二版不再把闽语视为大区，不过官话仍视为大区，因此A2图说明的第肆节说汉语方言有17区（官话8区，非官话9区），A2图图例亦列17区。第二版对第一版的调整可以参看A2图说明的第叁节"本图集对汉语方言分区的主要调整"。

十分法也是目前学术界较为通行的汉语方言分区方案。

3.2.3 小结

按照本节所介绍的汉语方言分区历史，就大方言的角度看，官话、吴语、粤语、闽语是一直就有的（当然有范围大小的变动以及是否分为几个大方言的问题），而造成各种划分方案差别的主要因素有：

1. 官话是看成一个大方言还是多个大方言。
2. 闽语是看成一个大方言还是两个大方言。
3. 徽语是否看作一个大方言。
4. 湘语是否看作一个大方言。
5. 赣语是否看作一个大方言。

6. 客家话是否看作一个大方言。
7. 湘语和赣语是否看作一个大方言。
8. 赣语和客家话是否看作一个大方言。
9. 晋语是否看作一个大方言。
10. 平话是否看作一个大方言。

其中 3，4，5，9 也可以并入 1，因为这些方言多数方案都划归官话。从汉语方言分区的历史看，不少处理都几经反复，例如 1，2，3。不同的处理显然涉及学者们所掌握的语料、方言分区的理论立场以及具体的分区标准。可惜多数分区方案都未做详细的交代和讨论，《中国语言地图集》（1987，2012）在这方面无疑是迄今为止做得最好的。

思考与练习

1. 方言分类和方言分区有何不同？
2. 汉语方言分区的主要困难有哪些？
3. 学术界对汉语方言分区主要有哪些不同观点？
4. 列表比较甲柏连孜（1881）、《中国分省新图》（1934）、李方桂（1936）、袁家骅等（1960）、《中国语言地图集》（1987）汉语方言分区的异同。
5. 列表比较甲柏连孜（1881）、《中国分省新图》（1934）、赵元任（1947）、赵元任（1968）汉语方言分区的异同。其显著趋势是什么？

阅读书目

甲柏连孜，1881/2015，《汉文经纬》1—146 页（第一卷：导论和概述），姚小平译，外语教学与研究出版社。

穆麟德，1896/1925，现行中国之异族语及中国方言之分类，毛坤译，《歌谣周刊》89 号（1925 年 5 月 3 日）。

项梦冰，2009，申报地图之《语言区域图》，《方言论丛》第一辑，中国戏剧出版社。

项梦冰，2010，黎锦熙先生的汉语方言分区方案述评，《民俗典籍文字研究》第七辑，商务印书馆。

游汝杰，2008，早期西儒的汉语方言分类和分区研究，《语言研究集刊》第五辑，上海辞书出版社。

中国社会科学院、澳大利亚人文科学院，1987，《中国语言地图集》，香港朗文出版（远东）有限公司。

中国社会科学院语言研究所、中国社会科学院民族学与人类学研究所、香港城市大学语言资讯科学研究中心，2012，《中国语言地图集》（第二版）汉语方言卷，商务印书馆。

3.3 汉语方言分区

3.3.1 方言分区

方言分区是基于方言地理研究的一种分类工作。所谓方言地理研究，指的是利用方言地图研究一个个具体语言特征（可以是语音、词汇、语法等不同方面的）在地理上的分布情况。对方言分区来说，还要在特征分布图的基础上逐个绘制出同言线，然后将它们叠在一起，观察同言线之间的空间关系，尤其要留意是否存在聚集成束的情况。最后按特定的分区目的来确定同言线的重要性序列，优先选择重要的同言线、聚集成束的同言线来作为方言分区的标准。虽然涉及方言分区的每一个方面实际上都存在一些复杂的问题需要讨论，但方言分区的手续大抵如此。

方言分区的典型案例如 Hans Kurath & Guy S. Lowman, Jr（1970）[①]依据音韵演变的地理分布情况确定英格兰南部的方言区域结构。作者总共绘制了 38 幅方言地图（31 幅语言特征分布图，6 幅同言线图，1 幅语言特征分布和同言线综合图），其中第 33 图是一幅著名的同言线束图，如图 21 所示。

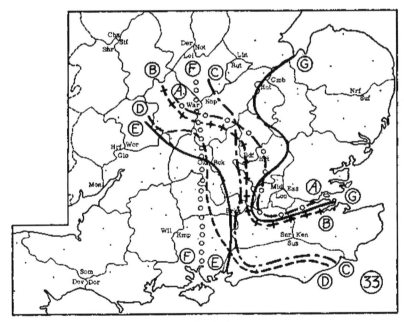

FIG. 33 (text 2.11). Seven heterophonic lines (West/East).
A ─○─, ɜ/ə in *ear*; B +++, ɑ/ɔ in *law*; C ───, eə/æ in *lane*;
D ───, i-/ij in *three*; E ───, ʊu/æu in *cow*; F ○○○, ju/iu ~ ʊu
in *new*; G ───, a/æ in *apple*.

图 21　英格兰南部的七条异音线

---

① Hans Kurath & Guy S. Lowman, Jr, *The Dialectal Structure of Southern England: Phonological Evidence*. University of Alabama Press, 1970.

此图题为"七条（呈现）东西（对立）的异音线"。七条异音线（heterophonic）用 A—G 编序，并具体说明异音线的样式和所反映的语音差异。例如异音线 A 的样式为 ▬○▬，A 线以西 ear 保留元音后的卷舌成分（比如读 [iɚ]）①，以东则失去元音后的卷舌成分（比如读 [iə] 或 [ɪə] 等）。其余类推。七条松散的异音线组成了一个南北走向的宽带，把英格兰南部分成了两个主要方言区（two major dialect areas）。

这里要对同言线（isogloss, isoglottic line, isograph）和异言线（heterogloss, heteroglottic line, heterograph）两个术语稍作介绍。大体上，这两种说法"浑言则同，析言则异"。J. K. Chambers & Peter Trudgill（1998: 89—91）②曾做详细辨析。同言线用一条单线在地图上标出竞争性特征或形式的分界（例如 ▦▦），异言线则用两条线在地图上分别划定竞争性特征或形式的各自范围（例如 ▦▦），这两条线就构成了异言线。Isogloss 可以有 isophone（同音线，isophonic line）、isotone（同调线，isotonic line）、isolex（同词线，isolexic line）、isomorph（同形态线，isomorphic line）等一系列的下位词。Heterogloss 也一样。很明显，Hans Kurath & Guy S. Lowman, Jr（1970）所说的 heterophonic lines 实际上就是 isophonic line，可谓"浑言则同"的具体用例。

3.3.2 中心区、过渡区以及方言区的划界

以图 21 为例，七条松散的南北走向的同言线构成了一个宽带，这个宽带东边和西边的区域则未被七条同言线的任何一条通过。未被同言线通过的区域就是方言的中心区（focal areas）。图 21 有两个方言中心区（东部方言和西部方言）。宽带区是七条同言线穿行交织的区域，即东部方言和西部方言的过渡区（transition area）。

图 21 还展现了同言线和方言区界限的不同。对选定的七个音韵项目来说，东西对立都有明确的地理分界，也就是七条同言线所呈现的东西划分。可是对于东部方言和西部方言这两个方言区而言，它们之间的分界却有一定的模糊性。理论上，七条同言线所组成的宽带就是东西两个方言区的分界。以宽带作为分界的优点是东西两个方言区都具有较好的同质性，缺点是宽带区内的方言没有明确的身份，既不属东部方言，也不属西部方言，只能贴上一个"过渡方言"的标签。而实践中人们往往习惯于方言区之间有明确的界线（sharp boundary），因此就需要在宽带中画出一条线来。在宽带中画线可以有不同的策略。第一种策略是以语言特征的重要性为依据。比如 Hans Kurath & Guy S. Lowman, Jr（1970: 34）认为 A 线最为重要（Line A is by far the most significant），因此就可以考虑以

---

① 图例中的词都只是举例。比如是否保留元音后的卷舌成分实际上涉及一大批词，西部的 [iɚ, eɚ, oɚ, ɑɚ, aɚ] 跟东部的 [iə～ɪə, eə～ɛa, oə～ɔə, ɔ·, ɑ·] 匹配，分别如 here（这里）、fair（公平的）、boar（野猪）、storm（暴风雨）、barn（谷仓）等词。

② J.k. Chambers & Peter Trudgill, *Dialectology* (Second edition). Cambridge University Press, 1998.

它作为划分东西两个方言区的界线。这时过渡区靠东的一小半划归东部方言区，靠西的一大半划归西部方言区，宽带区内的方言都有了明确的身份。不过这种划分的负面作用也是很明显的：东西两个方言区的同质性程度都要有所降低，而且过渡区内一些非常接近的方言会被以几乎是"任意"（arbitrary）的方式划归不同的方言区。

第二种策略是以同言线的空间位置为依据。或者以最靠东的 G 线为界，这时东部方言区较为同质，而过渡区则几乎尽归西部方言区。或者以最靠西的 E 线或 F 线为界，这时西部方言区较为同质，而过渡区则几乎尽归东部方言区。或者以较为居中的 C 线为界，过渡区大体由东西两个方言区平分秋色，同质性都受到一定的影响。

第三种策略是以宽带的几何特征为依据。或者以宽带的东界（由 G 线的北段和 A 线的南段构成）为界，这时东部方言区较为同质，而过渡区则尽归西部方言区。或者以宽带的西界（由 E 线的北段和 F 线的南段构成）为界，这时西部方言区较为同质，而过渡区则尽归东部方言区。或者以宽带的中线（通过测量和计算求出）为界，过渡区由东西两个方言区平均认领，同质性都受到一定的影响。

第二、三两种策略相近，区别在于第三种策略所得出的分界线很可能跟任何一条具体的同言线都不完全重合。第一、二两种策略都是以某种标准来选择划界用的同言线，在具体操作时还会考虑其他一些因素，比如跟行政区界限的关系、同言线相互之间的空间关系等。

可见，无论以何种方式在宽带中画出东西方言的分界线，都必然会陷入某种尴尬的境地。因为这种操作必须把过渡区内的方言划归东部方言或西部方言，可是它本来就不是典型的东部方言或西部方言。赵元任等（1948: 1567）[①]曾经指出："方言跟方言间的分界有颜色跟颜色间的界限那么糊涂，而所含的因素比颜色跟颜色的分别还复杂得多。所以把一省的方言大致分为几区是容易分的，而在区间交界的地方指出某地一定是属哪一区而不属隔壁的一区，有时就做不到。"方言分区的主要任务在于揭示特征相对清晰的方言中心区以及不同中心区之间的过渡区（也就是同言线束画出的宽带区），至于划界，毋宁看作是一种实用性的操作，权作参考即可。

一个语言的所有变体并非都能干净地划归明确的大方言。梅耶（1925/1957: 45）早就指出过："方言（dialecte）并不一定把一种语言里所有的土语（parler）都包括在内。比方在希腊语中，大家最熟识的阿提卡方言（Altic）和伊奥尼亚方言（Ionic）有许多共同的特点，但是它并不属于伊奥尼亚方言，更不属于任何其他方言。埃利斯（Elis）、路克里斯（Locris）、佛基斯（Phocis）等地的土语有许多方面和多利克方言（Doric）相近，但它们并不就是多利克方言。所以一种语言的各个土语并不是都能归入一些确定的方言里

[①] 赵元任等《湖北方言调查报告》，商务印书馆，1948年。

面。"①《中国语言地图集》(1987)中的土话和乡话等大概就存在归属上的困难,因此地图集的编者把它们都归为"归属待定的方言"。

3.3.3 同言线的重要性排序

在方言分区的时候,选择哪些语言特征的同言线以及如何看待所选同言线的重要性程度,都会影响到分区和划界的具体结果。J. K. Chambers & Peter Trudgill(1998/2016: 131—132)曾经指出②:

> 不可否认,某些同言线比另外一些同言线更重要,这是因为有些同言线所标志的划分被"认为"更有文化上的重要性,另一些则没那么重要,有些同言线是持久不变的,而有些则是暂时的,等等。同样很明显,有些同言线束也比另外一些同言线束更重要。但是,在方言学的整个历史上,还没有人成功地设计出一个令人满意的程序或一套原则能帮助研究者判断哪些同言线或者哪些同言线束的重要性更高一些。缺乏一种能实现这个目的的理论,甚至连探索性的理论也没有,是方言地理学一个显著的薄弱点。

这里头牵涉到对语音、词汇、语法有所偏重还是兼取以及孰轻孰重的问题。汉语历史悠久,分布区域广阔,方言分歧严重,其分区(指一级方言的划分)目前比较成熟的处理主要是以音韵特征为标准的。因此同言线的重要性排序可以根据音韵差异的深度原则来操作。音韵差异的深度原则可用丁邦新(1982/1998)的一段话来概括③:

> 以汉语语音史为根据,用早期历史性的条件区别大方言;用晚期历史性的条件区别次方言;用现在平面性的条件区别小方言。早期、晚期是相对的名词,不一定能确指其时间。条件之轻重以相对之先后为序,最早期的条件最重要,最晚期的条件也就是平面性的语音差异了。

这段论述的重要意义在于为汉语方言分区的不同音韵标准提出了重要性排序的标准,其关键是区分音韵差异的不同历史深度,即:

---

① Antoine Meillet, *La Méthode Comparative en Linguistique Historique*. H. Aschehoug & Company, 1925. 岑麒祥中译:《历史语言学中的比较方法》,科学出版社,1957 年; Gordon B. Ford, Jr. 英译: *The Comparative Method in Historical Linguistics*, Librairie Honoré Champion, 1966. 引文主要参考岑译,但希腊地名根据英译。例如法文 Locride 和 Phocide 分别指的是 Λοκρίς/Lokrís 和 Φωκίς/Phôkís, Ford 译成 Locris 和 Phocis。阿提卡方言岑译为"雅典方言",雅典是阿提卡的主要城邦。

② J. K. Chambers & Peter Trudgill, *Dialectology* (Second edition). Cambridge University Press, 1998. 吴可颖中译:《方言学教程》(第二版),北京大学出版社,2016 年。引文根据吴译。

③ 丁邦新《汉语方言区分的条件》,《清华学报》新十四卷第一、二期合刊(语言学专号:庆祝李方桂先生八十岁论文集)257—273 页,1982 年。收入《丁邦新语言学论文集》166—187 页,商务印书馆,1998 年。

早期历史性条件 > 晚期历史性条件 > 平面性的语音差异

何谓早期？丁邦新（1982/1998）认为"大致说来，以隋唐中古以前作为早期可能比较合适"，而王福堂（1999: 47）①则认为"所说早期大致指中古不晚于唐宋的时期，晚期指宋元以后"。"早期的历史性的语音演变反映方言在中古时已经分化，再经历以后的发展就成为不同的方言，所以可以根据它来区分方言"，"晚期的历史性的语音演变反映方言近古以后的变化，一般只是方言内部的再分化，只形成方言的内部分歧，所以不能根据它来区分方言，只能区分次方言、土话等"。

汉语方言分区如果也兼用词汇、语法标准，在衡量重要性的时候，是否也可以用历史深度来衡量，还需要进一步研究。下文讨论方言特征词时主要以地理分布为衡量标准，暂不考虑历史深度的问题。

3.3.4 分区标准和操作特征

学者们一般不区别分区标准和操作特征这两个性质不同的概念，都笼统地称为"分区标准"（criterion of dialectal division）。为了更有效地讨论问题，最好把它们分开。分区标准指区分方言区所立足的语言属性。例如是根据语音标准来分区，还是根据词汇标准或语法标准来分区，还是兼用语音标准、词汇标准和语法标准来分区。再如，同样是只用语音标准来分区，是像李小凡（2005）②所建议的，以古全浊声母的演变作为汉语方言"整体划分"的唯一标准③，还是跟丁邦新（1982）那样，既用古全浊塞音声母 b-, d-, g- 的演变作为区分汉语方言的普遍条件，也用古塞音韵尾 -p, -t, -k 的演变作为区分汉语方言的普遍条件④。操作特征也可以叫作操作条件，指分区操作所依据的具体语言特点（specific linguistic features on which dialectal division operations are based）。请注意一个具体的语言特征项目（a language feature item）是属于分区标准还是操作特征，要看它在分区操作中的层级位置。例如"保留古全浊声母 b-, d-, g-"对"古全浊声母的演变"而言，是操作特征，但是对"古全浊声母 b-, d-, g- 今读送气的 bʰ-, dʰ-, gʰ-"而言，是分区标准。

汉语是存在若干大方言（或称一级方言）的语言，因此其整体划分必定无法根据单一的操作特征来完成，理想的单一操作特征可以界定一个大方言，但它只是汉语整体划分工作中的一部分。汉语的整体划分是否可以找到单一的分区标准，可以继续探讨。

古全浊声母的演变，艾约瑟（1857）即开始较为系统地用作观察汉语方言古今演变大

---

① 王福堂《汉语方言语音的演变和层次》，语文出版社，1999 年。
② 李小凡《汉语方言分区方法再认识》，《方言》2005 年第 4 期。
③ 指用古全浊声母的演变划分出典型的一级大类，但是在鉴别具体方言点的归属时可以使用其他标准。
④ 参看前文 3.3.3。丁邦新（1982）所说的条件即通常所说的标准，所列的六项条件也存在性质上的差异，即有的属于分区标准，有的属于操作条件。

势的一个重要观察点，王力（1937）用作区分汉语方言五大音系的三条普遍性条件之一，其后研究汉语方言分区的学者，通常也都把古全浊声母的演变作为一项重要的标准来看待。张振兴（1997）[①]对《中国语言地图集》（1987）的汉语方言分区标准的总结是：

> 我们重读汉语方言分区图的文字说明，一下子就会发现，对主要方言区的划分，从大处看有两个重要的标准：一个是古入声字的演变；一个是古浊音声母字的演变。按照古入声字的演变标准，可以把官话和非官话分开，官话方言绝大多数地点古入声字今读舒声（江淮官话和其他官话的零星地点除外），非官话方言古入声字今仍读入声，例外的情况很少；根据古清音声母入声字的演变，又可以把官话大区分为八个区。按照古浊音声母字的演变标准，可以划分九个非官话方言，当然也可以用来把官话大区分开。

不过也要注意的是，就大方言看，古全浊声母的演变存在不同的类型是常态。图 22 是根据 26 个方言点的古全浊声母字的读音所做的聚类分析和主坐标分析结果[②]。

图 22 分上、中、下三张分图。上图是聚类分析的结果。中图、下图是主坐标分析的结果。其中中图为二维主坐标散点图，下图为三维主坐标散点图。为了便于阅读，这些图都做过加工。

先看上图。刻度值表示相似性（Similarity）的大小。值越大，方言越接近。如果完全依据聚类的结果来进行分类，那么如何操作仅仅取决于是要趋于宏观还是要趋于微观。聚类树的左端是最微观的情况，即 26 个方言除北京、济南在 0.99 的刻度上组成一个小组外，其他 24 个方言都是自成一组（如果把刻度扩展到 1.00，则北京、济南也要分成两个小组，即每一个方言点都是一个小组）。聚类树的右端是最宏观的情况，26 个方言在 0.26 的刻度上归为一个组，即汉语。在宏观和微观之间，存在着近 20 种的切分方法，这里酌选其中的 4 种，即图中的 A，B，C，D，四条线所代表的切分。

[①] 张振兴《重读〈中国语言地图集〉》，《方言》1997 年第 4 期。
[②] 即在《汉语方音字汇》20 个方言点的基础上，酌加合阳、平遥、如皋、南宁、安仁、溆浦 6 个方言点，取字范围以《汉语方音字汇》（文字改革出版社 1989 年第二版）为准，跟本书通常采用的语文出版社 2008 年版有些不同。所用的软件为美国应用生物有限公司（Applied Biostatistics INc.）开发的 NTSYSpc2.10e。NTSYS 的全称为"数值分类和多元分析系统"（Numerical Taxonomy and Multivariate Analysis System）。聚类分析（cluster analysis）也叫数值分类（numerical taxonomy），是将样品或变量按照它们性质上的亲疏程度进行分类的多元统计分析方法。即将一组研究对象分为相对同质的群组（clusters）的统计分析技术。主坐标分析（Principal Coordinates Analysis，简称 PCoA）"是一种由已知样本点之间距离（即距离矩阵）出发，反求各点的主坐标的方法。所谓主坐标是这样一种坐标系，在每个坐标轴上各点形成的向量是正交的并且点间距离与已给距离相等（或近似相等）"（郎奎健、唐守正《IBMPC系列程序集——数理统计 调查规划 经营管理》150 页，中国林业出版社1989）。主坐标分析是简化数据结构及样本排序的方法之一，可以用较少的维数（即二维、三维）构筑直观的空间去排列样本，并减少信息的损失。主坐标分析的专业性阐释可参看唐守正《多元统计分析方法》第三章（中国林业出版社 1986）。参看项梦冰《古全浊声母今读的聚类分析和主坐标分析》，《云南民族大学学报》2016 年第 3 期。

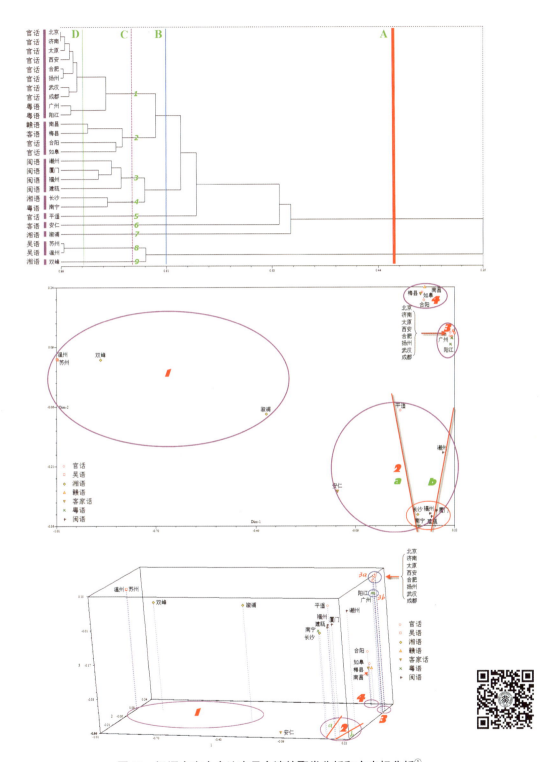

图 22　汉语方言古全浊声母今读的聚类分析和主坐标分析[①]

---

① 扫描二维码可获取大图。

以 A 线切分，可以得到两个组。北京至安仁都是没有浊音的方言，苏州至双峰都是有浊音的方言。值得注意的是，只有平声的塞音塞擦音才保留浊音的溆浦在北京组而不在苏州组，不过在北京组内，它是属于关系最远的一支。

以 B 线切分，可以得到 6 个组。北京—如皋一个组，潮州—南宁一个组，平遥、安仁、溆浦各一个组。拿 A 线的切分来看，就是苏州—双峰组不动，北京—溆浦组要分成北京—如皋、潮州—南宁、平遥、安仁、溆浦 5 个组。

以 C 线切分，可以得到 9 个组（即方言和地名之间的粗线所显示的分组情况）。拿 B 线的切分来看，就是北京—如皋要再分成北京—阳江组和南昌—如皋组，潮州—南宁组要再分成潮州—建瓯组和长沙—南宁组，苏州—双峰组要再分成苏州—温州组和双峰组。

以 D 线切分，可以得到 17 个组。拿 C 线的切分来看，就是北京—阳江组要再分成北京—成都组和广州—阳江组，南昌—如皋组要再分成南昌组、梅县组、合阳组、如皋组，潮州—建瓯组要再分成潮州组、厦门组、福州组、建瓯组，长沙—南宁组要再分成长沙组、南宁组。

再看中图。26 个方言点可以形成 4 个群落。

第 1 个群落位置在"西部"，包含了吴语和老湘语，其特点是在横轴上的跨度较大，在纵轴上则集中在中部地区。双峰和溆浦清化的程度不同，所以在横轴上的位置东西有别；不过它们在纵轴上的位置也有一定的落差，说明它们清化音送气的程度也存在差异。

第 2 个群落位置在"东南部"，包含了闽语、平话、新湘语、官话、客家话，其特点是横轴和纵轴的跨度比较均衡，不过大部分方言点集中在偏"东"的纵带上，尤其集中在"紧南"的一个小范围里。其中，平话、新湘语、官话沿 a 线分布，闽语沿 b 线分布，无论 a 线 b 线，都是越往"北"，送气的比例越大。特别值得注意的是，平遥跟长沙、潮州跟厦门的距离都较大，分别跟北京型官话和广州型粤语的冲击有关。拿闽语来说，其古全浊声母清化的规律是逢塞音塞擦音一般读不送气清音，但也有部分字读送气清音，哪些字送气内部大体一致。而广东省境内的闽语，逢平声时读送气清音的比例非常高，例如林伦伦（1996: 84）[1]，林伦伦、林春雨（2007: 366）[2]指出澄海、南澳（后宅）属于"平送仄不送"型，但平声字约有四分之一例外，读成不送气音；仄声字约有六分之一例外，读成送气音。林伦伦（2006: 116）[3]也指出雷州"原则上是平声变送气，仄声变不送气。但平声变送气的例外字较多，各母中都有平声变不送气的例子"。广州型粤语古全浊声母的清化规律是塞音塞擦音逢平、上送气，逢去、入不送气，其中全浊上字存在明显的文白分层，读阳上送气为白读层，辖字较少，读阳去不送气为文读层，辖字较多。潮州话一类的

---

[1] 林伦伦《澄海方言研究》，汕头大学出版社，1996 年。
[2] 林伦伦、林春雨《广东南澳岛方言语音词汇研究》，中华书局，2007 年。
[3] 林伦伦《粤西闽语雷州话研究》，中华书局，2006 年。

广东闽语之所以古全浊声母平声字送气音多，大概是因为它们处在跟粤语有接触关系的环境中。

第 3 个群落位置在"紧东偏北"，包含了官话、粤语，其特点是横轴和纵轴的跨度都很小。

第 4 个群落位置在"紧北偏东"，包含了赣语、客家话、官话，其特点也是横轴和纵轴的跨度都很小。

很明显，4 个群落存在着明显的不平衡。群落 1 和群落 2 分布范围都比较大，其中群落 1 主要是在横轴上的跨度大，而群落 2 则在横轴和纵轴上的跨度都比较大；群落 3 和群落 4 的分布范围都比较小，而且两者挨得也比较近。

中图和上图的一个明显的不同点在于溆浦的归属，上图归清音组，中图归浊音组，这是因为中图的群落是人为划定的。即主坐标分析只呈现每个样本的实际位置，并不提供样本划群方案。如何划分群落实际上有一定的自由空间。

最后看下图。26 个方言点对应的底面位置跟中图完全一样，其高度（第三维）则可分成三大类：安仁为一类，这是唯一一个贴地的方言点；南昌、梅县、如皋、合阳为一类，大体在不高不低的位置；其余方言为一类，都在较高的位置。可见，增加第三维度后，群落 1 和群落 4 并不需要调整，而群落 2 和群落 3 则可以根据新维度上的表现进行调整。安仁古全浊声母的清化是平声不送气仄声送气，属于罕见类型。在《汉语方言地图集》语音卷 039 图里，930 个方言点仅有安仁属于这种类型。在中图里，安仁本来就是群落 2 的外围分子，现在有了下图贴地和高耸的对比，群落 2 就可以撇开安仁，从而改为横轴跨度小纵轴跨度大的群落，而安仁则让它落单（即散点）。中图里的广州、阳江跟北京等 8 个官话方言点聚集成簇，难解难分，而在下图里则高低明显有别，可以分为群落 3a（即 8 个官话）和群落 3b（即 2 个粤语）。

从图 22 可以直观地看到，同属一个大方言的地点往往会出现在不同的组或群落里。这就说明：古全浊声母演变的特定方式跟大方言之间不存在一对一的关系。以图 22 的下图来看，群落 1 包含了吴语和老湘语；群落 2 的 a 线包含了新湘语、平话和官话，b 线则相对单纯，都是闽语；群落 3a 都是官话，3b 都是粤语；群落 4 包含了赣语、客家话和官话。事实上由于这里采用的样本较少，已经使得组或群落的驳杂性大为简化。假如在样本中增加武宁（赣语）、通山（赣语）、庆元（吴语）三个方言，那么在第 1 个群落中就会增加赣语（武宁），在第 2 个群落中就会增加吴语、赣语（大体沿 a 线分布）。如果把连城东北部（例如隔川、塘前）、清流东部（例如李家、灵地）以及部分粤北（例如南雄）的客家话也作为样本，那么它们中的大部分大概也会沿群落 2 的 a 线分布。例如（有文白异读的只取白读）：

表 31　武宁、通山、庆元、连城、清流、南雄古全浊声母字今读举例

	同定	婆並	坐从	动定	住澄	步並	直澄	白並
武宁	₅dən	₅bo	dzo²	dən²	dzy²	bu²	dzi?₂	ba?₂
通山	₅tɐŋ	₅pu	tsø²	tɐŋ²	tɕy²	pu²	tsʅ²	pʊ²
庆元	₅toŋ	₅po	舅群 ₅tɕiɯ	₅toŋ	tɕye²	pɤ²	tɕi?₂	pa?₂
连城塘前	₅taŋ	₅pɔ	tsɤ?₂	taŋ?₂	tɕi²	pu²	tsʅ?₂	po?₂
清流李家	₅taŋ	₅pau	tsɤ?₂	taŋ?₂	tɕi²	pu²	tsʅ?₂	po?₂
南雄	₅teɯŋ	[₅po]	₅tso	[淡 ₅toan]	tɕy²	败 poa²	tɕie?₂	pa?₂

说明：武宁据陈昌仪《江西省方言志》（方志出版社 2005）。通山据黄群建《通山方言志》（武汉大学出版社 1994）。庆元据曹志耘等《吴语处衢方言研究》（好文出版 2000），因"坐"读 [ˢso]，改用群母字"舅"。连城（塘前）据项梦冰的调查（未发表）。清流（李家）据北京大学中文系汉语专业 2015 年方言调查实习报告。南雄据易家乐（Søren Egerod）《南雄方言记略》（《方言》1983 年第 2 期），"步"字用"败"字代替，又据谢自立《南雄县志·方言》（广东人民出版社 1991）补"婆""淡"二字。请注意两位学者所记的音系有差异，但不影响这里所关注的古全浊声母的今读问题。

可见以古全浊声母的演变作为汉语方言的分区标准，所选定的操作特征常常存在区别性不够的问题①，在使用时常常需要受到某种限制。

官话古全浊声母演变的突出特点是"清化，逢塞音塞擦音平声送气、仄声不送气"。《汉语方言地图集》语音卷图 039 的第五类特征即"清音：平声送气，仄声不送气"，又分为"平送｜仄不送"和"平送｜上去不送｜入送/不送"两个小类。930 个方言点中，官话方言（含晋语在内）符合这项特征的有 318 个点，不符合这项特征的有 46 个点，而非官话方言符合这项特征的只有 3 个点，不符合这项特征的则有 563 个点。可见符合这项特征的方言几乎就是官话，即使不是官话大概也跟官话的影响难脱干系；而不符合这项特征的方言不一定不是官话，但不是官话的可能性比较大。也就是说，对官话而言，这项特征的正面规定性（positive prescription）和负面规定性（negative prescription）的效果是存在差异的②，因此界定官话必然要引入其他标准。

思考与练习

1. 方言分区的手续是怎样的？
2. 简述"音韵差异的深度原则"之主要内容和意义。

---

① 当然，这是就通常所预期的分区方案说的。如果没有预期，一切以语言特征为归依，拿图 22 上图的 C 线切分来说，我们就得接受把南昌、梅县、合阳、如皋归为一组，把长沙、南宁归为一组的结果。而这种结果显然并不合理。

② 正面规定性和负面规定性的公式化区别如下：符合 x 特征的方言一定是官话方言（正面规定性）；不符合 x 特征的方言一定不是官话方言（负面规定性）。

3. 什么是宽带？用宽带来给方言划界跟用一条同言线来给方言划界各有什么利弊？
4. 在宽带中画线主要有哪几种策略？
5. 根据《汉语方言地图集》语音卷 039 图，以"古全浊声母清化，逢塞音塞擦音平声送气、仄声不送气"来界定官话存在什么问题？

阅读书目

丁邦新，1982，汉语方言区分的条件，《清华学报》14(1, 2)，257—273 页。收入《丁邦新语言学论文集》166—187页，商务印书馆，1998。

李小凡，2005，汉语方言分区方法再认识，《方言》第 4 期。

项梦冰，2012，方言地理、方言分区和谱系分类，《龙岩学院学报》第 4 期。又《龙岩学院学报》编辑部《标准语、方言、文字研究论文选辑》（厦门大学出版社 2017）。

项梦冰，2014，汉语方言古全浊声母今读类型的地理分布，《中国语言学》第七辑，北京大学出版社。

项梦冰，2014，保留入声的汉语方言，《贺州学院学报》第 4 期。

项梦冰，2017，北方官话和东南诸方言——词汇语法"基因"的透视，《现代语言学》第 1 期。

项梦冰，2018，从语言特征分布图到方言分区图——以沂南方言为例，《现代语言学》第 1 期。

Jerry Norman (罗杰瑞), The Chinese Dialects: Phonology, in Graham Thurgood (杜冠明) and Randy J. LaPolla (罗仁地), *The Sino-Tibetan Languages*, pp.72—83. Routledge, 2003. 陈秀琪中译：从音韵看汉语方言，《方言》2006 年第 1 期。

3.4 官话方言

3.4.1 分布地域

官话方言，又叫官话、北方方言、北方话、北方官话，是汉民族共同语——普通话的基础方言，以北京话为代表，使用人口达 8 亿 6163.5 万，约占汉语总人口数的 71.4%，分布于以下 27 个省、区、市的 1771 个县市（旗）区：北京市、天津市、重庆市、河北省、山西省、辽宁省、吉林省、黑龙江省、江苏省、浙江省、安徽省、福建省、江西省、山东省、河南省、湖北省、湖南省、四川省、贵州省、云南省、陕西省、甘肃省、青海省、内蒙古自治区、广西壮族自治区、宁夏回族自治区、新疆维吾尔自治区。也就是说，除上海市、广东省、海南省、台湾省、西藏自治区（非汉语分布区）、香港特别行政区、澳门特别行政区以外，其他省、区、市都有官话方言分布。在海外华人社区，虽然以官话方言为母语的人只占少数，但其影响却日趋重要。

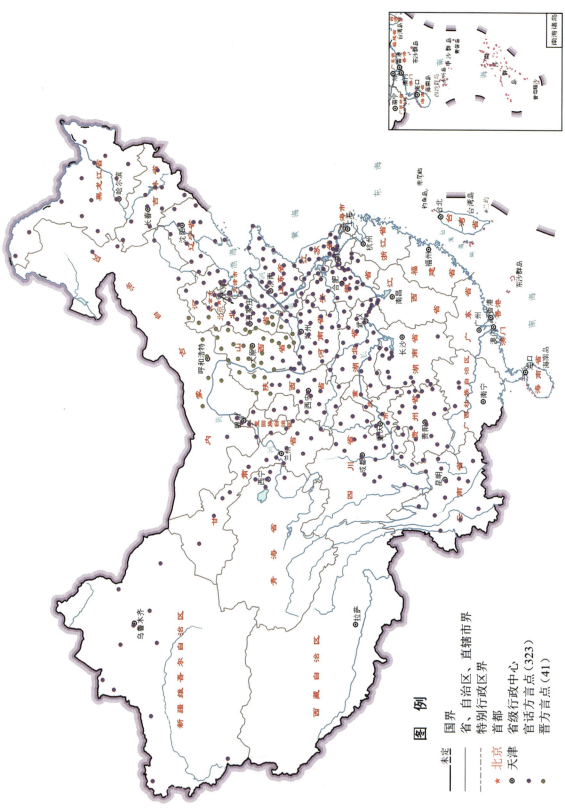

图 23 官话方言分布示意图

图 23 以《汉语方言地图集》的布点模拟《中国语言地图集》（1987）A2 图官话和晋语的分布。本书按照传统的看法，把山西省及其毗邻地区有入声的方言（即《中国语言地图集》所说的"晋语"，共 194 个县市（旗）区，6305 万人）都视为官话。上文官话方言的人口和行政区统计数字已包括晋语在内。

有 22 个省级行政中心位于官话方言区：北京市（京）、天津市（津）、重庆市（渝）、石家庄（冀）、太原（晋）、沈阳（辽）、长春（吉）、哈尔滨（黑）、南京（苏）、合肥（皖）、济南（鲁）、郑州（豫）、武汉（鄂）、成都（川）、贵阳（黔）、昆明（滇）、西安（陕）、兰州（甘）、西宁（青）、呼和浩特（内蒙古）、银川（宁）、乌鲁木齐（新）。也就是说，有官话方言分布的 27 个省、区、市，除浙江省、福建省、江西省、湖南省、广西壮族自治区外，其他 22 个省、区、市的治所都在官话方言分布区。

对官话方言的分布来说，长江是一条很重要的地理参照线。大体而言，官话方言主要分布在：（1）长江以北地区；（2）西南地区（包括大部分地区在长江以北的四川，长江以南的贵州、云南，以及地跨长江南北的重庆）和华中、华南地区的西部（包括湖北省除鄂东南一角外的长江南北大部分地区，湖南省的西北部、西部、南部，广西壮族自治区的西北部）。除此之外，官话方言较少见于长江以南地区，除江苏、安徽、江西等省的长江以南部分沿江地带外，主要以方言岛的形式存在，如福建南平官话方言岛（被闽方言包围）、江西赣州、信丰官话方言岛（被客家话包围），安徽、浙江的官话方言岛（被吴方言包围）。而非官话方言也较少见于长江以北地区，只有吴方言在江苏境内长江北岸有小片分布，赣方言在安徽、湖北境内长江以北也有小片分布，但都限于沿江或近江地带。湘方言、粤方言、客家方言、闽方言则都限于东南一隅。

3.4.2 语音特点

相对东南地区的吴方言、湘方言、赣方言、粤方言、客家方言、闽方言来说，官话方言的内部分歧是比较小的。汉语以方言复杂闻名于世，可是我们也要看到其一致性的一面：作为汉民族共同语基础方言的官话方言通行范围非常之大，几乎涵盖了大半个中国，使用人口占汉语人口的 70% 以上，而且官话方言本身的一致性又很高，说各种官话方言的人，比方黑龙江的哈尔滨人、新疆的乌鲁木齐人、云南的昆明人、江苏的南京人，他们之间可以随便谈话，各人用自己的方言，没有多大困难。这么多的人口，这么大的地域，语言如此一致，这在世界上同样也是很少见的①。

官话方言的一致性体现在诸多方面。作为民族共同语的基础方言，官话方言在词汇和语法方面与普通话有着高度的一致性，这一点毫无疑问。下面举三项语音特点从一个侧面来说明官话方言语音上的一致性，这三项语音特点并非穷尽性列举，也不一定比其他特点更加重要，但它们的同言线相当一致，颇能说明官话方言的语音一致性。

1. 古微母字、日母字不读鼻音声母。例如：

表 32　官话方言古微母、日母字今读举例

	尾	蚊	袜	网	耳	人	日	肉
北京	ˊi	ˉuən	uaˋ	ˉuaŋ	ˊɚ	ˉzən	zʅˋ	zouˋ
沈阳	ˊi	ˉuən	uaˋ	ˉuaŋ	ˊɚ	ˉin	iˋ	iəuˋ
长春	ˊi	ˉuən	uaˋ	ˉuaŋ	ˊɚ	ˉin	iˋ	iəuˋ
哈尔滨	ˊi	ˉuən	uaˋ	ˉuaŋ	ˊɚ	ˉzən	zʅˋ	zəuˋ
天津	ˊi	ˉuən	uaˋ	ˉuaŋ	ˊɚ	ˉzən	zʅˋ	zəuˋ
济南	ˊi	ˉuẽ	uaˋ	ˉuã	ˊɚ	ˉzẽ	zʅˋ	zouˋ
石家庄	ˊi	ˉvən	vaˋ	ˉvaŋ	ˊɚ	ˉzən	zʅˋ	zəuˋ
青岛	ˊi	vɤ̃ˋ	vaˋ	ˉvaŋ	ˊɚ	iə̃ˋ	iˋ	iouˋ
荣成	ˊi	ˉuən	ˉua	ˉuaŋ	ˊɚ	ˉin	ˊi	iouˋ
大连	ˊi	ˉuən	ˉua	ˉuaŋ	ˊɚ	ˉin	iˋ	iəuˋ
郑州	ˊi	ˉuən	ˉua	ˉuaŋ	l̩ˋ	ˉzən	ˉzʅ	zəuˋ
西安	ˊi	ˉvẽ	ˉvɑ	ˉvaŋ	ˊɚ	ˉzẽ	ˉɚ	zouˋ
西宁	ˊi	ˉuɔ̃	ˉvɑ	ˉuɔ̃	ˊɛ	ˉzɔ̃	zʅˋ	zuˋ
合阳	ˊi	ˉvẽ	ˉvɑ	ˉvo	l̩ˋz	ˉzẽ	ˊɚ / zʅˋ	zouˋ / ˉzou
兰州	ˊi	ˉvə̃	ˉvɑ	ˉvã	ˊm	ˉzə̃	zʅˋ	zouˋ
银川	ˉi	ˉvəŋ	vaˋ	ˉvaŋ	ˊɚ	ˉzəŋ	zʅˋ	zəuˋ
乌鲁木齐	ˉi	ˉʊ̃ŋ	ˉvɑ	ˉvaŋ	ˊɚ	ˉzʊ̃ŋ	zʅˋ	zʊˋ
重庆	ˉuei	ˉuən	ˉua	ˉuaŋ	ˊɚ	ˉnən	zʅˋ	zuˋ / ˉzu

---

①　外国传教士对于官话一致性和南方方言的复杂性无疑有非常感性的认识。亚瑟·伯恩牧师（Rev. Arthur J. Bowen）1900 年曾有如下文字：In both of these missions in the south there are many dialects, the people of one district being unable to understand the inhabitants of adjoining districts. Hence, there are certain limitations and hindrances which are experienced by none of the other missions in the territory in which the Mandarin is used and understood, from the Yang tsze to the Great Wall on the north and to the borders of Tibet on the west. ［南方有很多方言，一个地区的人无法跟邻区的人通话。因此这两类教会工作（译按：指布道和出版、教育、慈善工作）所遇到的某些限制和障碍是官话区的教会所不会有的。从扬子江到北边的长城，到西边的西藏界界，都使用官话，人们（可以自由）互通。］ See: *The China Mission of the Methodist Episcopal Church*, pp.31-32, Open Door Emergency Commission.

（续表）

	尾	蚊	袜	网	耳	人	日	肉
成都	ᶜuei	₅nen	₅ua	ᶜuaŋ	ᶜɚ	₅nen	ɻ̍ʾ	zəuʾ
贵阳	ᶜuei	₅nen	₅ua	ᶜuaŋ	ᶜɚ	₅nen	ɻ̍ʾ	₅zu
昆明	ᶜuei	₅ẽ	₅uʌ	ᶜuã	ᶜə	₅ẽ	ɻ̍ʾ	₅uʾ / zu ʾ
武汉	ᶜuei	₅nen	₅ua	ᶜuaŋ	ᶜm̩	₅nen	m̍ʾ	nouʾ
南京	ᶜi	₅un	uaʔ	ᶜuaŋ	ᶜɚ	₅nen	ɻ̍ʾ/ʂʾ	zuʔ / zəuʾ
合肥	ᶜue	₅uen	₅aʔ	ᶜũ	ᶜa	₅nen	ʐʾ	zuʾ
扬州	ᶜuəi	₅nen	uæʔ	ᶜuaŋ	ᶜa	₅nen	ləʔ	lɯʾ
如皋	ᶜvei	₅vəŋ	viɛʔ	ᶜvã	ᶜɚ	₅zuenʾ	zuiʔ	zɔʔ
太原	ᶜi	₅vəŋ	vaʔ	ᶜvɒ̃	ᶜɚ	₅neŋ	zəʾ	zəʾ / zueʔ
呼和浩特	ᶜi	₅vəŋ	vaʔ	ᶜvɒ̃	ᶜar	₅zə̃	ʐʾ	zəʾ
平遥	ᶜi	₅uŋ	uʌv	ᶜuɒŋ	ᶜə	₅neŋ	zʌʾ	zəʾ
大宁	ᶜi	₅nev	vav	ᶜɤ̃	ᶜz̩	₅nen	ʐaʔ	zueʾ

本节官话方言点语料来源：北京、济南、西安、太原、成都、武汉、合肥、扬州，《汉语方音字汇》；沈阳、长春、哈尔滨、天津、石家庄、青岛、西宁、乌鲁木齐、重庆、呼和浩特，陈章太、李行健主编《普通话基础方言基本词汇集》（语文出版社1996）；荣成，王淑霞《荣成方言志》（语文出版社 1995）；大连，刘虹《大连方言的语音系统》（大連方言の音声系統，[日·龍谷大学]《国際文化研究》第 15 期，2011）；郑州，卢甲文《郑州方言志》（语文出版社 1992）；合阳，邢向东、蔡文婷《合阳方言调查研究》（中华书局 2010）；兰州，高葆泰《兰州方言音系》（甘肃人民出版社 1985）；银川，高葆泰、林涛《银川方言志》（语文出版社 1993）；贵阳，贵州省地方志编纂委员会《贵州省志·汉语方言志》（方志出版社 1998）；昆明，卢开磏《昆明方言志》（《玉溪师专学报》1990 年第 2、3 期语言研究专号）；南京，刘丹青《南京话音档》（上海教育出版社 1997）；如皋，倪志佳《如皋（桃园）话语音研究》（山东大学 2012 年学士论文）；平遥，乔全生、陈丽《平遥话音档》（上海教育出版社 1999）；大宁，崔容、郭鸿燕《大宁方言研究》（九州出版社 2009）。

古微母字官话方言或读零声母，或读 v 声母。v 是 u 介音唇齿化的结果，以石家庄为例，"蚊" [₅vəŋ] 的前身即跟北京话一样的 [₅uen]。古日母字官话方言或读零声母，或读 ʐ/z 声母，或读 n/l 声母。ʐ 是 i 介音摩擦化的结果，以北京话的"肉" [ʐouʾ]为例，所经历的音变过程大概是：*iouʾ→*i̯ouʾ→*jouʾ→*ʒouʾ→ʐouʾ。卷舌音平舌化就成了 z。l 是 ʐ 的演变形式还是折合形式还有待确定。如果是后者，等于说这类方言经历过由权威方言冲击造成的语音替换，例如扬州话的"肉" [lɯʾ] 就可以看成是 [iɯʾ] 的替换形式。这种替换是否事实目前还不能确定。n，l 对立的消失就会导致出现像武汉一样的官话，即古日母字形式上读了鼻音声母①。武汉话古日母字虽然读 n-，但是韵母并不像非官话方言那样

---

① 武汉话的 n 声母可以自由变读为 l 声母或鼻化的 l 声母。

带 i 介音，例如：热 [₋ʐɤ] | 肉褥 [₋nou] | 人 [₋nən] | 染 [˻nan] | 让 [naŋ˺]。试比较南昌话：热 [lɛt₂] | 肉 [n̠iuk₂] | 褥 [luk₂] | 人 [n̠in˨] | 染 [˻n̠iɛn] | 让 [n̠ioŋ˨]。南昌话古日母字的今读存在文白分层现象，文读层读 l 声母，韵母不带 i 介音；白读层读 n̠ 声母，韵母带 i 介音。武汉话日母字的读音类型跟南昌话日母字的文读层相同。可见武汉话古日母字虽然读鼻音声母，但并非存古。

2. 古次浊上字随古清上字走，古全浊上字随古去声字或古浊去字走。例如：

表 33　官话方言古浊上字今读举例

	坐	弟	重	懒	痒	有
北京	tsuo˨	ti˨	tʂuŋ˨	˻lan	˻iaŋ	˻iou
沈阳	tsuɤ˨	ti˨	tʂuŋ˨	˻lan	˻iaŋ	˻iəu
长春	tsuɤ˨	ti˨	tʂuŋ˨	˻lan	˻iaŋ	˻iəu
哈尔滨	tsuɤ˨	ti˨	tʂuŋ˨	˻lan	˻iaŋ	˻iəu
天津	tsuo˨	ti˨	tʂuŋ˨	˻lan	˻iaŋ	˻iou
济南	tsuɤ˨	ti˨	tʂuŋ˨	˻læ	˻iaŋ	˻iou
石家庄	tsuə˨	ti˨	tsuəŋ˨	˻æ	˻iɑŋ	˻iu
青岛	˻tsuə	˻ti	˻tʂəŋ	˻lã	˻iaŋ	˻iou
荣成	tsɔ˨	ti˨	tsoŋ˨	˻lan	˻iaŋ	˻iou
大连	tsuɤ˨	ti˨	tsuŋ˨	˻lan	˻iaŋ	˻iəu
郑州	tsuo˨	ti˨	tʂuŋ˨	˻lan	˻iaŋ	˻iou
西安	tsuo˨	ti˨	pfəŋ˨	˻læ	˻iaŋ	˻iou
西宁	tsu˨	tsʅ˨	tʂuə˨	˻ɔ̃	˻iɔ̃	˻iu
合阳	tɕʰyə˨	tʰi˨	pfʰəŋ˨	˻lã	˻iaŋ	˻iou
兰州	tsuə˨	ti˨	pfə̃n˨	˻lẽn	˻iã/˻iɔ̃	˻iou
银川	tsuə˨	ti˨	tʂuŋ˨	˻lan	˻iaŋ	˻iəu
乌鲁木齐	tsuɤ˨	ti˨	tʂuŋ˨	˻lan	˻iaŋ	˻iɤu
重庆	tso˨	ti˨	tsoŋ˨	˻nan	˻iaŋ	˻iou
成都	tso˨	ti˨	tsoŋ˨	˻nan	˻iaŋ	˻iəu
贵阳	tso˨	ti˨	tsoŋ˨	˻lan	˻iaŋ	˻iəu
昆明	tso˨	ti˨	tʂoŋ˨	˻lɐ̃	˻iɐ̃	˻iəu
武汉	tso˨	ti˨	tsoŋ˨	˻nan	˻iaŋ	˻iou
南京	tso˨	ti˨	tsoŋ˨	˻laŋ	˻iaŋ	˻iəɯ
合肥	tsɯ˨	tsʅ˨	tʂəŋ˨	˻læ	˻iã	˻iɯ
扬州	tso˨	ti˨	tsoŋ˨	˻liæ	˻iaŋ	˻iɤɯ/˻iɤɯ
如皋	˻tsʰɤʊ	˻tɕʰi	˻tsʰoŋ	˻liẽ	˻iã	˻iɤʊ

（续表）

	坐	弟	重	懒	痒	有
太原	tsuɤ˧	ti˧	tsuŋ˧	ˬlæ̃	ˬiɒ̃	ˬiəu
呼和浩特	tsuɤ˧	ti˧	tsũŋ˧	ˬlæ̃	ˬiɑ̃	ˬiəu
平遥	tɕyɐ˧	ti˧	tsuŋ˧	ˬlɑŋ	ˬiɑŋ	ˬiəu
大宁	tsʰuo˧	tʰi˧	tʂʰuŋ˧	ˬlɛ̃	ˬiɑŋ	ˬiəu

青岛只有阴平、阳平、上声三个声调。古浊平、浊入和去声今读阳平（但有小部分古去声字今读阴平）。如皋有阴平、阳平、上声、去声、阴入、阳入六个声调，古浊去和全浊上今读阴平。青岛是原去声（古去声、全浊上、次浊入）归并到阳平，如皋是原阳去调归并到阴平，都不违反"古全浊上字随古去声字或古浊去字走"的规律。

3. 古全浊声母清化，大多数方言逢塞音塞擦音平声送气、仄声不送气，但也有部分方言白读一律送气或一律不送气。以定母字为例：

表 34　官话方言古定母字今读举例

	弹~琴	淡	蛋	达	团	断	缎	夺
北京	ˬtʰan	tan˧	tan˧	ˬta	ˬtʰuan	tuan˧	tuan˧	ˬtuo
沈阳	ˬtʰan	tan˧	tan˧	ˬta	ˬtʰuan	tuan˧	tuan˧	ˬtuɤ
长春	ˬtʰan	tan˧	tan˧	ˬta	ˬtʰuan	tuan˧	tuan˧	ˬtuɤ
哈尔滨	ˬtʰan	tan˧	tan˧	ˬta	ˬtʰuan	tuan˧	tuan˧	ˬtuɤ
天津	ˬtʰan	tan˧	tan˧	ˬta	ˬtʰuan	tuan˧	tuan˧	ˬtou
济南	ˬtʰæ̃	tæ̃˧	tæ̃˧	ˬta	ˬtʰuæ̃/ˬtʰæ̃	tuæ̃˧	tuæ̃˧	ˬtuɤ
石家庄	ˬtʰæ̃	tæ̃˧	tæ̃˧	ˬtɑ	ˬtʰuæ̃	tuæ̃˧	tuæ̃˧	ˬtuə
青岛	ˬtʰã	tã˧	tã˧	ˬta	ˬtʰuã	ˬtuã	ˬtuã	ˬtuɤ
荣成	ˬtan	tan˧	tan˧	ˬta	ˬtan	tan˧	tan˧	ˬtɛ
大连	ˬtʰan	tan˧	tan˧	ˬta	ˬtʰan	tan˧	tan˧	ˬtə
郑州	ˬtʰan	tan˧	tan˧	ˬta	ˬtʰuan	tuan˧	tuan˧	ˬtuo
西安	ˬtʰæ̃	tæ̃˧	tæ̃˧	ˬta	ˬtʰuæ̃	tuæ̃˧	tuæ̃˧	ˬtou
西宁	ˬtʰã	tã˧	tã˧	ˬta	ˬtʰuã	tuã˧	tuã˧	ˬtu
合阳	ˬtʰã	tʰã˧	tʰã˧	ˬtɑ	ˬtʰuã	tʰuã˧	tʰuã˧	ˬtʰuo
兰州	ˬtʰẽn	tẽn˧	tẽn˧	ˬta	ˬtʰuẽn	tuẽn˧	tuẽn˧	ˬtuə
银川	ˬtʰan	tan˧	tan˧下~	ˬta	ˬtʰuan	tuan˧	tuan˧	ˬtuə
乌鲁木齐	ˬtʰan	tan˧	tan˧	ˬta	ˬtʰuan	tuan˧	tuan˧	ˬtuɤ
重庆	ˬtʰan	tan˧	tan˧	ˬta	ˬtʰuan	tuan˧	tuan˧	ˬto

（续表）

	弹~琴	淡	蛋	达	团	断	缎	夺
成都	₋tʰan	tan²	tan²	₋ta	₋tʰuan	tuan²	tuan²	₋to
贵阳	₋tʰan	tan²	tan²	₋ta	₋tʰuan	tuan²	tuan²	₋to
昆明	₋tʰÃ	tÃ²	tÃ²	₋tA	₋tʰuÃ	tuÃ²	tuÃ²	₋to
武汉	₋tʰan	tan²	tan²	₋ta	₋tʰan	tan²	tan²	₋to
南京	₋tʰaŋ	taŋ²	taŋ²	₋taʔ₅	₋tʰuaŋ	tuaŋ²	tuaŋ²	toʔ₅
合肥	₋tʰæ̃	tæ̃²	tæ̃²	tɐʔ₅	₋tʰũ	tũ²	tũ²	tuɐʔ₅
扬州	₋tʰiæ	tiæ²	tiæ²	tiæʔ₅	₋tʰuõ	tuõ²	tuõ²	tuoʔ₅
如皋	₋tʰiɛ̃	₋tʰiɛ̃	₋tʰiɛ̃	tʰiɛʔ₅	₋tʰũ	₋tʰũ	₋tʰũ	tʰʊʔ₅
太原	₋tʰæ̃	tæ̃²	tæ̃²	taʔ₅	₋tʰuæ̃	tuæ̃²	tuæ̃²	tuaʔ₅
呼和浩特	₋tʰæ̃	tæ̃²	tæ̃²	taʔ₅	₋tʰuæ̃	tuæ̃²	tuæ̃²	tuaʔ₅
平遥	₋taŋ	taŋ²	taŋ²	tʌʔ₂	₋tuaŋ	tuaŋ²	tuaŋ²	tuʌʔ₂
大宁	₋tʰɛ̃	tʰɛ̃²	tʰɛ̃²	tɐʔ₅	₋tʰuɛ̃	tʰuɛ̃²	tʰuɛ̃²	tʰuɐʔ₅

表 34 所举的 30 个官话有 25 个都是"弹""团"读 [tʰ-]，其他六字都读 [t-]，八个字都读 [t-] 的方言只有荣成、平遥两个，八个字都读 [tʰ-] 或大部分字读 [tʰ-] 的只有合阳、如皋、大宁三个。可见官话古全浊声母清化，逢塞音塞擦音平声一律送气、仄声一律不送气是很强的规律，适用于大部分官话。

3.4.3 特征词

官话的词汇特征非常明显。赵元任（1943）已指出官话"共享着一批最常用的词汇"，例如"你""我""他""的"（表示拥有或修饰的助词）"这个""那个""什么""不"等①。本书放宽词频上的要求，从《汉语方言地图集》词汇卷和语法卷中选择 6 个词项加以介绍（V、G 分别代表词汇卷和语法卷）。

1. V058 脸

V058 把 930 个汉语方言点脸的说法分为 4 大类 29 小类，可以概括为如表 35 所列的三个大类。

---

① Yuen Ren Chao, Languages and Dialects in China, *The Geographical Journal*, 102: 2, pp.63-66, 1943.

表 35 　《汉语方言地图集》词汇卷 058 图（脸）的词形分类

	A "脸" 类说法 426	B "面" 类说法 500	C 其他 4
1	"脸" 类说法 421	"面" 类说法 497	眉眼 2
2	眉脸 1	面~脸 2	眉眼~脸 1
3	眉脸~脸 2	面~面脸 1	□ [tʰiɛ˧] 1
4	脸面 2		

其中 A1 包括 "脸" "脸孔" "脸包" 等不同说法。A2、A3 也可以归入 A1，但为了讨论 C1 "眉眼" 说法的来源而单立小类。B1 包括 "面" "面~面嘴" "面巴" "面菜*" "面孔" "面孔~面" "面嘴" "面皮" "面颊" "面颊牯/面牯" "面肚" "面钵" "面板" "面泡" "面朵" "面秆⁼" "面□ [pʰai˧]" "面□ [ŋau˧]" 等不同说法。B2 是 "面" 和 "脸" 兼用，A4 "脸面" 和 B3 兼用词形之一 "面脸" 都是 "面" 和 "脸" 的合璧。根据 V058、表 35 的分类以及官话和东南诸方言的分野可绘制方言地图如图 24。

从图 24 可见，官话 "脸" 类说法占压倒性优势，而东南诸方言则是 "面" 类说法占压倒性优势。说 "□" [tʰiɛ˧] 的只有一个方言点（岳阳市）。根据《汉语方言地图集》语音卷 060 "梨的声母"，岳阳市为 [tʰ-]，因此可以推测岳阳市的 "□" [tʰiɛ˧] 本字即 "脸"[1]，因此 C3 可以归入 A1。官话说 "面" 的方言很少，只有中方、靖州、凤凰 3 个点。其中凤凰按《中国语言地图集》（1987）的汉语方言类别应划归赣语洞绥片[2]，中方、靖州有待进一步调查。A4 "脸面" 和 B3 兼用词形之一 "面脸" 虽然都是 "面" 和 "脸" 的合璧，但是分布不同，前者只见于官话（青岛、吐鲁番），后者只见于吴语（洞头）。两者的性质实际上也存在区别。前者大概是新旧词形的合璧，后者是南北词形的合璧，而且可以视为 B2 的进一步发展，代表官话 "脸" 类说法对南方方言的冲击。从图 24 可以直观地看到，近江地区的南方方言采用 "脸" 类说法的方言不在少数（共 68 个方言点）。

官话有 2 个点说 "眉眼"（鄂尔多斯、神木），1 个点 "眉眼" 和 "脸" 兼用。"眉眼" 的说法似乎跟 "脸" 类说法全然无关，其实不然。在鄂尔多斯以北的黄河北岸地区，从西往东，临河说 "眉脸"，包头、呼和浩特 "眉脸" "脸" 兼用。内蒙古的晋语来自陕北和山西，而 "临河—包头—呼和浩特" 一线大体已算汉语区北部的边际地带。可以设想，陕北一带脸原本也叫 "眉脸"，这种说法被移民带到了内蒙古，后来陕北的 "眉脸" 变成了 "眉眼"，但是这种创新只扩散到鄂尔多斯一带，更北的 "临河—包头—呼和浩特" 一线仍然保留了 "眉脸" 的说法。实际上说 "眉眼" 的方言往往也说 "眉脸"，王兆

---

[1] 熊文《湖南省岳阳君山话语音研究》（湖南师范大学 2008 年硕士论文）同音字表 "脸" 记作 [tʰiɑ˧]。来母字读 [tʰ-] 的旁例如：帘连 [tʰiɑ˧] | 楝 [tʰiɑ˧] | 林邻 [tʰin˧] | 领 [tʰin˧] | 令 [tʰin˧]。

[2] 参看项梦冰《北方官话和东南诸方言——词汇语法 "基因" 的透视》（《现代语言学》2017 年第 1 期）、《凤凰方言的归属》（《徐州工程学院学报》2017 年第 3 期）。

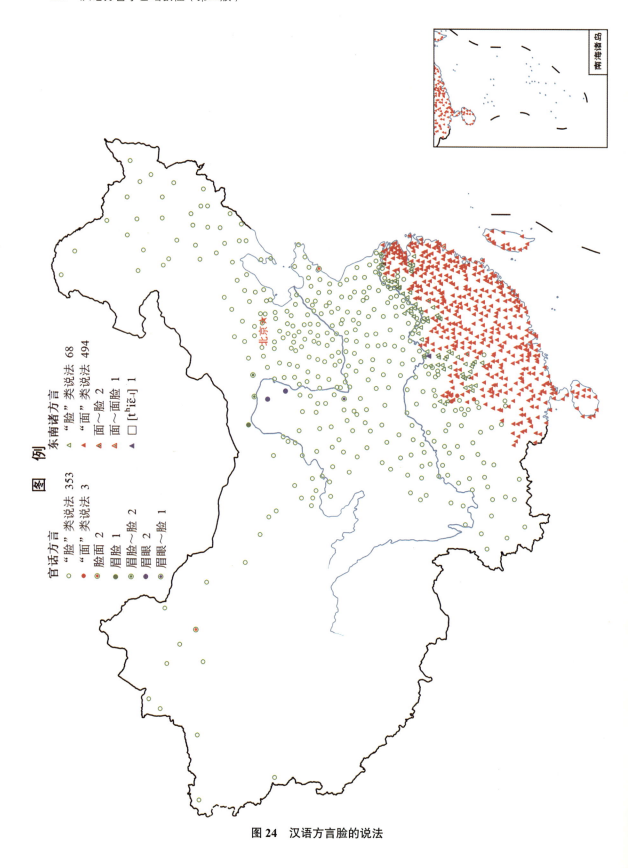

图 24　汉语方言脸的说法

仪（2014: 255）已指出："陕北人把脸或脸蛋叫眉眼；说话不离哼哼哈，眉眼上疤子疤套疤。也说'眉脸''眉眼'。"①可以设想"眉脸"是历史上受语音相近、理据程度更高的"眉眼"一词的吸引而变成"眉眼"的。"眉眼"即眉和眼，借指容貌，今陕北方言面部容貌仍说"眉眉眼眼"（王兆仪 2014: 255）。

2. V079 穿（～鞋）

V079 把 930 个汉语方言点穿（限于"穿鞋"说法里的动词）的说法分为 5 大类 9 小类，本书转写如表 36。

表 36　《汉语方言地图集》词汇卷 079 图（穿[鞋]）的词形分类

	A 穿 529	B 着 280	C 颂 100	D 踏 19	E 其他 2
1	穿 529	着 271	颂 100	踏 17	□ [tin˧] 1
2		着～穿 8		踏～穿 2	□ [ʐuei˧] 1
3		着～串 1			

根据表 36 的词形分类，加入官话和非官话的维度后可以把 V079 图重制为图 25。

从图 25 可见，官话几乎都说"穿"（363 个方言点），只有 1 个点说"着"（武穴市四望乡田应祖村）。东南诸方言主要说"着"，但"穿"的说法也有较大的势力，可视为官话冲击的结果。"颂"的说法主要见于闽语（102 个闽方言点中有 99 个点说"颂"），例如：厦门 [tsʰɪŋ²˨]、潮州 [tsʰeŋ²]、福州 [søyŋ²˨]、建瓯 [tsʰœyŋ²˨]。研究闽语的学者一般认为"颂"就是本字，但民间往往俗写为"穿"②。"踏"的说法主要见于广西，大概是个记音字，可能是勉语借词。汉语大多数方言穿衣服和穿鞋用的是同一个动词，但勉语多数方言穿鞋有专用的动词，例如表 37（括号内数字为调值和调类）③。

---

① 王兆仪《陕北区域方言选释》，三秦出版社，2014 年。
② 另参看厦门大学中国语言文学研究所汉语方言研究室主编《普通话闽南方言词典》741 页"颂"字条，福建人民出版社，1982 年。又陈章太、李如龙《论闽方言的一致性》尾注 104："《集韵》去声用韵：颂，似用切。《说文》兜也。闽方言自'容貌'引申为'穿着'。"文见《中国语言学报》第 1 期 25—81 页，商务印书馆，1983 年。
③ 据王辅世、毛宗武《苗瑶语古音构拟》176 页，中国社会科学出版社，1995 年。

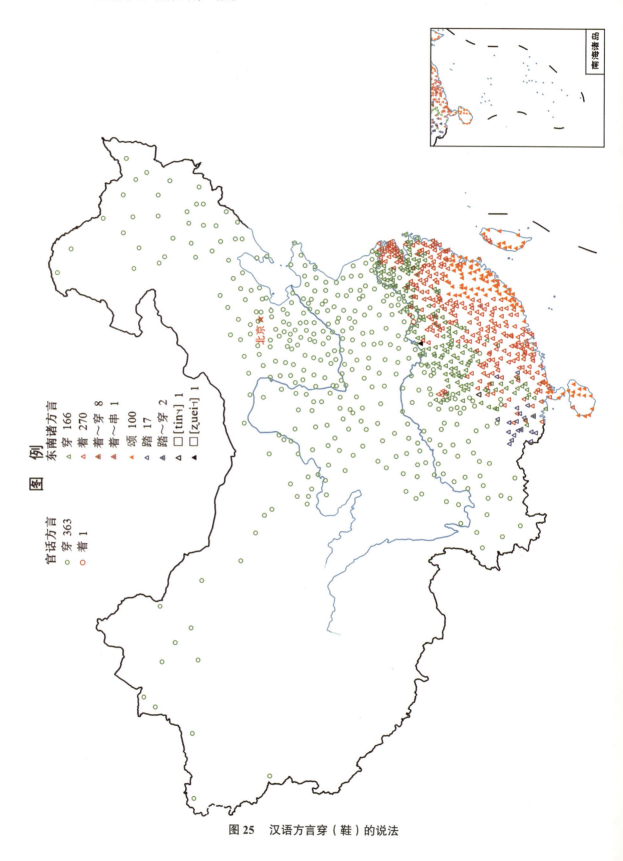

图 25　汉语方言穿（鞋）的说法

表 37　勉语穿（鞋）的说法

地点	穿（鞋）	语言归属（均属苗瑶语族）
广西龙胜江底（大坪江村）	ta:p ($^{12}_{8}$)	瑶语支勉语勉方言广滇土语
广西金秀罗香	ta:p ($^{32}_{8}$)	瑶语支勉语勉方言罗香土语
广西蒙山长坪（东坪洞村）	ta:p ($^{21}_{8}$)	瑶语支勉语勉方言长坪土语
广西凌云览金（览沙村）	ta:p ($^{33}_{8}$)	瑶语支勉语金门方言（不分土语）
云南河口㭑子（新村）	ta:p ($^{42}_{8a}$)	瑶语支勉语金门方言
湖南江华湘江（庙子源村）	ta ($^{12}_{8}$)	瑶语支勉语勉方言湘南土语

其中勉语金门方言《中国语言地图集》（2012）少数民族语言卷图 C1-17 已分为防海土语和滇桂土语两支。汉语说"踏"的方言以广西崇左江州蔗园话（平话）为例。该方言动词"穿"的说法为[①]：

穿（针）：穿 [₋tsʰun˥]

穿（衣服）：穿 [₋tsʰun˥]～着 [tsɛk₋]

穿（鞋）：穿 [₋tsʰun˥]～踏 [tap₂˩]

可见蔗园话穿着义动词有三个层次：①来自官话的层次"穿"；②固有的层次"着"，在穿衣服的用法上跟"穿"并行；③来自民族语的层次"踏"，在穿鞋的用法上跟"穿"并行。在穿鞋的用法上，来自官话的"穿"和来自民族语的"踏"已经淘汰了固有的说法"着"。按照《中国语言地图集》（2012）少数民族语言卷图 C1-17，崇左南邻宁明县有勉语勉方言广滇土语的分布，东边不远的上思县和防城港市有勉语金门方言防海土语和勉语勉方言广滇土语的分布。因此崇左江州蔗园话历史上跟勉语存在接触关系是合理的。

3. V138 走（慢慢儿～）

V138 把 930 个汉语方言点走的说法分为 5 大类 15 小类，本书转写如表 38。

表 38　《汉语方言地图集》词汇卷 138 图（走）的词形分类

	A 走 552	B 行 331	C 跑 26	D 跳 8	E 其他 13
1	走 552	行 307	跑 19	跳平* 4	蹩** 2
2		行～走 23	跑～走 7	跳平～走 4	躐 5
3		行～兜⁻ 1			蹩*** 1
4					波⁻ 2

[①] 据李连进、朱艳娥《广西崇左江州蔗园话比较研究》149 页，广西师范大学出版社，2009 年。

（续表）

	A 走 552	B 行 331	C 跑 26	D 跳 8	E 其他 13
5					□ [tʰã˦] 1
6					□ [zei˨] 1
7					□ [ŋuo˦] 1

* "跳平"表示读平声，符合《广韵》萧韵徒聊切，跃也。
** 蹩：《广韵》屑韵蒲结切，蹩躠，旋行貌。
*** 趝：《集韵》阚韵昨滥切，疾进也。

根据表 38 的词形分类，加入官话和非官话的维度后可以把 V138 图重制为图 26。

从图 26 可见，官话几乎都说"走"（351 个方言点），只有 13 个点说"行"或"跑"（其中 1 个点兼说"行"和"走"，2 个点兼说"跑"和"走"）。东南诸方言主要说"行"，但"走"的说法也有较大的势力，可视为官话冲击的结果。"走""行"之外的说法方言点数都不多，而且主要分布在江浙两省。

4. V169 宽（路～）

V169 把 930 个汉语方言点宽的说法分为 4 大类 8 小类，本书概括为 3 大类，如表 39 所示。

表 39　《汉语方言地图集》词汇卷 169 图（宽）的词形分类

	A 宽 467	B 阔 452	C 大 11
1	宽 467	阔 398	大 7
2		国⁼ 1	大～宽 3
3		阔～宽 47	大～宽大 1
4		阔～大 6	

根据表 39 的词形分类，加入官话和非官话的维度后可以把 V169 图重制为图 27。

从图 27 可见，官话几乎都说"宽"（361 个方言点，其中 7 个点兼说"阔"，1 个点兼说"大"），只有 3 个点说"阔"（安徽和县、重庆秀山、江西九江县）。东南诸方言主要说"阔"，但"宽"的说法也有较大的势力，可视为官话冲击的结果。"国⁼"大概是"阔"丢失送气成分的结果①。

---

① 《汉语方言地图集》宁乡调查的是老粮仓镇石梁村。比较宁乡流沙河话：国 [kue˦] | 阔 [kʰue˦]（据成庆红《湖南宁乡上宁乡话与下宁乡话的词汇对比研究》，湖南师范大学 2006 年硕士论文）。丢失送气成分的现象如北京话的"玻"[₋po] 和梅州话的"坡"[₋pɔ]（"玻、坡"都是古滂母字）。

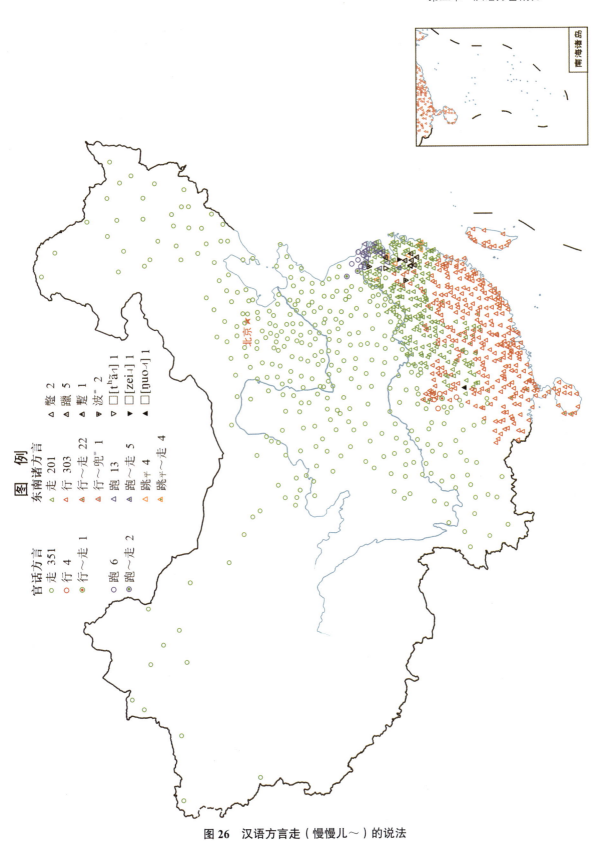

图 26 汉语方言走（慢慢儿～）的说法

226 汉语方言学基础教程（第二版）

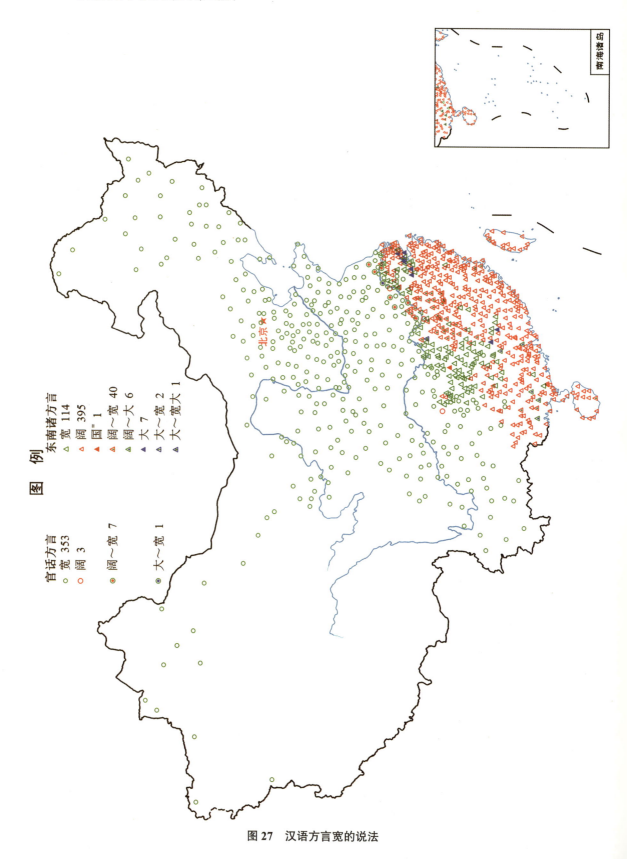

图 27　汉语方言宽的说法

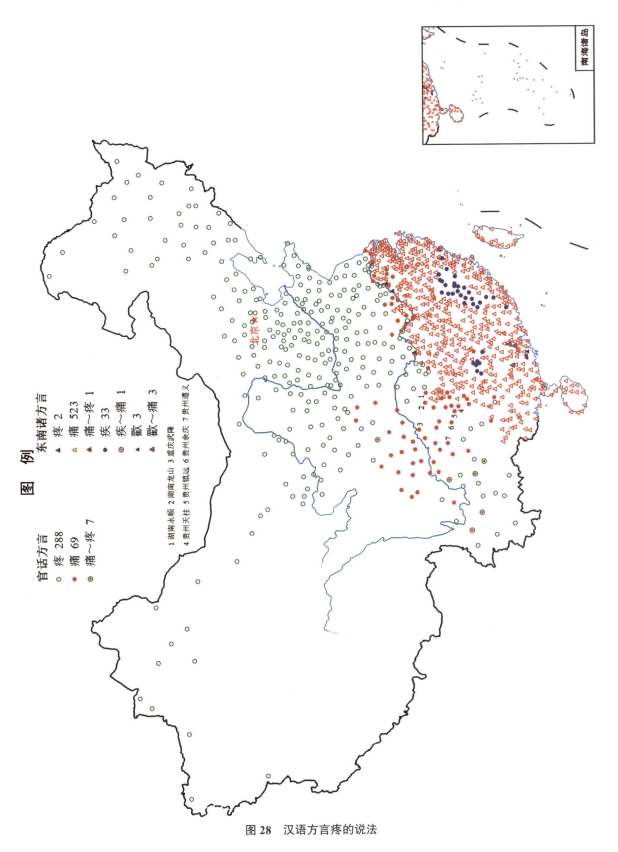

图 28 汉语方言疼的说法

5. V179 疼（摔～了）

V179 把 930 个汉语方言点疼的说法分为 4 大类 7 小类，本书转写如表 40。

表 40 《汉语方言地图集》词汇卷 179 图（疼）的词形分类

	A 疼 290	B 痛 600	C 疾 34	D 歎 6
1	疼 290	痛 592	疾 33	歎 3
2		痛～疼 8	疾～痛 1	歎～痛 3

根据表 40 的词形分类，加入官话和非官话的维度后可以把 V179 图重制为图 28。

从图 28 可见，官话绝大部分方言说"疼"（288 个点），小部分方言说"痛"（69 个点），还有 7 个点是"疼""痛"兼用。东南诸方言主要说"痛"（523 个点），小部分方言说"疾"（34 个点，其中 1 个点兼用"痛"），还有少数点说"歎"（3 个点）或"疼"（2 个点），或者是"歎"和"痛"（3 个点）、"疼"和"痛"（1 个点）兼用。

就现代汉语而言，疼痛义的"疼""痛"都是通语，"疾""歎"则是方言。"疼""痛"虽然都可以表示由疾病、创伤等引起的难受的感觉，但是语体色彩和适用范围不同。"疼"是口语，主要用于表示肉体上的难受感觉，例如"伤口～""眼睛～"；"痛"则带有书面色彩，既用于表示肉体上的难受感觉，也用于表示精神上的难受感觉，例如"她的心很～"。《现代汉语词典》"痛"字的第一义项（形容词：疾病、创伤等引起的难受的感觉）所举的用例为"头～｜肚子～｜伤口很～"，恐怕只能视为书面语或带方言色彩的口语。

《说文解字》疒部："㿔（痛），病也。从疒，甬声。""痛"在先秦即为表示疼痛的通用词，例如：

居五日，桓侯体～，使人索扁鹊，已逃秦矣。（《韩非子·喻老》）
故体～者口不能不呼，心悦者颜不能不笑。（《邓析子·无厚篇》）
创巨者，其日久；～甚者，其愈迟。（《荀子·礼论》）

《说文解字》没有"疼"字，不过疒部所收的"痋"字即今"疼"字："㿌（痋），动病也。从疒，蟲省声。"玄应《一切经音义》卷七正法华经第二卷"痋燥"条：

又作胗、疼二形，同。徒冬反。《声类》作瘔。《说文》：痋，动痛也。

王筠《说文解字句读》："痋，动痛也。依元应引改……谓跳动而痛也。"[①]可见虽然都可以表示疼痛，但"疼"（动病也）是有标的，"痛"（病也）是无标的，《说解

---

① 元应即玄应，避清圣祖玄烨名讳而改玄为元。

字》的释义方式已经反映了这种区别。即"疼""痛"最初或许属于"统言无别,析言有异"的近义词,但是其区别今已无从得知。《释名·释疾病》:"疼,旱气。疼疼然,烦也。"其中"旱"字五雅本(明天启六年[1626]郎氏堂策槛刊本)作"甲"。毕沅《释名疏证》、王先谦《释名疏证补》都引作"疼,痹气"。段玉裁《说文解字》注则引作"疼,旱气"。应从段说。王筠《毛诗重言》曰:

> 蟲蟲 《云汉》:蕴隆蟲蟲。《传》:蟲蟲而热。《尔雅》:爞爞,薰也。韩诗作"鬱隆炯炯"。《说文》无"炯"字。《释名》:疼,旱气。疼疼然,烦也。元(玄)应曰:痋又作疼。《说文》:痋从蟲省声。然则痋痋即是蟲而加疒也。

可见"痋"(疼)本义是指旱气,用于重言式"痋痋"(又作"蟲蟲、爞爞、炯炯、疼疼"),如《诗经·大雅·云汉》"旱既大甚,蕴隆蟲蟲"。疼痛义的"疼"当为假借字,是汉代出现的新词。例如:

> [伤寒]二日阳明受之,阳明主肉,其脉侠鼻络于目,故身热目疼而鼻干,不得卧也。(《素问·热论篇第三十一》)
>
> 帝曰:痹,其时有死者,或疼久者,或易已者,其故何也?岐伯曰:其入藏者死,其留连筋骨间者疼久,其留皮肤间者易已。(《素问·痹论篇第四十三》)
>
> 诸病胕肿,疼酸惊骇,皆属于火。(《素问·至真要大论篇第七十四》)

《素问》的成书年代存在不同看法,西汉说最为稳妥。书中尚无"疼痛"连说的用例。东汉以降"疼痛"连说的用例很多,例如:

> 或两胁疼痛,与藏相连。(《金匮要略·妇人杂病脉证并治第二十二》)
>
> 羽尝为流矢所中,贯其左臂,后创虽愈,每至阴雨,骨常疼痛。(西晋陈寿《三国志·蜀书·关羽传》)
>
> 羽臂尝中毒矢,每天阴疼痛,医言矢锋有毒,须破臂刮毒,患乃可除。(《华阳国志》卷第六;东晋常璩撰写于晋穆帝永和四年至永和十年[348—354])
>
> 臣昔年六十五时,苦腰脊疼痛,脚冷不能自温,口中干苦,舌燥涕出,百节四肢各各疼痛,又足痹不能久立。(东晋葛洪《神仙传》卷八)

三国魏人张揖《广雅》卷二释诂:"疼、恻、悲、憗、殷、怒、痠、虇、桐,痛也。"其中"疼""桐"都是假借,大概是同一个词的不同书写形式。"疼"是否由"痛"派生而来以及在北方地区的口语中替换"痛"的过程还有待进一步研究。至晚在宋代"疼"已有曾摄的读法。《集韵》平声登韵徒登切:"痰癝,痛病。或从朕。"

疼痛义的"疼"集中分布在部分内陆闽语(17点,闽中、闽北)、客家话(10点,闽西8广东2)、湘南土话(6点)以及湘南的个别平话(1点)。疼痛义的"疼"以连城（新泉）客家话为例：胃~[vi˩ tsʰiʔ˦]胃疼｜~到半死 [tsʰi ʔ˦ tau˦ pa˦ si˥]疼得要命｜脚骨跌~ [kiu˦ kuai˦ ta˦ tsʰi ʔ˦]脚摔疼了｜手骨乞滚水熻~ [ʂau˥ kuai˦ kʰai˦ kuaŋ˥ fi˥ lau ʔ˦ tsʰi ʔ˦]手被开水烫伤了。《汉语方音字汇》建瓯疼的说法记作"字*"[tsi²˦]，用的是同音字，本字就是"疾"，《汉语方言词汇》"疾"字只记 [tsi˨] 一音，应补 [tsi²] 音，两者构成文白异读。建瓯话古全浊入字今白读归阳去，例如：碟 [tiɛ˨文/ta²白]｜学 [xa˨文/xa²白/ɔ˨白]｜白 [pɛ˨文/pa˨白/pa²白]。如果在图中的明溪、揭西、宜章两两连线，可以得到一个三角形，每个顶点都代表一个"疾"的分布区，以明溪为中心的分布区南北的伸展最为饱满。这种分布格局可以促成如下假设：疼痛义的"疾"原先是客家话的一项词汇创新，后来一方面受"痛"的说法冲击只保留了几个不连续的残存区，另一方面"疾"的说法也曾经扩散到一些周边的方言里，例如闽西北的闽语、湘南的平话。不提湘南土话是因为项梦冰（2014）[①]认为粤北、湘南的土话多数可以归入客家话。

疼痛义的"歜"只见于珠江三角洲的部分粤语，总共 6 个点，台山、开平、恩平说"歜"，广州、花都、德庆"歜""痛"兼用。以广州话为例。下面是白宛如（1998）[②]所记：

【痛】tʰoŋ˦ ❶疼痛：头~｜你打得我好~ ❷疼爱：我好~我个子 ❸用鼻子亲（人）：~一下面珠脸蛋儿（412 页）

【歜】tsʰɛk˦ 僵硬，疼痛：头~｜腰骨~｜眼~｜冻到手~脚~ ◇肉~心疼财物，怜惜子女‖歜，广韵锡韵丑历切："痛也"（477 页）

【头歜】tʰeu˦ tsʰɛk˦ 头疼‖歜，广韵锡韵丑历切："痛也"（189 页）

【肉憾】iok˦ tsʰɛk˦ 揪心，心疼‖也说"肉痛"（506 页）

【肉痛】iok˦ tʰoŋ˦ ❶心疼（钱财、爱物）❷心疼（亲人遇到不幸）‖也说"肉憾"（506 页）

"肉憾"当为"肉歜"。饶秉才等（1981）[③]不收"痛"字，但有"疼 tung³ 亲；吻：~一啖 [亲一下]"，其标音改写为国际音标为 [tʰʊŋ²˦]。另有：

赤（刺）cég³ ①疼痛；刺痛：头~｜笑到肚都~晒 [笑得肚子都疼了]。②冰凉：冻到手好~[冻得手很冰凉]

"赤"是同音字，"刺"是作者认为的本字。cég³ 改写为国际音标为 [tʃʰɛk˨]。广州话的

[①] 项梦冰《汉语方言古全浊声母今读类型的地理分布》，《中国语言学》第七辑 133—166 页，北京大学出版社，2014 年。
[②] 白宛如《广州方言词典》，江苏教育出版社，1998 年。
[③] 饶秉才等《广州话方言词典》，商务印书馆香港分馆，1981 年。

[ʧ, ʧʰ, ʃ] 声母白宛如（1998）记作 [ts, tsʰ, s]。《广韵》入声昔韵七迹切："刺，穿也。" 就语音而言，广州话表示疼痛的 [ʧʰɛk˷] 用 "歡" 或 "刺" 都说得通，但就字义而言显然 "歡" 字比较合适。"歡" "头歡" "肉歡" 麦耘、谭步云（1997）[①]记作 "刺" "头刺" "肉刺"。广州话的 "痛" 和 "歡" 显然代表了词汇上的文白层次，《汉语方言词汇》（2005：529）只收 "痛" [tʰʊŋ˨] 一种说法，说明文的层次已经非常强势。

本书所选的 6 个官话特征词多数具有较大的影响力，对毗邻的非官话方言有明显的冲击作用，有时甚至可以跳跃性地传播到东南诸方言的腹地。唯独本图所展现的情况相反，"疼" 的说法出现了一定程度的萎缩。东南诸方言疼痛义说法尽管并不统一（痛、疾、歡），但是说 "疼" 的方言的点很少。而官话虽然以说 "疼" 为主，但是说 "痛" 的方言也有一定的规模。说 "痛" 的官话主要分布在两个地区：一是长江中下游的沿江地带，这是官话和湘语、赣语、吴语的接触地带；一是四川、重庆以及陕南和黔滇北部。这个分布区的南北都是 "疼" 的分布区，只有东边跟湘语、平话相接。可见 "永顺—龙山—武隆" 和 "天柱—镇远—余庆—遵义" 两线之间明显是一条 "痛" 的西扩通道，而在川北、滇北和黔西南，都出现了 "疼" 和 "痛" 兼用的方言，说明 "痛" 的扩散至此已成强弩之末。即使没有文献方言的证据，也可以根据图 28 的分布格局推断：①官话 "疼" 的说法曾经连续分布，后来被 "痛" 的西扩隔断；②"湘西—黔北渝" 是一条重要的移民路线，大概是明清时期 "湖广填四川" 的陆路孔道。

6. G028 不（明天我～去）

G028 把 930 个汉语方言点不的说法分为 6 大类 31 小类，可以转写如表 41。

表 41　《汉语方言地图集》语法卷 028 图（不）的词形分类

	A	B	C	D	E	F
1	不	弗	无	唔	冇	没
2		弗～勿	无～唔	唔～不	冇～不	莫
3		勿	无爱	唔～无爱	冇～□[ɔŋ˨]	阿
4		否	无[无解]	唔～[无解]		难˭
5			无□[ŋœŋ˨]	唔～莫爱		□[mi˨]等
6			无□[tiã˨]～□[pieʔ˨]	唔～唔曾		□[niu˨]等
7				唔～[唔爱]		□[ɲia˨]/□[ia˨]
8				唔爱/[唔爱]		□[õ˨]
9				[唔曾]		

---

① 麦耘、谭步云《实用广州话分类词典》，广东人民出版社，1997 年。

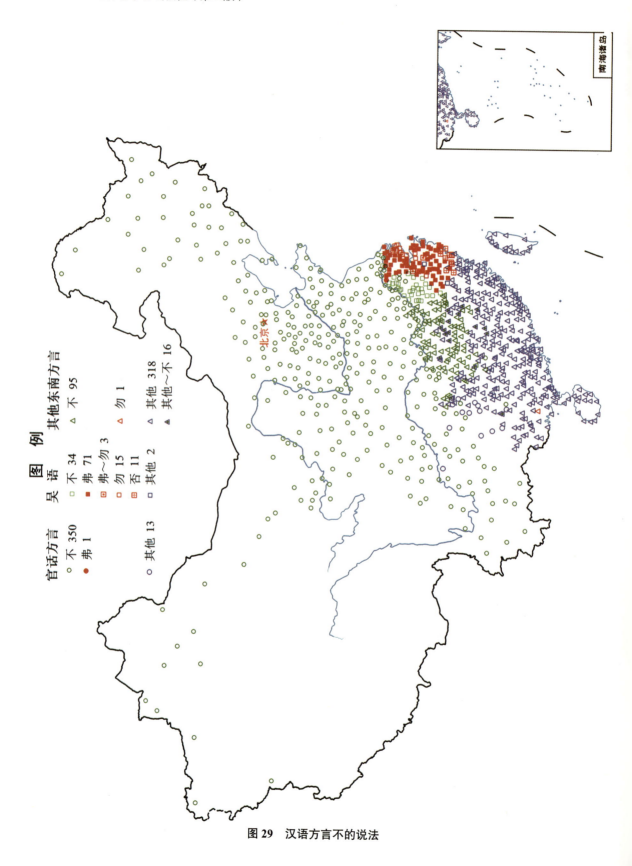

图 29　汉语方言不的说法

图 29 是根据 G028 绘制的地图，但是只关注 A 类词形和 B 类词形，C、D、E、F 类词形都概括为"其他"，D2、E2 处理为"其他～不"。

从图可见，官话说"不"的方言有 350 个点，约占官话方言点的 96%。官话说"弗"的方言只有 1 个点（江苏句容），属于江淮官话，跟吴语紧挨；属于"其他"的方言只有 13 个点，都属于西南官话。吴语主要采用 B 类词形（弗、弗～勿、勿、否），共 100 个点，约占吴方言点的 74%。吴语说"不"的方言也有一定势力，共 34 个点，主要见于徽语（13 点）、宣州片吴语（10 点）和太湖片吴语（9 点），处衢片也有 2 个点。吴语属于"其他"的方言只有 2 个点，其中福建浦城吴语紧挨闽语，浙江义乌则位于吴语的腹地。闽语、粤语、客家话基本上都属于"其他"。赣语以"不"为主，但也有一部分方言属于"其他"。湘语"不"和"其他"势力大体相当，但乡话都说"不"。可见，说"不"的非官话方言虽然有 145 个点（含兼用"不"的方言点），但主要都分布在长江中下游的近江地区，可视为官话自北而南的扩散。

3.4.4 次方言的划分

官话的次方言划分目前还没有一致的意见。汉语方言普查后有过以下几种划分方案。

《汉语方言概要》（袁家骅等1960）根据语音特征把官话方言划分为下面四个次方言：

1. 北方方言：即狭义的北方方言、北方话，又叫北方官话，分布于河北（包括京津）、河南、山东、东北三省和内蒙古的一部分。其中胶东半岛和辽东半岛的语音又有突出的特点。

2. 西北方言：即西北官话，分布于山西、陕西、甘肃、宁夏等省和河北、青海、内蒙古一部分。内部方言分歧多一些，特别是山西中部北部和陕西北部。

3. 西南方言：即西南官话，或上江官话，分布于湖北（东南角除外）、四川、云南、贵州等省和广西西北部、湖南西北角、河南南缘，内部最为一致。

4. 江淮方言：即下江官话，分布于安徽江苏两省的长江以北地区（徐州蚌埠一带属北方方言区，除外）和长江以南九江以东镇江以西沿江地带。

《汉语方言概要》的官话方言分区方案把徽州一带的方言归入江淮官话。《汉语方言概要》没有提供官话方言的分布图，也没有明确交代划分次方言所依据的语音标准。《中国大百科全书·语言文字卷》"官话方言"条的处理相同，并提供了一幅"汉语官话方言分布简图"（彩图）。图 30 是其模拟图。

《中国语言地图集》（1987）A2 图一方面把汉语方言分为十区，即官话区、晋语区、吴语区、徽语区、赣语区、湘语区、闽语区、粤语区、平话区、客家话区；一方面又把官话区再分为八区，即东北官话区、北京官话区、冀鲁官话区、胶辽官话区、中原官话区、兰银官话区、西南官话区、江淮官话区。"对这八区而言，总括的官话区可以叫作'官话大区'"。图 31 以《汉语方言地图集》的布点模拟《中国语言地图集》（1987）

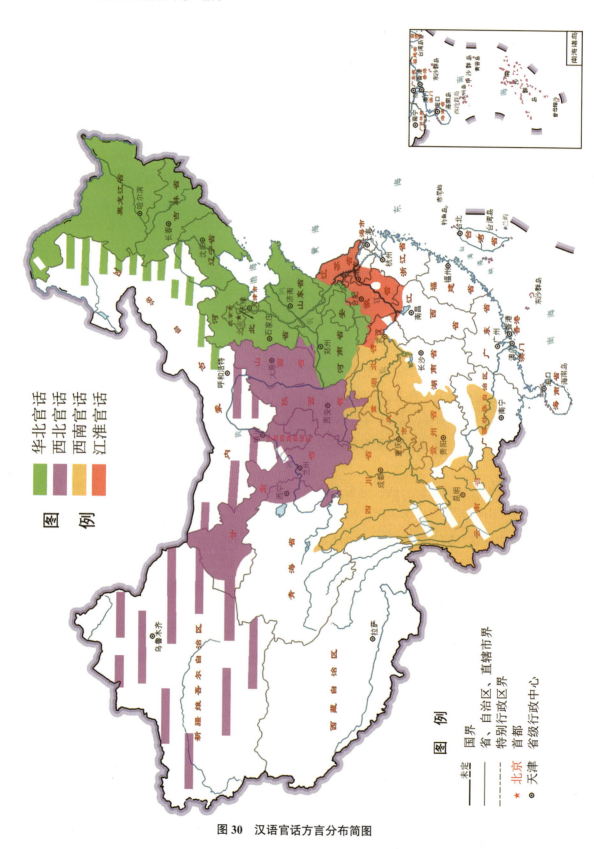

图30 汉语官话方言分布简图

官话大区的划分（不反映其方言片和方言小片的划分）。

图中内蒙古阿拉善左旗（古拉本敖包二道岭嘎查）《汉语方言地图集》归兰银官话，《中国语言地图集》（1987）未划入汉语区。《中国语言地图集》（1987）把官话划分为八区所依据的标准是古入声字的今调类：

表 42　官话方言古入声字的今调类

	西南官话	中原官话	冀鲁官话	兰银官话	北京/东北官话	胶辽官话	江淮官话
古清音	阳平	阴平	阴平	去声	阴阳上去	上声	入声
古次浊		阴平	去声				
古全浊		阳平					

从表可见：江淮官话的特点是古入声今读入声。江淮官话包括扬州、南京、合肥、安庆、黄冈等地。西南官话的特点是古入声今读阳平。西南官话包括成都、重庆、武汉、常德、昆明、贵阳、柳州、桂林等地。

东北官话区、北京官话区、冀鲁官话区、胶辽官话区、中原官话区、兰银官话区的共性是古全浊入今读阳平。中原官话的特点是非全浊入（即古清入和次浊入）今读阴平。中原官话包括西安、运城、洛阳、郑州、信阳、曲阜、徐州、阜阳等地，并深入甘肃、青海两省与宁夏、新疆两区南部。兰银官话的特点是非全浊入（即古清入和次浊入）今读去声。兰银官话包括兰州、武威、张掖、酒泉、银川等地，并深入新疆北部。

东北官话区、北京官话区、冀鲁官话区、胶辽官话区的共性是古次浊入声今读去声。胶辽官话的特点是古清音入声今读上声。胶辽官话包括青岛、烟台、大连等地。冀鲁官话的特点是古清音入声今读阴平。冀鲁官话包括石家庄、献县、沧州、济南等地。北京官话和东北官话排在同一栏，其特点是古清音入声今分归阴平、阳平、上声、去声。

东北三省有许多方言比河北省更接近北京。专就古入声的清音声母字今分归阴平、阳平、上声、去声而言，东北官话区也可以划到北京官话区。《中国语言地图集》（1987）把东北官话区独立成一区考虑到了以下三个因素：1. 东北官话区古入声的清音声母字今读上声的比北京多得多；2. 四声调值和北京相近，但是阴平的调值比北京低；3. 多数方言无 [ʐ] 声母。北京的 [ʐ] 声母东北官话多数读零声母 [ø]，例如长春：揉 [ˌɿou] ｜ 软 [ˈyan] ｜ 人 [ˌin] ｜ 让 [iaŋˀ]。

《中国语言地图集》（2012）大体沿袭了《中国语言地图集》（1987）的官话划分，只是在方言片、方言小片的划分及名称上有些调整。

除了以上两种官话次方言的划分方案，陈章太、李行健（1996）还提供了一幅彩色的"普通话基础方言分区示意图"[①]，采用的是五分法。大体上是在《汉语方言概要》四分法的基础上，从西北官话中分出晋方言。该书没有说明划分所依据的标准。图32是模拟图。

---

① 陈章太、李行健主编《普通话基础方言基本词汇集》，语文出版社，1996年。原书误作"普通话基础方言基本词汇分区示意图"。

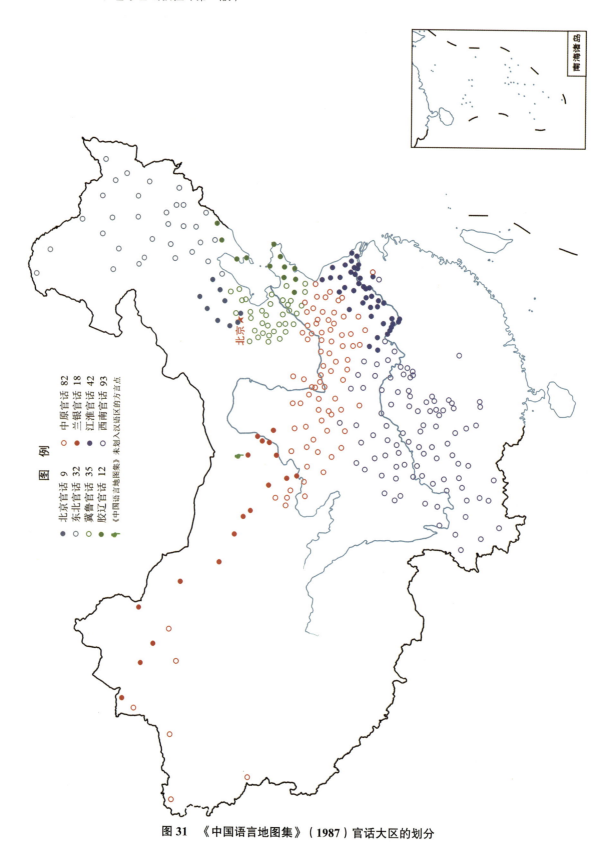

图31 《中国语言地图集》（1987）官话大区的划分

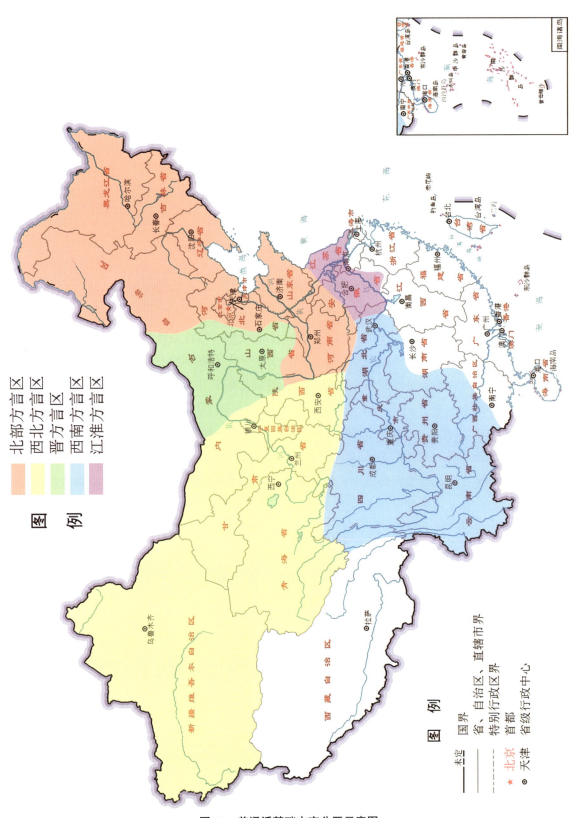

图32 普通话基础方言分区示意图

《中国语言地图集》（1987）首次以明确的标准划分官话的内部分支，这是一个历史性的进步。不过把官话视为大区，把官话的内部分支视为跟吴语、粤语等并列的区，以及把山西省及其毗邻地区有入声的方言从官话中划出，视为一个独立的大方言，则尚有斟酌的空间。薛凤生（1986:107）①在比较王力的五分法和赵元任的九分法时曾指出："赵先生把官话分为三种，并把它们与其他几个方言并列，就不如王先生把它们合而为一来得妥当合理了。"事实上赵元任（1968）采用的六分法（参看3.2.2.9），官话就只有一个。晋语地处官话腹地，从官话划出不仅牵涉到普通话基础方言范围的调整问题，也牵涉到如何界定官话的问题。权衡利弊，晋语还是看作官话的一支比较妥当，可称为"晋陕官话"。

划分官话次方言的标准和方案都还可以继续探讨。本书暂且沿用《中国语言地图集》（1987）的标准（古入声字的今读）。先看 9 个官话古入声字今读的聚类分析结果（图 33）。

聚类分析采用的软件是 MEGA（Molecular Evolutionary Genetics Analysis，分子进化遗传分析）②，计算方法为 UPGMA（Unweighted Pair-Group Method with Arithmetic Means，非加权配对算术平均法）。图的左半部分是聚类的结果，用背景颜色区分入声消失和保留入声两种情况，并用标签的颜色（黄、蓝、白）区分古入声字的分类情况。立足点是古今演变有几类行为，而不是归派的今调有几个。例如北京话古次浊入今读去声是一类，古全浊入今读阳平是一类，古清入无规则派入阴平、阳平、上声、去声也算一类，所以是三类（即清入、次浊入、全浊入的演变行为不一致）。图的右半部分是聚类分析所依据的特征。"今读入声"项不区分入声有几个。晋陕官话入声分阴阳是成规模的③，"阴阳合调"项按不符合算；江淮官话入声一般不分阴阳，"阴阳合调"项按符合算。就像西南官话实际上也存在一定数量保留入声的方言，但是"入声消失"项也按符合算。图中有三组关系较近的方言，即北京官话和东北官话、冀鲁官话和胶辽官话、江淮官话和晋陕官话。不过从特征的角度看，第一组完全相同，后两组则至少存在一项不同。因此官话可以分为 8 个次方言，即：北京官话、冀鲁官话、胶辽官话、兰银官话、中原官话、西南官话、江淮官话、晋陕官话。图 34 以《汉语方言地图集》的布点模拟调整后的八分法。④

---

① 薛凤生《北京音系解析》，北京语言学院出版社，1986 年。
② MEGA 是免费软件。这里构建的是无根树（unrooted tree）。MEGA 所画的树称为系统进化树（phylogenetic tree），因为这里进行的并非生物学意义上的操作，所以把进化树视为聚类树（system clustering tree）即可。计算得到的 UPGMA 树用免费在线工具 EVOLVIEW 和画图软件做了后期处理。
③ 以山西省为例，入声分阴阳的有 41 个方言点，入声不分阴阳的有 35 个方言点。参看侯精一、温端政主编《山西方言调查研究报告》36 页，山西高校联合出版社，1993 年。
④ 本书以《汉语方言地图集》的布点（930）模拟《中国语言地图集》（1987）各大方言的分布和次方言的划分（1987/2012），方言的定性以《中国语言地图集》为准，但根据《汉语方言地图集》绘制的语言特征图，方言的定性仍以《汉语方言地图集》为准。《汉语方言地图集》的方言定性大体遵从《中国语言地图集》（1987），但有少量的调整。因此本书各大方言分布示意图、方言片划分图中的方言点数跟语言特征图中的各大方言点数有时会不一致。

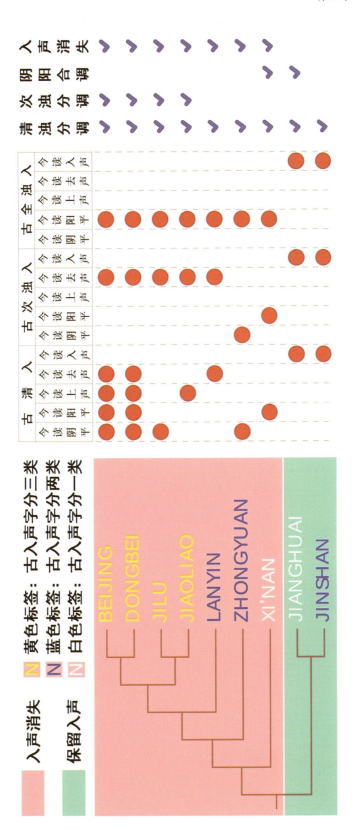

图 33 官话方言古入声字今读的聚类分析

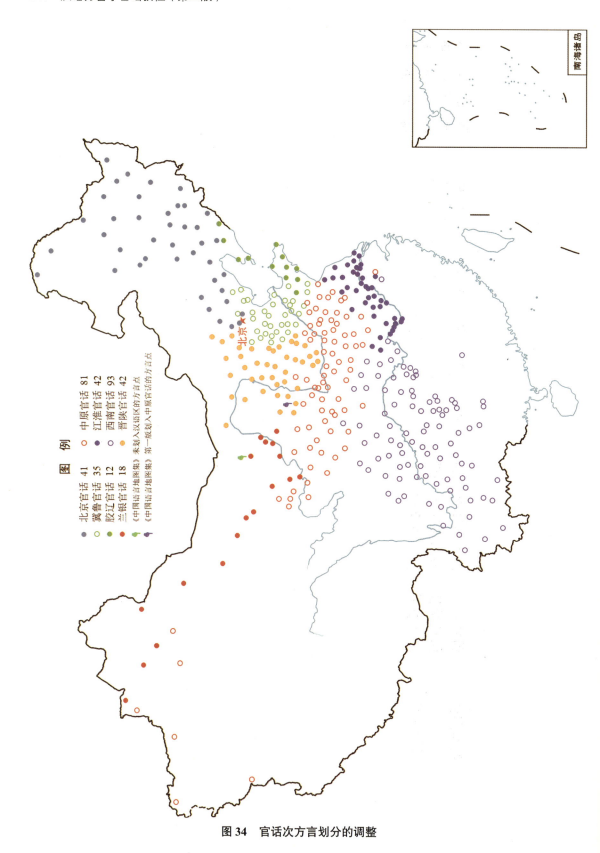

图 34　官话次方言划分的调整

图 34 跟图 31 的差异有三项：①取消了东北官话，划入北京官话；②增加了晋陕官话（原称晋语）；③按《中国语言地图集》（2012）的处理，将延安由中原官话改归晋陕官话。林焘（1987）已指出："北京官话不只包括北京市附近河北省的一些方言，还应该包括大部分东北方言。"①《中国语言地图集》（2012）把第一版划归中原官话的甘泉、延安、延长都改归晋语。《汉语方言地图集》甘泉、延长未设点。

3.4.5 北京话成篇语料（附：普通话版）

peiꜜ fəŋ˧ kən˧ tʰai˥ •iaŋ˧
北　风　跟　太　阳

iouꜜ i˥ xuei˥, peiꜜ fəŋ˧ kən˧ tʰai˥ •iaŋ˧ tʂəŋ˧ •tsai˥ •nar˥ tʂəŋ˧ luən˥ ʂei˥
有　一　回，北　风　跟　太　阳　正　在　那儿　争　论　谁

tə˧ pənꜜ ʂʅ˥ ta˥. tʂəŋ˧ tʂə˧ tʂəŋ˧ tʂə˧ lai˧ lə˧ •i˥ kə˥ tsou˥ tau˥ tə˧, ʂən˧ •ʂaŋ˧
的　本　事　大。争　着　争　着　来　了　一　个　走　道儿　的，身　上

tʂʰuan˧ tʂə˧ i˥ tɕiɛn˧ xou˥ miɛn˧ au˥. tʰam˧ lia˥ tɕiou˥ ʂaŋ˧ •liaŋ˧ xau˥ lə˧, ʂei˥
穿　着　一　件　厚　棉　袄。他们　俩　就　商　量　好　了，谁

nəŋ˧ ɕiɛn˧ tɕiau˥ tʂɤ˥ kə˥ tsou˥ tau˥ tə˧ pa˥ tʰa˧ tə˧ miɛn˧ au˥ tʰuo˧ •ɕia˥
能　先　叫　这　个　走　道儿　的　把　他　的　棉　袄　脱　下

•lai˧, tɕiou˥ suan˥ ʂei˥ tə˧ pənꜜ ʂʅ˥ ta˥. peiꜜ fəŋ˧ •tɕiou˥ ʂʅꜜ tɕin˥ tə˧ kua˥.
来，就　算　谁　的　本　事　大。北　风　就　使　劲　地　刮。

kʰɤꜜ •ʂʅ˥ nar˥, tʂʅ˧• tau˥ tʰa˧ kua˥ tə˧ ye˥ li˥ xɛ˥, nei˥ kə˥ zən˧ •tɕiou˥ pa˥
可　是　哪儿　知　道　他　刮　得　越　厉害，那　个　人　就　把

miɛn˧ au˥ kuoꜜ tə˧ ye˥ tɕin˥. tau˥ mo˥ liau˥ peiꜜ fəŋ˧ mei˧ fa˥ tsə˧ lə˧,
棉　袄　裹　得　越　紧。到　末　了　北　风　没　法　子　了，

tʂʅ˥ xau˥ •tɕiou˥ suan˥ lə˧. suei˧ xou˥ mə˧, tʰai˥ •iaŋ˧ tɕiou˥ tu˧ tur˧ tə˧ ʂai˥
只　好　就　算　了。随　后　嘿，太　阳　就　毒　毒儿　地　晒

•tɕʰi˥ •lai˧ lə˧, nei˥ kə˥ tsou˥ tau˥ tə˧ i˥ xuər˥ •tɕiou˥ pa˥ miɛn˧ au˥ tʰuo˧
起　来　了，那　个　走　道儿　的　一　会儿　就　把　棉　袄　脱

•ɕia˥ •lai˧ lə˧. tʂəm˥ •i˥ •lai˧, peiꜜ fəŋ˧ pu˥ nəŋ˧ pu˥ tʂʰəŋ˧ •zən˥ tʰai˥ •iaŋ˧ tə˧
下　来　了。这么　一　来，北　风　不　能　不　承　认　太　阳　的

pənꜜ •ʂʅ˥ tau˥ ti˥ pi˥ tʰa˧ ta˥.
本　事　到　底　比　他　大。

说明：转录自李荣《汉语方言调查手册》155—156 页，科学出版社，1957 年。文本和标音有微调。

---

① 林焘《北京官话区的划分》，《方言》1987 年第 3 期。

附：普通话版

peiˎ fəŋ˧ kən˧ tʰaiˇ iaŋ˧
北 风 跟 太 阳

iouˎ iˉ xueiˊ, peiˎ fəŋ˧ kən˧ tʰaiˇ iaŋ˧ tsaiˋ narˇ tṣəŋ˧ luənˋ ṣeiˊ tə pənˎ
有 一 回， 北 风 跟 太 阳 在 那儿 争 论 谁 的 本
ṣɿˋ taˋ. tṣəŋ˧ laiˊ tṣəŋ˧ tɕʰyˋ tɕiouˋ ṣɿˋ fən˧ puˋ tṣʰuˉ kau˧ ti˧ laiˊ. tṣɤˋ ṣɿˊ xouˊ
事 大。争 来 争 去 就 是 分 不 出 高 低 来。这 时 候
luˋ ṣaŋ˧ laiˊ ləˉ kəˋ tsouˎ taurˇ təˉ, tʰa˧ ṣən˧ ṣaŋ˧ tṣʰuan˧ tṣɤˉ tɕienˋ xouˋ taˋ
路 上 来 了 个 走 道儿 的， 他 身 上 穿 着 件 厚 大
i˧. tʰa˧ mən˧ liaˋ tɕiouˋ ṣuo˧ xauˎ ləˉ, ṣeiˊ nəŋ˧ ɕien˧ tɕiauˋ tṣɤˋ kəˋ tsouˎ
衣。他 们 俩 就 说 好 了，谁 能 先 叫 这 个 走
taurˇ təˉ tʰuo˧ ɕiaˋ tʰa˧ təˉ xouˋ taˋ i˧, tɕiouˋ suan˧ ṣeiˊ təˉ pənˎ ṣɿˋ taˋ. peiˎ
道儿 的 脱 下 他 的 厚 大 衣,就 算 谁 的 本 事 大。北
fəŋ˧ tɕiouˋ ṣɿˋ tɕiərˋ təˉ kua˧ tɕʰi˧ laiˊ ləˉ, puˋ kuoˋ tʰa˧ yeˋ ṣɿˋ kua˧ təˉ liˋ
风 就 使 劲儿 地 刮 起 来 了， 不 过 他 越 是 刮 得 厉
xɛˋ, naˋ kəˋ tsouˎ taurˇ təˉ paˎ taˋ i˧ kuoˎ təˉ yeˋ tɕinˋ. xouˋ laiˊ peiˎ fəŋ˧
害， 那 个 走 道儿 的 把 大 衣 裹 得 越 紧。 后 来 北 风
meiˊ farˎ ləˉ, tṣɿˎ xauˎ tɕiouˋ suan˧ ləˉ. kuoˋ ləˉ iˉ xuərˇ, tʰaiˋ iaŋ˧ tṣʰu˧ laiˊ
没 法儿 了，只 好 就 算 了。过 了 一 会儿，太 阳 出 来
ləˉ. tʰa˧ xuo˧ laˋ laˋ təˉ iˉ ṣaiˋ, naˋ kəˋ tsouˎ taurˇ təˉ maˎ ṣaŋˋ tɕiouˋ paˎ
了。他 火 辣 辣 地 一 晒， 那 个 走 道儿 的 马 上 就 把
naˋ tɕienˋ xouˋ taˋ i˧ tʰuo˧ ɕia˧ laiˉ ləˉ. tṣɤˋ ɕiarˋ peiˎ fəŋ˧ tṣɿˎ xauˎ tṣʰəŋˊ
那 件 厚 大 衣 脱 下 来 了。这 下儿 北 风 只 好 承
zənˋ, tʰa˧ mən˧ liaˋ taŋ˧ tṣuŋ˧ xaiˊ ṣɿˋ tʰaiˋ iaŋ˧ təˉ pənˎ ṣɿˋ taˋ.
认， 他 们 俩 当 中 还 是 太 阳 的 本 事 大。

说明：文本据林焘、周一民、蔡文兰《北京话音档》45页，上海教育出版社，1998年。标音为本书酌加。

思考与练习

1. 应如何看待汉语方言的复杂性和一致性？
2. 长江作为一条天然的地理界线，对于官话方言的分布有什么意义？
3. 汉语方言普查以来主要出现过几种官话次方言的划分方案？
4. 官话方言的内部一致性有哪些具体表现？

5. 《中国语言地图集》(1987) 八个官话的内涵分别是什么？
6. 为什么说晋语的分立应在官话的内部考虑才比较合适？

阅读书目

白涤洲遗稿，俞世长整理，1954，《关中方音调查报告》，中国科学院《语言学专刊》第六种。

鲍明炜主编，1998，《江苏省志·方言志》，南京大学出版社。

崔灿主编，1995，《河南省志·方言志》，河南人民出版社。

崔荣昌，1996，《四川方言与巴蜀文化》，四川大学出版社。

河北北京师范学院、中国科学院河北省分院语文研究所编，1961，《河北方言概况》，河北人民出版社。

河北省昌黎县县志编纂委员会、中国科学院语言研究所合编，1960，《昌黎方言志》，科学出版社。[可用上海教育出版社1984年新版。]

侯精一，1999，《现代晋语的研究》，商务印书馆。

侯精一、温端政主编，1993，《山西方言调查研究报告》，山西高校联合出版社。

梁德曼，1982，《四川方言与普通话》，四川人民出版社。

林焘，1987，北京官话区的划分，《方言》第3期。

刘淑学，2000，《中古入声字在河北方言中的读音研究》，河北大学出版社。

刘育林，1990，《陕西省志·方言志》，陕西人民出版社。

卢甲文，1992，《郑州方言志》，语文出版社。

马国凡等，1998，《内蒙古汉语方言志》，内蒙古教育出版社。

孟庆惠撰著，1997，《安徽省志·方言志》，方志出版社。

钱曾怡主编，2001，《山东方言研究》，齐鲁书社。

钱曾怡主编，1990—2000，《山东方言志丛书》，语文出版社。

钱曾怡主编，2010，《汉语官话方言研究》，齐鲁书社。

钱曾怡、李行杰主编，2000，《首届官话方言国际学术讨论会论文集》，青岛出版社。

青海省地方志编纂委员会，2001，《青海省志·方言志》，黄山书社。

涂光禄主编，1998，《贵州省志·汉语方言志》，方志出版社。

吴积才主编，1989，《云南省志·汉语方言志》，云南人民出版社。

吴继章等主编，2005，《河北省志·方言志》，方志出版社。

温端政主编，1982—1997，《山西方言志丛书》，语文出版社。

项梦冰，2017，北方官话和东南诸方言——词汇语法"基因"的透视，《现代语言学》第1期。

杨时逢，1969，《云南方言调查报告》，"中研院"历史语言研究所专刊之五十六。

杨时逢，1984，《四川方言调查报告》，"中研院"历史语言研究所专刊之八十二。

张光宇，1990，《切韵与方言》，台湾商务印书馆。

张启焕等，1993，《河南方言研究》，河南大学出版社。

张世方，2010，《北京官话语音研究》，北京语言大学出版社。

赵元任等，1948，《湖北方言调查报告》，中央研究院历史语言研究所，商务印书馆。

3.5 湘方言

3.5.1 分布地域

湘方言也叫湘语，主要分布于湖南省的湘江、资江流域和沅江中游少数地区，以及广西北部的兴安、灌阳、全州、资源四县，共 65 个县市区。此外，四川省约 45 个县市的一些局部地区也使用湘语。人口 3677 万，约占汉语总人口数的 3.1%。本书把乡话（分布在湘南省沅陵县西南部地区以及与该地区接壤的溆浦、辰溪、泸溪、古丈，永顺等县的部分地区①，人口约 40 万）归入湘语②，行政区和人口的统计数字已包括乡话在内。通常以是否保留古全浊声母分为老湘语和新湘语，分别以双峰话和长沙话为代表，湘语区只有 1 个省级行政中心（长沙）。图 35 以《汉语方言地图集》的布点模拟《中国语言地图集》（1987）A2 图湘语和乡话的分布③。

3.5.2 语音特点

在汉语七大方言里，湘语不仅分布范围最为狭窄，使用人口最少④，其确认也是最晚的。这种情况跟湘语受官话的冲击最大、方言面目日趋模糊有关。

---

① 关于乡话的分布情况，《中国语言地图集》（1987）B11 图说"乡话分布在湖南省沅陵县西南部以及溆浦、辰溪、泸溪、古丈、永顺、大庸等地与沅陵交界的地区。面积约六千平方公里，人口约四十万，其中元沅陵占了一半"。（A2图同）《中国语言地图集》（2012）B2-8 图说"乡话主要分布在湘西北的沅陵以及溆浦、辰溪、泸溪、古丈等地。乡话区在地或上连成一片，面积约 6000 平方千米，使用人口总数约 40 万，其中沅陵占一半以上"。这里采用的是曹志耘《走过田野——一位方言学者的田野调查笔记》（商务印书馆 2010）第 80—81 页里的说法。曹志耘还特别指出："张家界、桑植、龙山没有乡话"。张家界市即原大庸县。曹志耘认为"现在会讲乡话的人口约为 20 万人"。请参看曹书第 76 页的"乡话分布图"。

② 乡话的性质还有待进一步研究，但乡话跟湘语有相当密切的关系应无可疑。瞿建慧《湖南泸溪（白沙）乡话的性质和归属》（《语文学刊》高教版 2007 年第 5 期）即把泸溪（白沙）乡话视为一种具有混合方言色彩的湘语。

③ 桂北全州、资源、灌阳、兴安四县通行不止一种方言，《中国语言地图集》（1987）A2 图主要划归湘语，《汉语方言地图集》的 4 个调查点为土话，图 35 主要是显示湘语的分布，因此借这 4 个土话调查点来代表境内的湘语。

④ 湘语是七大方言中唯一未达 4000 万人的大方言。

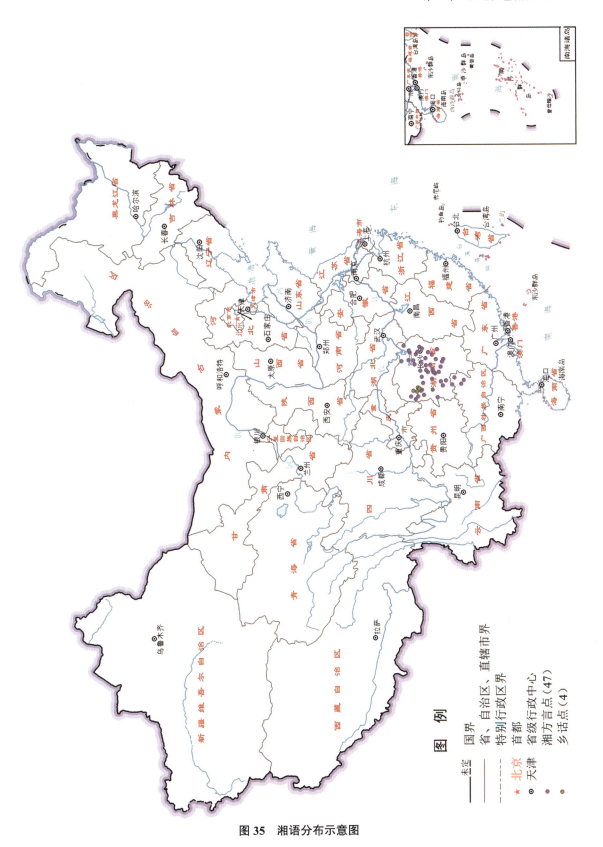

图 35　湘语分布示意图

1. 古微母字、日母字尚有读鼻音声母的残存，但在官话的影响下已主要表现为非鼻音声母。例如（斜线前后分别为文读和白读）：

表43 湘语古微母、日母字今读举例

	尾	蚊	袜	网	耳	人	日	肉
双峰	⁼uei	₌uan / ₌miɛn	₌ua	⁼oŋ / ⁼man	⁼e	₌iɛn / ₌ȵiɛn	₌i	₌ȵiu
邵阳	⁼uei / ⁼mi	₌vən	va²	⁼uã	⁼ɜ	₌nəŋ	zɿ²	zu² / zəw²
韶山	⁼ui	₌uən	₌ua	—	⁼e	₌in	i₌	ȵio₌
全州	⁼uɛi	₌uẽŋ	₌ua	⁼uãŋ	⁼ə	₌ȵin	₌zɿ	₌zu
沅陵麻溪铺	⁼mɜ	₌mɜ	₌vo	⁼voŋ	ə² / ȵ⁼ia	ŋ̍²	ŋ̍ʔ²	₌zu / ȵiueʔ²
古丈高峰	⁼mai	—	₌va	⁼vɤŋ	⁼ȵiaŋ	₌ɤŋ	ŋ̍²	ȵiəɯ₌
泸溪李家田	⁼mɑi	vẽ²	vu²	⁼voŋ	⁼liɛi	zẽ² / oŋ²	zɿ² / oŋ²	zu² / ȵiɯ²
吉首	⁼uei	₌uən	₌ua	⁼uan	⁼ə	₌nəz	ɿ₌	₌zu
溆浦	⁼vei	ε̌ṽ	₌uŋ	⁼vũ	⁼ə	₌zə̃	₌zɿ / ɿ₌	₌mɤz²
长沙	⁼uei	₌uən	₌uən	ua₌	⁼uan	⁼ɤ	₌zən	zɿ₌ / ȵi₌	zəu₌
益阳	⁼uei	₌uən / ₌mən	ua₌	⁼ɔ̃	⁼e	₌lən / nei²	zɿ² / ȵi²	ləu₌ / ȵiəɯ₌

本节湘语方言点语料来源：双峰、长沙，《汉语方音字汇》；邵阳，储泽祥《邵阳方言研究》（湖南教育出版社1998）；韶山，曾毓美《韶山方言研究》（湖南师大出版社1999）；全州，广西壮族自治区地方志编纂委员会编《广西通志·汉语方言志》（广西人民出版社1998）；沅陵麻溪铺，杨蔚《沅陵乡话研究》（湖南教育出版社1999）；古丈高峰，伍云姬、沈瑞清《湘西古丈瓦乡话调查报告》（上海教育出版社2010）；泸溪李家田，邓婕《泸溪李家田乡话研究》（陕西师范大学2017年博士论文）；吉首，李启群《吉首方言研究》（民族出版社2002）；溆浦，贺凯林《溆浦方言研究》（湖南教育出版社1999）；益阳，徐慧《益阳方言语法研究》（湖南教育出版社2001）。

《说文》䖵部："蟁，啮人飞虫。从䖵，民声。"段注："无分切，十三部。此字民声，则当十二部。疑古本只有蠿，而蟁乃后人所制也。"《广韵》收在平声文韵无分切（臻摄合口三等），字形有"蟁蚊蠢"。这个地位《集韵》所收的字形有"蟁蚉蚊蟁蠢"，但《集韵》平声臻韵眉贫切另有："䗈䖟，《说文》昏也，或作䖟。"其中"昏"（宋刻本）当为"蟁"之误或"蠿"之省①。因此"䗈䖟"也是"蚊"的异体字，但读音属于臻摄开口三等，对应段注所说的十二部。双峰的"蚊"[₌miɛn]即来自眉贫切，属于明母字。"人""日"乡话原鼻音声母音节已演变为自成音节的鼻音，甚至进一步增生元音，原鼻音成分最后变成了鼻音韵尾，其音变过程为 ȵi(C)→ŋ̍→oŋ/ɤŋ②。乡话蚊子不一定

---

① 《淮南子·说林》有："水虿为蟌，孑孓为蟁，兔啮为蟹。""蟁"也是"蚊"的异体字。明州本、述古堂本《集韵》作"䗈"。

② C代表 -n, -ʔ 等韵尾辅音。这里不去追究音变的细节，例如自成音节的鼻音 ŋ̍ 和 oŋ/ɤŋ 之间的过渡状态 ᵒŋ/ᵛŋ；oŋ 和 ɤŋ 是平行关系还是派生关系。

用"蚊"字(例如泸溪李家田),"蚊"字或记文传读音或阙如。

表43横着看,全州、吉首、溆浦已经表现为去鼻音化的完成;竖着看,"袜"字没有一个点是读鼻音声母的,其他7个字则有1~5个方言表现为未去鼻音化。

2. 古次浊上字随古清上字走,古全浊上字随古去声字或古浊去字走。例如:

表44 湘语古浊上字今读举例

	坐	弟	重	懒	痒	有
双峰	dzʊ²	di²	dan²	ˬæ	ˬiɒŋ	ˬiʊ
邵阳	dzo²	di²	dzuŋ²	ˬnã	ˬiã	ˬiəɯ
韶山	dzo²	di²	dən²	ˬnan	ˬiaŋ	ˬio
全州	dzo²	di²	dzoŋ²	ˬlãŋ	ˬiãŋ	ˬiu
沅陵麻溪铺	dʑiɛ²	ˬti	tsəu² / ˬtsəu	ˬdzoŋ	ˬdzoŋ	ˬua
古丈高峰	ˬdʑiɛ	—	tʰiau	ˬdzoŋ	ˬdʑɤŋ	ˬva
泸溪李家田	ˬtsɑi	ˬti	ˬtʰiɛi	ˬdzoŋ	ˬdʑioŋ	ˬvɑ
吉首	tso²	ti²	tsuŋ²	ˬlan	ˬiaŋ	ˬiəu
溆浦	tsʊ²	ti²	tsʌŋ²	ˬlæ	ˬiã	ˬiəu
长沙	tso² / tso²	ti² / ti²	tsən² / tsən²	ˬlan	ˬian	ˬiəu
益阳	lo²	ti₂ / ti²	lən²	ˬʒl	ˬiã	ˬɯɤi

如果先撇下乡话,表44里的8个湘语古浊上字的表现都跟官话相同。其中益阳的"弟"徐慧(2001)有入声和去声两读,曾毓美(1995)、崔振华(1998)都只有去声一读[①]。古清去字益阳话今读阳平(13),古浊去字益阳话今读去声(21),古入声字益阳话今读入声(45)。古全浊上派入去声,所以也是21。不过古全浊上字、古去声字(无论清浊)益阳话往往又读入声,这是受省府话影响的结果。长沙话古清去字今读阴去(45),古浊去字今白读层归阳去(21),文读层归阴去(45),益阳话的古去声字(无论清浊)的入声读法(45)实际上是权威方言的叠置层次。陈蒲清(1981)已指出:"长沙是湖南的省会,益阳旧属长沙府,读书音多模仿长沙。长沙的阴去调值为45 [˧˥](入声为24 [˨˦]),恰好跟益阳话的入声调值相同。益阳人按长沙话的去声来念自己的去声,便促使这部分字演变为入声了。"[②]

表44乡话的三个次浊上字都读上声,三个全浊上字则读阳平[③]、上声、去声都有,显

---

① 曾毓美《湖南益阳方言同音字汇》,《方言》1995年第4期;崔振华《益阳方言研究》,湖南教育出版社,1998年。
② 陈蒲清《益阳方言的边音声母》,《方言》1981年第3期。
③ 沅陵"重"字杨蔚(1999: 61)只收去声一读,但 [ˬuei] 有"□耳朵听不清",本字即"重",也就是耳重、重听的意思。唐张籍《咏怀》诗云:"眼昏书字大,耳重觉声高。"

得相当杂乱。这种情况是由方言接触造成的。如果忽略少数例外，三个乡话古上声字和去声字的今读如表 45 所示（加底纹表示主体部分）。

表 45　乡话古四声的今读

方言点	古音		阴平	阳平	上声	去声	入声
沅陵麻溪铺	上	清		小 ɕiɛ˦	碗 ŋ̍˥		
		次浊		野 zo˦	五 ŋ̍˥		
		全浊	柿 sʅ˨	舅 go˦	菌 tɕʰyɛ˥	淡 doŋ˧˥	
	去	清	觉困~ ka˨	寸 tsʰu˦	课 kʰo˥	兔 tʰu˧˥	
		浊	外 ŋu˨	射 dzu˦	轿 tɕai˥	树 tsa˧˥	
古丈高峰	上	清			碗 ʋŋ˥		指 tsʅ˦˩
		次浊			五 ŋ̍˥/ʋŋ˥		染 niɛ˦˩
		全浊		坐 tɕiɛ˨	菌 tɕʰyɛ˥	淡 dɤŋ˧˥	
	去	清		算 pi˨	富 fu˦	兔 tʰɤ˧˥	
		浊		大 lu˨	轿 tɕʰiau˦	树 tsa˧˥	
泸溪李家田	上	清		齿 tsʰʅ˨	碗 oŋ˥		鼠 ʂu˦˩
		次浊		旅 ly˨	五 oŋ˥		鲁 lu˦˩
		全浊		坐 tsai˨	菌 tɕʰyɛ˥	淡 doŋ˧˥	
	去	清		税 ʂuei˨	冀 tɕi˦	兔 tʰu˧˥	
		浊		治~病 tsʅ˨	轿 tɕʰiau˦	树 tɕia˧˥	

从表 45 可见，乡话古次浊上的今读表现跟清上平行，古全浊上的今读表现跟去声平行。古全浊上和去声在乡话里的读音复杂跟周边方言（湘语和西南官话）甚至是共同语的影响密切相关。例如古丈乡话以入声 41 去匹配古丈官话的上声 53，以阳平 213 去匹配古丈官话的去声 213。三个乡话古全浊上和去声都有读上声的层次，但其调型和调值已存在明显的不同（沅陵、泸溪 53，古丈 25），大概是晚期音变导致的结果。此一层次当跟某种湘语的影响有关。

湘语绝大多数方言已无入声韵。例如：

表 46　湘语古入声字今读举例

	法	八	伯	凿	熟
双峰	xua˨	pa˨/po˨	pe˨/po˨/pia˨	tsʰʊ˧˥	ɕiʊ˧˥
邵阳	fa˨	pa˨	pɛ˨	tsʰo˧˥	su˨
韶山	ɸa˨	pa˨	pa˨	tsʰo˧˥	səu˨

（续表）

	法	八	伯	凿	熟
全州	ˬxua	ˬpa	ˬpə	ˬdzo	ˬzu
沅陵麻溪铺	foʔ˒	poʔ˒	poʔ˒	ˬdo	—
古丈高峰	—	pɑ˒	po˒	ˬtsʰu	ˬtɕʰiəɯ
泸溪李家田	—	po˒	po˒	ˬtsʰo	ˬtɕʰɯ
吉首	ˬfa	ˬpa	ˬpei	tsʰo˒	ˬsu
溆浦	ˬfɒ	ˬpɒ	ˬpei	tsʰʊ˒	sɤɯ˒
长沙	fa˒	pa˒	pɤ˒	tsʰo˒	səu˒
益阳	fa˒	pa˒	pa˒	tsʰo˒	səu˒

曾毓美（1999）同音字表未收"熟"字，据同书179页词汇补。杨蔚（1999）同音字表未收"伯"字，据同书137页词汇补。表46除了沅陵乡话有喉塞尾韵，其他10个方言都没有塞音尾韵。官话虽然大部分方言已无塞音尾韵，但是晋陕官话（晋语）、江淮官话和少数西南官话还有喉塞尾韵。非官话方言虽然也都存在塞音尾韵消失的方言，但大体以保留塞音尾韵的方言为主，只有湘语是基本不保留塞音尾韵的大方言。

湘语内部的语音差异主要表现为古全浊声母今读的不同。以定母字为例：

表47 湘语古定母字今读举例

	弹~琴	淡	蛋	达	团	断	缎	夺
双峰	ˬdæ̃	dæ̃˒	dæ̃˒	ˬta	ˬdua	dua˒	dua˒	ˬtue / ˬtua
邵阳	ˬdã	dã˒	dã˒	ta˒	ˬduã	duã˒	duã˒	to˒
韶山	ˬdan	dan˒	dan˒	ta˒	ˬduɛn	duɛn˒	段 duɛn˒	to˒
全州	ˬdãŋ	dãŋ˒	dãŋ˒	ˬda	ˬduãŋ	duãŋ˒	duãŋ˒	ˬdo
沅陵麻溪铺	ˬdoŋ	doŋ˒	—	—	ˬdoŋ	ˤtoŋ	—	—
古丈高峰	ˬdɤŋ	dɤŋ˒	—	—	—	—	—	—
泸溪李家田	ˬdoŋ	doŋ˒	—	—	ˬdua	ˤtʰoŋ	—	—
吉首	ˬdan	tan˒	tan˒	ˬta	ˬduan	tuan˒	tuan˒	ˬto
溆浦	ˬdɛ̃	tɛ̃˒	tɛ̃˒	ˬtɒ	ˬduɛ̃	tuɛ̃˒	tuɛ̃˒	ˬtʊ
长沙	ˬtan	tan˒/tan˒	tan˒/tan˒	ta˒	ˬtõ	tõ˒/tõ˒	tõ˒	to˒
益阳	ˬtã	tã˒	tã˒	ta˒	ˬtɛ̃	tɛ̃˒	tɛ̃˒	to˒

邵阳"蛋"字鲍厚星（1989）[①]、储泽祥（1998）同音字汇都未收，根据储泽祥（1998: 102）补。韶山"达"字曾毓美（1999: 27）未收，根据曾毓美（1999: 62）补。

如果先撇下乡话，表47里的8个湘语古定母字的今读可以分为两类，一类是长沙、益阳，今读不送气的清音 [t]（全浊并入全清），另一类是其他6个湘语，一方面都保留了全清、次清、全浊三分的格局，另一方面古全浊声母又出现了程度不同的清化，双峰、邵阳、韶山是逢入声清化，吉首、溆浦则是逢仄声清化，即只在平声的条件下保留古全浊声母。全州虽然古全浊声母字今读清音声母的字音也占一定比例（大多可归为文读层），但不存在条件性的整类清化现象。

乡话的语音层次复杂。就古全浊声母而言，乡话存在三个层次：表现为浊音（如表中的"弹""淡"），表现为送气清音（如表中泸溪的"断"），表现为不送气清音（如表中沅陵的"断"）。其中表现为浊音的层次可归为存古现象，即乡话有一个层次是区分全清、次清、全浊的，而且不受声调条件的限制。表47中的两个入声字乡话都缺语料（可能是因为乡话不用这两个字），今读浊音的入声字可以沅陵麻溪铺为例：毒定[˪dəu˧] ｜ 叠定 [˪die˧] ｜ 凿从 [˪do˧]。

3.5.3 词汇表现

湘语在词汇方面也表现出相当明显的过渡性。一方面使用着一批南方通用词，另一方面又表现出官话的强烈影响，各方言都程度不同地出现了兼用或换用官话词汇的情况。湘语是否存在特征词还有待进一步调查研究。表48以官话的六个特征词项为例，具体考察湘语的词汇表现。

表 48　湘语词汇举例

	脸	穿~鞋	走慢慢儿~	宽	疼	不
双峰	面 mĩ˧	穿 tʰuĩ˩	行 ɣɒŋ˩	宽 kʰua˩ / 阔 kʰua˩	痛 tʰan˨	不 pu˩
邵阳	脸 niẽ˨	穿 tɕʰyɣ̃˩	行 zin˩	宽 kʰuã˩	痛 tʰuŋ²	唔 ŋ̍˩
韶山	脸 niɛn˨	穿 tʰuɛn˧	走 tsio˨	宽 kʰuɛn˧ / 阔 kʰo˩	痛 tʰən˧	不 pu˩
全州	脸 liẽ˧	穿 tɕʰyɣ̃˩	走 tsue˩	宽 kʰuɑŋ˧	痛 tʰoŋ˧	不 pu˩
沅陵麻溪铺	面 mi˩	戴 tu˩	行 ɣoŋ˩	阔 kʰuɪʔ˧	□ səu²	不 pu˩
古丈高峰	面包 miɛ˩ pau˩	着 tu˨	行 xoŋ˩	阔 kʰu˨	□ sau²	不 pa˩
泸溪李家田	面包 mẽ˩ po˩	着 tɯ˨	行 ɣɤŋ˩	阔 kʰɯ˨	□ sɛi²	不 pu˩
吉首	脸 lian˨	穿 tsʰuan˧	走 tsəu˨ / 行 xən˩	宽 kʰuan˧	痛 tʰuŋ˧	不 pu˩
溆浦	面巴子 miẽ˩ pɒ˩ tsɿ˧	穿 tsʰuẽ˧	行 hə̃˩	宽 kʰuɛ˧	痛 tʰʌŋ˧	不 pu˩

[①] 鲍厚星《湖南邵阳方言音系》，《方言》1989年第3期。

（续表）

	脸	穿~鞋	走慢慢儿~	宽	疼	不
长沙	脸 liẽ˩	穿 tɕʰyẽ˦	走 tsəu˩	宽 kʰõ˦	痛 tʰən²˥	不 pu˦
益阳	脸块 liẽ˩ kʰuai˩	穿 tɕʰyẽ˦	走 tsau˩	宽 kʰɒ̃˦	痛 ₅tʰən˩	不 pu˧

韶山宽的两种说法可能有使用环境的区别，"宽"用于"蛮宽不宽"[man˩ kʰuɛn˦ pu˩ kʰuɛn˦]、"好宽八宽"[xoɔ˩ kʰuɛn˦ pɣ˩ kʰuɛn˦]（都是很宽的意思）一类的四字格，而"阔"是单音形容词（例如：他屋里个地坪好~）①。古次清去字邵阳方言今读阳去，例如：破 [pʰo²] ｜ 兔 [tʰu²] ｜ 气 [tɕʰi²] ｜ 靠 [kʰau²] ｜ 炭 [tʰã²] ｜ 寸 [tsʰən²] ｜ 唱 [tsʰã²]。因此"痛"读阳去不是例外。古清去字益阳方言今白读层归阳平，例如（有异读的只列阳平读法）：布 [₅pu] ｜ 破 [₅pʰo] ｜ 戴 [₅tai] ｜ 兔 [₅tʰəu] ｜ 嫁 [₅ka] ｜ 靠 [₅kʰau]。因此"痛"读阳平也不是例外。不过曾摄开口一等益阳方言也可以读 [ən] 韵母（例如：朋 [₅pən] ｜ 澄 [₅lən²]），因此把 [₅tʰən] 视为"疼"字语音上也没有问题。不过从方言比较的立场看，益阳话的痛义词当为"痛"而非"疼"。

表 48 中凡是核心语素跟官话说法不同的方言词都加底纹。"面""着""行""阔""痛""唔"都是南方方言里最通行的说法。乡话除否定词用"不"外，其他都跟官话的说法不同，而且除痛用｜s-²｜、穿沅陵用"戴"之外，都是南方通用词或其派生形式。湘语换用或兼用官话说法的现象非常明显，全州、长沙、益阳除不用"疼"外，都已换用官话的说法。就表 48 的六个词项而言，双峰是除乡话外八个湘语中保留南方方言成分最多的方言。

3.5.4 次方言的划分

继《汉语方言概要》把湘方言分为老湘语和新湘语之后，《中国语言地图集》（1987）把湘方言分为三片：长沙、益阳一带的长益片，娄底、邵阳一带的娄邵片，吉首、溆浦一带的吉溆片。《现代汉语方言概论》②将吉溆片改称辰溆片。《湘方言概要》③除以上三片外又增加了衡州片和永全片，共分为五片。其中，衡州片是从原长益片中分出来的，永全片则由一部分湘南土话和原娄邵片中的个别方言点构成。图 36 以《汉语方言地图集》的布点模拟《中国语言地图集》（1987，2012）湘语的方言片划分。

---

① 参看曾毓美《韶山方言研究》174 页所记词汇，湖南师大出版社，1999 年。
② 侯精一主编，上海教育出版社，2002 年。
③ 鲍厚星，湖南师范大学出版社，2006 年。

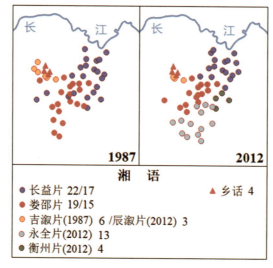

图 36　湘语的方言片划分

从图可见,《中国语言地图集》(1987)将湘方言分为三片:长益片、娄邵片、吉溆片,都不再分小片。《中国语言地图集》(2012)则分为五片:长益片、娄邵片、辰溆片、永全片、衡州片。前三片是原有的,但是范围和名称都有调整;后两片是新增的。除辰溆片外,都再分小片,图 36 不做反映。下面从三个方面介绍 2012 所做的调整。

1. 将原长益片的衡阳、衡山、衡南、衡东析出,设衡州片;将原长益片的邵东、新邵、会同划归娄邵片;将原娄邵片的祁阳、祁东、兴安、灌阳、资源、全州析出,设永全片。

2. 将原娄邵片的麻阳,原吉溆片的吉首、保靖、花垣从湘语划出,改归西南官话湖广片湘西小片;将原长益片的洪江从湘语划出,改归西南官话湖广片怀玉小片。因为吉首已从湘语划出,"吉溆片"(吉首—溆浦)改为"辰溆片"(辰溪—溆浦)。

3. 将原赣语昌靖片的平江、赣语宜浏片的浏阳、西南官话区常鹤片的安乡划归湘语长益片;将原平话桂北片和西南官话并用的龙胜划归湘语永全片;将原西南官话湘南片和土话并用的永州、东安、道县、江华、江永、新田划归湘语永全片。

图 36 右图只反映 1987、2012 共有的湘方言点以及 2012 新增的湘方言点,不反映从湘方言划出的点①。新增的点所在的县市大部分为多方言区。例如平江在《中国语言地图集》(2012)B1-17 图划归客家话铜桂片,在 B1-19 图划归湘语长益片,在 B1-20 图划归赣语大通片。

---

① 右图比左图少了吉首、保靖、花垣、麻阳、洪江 5 个点,多了龙胜、安乡、平江、浏阳、永州、道县、东安、江华、江永、新田 10 个点。

3.5.5 长沙话成篇语料

pə˧˩ xoŋ˧ kən˧ tʰai˧ ian˩
北　风　跟　太　阳

iəu˩ i˧ fei˩,　pə˧˩ xoŋ˧ kən˧ tʰai˧ ian˩ tsai˩ la˩ li˧ tsən˧ la˩ ko˧ ti˧ pən˩ sʅ˩ tai˩. tsən˧
有　一　回，　北　风　跟　太　阳　在　那里　争　哪个　的　本　事　大。争

ka˧ põ˩ tʰiẽ˧ tsʅ˩ tsiəu˩ sʅ˩ fən˧ kau˧ ti˧ pu˩ tɕʰy˧. ko˧ sʅ˩ xəu˩ ləu˩ ʂan˩ lai˧ ta˩ ko˧
咖　半　天　子　就　是　分　高　低　不　出。　咯　时候　路　上　来　哒个

tsəu˩ ləu˩ ti˧, tʰa˧ ʂən˧ ʂan˩ ko˧ tɕʰyẽ˧ ta˧ i˧ tɕiẽ˩ xəu˩ xəu˩ ti˧ tai˩ i˧. tʰa˧ mən˩ lian˩ ko˧
走　路　的，他　身　上　穿　哒　一件　□　厚　的　大衣。他们　两　个

tsiəu˩ kan˩ xau˩ ta˩, la˩ ko˧ siẽ˧ z̩an˩ ko˧ tʂa˧ tsəu˩ ləu˩ ti˧ pa˩ tʰa˧ lai˧ tɕiẽ˩ xəu˩ xəu˩
就　讲　好　哒，哪个　先　让　咯只　走　路　的把他　那件　□　厚

ti˧ tai˩ i˧ tʰo˧ ka˧ ɕia˩ lai˧, tsiəu˩ sõ˩ la˩ ko˧ ti˧ pən˩ sʅ˩ tai˩. pə˧˩ xoŋ˧ tsiəu˩ tsəu˩ sʅ˩
的　大衣　脱　咖　下　来，就　算　哪个　的　本　事　大。北风　就　做　死

ti˧ tɕʰyei˧ tə˧ kʰə˩, pu˩ ko˧ lie˩, tʰa˧ ye˧ sʅ˩ ko˧ tɕʰyei˧ tə˧ li˩ xai˧, la˩ tʂa˧ tsəu˩ ləu˩
地　吹　得　去，不　过　咧，他　越　是　个　吹　得　厉害，那只　走　路

ti˧ tsiəu˩ pa˩ tai˩ i˧ ku˧ tə˧ ye˧ tɕin˩. pei˩ xəu˩ pə˧˩ xoŋ˧ mau˧ tə˧ fa˧ tsʅ˩ tai˩, tsiəu˩ tsʅ˩
的就　把　大衣　箍　得　越　紧。背　后　北风　冇　得　法　子　哒，就　只

xau˩ sõ˩ ta˩. ko˧ ta˩ i˧ xa˩ xa˩ tsʅ˩, tʰai˧ ian˩ tɕʰy˧ lai˧ ta˩, tʰa˧ fan˩ sʅ˩ ti˧ i˧ sai˩, la˩
好　算　哒。过　哒　一　下　下　子，太　阳　出　来　哒，他　放　肆　地　一晒，那

tʂa˧ tsəu˩ ləu˩ ti˧ ma˩ ʂan˩ tsiəu˩ pa˩ lai˧ tɕiẽ˩ tai˩ i˧ tʰo˧ tɕʰi˩ ɕia˩ lai˧. kai˧ xa˩ tsʅ˩
只　走　路　的马　上　就　把　那件　大衣　脱　起　下来　哒。咯　下子

pə˧˩ xoŋ˧ tsʅ˩ xau˩ tʂən˧ z̩ən˩, tʰa˧ mən˩ lian˩ ko˧ tʂoŋ˧ kan˧ xai˩ sʅ˩ tʰai˧ ian˩ ti˧ pən˩
北　风　只　好　承　认，他们　两　个　中　间　还　是　太　阳　的　本

sʅ˩ tai˩.
事　大。

说明：转录自侯精一主编《现代汉语方言音库·长沙话音档》，鲍厚星编写，易荣德发音，方舟解说，上海教育出版社，1997 年。声调改用五度制调号。"身上"原误排为 [ʂən˧ ʂən˩]，根据录音改为 [ʂən˧ ʂan˩]。音档的长沙话音系跟《汉语方音字汇》长沙话音系的不同之处如下：

音档	《汉语方音字汇》
ts tsʰ s; tʂ tʂʰ ʂ ʐ	ts tsʰ s z（但郊区有卷舌声母）
ɿ ʅ	ɿ
ɤ uə ẽ	ɤ uɤ ɤ̃
ən in; oŋ ioŋ	ən in（但老派有 oŋ ioŋ）
阴去 55 ˥	阴去 45 ˦˥
阳去 11 ˩	阳去 21 ˨˩

思考与练习

1. 湘方言为什么较晚才从官话方言中划分出来？
2. 湘方言有哪些重要的语音特点？
3. 湘方言的中古全浊声母今音有什么特点？
4. 湘方言在词汇上有什么特点？
5. 湘方言的次方言是怎样划分的？

阅读书目

鲍厚星，2006，《湘方言概要》，湖南师范大学出版社。

鲍厚星主编，2006，《湘方言研究丛书》，湖南师范大学出版社。

陈　晖，2006，《湘方言语音研究》，湖南师范大学出版社。

李永明主编，2001，《湖南省志·方言志》，湖南人民出版社。

罗昕如，2006，《湘方言词汇研究》，湖南师范大学出版社。

吴启主主编，1998，1999，《湖南方言研究丛书》，湖南教育出版社。

伍云姬主编，1996，《湖南方言的动态助词》，湖南师范大学出版社。

伍云姬主编，1998，《湖南方言的介词》，湖南师范大学出版社。

伍云姬主编，2000，《湖南方言的代词》，湖南师范大学出版社。

杨时逢，1974，《湖南方言调查报告》，"中研院"历史语言研究所。

3.6 赣方言

3.6.1 分布地域

赣方言，也叫赣语，以南昌话为代表，使用人口 4800 万，约占汉语总人口数的 4%，主要分布在江西省赣江中下游、抚河流域、鄱阳湖地区，湖南省东部及西南部，湖北省东

第三章 汉语方言概况 255

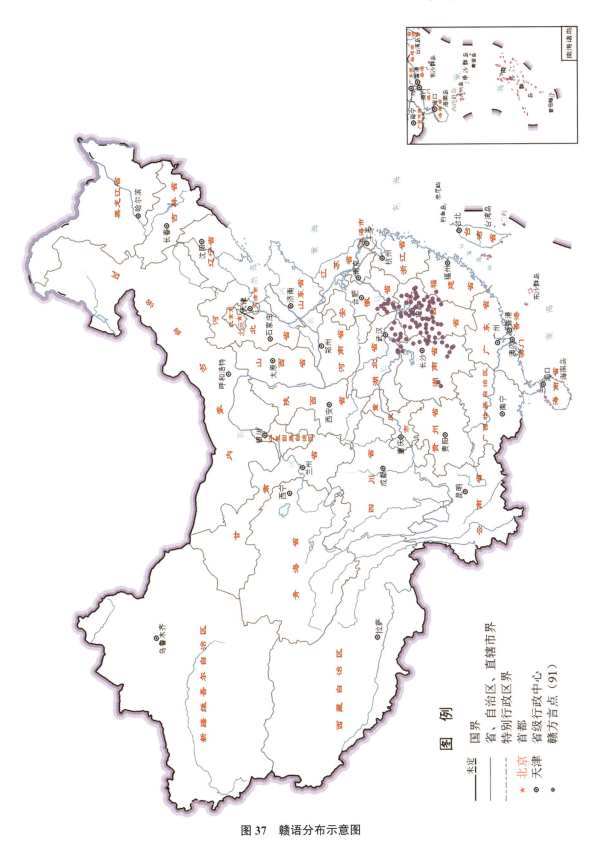

图 37 赣语分布示意图

南部，安徽省西南部，福建省西部的建宁、泰宁，共 102 个县市区。江西省境内的赣方言分布面积最大，人口最多（约 2900 万）。除湖南省西南部洞口、绥宁、隆回（都不是纯赣县）的赣方言外，其他赣方言在地理上完全连成一片。只有 1 个省级行政中心位于赣方言区（南昌）。图 37 以《汉语方言地图集》的布点模拟《中国语言地图集》（1987）A2 图赣语的分布。

3.6.2 语音特点

虽然赣语和湘语一样，受官话的影响较深，不过总体上看要比湘语保守一些。

1. 古微母字、日母字核心区方言尚能部分保留鼻音声母，但去鼻音化现象相当明显。例如（有文白异读的只取白读）：

表 49　赣语古微母、日母字今读举例

	尾	蚊	袜	网	耳	人	日	肉
南昌	ꞌmi	un˯	uat˳	ꞌuoŋ	ꞌə	ȵin˯	ȵit˳	ȵiuk˳
铅山	ꞌmi	ˬme	maʔ˳	ꞌmon	ꞌɛ	ˬȵin	ȵiʔ˳	ȵiɤʔ˳
宜春	ꞌui	ˬmɿ	uaiʔ˳	ꞌmoŋ	ꞌɵ	ˬȵin	ȵiʔ˳	ȵiuʔ˳
岳西	ꞌuei	ˬuən	ua˳	ꞌuaŋ	ꞌzo	ˬneʅ	zʅ˯	zəu˳
平江	ꞌme	ˬmɤ	uat˳	ꞌvɔŋ	ꞌŋ	ˬnin	nit˳	niuʔ˳
都昌阳峰	ꞌmi	ˬmən	ual˳	ꞌmɔŋ	ꞌə	ˬȵin	ȵil˳	ȵiuk˳
赤壁原蒲圻	ꞌuei	ˬun	uaʔ˳	ꞌuoŋ	ꞌor	ˬneʅ	orʔ˳	zouʔ˳
通山	ꞌvæi	ˬvɛn	va²	ꞌuoŋ	ꞌzɿ	ˬnaʅ	zɿ²	zau²

本节赣方言点语料来源：南昌，《汉语方音字汇》；铅山，胡松柏、林芝雅《铅山方言研究》（文化艺术出版社 2008）；宜春，陈昌仪《赣方言概要》（江西教育出版社 1991）；岳西，储泽祥主编《岳西方言志》（华中师范大学出版社 2009）；平江，李如龙、张双庆主编《客赣方言调查报告》（厦门大学出版社 1992）；都昌，卢继芳《都昌阳峰方言研究》（文化艺术出版社 2007）；赤壁，陈有恒《蒲圻方言》（华中师范大学出版社 1989）；通山，黄群建《通山方言志》（武汉大学出版社 1994）。

表 49 说明：宜春"蚊"来自《集韵》平声真韵眉贫切，是明母字（参看前文 3.5.2 对"蚊"字的说明）。平江"袜"字李如龙、张双庆（1992: 110, 113）收 [uat˳/gʰuat˳] 两音，按该书客赣方言字音对照表的凡例，"方言字音如有文白读的都取，先注文后注白"，可是同书 280 页平江袜子叫 [uat˳·tsɯ]，这里以 [uat˳] 为准；"耳"字李如龙、张双庆（1992: 54）只收 [ꞌŋ] 一音，同书 303 页耳朵、耳垢平江叫"耳口"[ꞌŋɛ·tɤŋ]、"耳屎"[ꞌŋɛ ꞌsɿ]，可知"耳"另有白读音。都昌"尾"字卢继芳（2007）同音字表只收"尾"[ꞌui] 一音，同书 109 页有"尾毛"[ꞌmi˯·mau]（尾巴），可知是同音字表漏收了白读音。

从表 49 可见，岳西、赤壁、通山已实现古微母和日母的去鼻音化。其他方言鼻音声母的读法也出现程度不同的流失。

2. 古次浊上字随清上字走，全浊上字随浊去字走。例如：

表 50　赣语古浊上字今读举例

	懒	痒	有	坐	弟	重
南昌	ˬlan	ˬioŋ	ˬiu	tsʰo²	tʰi²	tsʰuŋ²
铅山	ˬlan	ˬian	ˬiu	ˬtsʰo	ˬtʰi	ˬtʃʰuŋ
宜春	ˬlan	ˬioŋ	ˬiu	tsʰo²	tʰi²	tʃʰəŋ²
岳西	ˬlan	ˬiaŋ	ˬiəu	tsʰo²	tʰi²	tsʰoŋ²
平江	ˬlan	ˬioŋ	ˬiu	dʱo²	dʱi²	dʱxŋ²
都昌阳峰	ˬlan	ˬŋ̍	ˬiu	dzo²	li²	dzun²
赤壁原蒲圻	ˬnan	ˬioŋ	ˬiou	dzo²	di²	dzən²
通山	ˬlæ̃	ˬioŋ	ˬiu	tsø²	tæi²	tsɐŋ²

说明：都昌"懒""痒"卢继芳（2007）同音字表均未收，据同书 168 页、173 页词汇补。

宜春古清去字今归阳平，古浊去字今归去声。前三字为古次浊上字，八个赣语都读上声；后三字为古全浊上字，铅山读阴平，其他七个赣语读阳去或去声。即大部分方言都符合预期，唯铅山例外。就古次浊上和全浊上不存在共同的演变行为这一点看，铅山跟其他七个赣语相同；就古全浊上随浊去字走这一点看，铅山是反例，跟其他七个赣语不同，而跟多数客家话一样随清平字走。

3. 绝大部分赣语古全浊声母清化，逢塞音塞擦音一律送气，但也有少数方言属于其他读音类型。以定母字为例：

表 51　赣语古定母字今读举例

	弹~琴	淡	蛋	达	团	断	缎	夺
南昌	ˬtʰan	tʰan²	tʰan²	tʰat₂	ˬtʰon	tʰon²	tʰon²	tʰot₂
铅山	ˬtʰan	ˬtʰan	tʰan²	tʰaʔ₂	ˬtʰon	ˬtʰon	tʰon²	tʰoʔ₂
宜春	ˬtʰan	ˬtʰan	tʰan²	tʰaiʔ₂	ˬtʰon	tʰon²	tʰon²	tʰoiʔ₂
岳西	ˬtʰan	tʰan²	tʰan²	tʰa²	ˬtʰon	tʰon²	ton²	tʰo²
平江	ˬdʱan	dʱan²	dʱan²	dʱat₂	ˬdʱon	dʱon²	dʱon²	dʱot₂
都昌阳峰	ˬlan	lan²	lan²	laI₂	ˬlɔn	lɔn²	段 lɔn²	loI₂
赤壁原蒲圻	ˬdan	dan²	dan²	daʔ₂	ˬdɛn	dɛn²	dɛn²	ˬde
通山	ˬtæ̃	tæ̃²	tæ̃²	tɒ²	ˬtø̃	tø̃²	tø̃²	tœ²

就形式看，表 51 存在五种读音类型，即前四个方言是一类，一律读 t^h（岳西"缎"属于文读层，不送气声母配阴调）；后四个方言各为一类，一律读 d^h, l, d, t。而如果立足于古全清、次清、全浊的今读关系，八个方言可以分为两类，即前七个方言是一类，古全浊声母和同组次清声母今读相同；最后的通山是一类，古全浊声母和同组全清声母今读相同。例见表 52。

表 52　赣语古全清、次清、全浊声母的分合关系举例

	东端	通透	同定	补帮	普滂	部並	节精	切清	截从
南昌	₋tuŋ	₋t^{h}uŋ	₋t^{h}uŋ	⁻pu	⁻p^{h}u	p^{h}u²	tɕiɛt₋	tɕ^{h}iɛt₋	tɕ^{h}iɛt₋
铅山	₋tuŋ	₋t^{h}uŋ	₋t₋	⁻pu	⁻p^{h}u	p^{h}u²	tɕiɛʔ₋	tɕ^{h}iɛʔ₋	tɕiɛʔ₋
宜春	₋təŋ	₋t^{h}əŋ	₋t₋	⁻pu	⁻p^{h}u	p^{h}u²	tsiE₋	ts^{h}iE₋	ts^{h}iE₋
岳西	₋toŋ	₋t^{h}oŋ	₋t^{h}oŋ	⁻pu	⁻p^{h}u	p^{h}u²	tɕiɛ₋	tɕ^{h}ie₋	tɕie₋
平江	₋tɤŋ	₋d^{h}ɤŋ	₋d^{h}ɤŋ	⁻pu	—	b^{h}u²	tsiɛt	dz^{h}iɛt₋	—
都昌阳峰	₋tuŋ	₋luŋ	₋luŋ	⁻pu	⁻bu	bu²	tsiɛl	dziɛl₋	dziɛl₋
赤壁原蒲圻	₋tɐn	₋dən	₋dən	⁻pu	⁻bu	bu²	tɕie₋	dʑie₋	dʑie₋
通山	₋tɤŋ	₋t^{h}ɤŋ	₋tɤŋ	⁻pu	⁻p^{h}u	pu²	tsi	ts^{h}i₋	tsi²

说明：李如龙、张双庆（1992）所记都昌话（大概是城关音）的浊塞音、浊塞擦音是不送气的，跟都昌（阳峰）一样，而陈昌仪（1991）所记都昌（土塘）话的浊塞音、浊塞擦音则是送气的。吴宗济 1936 年调查的通山山口下焦夏湾也是古全浊声母和同组全清声母今读相同[①]。

表 52 总共有三组字用来对比，顺序为端组、帮组、精组，每组按全清、次清、全浊排列。通山完全符合预期。前两对字除平江"普"缺语料无法对比外，也都符合预期。精组字平江"截"缺语料无法对比，南昌、宜春、都昌、赤壁符合预期，铅山、岳西例外。大概是因为受到了文白分层的干扰。"截"字有些方言口语不用，表现为文读层读音（可以认为它的读音是根据共同语"节""截"的同音关系类推出来的）。

表 52 并未包括赣语所有的古全浊声母今读类型。颜森（1986）[②]曾指出："武宁保留了一套较完整的浊塞音声母，在赣语中属个别例外。"例如：头 [diɐu˧] ｜ 病 [biaŋ˧] ｜ 坐 [dzo˧] ｜ 大 [dai˧]（比较次清声母：戳彻 [ts^{h}ɔʔ] 交合 ｜ 裤溪 [k^{h}u˧] ｜ 吃溪 [tɕ^{h}iaʔ]）。刘纶鑫（1999:42—43）亦报告武宁（城关）、瑞昌（南义）[③]古全清、次清、全浊声母今维持三分，以帮组字为例（本书加注古声母）：

---

① 赵元任等《湖北方言调查报告》1225—1248 页，商务印书馆，1948 年。
② 颜森《江西方言的分区（稿）》，《方言》1986 年第 1 期。
③ "南义"原误作"田义"。

武宁城关：p 边帮笔帮　pʰ 偏滂批滂　p 步并盘并
瑞昌南义：p 布帮巴帮　pʰ 怕滂普滂　p 盘并步并

以端组为例，赣方言的音变历程如下：

端　＊t　　→　t 通山 [城关、焦夏湾]
　　　　　↗
定　＊dʰ　→　d 武宁、瑞昌 [南义]
　　　　　↘
透　＊tʰ　→　tʰ 多数赣语　→　dʰ 平江　→　d 赤壁　→　l 都昌

需要说明三点：①武宁类方言中的 d 类声母为音系上的定位，不一定代表它是典型的浊塞音，即要点是塞音、塞擦音存在相当于古全清、次清、全浊的三类读音，至于物理性质为何，可以不论。②在塞音、塞擦音两分的情况下，dʰ 类声母（它同样不必是物理上的典型浊塞音）在音系上可以有不同的处理，例如董同龢 1935 年记录的平江（三墩）话，塞音、塞擦音分清不送气和清送气两套，但在"声韵调描写"中交代："p' 较软性，送气略浊，严式可作 pɦ。不像临湘的全浊音，连吴语半浊音的程度也不够，所以仍写作清音。"①③有学者认为赣语古全浊声母和同组次清声母今读相同是次清并入全浊的结果，这种说法实不可信②。

3.6.3 词汇表现

赣语跟湘语一样，在词汇方面也表现出相当明显的过渡性。一方面使用着一批南方通用词，另一方面又受到官话的强烈影响，各方言都程度不同地出现了兼用或换用官话词汇的情况。赣语是否存在特征词还有待进一步调查研究。表 53 以官话的六个特征词项为例，具体考察赣语的词汇表现。

表 53　赣语词汇举例

	脸	穿~鞋	走慢慢儿~	宽	疼	不
南昌	脸 liɛn˨	穿 tsʰɔn˦	走 tsɛu˨	宽 kʰuɔn˦ / 阔 kʰuɔt˦	痛 tʰuŋ˦	不 pət˦
铅山	面 miɛn˨	穿 tʃʰuɛn˦	走 tsɛu˨ / 行 xaŋ˧	阔 kʰuaʔ˦	痛 tʰuŋ˨	不 pɤʔ˦
宜春	脸 liɛn˨ / 面 miɛn˨	穿 tʃʰon˦	走 tsɛu˨ / 行 haŋ˧	宽 kʰon˦ / 阔 kʰɵ˦	痛 tʰəŋ˨	不 pi˦
岳西	脸面 liɛn mien˨	穿 tʂʰuan˨	走 tsʰɛu˨	宽 kʰuɔn˨	痛 tʰoŋ˨	不 pu˨

---

① 杨时逢《湖南方言调查报告》331—351 页，"中研院"历史语言研究所，1974 年。
② 参看项梦冰《赣语古全浊声母今读浊音的类型》，《语言学论丛》第四十七辑，商务印书馆，2013 年。

(续表)

	脸	穿~鞋	走慢慢儿~	宽	疼	不
平江	面 miɛn˧	穿 tɕʰyan˧	走 tsœy˧˦	宽 kʰon˧	痛 tʰəŋ˧˦	不 pø˧˦
都昌阳峰	面 miɛn˧	着 dzɔk˩	走 tsɛu˧	阔 uɔl˩	痛 luŋ²˩	不 pəl˩
赤壁原蒲圻	面 miɛn˧	穿 dzyaɣ˧˦	走 tɕiau˨	宽 guɛn˧	痛 dən²˧	不 puʔ˩
通山	脸 liĩ˧	着 tsø˨	走 tsɛu˨	宽 kʰuœ˨	痛 tʰɐŋ˧˦	不 pæi˧

说明：陈有恒（1989）分类词汇未收痛义词，但第六章口语例释多次出现"痛"的用例，例如 115 页"肚子痛时仆到困好过些"（肚子疼的时候俯身睡舒服些）、146 页"伤口上碰到盐，渗得好痛啊！"。

表 53 凡是核心语素跟官话说法不同的方言词都加底纹。横着看，没有一个方言点是完全不加底纹的；而竖着看，则只有"不"是八个方言点都跟官话的说法一致。"穿""走"的说法在赣语里已经相当通行。

3.6.4 次方言的划分

图 38 以《汉语方言地图集》的布点模拟《中国语言地图集》（1987，2012）赣语的方言片划分（原图都没有划分方言小片）。

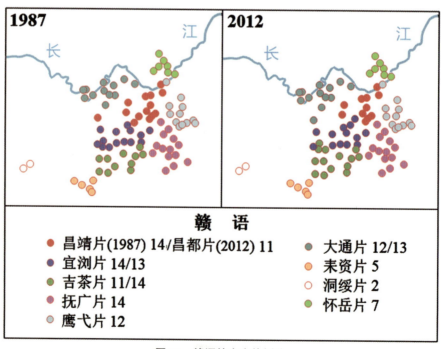

图 38 赣语的方言片划分

从图可见，《中国语言地图集》（1987）将赣方言分为九片：昌靖片、宜浏片、吉茶片、抚广片、鹰弋片、大通片、耒资片、洞绥片、怀岳片。《中国语言地图集》（2012）沿用了这种划分，但是调整了若干方言点的归属：①将原归昌靖片的奉新、靖安、高安、铜鼓（其中靖安、铜鼓《汉语方言地图集》赣语未设点）改归宜浏片，昌靖片的名称也改为"昌都片"（南昌—都昌），因为靖安已不属此片；②将原归昌靖片的平江改归大通片；③将原归宜浏片的萍乡、上栗、芦溪改归吉茶片。

3.6.5 南昌话成篇语料

pɛʔ˧ fuŋ˧˩ kiɛn˧˩ n̠ʲiʔ˧ tʰɛu˩

北 风 跟 日 头

iu˩ fi˩ tsʅ˧, pɛʔ˧ fuŋ˧ tʰuŋ˩ tau˧ n̠ʲiʔ˧ tʰɛu˩ kʰu˧ tɛʔ˧ he˩ li˧ tsaŋ˧ la˧ ko˧
有 回 子，北 风 同 到 日 头 跍 得 许 里 争 哪 个
ko˧ pin˧ sʅ˧ tʰai˩. tsaŋ˧ lai˩ tsaŋ˧ tɕʰie˧ tɕʰiu˧ sʅ˧ fin˧ piʔ˧ tsʰʅ˧ ɕy˧ iaŋ˧ lai˩.
个 本 事 大。 争 来 争 去 就 是 分 不 出 输 赢 来。
ko˧ tsʰoŋ˧ tsuŋ˧ lai˧ liɛu˧ iʔ˧ ko˧ kuo˧ lu˧ ko˧, tɕie˧ sin˧ soŋ˧ tsʰɵn˧ tau˧ tɕʰiɛn˧
箇 场 中 来 了 一 个 过 路 个， 佢 身 上 穿 到 件
hɛu˧ tʰai˩ i˧. tɕie˧ min˧ lioŋ˧ ko˧ tɕʰiu˧ n̠ʲi˧ tsaŋ˧ liɛu˧, ua˧ ko˧ la˧ ko˧ iɛu˧ sʅ˧
厚 大 衣。佢 们 两 个 就 议 正 了， 话 个 哪 个 要 是
ɕiɛn˧ u˧ tɛʔ˧ ko˧ tsaʔ˧ kuo˧ lu˧ ko˧ tʰɵʔ˧ pɨ˧ tɕie˧ ko˧ tʰai˩ i˧ tɕʰie˧, tɕʰiu˧
先 舞 得 箇 只 过 路 个 脱 不* 佢 个 大 衣 去， 就
sɵn˧ tɕie˧ ko˧ pin˧ sʅ˧ tʰai˩. pɛʔ˧ fuŋ˧ tɕʰiu˧ tsan˧ tɕin˧ tsʰui˧, la˧ ɕiɛu˧ tɛʔ˧
算 佢 个 本 事 大。北 风 就 攒 劲 吹， 哪 晓 得
tɕie˧ yɵʔ˧ sʅ˧ ŋa˧ miaŋ˧ li˧ tsʰui˧, he˧ tsaʔ˧ kuo˧ lu˧ ko˧ tɕʰiu˧ laʔ˧ tʰai˩ i˧ ku˧
佢 越 是 哑* 命 里 吹， 许 只 过 路 个 就 搦 大 衣 箍
tɛʔ˧ yɵʔ˧ tɕin˧. hɛu˧ pi˧ pɛʔ˧ fuŋ˧ mau˧ iu˩ faʔ˧, tsʅʔ˧ hau˧ pa˧ pa˧ pa˧. kuo˧
得 越 紧。 后 背 北 风 冒 有 法， 只 好 罢 罢 罢。过
liɛu˧ iʔ˧ kʰiɛʔ˧ sʅ˩, n̠ʲiʔ˧ tʰɛu˩ tsʰʅʔ˧ lai˩ liɛu˧. tʰɵʔ˧ tʰai˩ ko˧ n̠ʲiʔ˧ tʰɛu˩ sai˧ iʔ˧
了 一 刻 时，日 头 出 来 了。 脱* 大 个 日 头 晒 一
ha˧, he˧ tsaʔ˧ kuo˧ lu˧ ko˧ fuŋ˧ kʰuai˧ laʔ˧ he˧ tɕʰiɛn˧ hɛu˧ tʰai˩ i˧ tʰɵʔ˧
下，许 只 过 路 个 风 快 搦 许 件 厚 大 衣 脱
piʔ˧ liɛu˧. kaʔ˧ pɛʔ˧ fuŋ˧ tsiʔ˧ hau˧ tsʰin˧ lin˧, tɕie˧ min˧ lioŋ˧ ko˧ toŋ˧ tsuŋ˧
不* 了。 隔* 北 风 只 好 承 认， 佢 们 两 个 当 中

haʔ˧ sɿ˧˩ ȵiʔ˧ tʰɛu˧ ko˧ pin˧ sɿ˧ tʰai˧˩.
还　是　日　头　个　本　事　大。

说明：转录自侯精一主编《现代汉语方言音库·南昌话音档》，魏钢强、陈昌仪编写，魏钢强发音，方舟解说，上海教育出版社，1998 年。声调改用五度制调号，轻声原区分 02、04，一律改记为 ˧。第三人称"渠"改记为"佢"。"舞"就是本字。

思考与练习

1. 赣方言为什么较晚才从官话方言中划分出来？
2. 赣方言有哪些重要的语音特点？
3. 赣方言有哪些次方言？
4. 同为中部方言的赣方言和湘方言有何异同？
5. 怎样看待赣方言北部某些地方的浊塞音、塞擦音声母？
6. 根据《汉语方言地图集》词汇卷 058 图、079 图、138 图查出赣方言点脸、穿、走的说法，并从中观察官话在词汇上对赣方言的侵蚀。

阅读书目

陈昌仪，1991，《赣方言概要》，江西教育出版社。
陈昌仪主编，2005，《江西省方言志》，方志出版社。
何大安，1987，论赣方言，《汉学研究》第 5 卷第 1 期。
刘纶鑫主编，1999，《客赣方言比较研究》，中国社会科学出版社。
罗常培，1940，《临川音系》，商务印书馆。[可用科学出版社 1958 年新版或山东教育出版社 1999 年《罗常培文集》第一卷的重排本。]
孙宜志，2007，《江西赣方言语音研究》，语文出版社。
万　波，2009，《赣语声母的历史层次研究》，商务印书馆。
项梦冰，2013，赣语古全浊声母今读浊音的类型，《语言学论丛》第四十七辑，商务印书馆。
熊　燕，2015，《客赣方言语音系统的历史层次》，世界图书出版公司。
杨时逢，1969，《南昌音系》，《历史语言研究所集刊》第 39 本上册。

3.7 吴方言

3.7.1 分布地域

吴方言又叫吴语，以苏州话和上海话为代表，人口7709万，约占汉语总人口数的6.4%，主要分布在江苏省南部、上海市、浙江省的大部分地区以及江西省、福建省、安徽省的小部分地区，共179个县市区。有两个省级行政中心位于吴方言区（上海、杭州）。

本书把徽语视为吴语的一种变体①。徽语分布于新安江流域的旧徽州府包括今属江西省的婺源，浙江的旧严州府，以及江西的德兴、旧浮梁县今属景德镇市等地，位于整个皖南地区的南部，共19个县市区。徽语以黄山市（屯溪区）方言为代表，人口约330万。上文吴语的人口和行政区统计数字已包括徽语在内。

图39以《汉语方言地图集》的布点模拟《中国语言地图集》（1987）B9图、B10图吴语和徽语的分布。

明清以来，昆曲、弹词、小曲和小说等文学作品里有许多说白和描写是用苏州话写的，例如在文学史上被称为方言小说的《海上花列传》《九尾龟》等。其实，《海上花列传》的描写部分还是采用了以北方话为基础的共同书面语，只有对白才是苏州话。下面是《海上花列传》第二回中的一段文字：

> 王阿二一见小村，便摚（窜）上去嚷道："耐（你）好啊！骗我阿是②？耐说转去（回去）两三个月啘，直到仔（了）故歇（现在）坎坎（刚刚）来！阿是两三个月嗄？只怕有两三年哉！我叫娘姨到栈房里看仔耐几埭（趟），说是勿曾来，我还信勿过。间壁（隔壁）郭孝婆也来看耐，倒说道勿来个哉。耐只嘴阿是放屁！说来哚闲话阿有一句做到！③把我倒记好来里！④耐再勿来末，索性搭（跟）耐上一上，试试看末哉！"小村忙陪笑央告道："耐覅⑤动气，我搭耐说。"便凑着王阿二耳朵边轻轻的说话。说不到三四句，王阿二忽跳起来，沉下脸道："耐倒乖杀哚！耐想拿件湿布衫拨（给）来（了）别人着（穿）仔，耐末（那就）脱体（不合适）哉，阿是？"小村发急道："勿是呀，耐也等我说完仔了哩。"（王阿二一见小村，便窜上去嚷道："你好啊！骗我是不是？你说回去两三个月么，直到这会儿才刚刚来！这是两三个月

---

① 参看赵元任、杨时逢《绩溪岭北方言》，《历史语言研究所集刊》第36本上册，1965年；曹志耘《南部吴语语音研究》174页，商务印书馆，2002年；王福堂《徽州方言的性质和归属》，《中国语文研究》2004年第1期；项梦冰、曹晖《汉语方言地理学：入门与实践》109—111页，中国书籍出版社，2013年。
② 阿是：表示疑问，相当于普通话"是不是"或"是吗"。下同。
③ 来哚：指示代词。闲话：话。阿有：有没有。此句普通话直译为：说在那儿的话有没有一句做到！
④ 来里：指示代词，表虚指，与"来哚"相似。此句普通话直译为：被我倒记牢在那儿。
⑤ "覅"是"勿要"的合音字，今写作"嫑"。

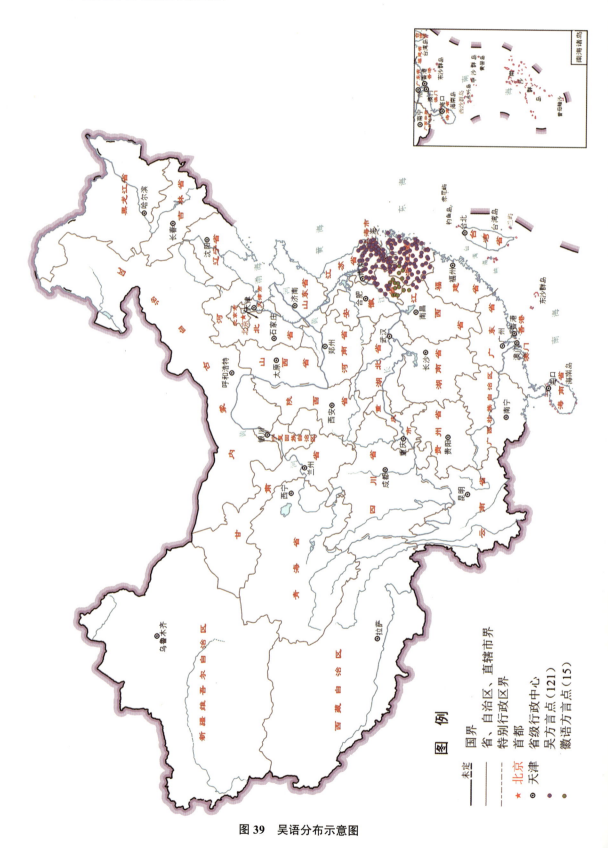

图39 吴语分布示意图

吗？只怕都有两三年了！我叫阿姨到客房里看了你几趟，说是没来，我还不太信呢。隔壁郭孝婆也来看你，倒是说不会来的了。你这张嘴难道是放屁吗？说过的话做到了一句吗？倒让我清清楚楚地记着呢！你要是再不来呀，索性就跟你弄一手，试试看好了！"小村忙陪着笑央告道："你别生气，我跟你说。"便凑在王阿二耳朵边轻轻地说话。说不到三四句，王阿二忽然跳起来，沉下脸道："你倒是忒聪明了！想拿件湿布衫给别人穿，自己么脱身了，是不是？"小村发急道："不是呀，你也等我把话说完了么。")

3.7.2 语音特点

吴方言比较一致的语音特点有五项。

1. 古微母字、日母字在白读层里读鼻音声母。例如：

表 54　吴语古微母、日母字今读举例

	尾	蚊	袜	网	耳	人	日	肉
上海	mi² / n̠i²	məŋ²	maʔ₂	mã²	n̠i²	n̠iŋ	n̠ieʔ₂	n̠yoʔ₂
苏州	n̠i²	₅mən	ma²₂	moŋ²	n̠i²	₅n̠in	n̠iɪʔ₂	n̠ioʔ₂
杭州	ˀmi	₅ven	maɑ₂	ˀmɑŋ	ˀəl	₅zen	zəʔ₂	zoʔ₂
桐庐	ˀmi	₅məŋ	mʌʔ₂	ˀmoŋ	ˀŋ̍	₅n̠iŋ	n̠ieʔ₂	n̠yʔ₂
绍兴	ˀmi	₅m̃	mæʔ₂	ˀmoŋ	ˀn̠i	₅n̠iŋ	n̠ieʔ₂	n̠ioʔ₂
天台	ˀmi	₅məŋ	mæʔ₂	ˀm̃	ˀni	₅niŋ	niɪʔ₂	nyuʔ₂
温州	ˀŋ̍	₅maŋ	mo₂	ˀmuɔ	ˀŋ̍ / ˀŋ̍	₅n̠iaŋ	n̠iai₂	n̠ieu₂
淳安	ˀmi	₅men	maʔ₂	ˀmɔm	ˀla	₅in	iʔ₂	ioʔ₂
屯溪	ˀŋ̍	₅maŋ	mo₂	ˀmuɔ	ˀŋ̍ / ˀŋ̍	₅n̠iaŋ	n̠iai₂	n̠ieu₂

本节吴方言点语料来源：上海，许宝华、陶寰《上海方言词典》（江苏教育出版社 1997）；苏州、温州，《汉语方音字汇》；杭州，鲍士杰《杭州话音档》（上海教育出版社 1998）；桐庐，浙江省桐庐县县志编纂委员会、北京师范学院中文系方言调查组《桐庐方言志》（语文出版社 1992）；绍兴，王福堂《绍兴方言研究》（语文出版社 2015）；天台，戴昭铭《天台方言研究》（中华书局 2006）；淳安，曹志耘《徽语严州方言研究》（北京语言大学出版社 2017）；屯溪，钱惠英《屯溪话音档》（上海教育出版社 1997）。

苏州话不存在前鼻尾和后鼻尾的对立，韵母 [ən, in, uən, yn] 韵尾发音部位不稳定，有人偏后读作 [-ŋ]。上海"尾"字的两个白读音出现环境不同，说"尾尻骨" [mi⌒ tɕʰiɤ⌒ kuəʔ]（尾骨）的时候是 [mi²]，说"尾巴" [n̠i⌒ poɤ]的时候是[n̠i²]。绍兴话"肉"还可以读 [n̠ioʔ]，用于小儿的昵称"肉肉" [n̠ioʔ n̠ioʔ]。"尾"字在苏州、上海、温州发生了发音部位的变化，即：

mi → ȵi（苏州、上海；上海"尾"字 [mi²/ȵi²] 两读并存）

mi → m̩ → ŋ̍（温州；"母"[ᶜŋ̍] 经历了类似的变化：mu → m̩ → ŋ̍）

上述音变历程是否存在 ni 和 ŋ 阶段，需要进一步调查。

淳安的古日母已发生去鼻音化。杭州古微母、日母大体也已完成去鼻音化。老杭州话古微母字、日母字本来大体只有一种非鼻音声母的读法，但是在周边吴语的影响下，新杭州话又出现了"白读音的回归"①，一些字又出现了鼻音声母和非鼻音声母的异读。例如"尾""网"两字，鲍士杰（1998）同音字汇中都用小字"又"注明是又读，但都只收一音。根据钱乃荣（1992）②，杭州话"尾"又读 [ᶜvi]，"网"则只读 [ᶜʔuAŋ] 一音。

2. 多数方言古次浊上、全浊上字在白读层里有共同的演变行为。例如：

表55　吴语古浊上字今读举例

	坐	弟	重	懒	痒	有
上海	zu²	di²	zoŋ²	lɛ²	ɦiã²	ɦiɤ²
苏州	zəu²	di²	zoŋ²	lE²	jiaŋ²	jiɤ²
杭州	zo²	di²	dzoŋ²	ᶜlE̞	ᶜʔiaŋ	ᶜʔiø
桐庐	zu²	di²	dʑioŋ²	卵ᶜle	ᶜiaŋ	ᶜiu
绍兴	ᶜzo	ᶜdi	ᶜdzoŋ	ᶜlæ̃	ᶜɦiaŋ	ᶜɦiɤ
天台	ᶜzo	ᶜdi	ᶜdʑyoŋ	ᶜlE	ᶜiaŋ	ᶜɦiɤu
温州	ᶜzo / zuɔ	ᶜdei	ᶜdʑyɔ	ᶜla	ᶜji	ᶜjiau
淳安	ᶜsu	ᶜtʰiɑ	ᶜtsʰɔm	ᶜlã	ᶜiã	ᶜiɯ
屯溪	ᶜtsʰo	ᶜtʰe	ᶜtsʰan	ᶜlɔ	ᶜiau	ᶜiu

说明：《上海方言词典》所列上海话单字调为六个：阴平 53 ˥˧，阴上 55 ˥，阴去 35 ˧˥，阳舒 13 ˩˧，阴入 ʔ55 ˥，阳入 ʔ13 ˩˧。阴上调实际调值为 44 ˧，阳入调实际调值为 ʔ12 ˩˨。《上海市区方言志》③所列上海话单字调为五个：阴平 53 ˥˧，阴去 34 ˧˥，阳去 23 ˩˧，阴入 ʔ55 ˥，阳入 ʔ12 ˩˨。本书将上海话的六个单字调称为平声、上声、阴去、阳去、阴入、阳入。古浊平、浊上、浊去字上海话今都读阳去调（次浊上部分归上声，部分归阳去）。《桐庐方言志》同音字表、分类词表、语法例句、标音举例部分都没有出现"懒"字，只能另用"卵"字代替。

绍兴、温州、屯溪六个字都读阳上调。苏州、上海一律读阳去调，淳安一律读上声调，仍然可以视为规律性的表现，即苏州、上海阳上调并入阳去调，淳安阳上调并入阴上调，古次浊上、全浊上都共同行动。天台大体跟绍兴同类，但"痒"字的读法属于文读层。杭州、桐庐是例外，次浊上字和全浊上字分道扬镳。宋室南迁，建都杭州，北方士人

---

① 参看徐越《杭嘉湖方言语音研究》136—138 页，北京语言大学 2005 年博士论文。
② 钱乃荣《杭州方言志》，[日] 好文出版，1992 年。
③ 许宝华、汤珍珠主编，上海教育出版社，1988 年。

蜂拥而至，所带来的北方话对杭州话产生了深刻的影响，使得地处吴语腹地的杭州话成了一种混合性质的方言。就浊上字的表现看，它属于北方话类型是没有疑问的。从《桐庐方言志》第五章所列的五个小区音系看，北乡、新合尚保留阳上调，分水、上南乡、下南乡则只有一个上声调，可惜都缺乏详细的语料。可以推测桐庐话浊上字的表现跟杭州话的影响有关[①]。

3. 多数方言古全浊声母仍读浊音，例如：

表56　吴语古定母字今读举例

	弹~琴	淡	蛋	达	团	断	缎	夺
上海	dɛ²	dɛ²	dɛ²	daʔ₂	dø²	dø²	dø²	døʔ₂
苏州	₅dE	dE²	dE²	daʔ₂	₅dø	dø²	dø²	dɤʔ₂
杭州	₅dẼ	dẼ²	dẼ²	dɑʔ₂	₅duõ	duõ²	duõ²	doʔ₂
桐庐	₅daŋ	da²	daŋ²	dʌʔ₂	₅de	de²	de²	dəʔ₂
绍兴	₅dæ	₅dæ	dæ²	dæʔ₂	₅dõ	dõ²	dõ²	døʔ₂/deʔ₂
天台	₅dE	₅dE	dE²	dæʔ₂	₅duø	₅duø	duø²	duəʔ₂
温州	₅da	₅da	da²	da₂	₅daŋ	₅daŋ	dø²	dai₂
淳安	₅tʰã	₅tʰã	₅tã	tʰɑʔ₂	₅tʰã	tʰã²/tʰen²	tʰã²	tʰəʔ₂
屯溪	₅tɔ	₅tɔ	₅tɔ	tɔ₂	₅tu:ə	₅tʰu:ə	tu:ə	₅tʰu:ə

说明：杭州"夺"字鲍士杰（1998）同音字表只收一音，但注有小字"又"；钱乃荣（1992）同音字表收[dɔʔ₂/dɐʔ₂]两音。上海"缎"字许宝华、陶寰（1997）未收，据许宝华、汤珍珠（1988: 89）补。淳安"断"[tʰã²]用于"断气"义，[tʰen²]用于"断绝"义。

除了两个徽语方言点，其他七个吴方言点八个字都读 d 声母。吴语的 d 类声母是音系上的定位，不必是物理上的典型浊塞音。要点是塞音、塞擦音三分。例如：

表57　吴语塞音、塞擦音三分举例

	碑帮	披滂	皮並	东端	通透	同定	灾精	猜清	财从
苏州	₅pE	₅pʰi	₅bi	₅toŋ	₅tʰoŋ	₅doŋ	₅tsE	₅tsʰE	₅zE
上海	₅pe	₅pʰi	bi²	₅toŋ	₅tʰoŋ	doŋ²	₅tsɛ	₅tsʰø	ze²
绍兴	₅pE	₅pʰi	₅bi	₅toŋ	₅tʰoŋ	₅doŋ	₅tsE / ₅tsa	₅tsʰE	₅zE
温州	₅pai	₅pʰei	₅bei	₅toŋ	₅tʰoŋ	₅doŋ	₅tse	₅tsʰe	₅ze

---

① 根据徐越《浙北杭嘉湖方言语音研究》（中国社会科学出版社 2007: 252—253），杭州及其周边地区的 20 个方言点有 12 个古浊上字的今读表现为北方话类型，所呈现的地理分布格局为 ，虽然不排除皖东北的官话影响，但省府杭州恐怕才是主要的因素。

吴语多数方言保留古全浊声母都不受调类或发音方法的限制。例如：

表 58　吴语古全浊声母今读举例

	动定上	洞定去	读定入	静从上	净从去	疾从入	徐邪平	是禅上	汗匣去	活匣入
苏州	doŋ²	doŋ²	doʔ²	zin²	zin²	ziıʔ₂	₅zi	zɿ²	ɦø²	ɦuɤʔ₂
上海	doŋ²	doŋ²	doʔ²	ziŋ²	ziŋ²	zieʔ₂	zi²	zɿ²	ɦø²	βəʔ₂
绍兴	₅doŋ	doŋ²	doʔ²	₅dʑiŋ	₅dʑiŋ	dʑieʔ₂	₅dʑi	₅zɿ²	ɦẽ²	ɦuø ʔ₂
温州	₅doŋ	doŋ²	dəu²	₅zeŋ	zeŋ²	zai₂	₅zei	₅zɿ	jy²	ɦo²

表 57 举的是帮、端、精组的塞音、塞擦音平声字。表 58 前三字是定母的仄声字，"静""净""疾"是从母仄声字，最后四字是古浊擦音声母字，平仄都有。十个字四个方言都一律读浊音声母。对比表 56 和表 47，可以看到吴语和老湘语在保留古全浊声母这一点明显存在着程度上的差别。

4. "桶"字读徒摠切

《广韵》上声董韵他孔切："桶，木桶。又音动。"上声董韵徒摠切："桶，木器。又他孔切。"即"桶"在《广韵》里透、定两读。《汉语方言地图集》语音卷 099 图把汉语方言"桶"字的声母表现分为三类。① 读如透母：tʰ, dʰ, d, l, y, x, h；② 读如定母：d, t, tʰ, x；③ 读如透母或定母：tʰ, x。第三类是说用透母或定母的地位都讲得通。例如明溪（盖洋）古清上字今读上声，古全浊上字今读也是上声，因此"桶"[ₑtʰuŋ]用他孔切、徒摠切都不会碰到障碍。第三类总共只有 33 个方言点，绝大部分错杂分布在第一类方言点的分布区之中，因此本书都视为第一类。吴语多数方言属于第二类。例如：

表 59　吴语"桶"字读音举例

	苏州	上海	绍兴	温州	淳安	屯溪
桶	doŋ²	doŋ²	₅doŋ	₅doŋ	₅tʰɔm	₅tʰan

按照《汉语方言地图集》语音卷 099 图，"桶"字读如定母的方言只涉及吴语、徽语和闽语。其中闽语只有邵武（铅山）一个点。邵武"桶"字的读音，陈章太（1991: 356）[①] 以及张双庆、李如龙（1992: 151）[②] 所记城关音为 [tʰuŋ]，Norman（1995: 111）[③] 所记邵武和平音为 [ₑhn̩]。不过邵武和平的阳上调性质比较特别，是带喉塞的短 4 调 [ʔ˦]，读阳上调的字并不限于浊上字，例如（声调改标调值）：

[①] 陈章太《邵武市内的方言》，见陈章太、李如龙《闽语研究》341—391 页，语文出版社，1991 年。
[②] 张双庆、李如龙主编《客赣方言调查报告》，厦门大学出版社，1992 年。
[③] Norman, Jerry. A Glossary of the Herpyng Dialect, in *Yuen Ren Society Treasury of Chinese Dialect Data* Vol. I, pp.107-126, 1995.

[pʰiuŋʔ˧ tɕʰy˧] sweetgum tree（即"枫树"，118 页；"枫"为清平字）

[pʰuiʔ˧] to fly（即"飞"，118 页；"飞"为清平字）

[uʔ˧] mushroom（即"菇"，125 页；"菇"为清平字）

[tʰæŋʔ˧] ringworm（即"癣"，122 页；"癣"为清上字）

[kʰimʔ˧ me˧(<e˧)] aunt, wife of mother's brother（即"妗□"，113 页；"妗"为浊去字）

这种现象当跟小称有关，即邵武和平的 [ʔ˧] 是阳上调和小称调的重叠。可见邵武（和平）"桶"字的来源是透、定两可的。估计铅山的情况相类。既然邵武周边的方言"桶"字都来源于透母，因此仍然可以将它归为第一类（按《汉语方言地图集》的处理是第三类）。图 40 只表现吴语、徽语"桶"字的读法。

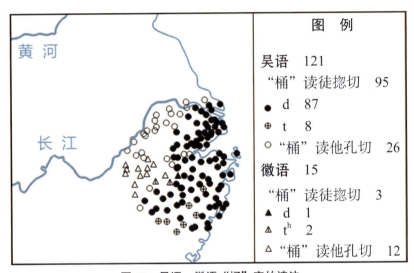

图 40　吴语、徽语"桶"字的读法

吴语、徽语"桶"字是否读徒揔切的方言点合计比例为 98∶38，读徒揔切的方言点占了 72%，而且在地理上完全呈连续分布。吴语以读徒揔切为主流，语音表现形式主要是 [d-]；徽语以读他孔切为主流，读徒揔切的方言或为 [d-]（仅 1 个点），或为 [tʰ-]（仅 2 个点）。图 40 的鲜明特点是东黑西白，即"桶"读他孔切的方言主要集中在吴语、徽语分布区的西部，说明江淮官话对吴语区的西部有很大的冲击力。此外还值得注意的是靠近杭州湾口的两个白圆圈，靠东的是杭州，靠西的是余杭，"桶"都读他孔切。

5. "打"字读德冷切

《广韵》上声梗韵："打，击也。德冷切。又都挺切。"吴语多数方言的读音符合梗摄开口二等庚韵的今读条例，例如：

表60　吴语"打"字读音举例

	苏州	上海	绍兴	温州	淳安	屯溪
打	ᶜtaŋ	ᶜtã	ᶜtaŋ	ᶜtiɛ	ᶜtã	ᶜta

说明：温州话梗摄开口二等今读 [-iɛ]，例如：冷 [ᶜliɛ] | 生 [ᴄsiɛ] | 更 [ᴄkiɛ]。因此"打"虽然不读鼻尾韵或鼻化韵，但仍符合德冷切今读规律。

《汉语方言地图集》语音卷201图以"打架"里的"打"字音为依据，将930个汉语方言点归为四类：

① 读如梗摄（aŋ/ɑŋ, an, ã/ɑ̃, ɛ̃/æ̃, ãi/ɑ̃i, a, ɛ/æ, ᴇ, ai, ɛa, ea, iaŋ, iŋ）
② 读如假摄（a/ɑ, ɒ, ɔ, o, œ, ʌu）
③ 与梗假摄都不同（a/ɑ, ɛ/æ, ai, ɔ, o）
④ 不用"打"字（如厦门、福州打架说"相拍"[sio˧ pʰaʔ˩/souŋ˧ pʰaʔ˩]）

其中②、③可以合并为一类，其共性是与梗摄不同。930个方言点中，第①类方言主要是吴语和徽语，其他方言总共只有5个点：湖南桂东客家话（an）、浙江景宁畲话（aŋ/ɑŋ）、福建宁德畲话（aŋ/ɑŋ）、广西恭城土话（ɛ/æ）、广东南海粤语（aŋ/ɑŋ）。其中南海（今佛山市南海区）按照詹伯慧、张日昇（1987: 328），詹伯慧、张日昇（1988: 290）[①]，"打"都读 [ᶜta˧]，应当改归读如假摄的第①小类。桂东、恭城大概没有问题[②]：

桂东：打 [ᶜtã] | 撑 [ᴄtsʰã] | 坑 [ᴄxã] | 硬 [ŋənˀ/ŋãˀ]
恭城：打 [ᶜtie] | 冷 [ᶜlie] | 争 [ᴄtsie] | 生 [ᴄsie] | 硬 [nieˀ]

"打"读德冷切是畲话的共同特征，也没有问题，例如[③]：

表61　畲话梗开二庚韵今读举例

	福安	福鼎	罗源	三明	顺昌	华安	贵溪	苍南	景宁	丽水	龙游	潮州	丰顺
打	ᶜtaŋ	ᶜtaŋ	ᶜtaŋ	ᶜtaŋ	ᶜtaŋ	ᶜtaŋ	ᶜtaŋ	ᶜtaŋ	ᶜtaŋ	ᶜtaŋ	ᶜtaŋ	ᶜtaŋ	ᶜtaŋ
冷	ᴄlaŋ	ᴄlaŋ	ᴄlaŋ	ᴄlaŋ	ᴄlaŋ	ᴄlaŋ	ᴄlaŋ	ᴄlaŋ	ᴄlaŋ	ᴄlaŋ	ᴄlaŋ	ᴄlaŋ	ᴄlaŋ
坑	ᴄhaŋ	ᴄhaŋ	ᴄhaŋ	ᴄhaŋ	ᴄhaŋ	ᴄhaŋ	ᴄhaŋ	ᴄhaŋ	ᴄhaŋ	ᴄhaŋ	ᴄhaŋ	ᴄhaŋ	ᴄhaŋ
硬	ŋaŋˀ	ŋaŋˀ	ŋaŋˀ	ŋaŋˀ	ŋaŋˀ	ŋaŋˀ	ŋaŋˀ	ŋaŋˀ	ŋaŋˀ	ŋaŋˀ	ŋiaŋˀ	ŋaŋˀ	ŋaŋˀ

---

① 《珠江三角洲方言字音对照》，广东人民出版社，1987年；《珠江三角洲方言词汇对照》，广东人民出版社，1988年。

② 桂东根据崔振华《桂东方言同音字汇》，《方言》1997年第1期；恭城根据关英伟《广西恭城直话音系》，《方言》2005年第3期。

③ 据游文良《畲族语言》170—171页，福建人民出版社，2002年。

赵元任（1928:87）[①]在讨论"吴语全部的公共点"时提到：

> 音韵分类上（不是讲音值）也有比国音更合古音的（例如"打白"读 dáang，"鸟白"读deau），也有不如国音合古音的（例如有几处"秦""寻"读撮口），但通算起来还是吴音的分类跟《切韵》所代表的古音近一点。

《中国语言地图集》（1987）B9 讨论吴语的共性时也提到："'打'字读法合于梗韵'德冷切'，不与麻韵相混。"游汝杰（1997）[②]认为吴语的音韵特征只有两条，其中一条即"打"字读德冷切，合乎梗摄二等的历史音变规律。现在看来，"打"读德冷切曾经是吴语和客家话的共同特征，目前客家话除个别残存外，都已被 ['ta] 类的读法所覆盖，不过却还完整地保留在从闽粤赣交界地区迁到东南各省的畲话中。

《汉语方言地图集》语音卷 201 图的分类可以调整为：

1. 合德冷切
   A. 读鼻尾韵、鼻化韵（aŋ/ɑŋ, an, ã/ɑ̃, ɛ̃/æ̃, ãi/ɑ̃i, iaŋ, iŋ）
   B. 读非鼻尾韵、非鼻化韵（a, ɛ/æ, ɛ, ai, ɛa, ea）
2. 不合德冷切
3. 不用打架义的"打"字

图 41 只表现吴语、徽语、客家话（含畲话在内）、土话，采用调整后的分类。

吴语、徽语"打"字是否合德冷切的方言点合计比例为 100∶36，合德冷切的方言点占了 74%，而且在地理上完全呈连续分布。吴语以合德冷切为主流，语音表现形式主要是鼻音韵（包括鼻化韵和鼻尾韵）；徽语以不合德冷切为主流，不过合德冷切的方言也占了 40%，鼻音韵和非鼻音韵都是 3 个方言。图 41 的吴语、徽语部分跟图 40 具有相似的地理分布格局，即东黑西白，"打"不合德冷切的方言主要集中在吴语、徽语分布区的西部。此外还值得注意的是，在吴语区的腹地也存在不合德冷切的散点（从北往南依次是湖州、海盐、杭州、新登旧、丽水）。说明不仅搭界的官话对西部的吴语和徽语有很大影响，官话化程度较深的杭州话以及共同语对吴语也有明显的影响。

3.7.3 特征词

吴语在词汇方面也有自己的鲜明特点，下面从《汉语方言地图集》词汇卷中选择两个词项加以介绍。

---

① 赵元任《现代吴语的研究》，清华学校研究院，1928 年。
② 游汝杰《吴语的音韵特征》，《开篇》第 15 卷，1997 年。

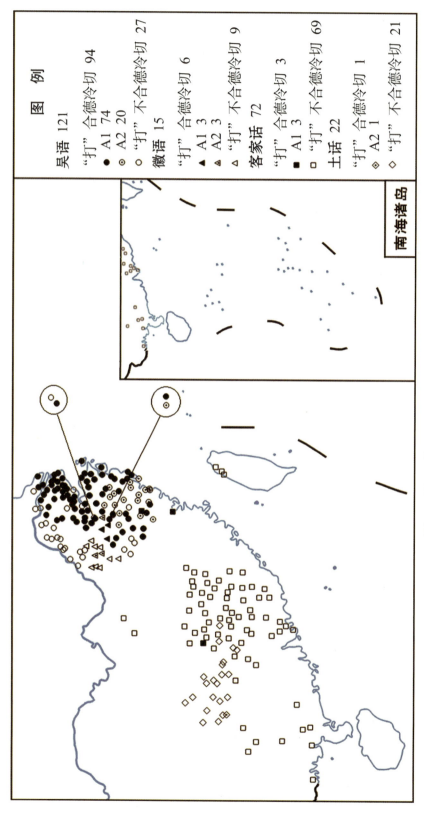

图 41　吴语、徽语、客家话、土话 "打" 字的读法

1. V006 虹

彩虹吴语一般叫"鲎",例如:

表 62　吴语彩虹的说法举例

	苏州	上海	绍兴	温州
彩虹	鲎 [hyʌ]	鲎 [hɤʌ]～虹 [ɦoŋʌ]	鲎 [ha˧]	鲎 [hauʌ]

"鲎"字本来一直为"鱼名"(实为一种海生节肢动物),例如《集韵》去声候韵下遘切:"鲎,鱼名,似蟹,有子,可为酱。"又许候切:"鲎,鱼名,似蟹。"又莫候切:"鲎,鱼名,出日南。"又入声沃韵乌酷切:"鲎,鱼名。"又入声觉韵乙角切:"鲎,鱼名。"到了南宋戴侗(1200—1285)的《六书故》卷二十《动物四》(四库全书本),"鲎"才跟虹联系起来:

> 虹、螮蝀:……越人谓虹为鲎,且言其下饮涧谷……

当然《六书故》也仍然记载了作为鱼名的"鲎",只有许候切(晓母字)一音:

> 鲎:许候切。海介。物如覆缶而有骨尾,口足皆在下,牝牡常并行。

指虹的"鲎"是个记音字,本字为"雩",是个古江东方言词。《尔雅》卷中释天第八(小字为郭璞注,据东京大学图书馆藏影宋本):

> 螮音帝蝀谓之雩。螮蝀音董,虹也俗名为美人。虹江东呼雩,音芋。蜺为挈音佉贰蜺,雌虹也,见《离骚》。挈贰,其别名,见《尸子》。

玄应《一切经音义》卷第二十五①:

> 虹电……《说文》:螮蝀,虹也。江东呼为雩。……

《集韵》去声遇韵王遇切:

> 雩,求雨祭。一曰吴人谓虹曰雲。("雲"应为"雩"之误,日本宫内厅书陵部所藏金州军刻本正作"雩")

曹志耘曾经指出:"在南部吴语里,主要是开化、常山、江山、广丰、玉山、遂昌、庆元、金华、汤溪等地,有少数云母字和以母字读作擦音声母,还有读塞音、塞擦音或

---

① 据徐时仪校注《一切经音义三种校本合刊》第 1 册 503 页,上海古籍出版社,2012 年。"雩"字原排作"于"字底。

鼻音声母的，声调多读阴调类。"①因此把"雩"看作吴语"鲎虹"的本字，不仅音义皆通，而且可以把文献解释得最好②。根据《汉语方言地图集》词汇卷 006 图可绘制"鲎"（雩）在汉语方言里的分布图如下。

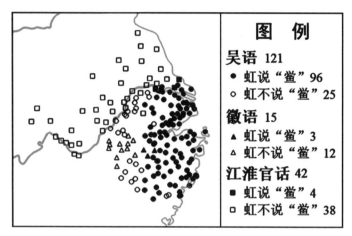

图 42 "鲎"（虹）在汉语方言里的分布

从图可见，"鲎"（虹）主要分布在浙江、上海和苏南，构成连续分布，说"鲎"和不说"鲎"的方言之间可以画出一条相当规整的同言线来。吴语（含徽语在内）说"鲎"的方言是主体，136 个方言点中有 99 个点说"鲎"，约占 73%，只有西部和南部的部分方言不说"鲎"。4 个说"鲎"的江淮官话都在苏中，如东县掘港镇陈高村、南通市崇川区、靖江市八圩镇江峰村、扬中市西来桥镇福星村，紧挨吴语的北界，可视为吴语的底层或吴语特征词的外溢。

2. V071 大溲

大溲吴语一般叫"恶"。例如：

表 63　吴语大溲的说法举例

	苏州	上海	绍兴	温州
大溲	恶 [əuˀ˨]～屎 [ˤsʅ˨]	恶 [uˀ˦]	恶 [uˀ˦]	恶 [uˀ˨]

有的学者认为本字是"涴"，例如曹志耘（1996:107）③：

【涴】屎：狗～｜牛～｜耳朵～｜牙齿～牙垢｜射～拉屎‖广韵过韵乌卧切：

---

① 曹志耘《南部吴语语音研究》55—57 页，商务印书馆，2002 年。曹志耘已说明：南部吴语有的方言把云以母字读作 ɦ，j，v 等声母，它们与零声母有关，这里不作为擦音声母看待。

② 参看项梦冰《吴语的"鲎"（虹）》，《长江学术》2014 年第 3 期。

③ 曹志耘《金华方言词典》，江苏教育出版社，1996 年。

"泥著物也。"集韵过韵乌卧切："污也。"

《汉语方言地图集》词汇卷 071 图 "涴" 字的注为：

> 《广韵》过韵乌卧切，泥著物也，亦作污。浙江金华读 [uɤˇ]。

许宝华、陶寰（1997: 55）[①]则认为是"屙"字。郑张尚芳（2008: 317）[②]把温州话的动词大便记为"拉污/恶/屙"[laɿ ʔʊɤˇ]，把屎则记为"担污"[tsoɿ ʔʊɤˇ]，意思大概是三字都无不可，用"污"最方便理解。本书同意张惠英（1980）、孙玉文（2015: 648—649）的意见[③]，吴语大溲说法的本字是"恶"，读音来自《广韵》去声暮韵乌路切，例如前举苏州、上海、绍兴、温州都符合乌路切。东汉赵晔（会稽山阴今浙江绍兴人）《吴越春秋》勾践入臣外传第七（明古今逸史本）：

> 越王明日谓太宰嚭曰："囚臣欲一见问疾。"太宰嚭即入言于吴王。王召而见之，适遇吴王之便，太宰嚭奉溲、恶以出，逢户中，越王因拜："请尝大王之溲以决吉凶。"即以手取其便与恶而尝之，因入曰："下囚臣勾践贺于大王。王之疾至巳应为己巳日有瘳，至三月壬申病愈。"吴王曰："何以知之？"越王曰："下臣尝事师闻粪者，顺谷味、逆时气者，死；顺时气者，生。今者臣窃尝大王之粪，其恶味苦且楚酸。是味也，应春夏之气。臣以是知之。"吴王大悦，曰："仁人也。"乃赦越王，得离其石室，去就其宫室，执牧养之事如故。越王从尝粪恶之后，遂病口臭。范蠡乃令左右皆食岑草以乱其气。

元徐天祐注："溲，所九切。恶，遏各切。""溲，即便也。恶，大溲也。"清范寅（会稽皇甫庄人）《越谚》（谷应山房刊本）卷下："恶，乌去声。越人呼粪皆作污……谓粪为恶，且时或谓粪，时或谓恶，今之越谚犹然。勾践之先言粪后言恶者，口吻逼肖。而注云'恶，遏各切'，实不知越谚而误。"

乌卧切（果摄合口一等）可以说通现代吴语的读音表现，乌路切（遇摄合口一等）也可以说通绝大部分吴语的读音表现，但是会出现少数像金华 [uɤˇ] 这种特别的方言：对果摄合口一等而言，[-uɤ] 是通例；对遇摄合口一等而言，[-uɤ] 是特例。考虑到"恶"指大溲已见于汉代文献，本身又是个口语常用词，不跟进同韵字的演变也是可能的，按照高本汉的拟音，乌路切的"恶"为 [*uo]，金华只是主元音发生了展唇化[④]。

[①] 许宝华、陶寰《上海方言词典》，江苏教育出版社，1997 年。
[②] 郑张尚芳《温州方言志》，中华书局，2008 年。
[③] 张惠英《吴语劄记》，《中国语文》1980 年第 6 期；孙玉文《汉语变调构词考释》，商务印书馆，2015 年。
[④] 作为遇摄合口一等的滞后字，"恶"的韵母实际上跟发生了元音高化的果摄合口一等发生了合流，然后共同发生了展唇化，即 <uɑ> → <uɔ> → <uo> → <uɤ>（其中 < > 代表果摄合口一等，[ ] 代表遇摄合口一等，只有滞后性的"恶"字）。

根据《汉语方言地图集》词汇卷 071 图，大溲说"恶"的只见于吴语和徽语，总共有 95 个方言点。吴语、徽语是否说"恶"的方言点数分别为 91∶30 和 4∶11，合计在一起是 95∶41，说"恶"的方言点占了近 70%。图 43 是"恶"在汉语方言里的分布示意图。

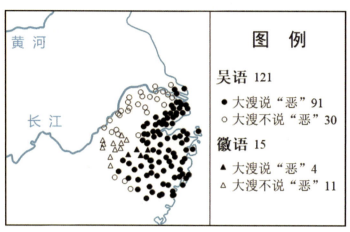

图 43　"恶"（大溲）在汉语方言里的分布

3.7.4 次方言的划分

图 44 以《汉语方言地图集》的布点模拟《中国语言地图集》（1987，2012）吴语、徽语的方言片划分，不反映原小片的划分。

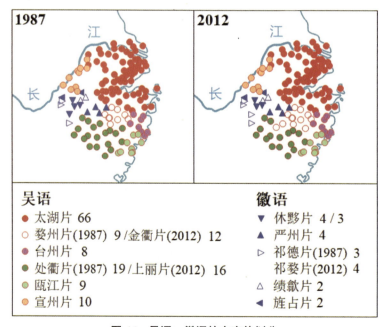

图 44　吴语、徽语的方言片划分

从图可见，《中国语言地图集》（1987）将吴方言分为太湖片、婺州片、台州片、处衢片、瓯江片、宣州片六片；将徽语分为休黟片、严州片、祁德片、绩歙片、旌占片五片。《中国语言地图集》（2012）大体沿用了这种划分，但是把"婺州片"改称"金衢片"（金华—衢州），"处衢片"改称"上丽片"（上饶—丽水），"祁德片"改称"祁婺片"（祁门—婺源）。此外，龙游、衢州市辖区、缙云 1987 归处衢片，2012 归金衢片。本书将徽语视为吴语的一种，因此"徽语"应降级为方言片，可称为"徽严片"，原方言片则降级为小片（例如：严州片→严州小片）。

3.7.5 苏州话成篇语料

poʔ˦ foŋ˧ taʔ˦ tʰɑʏ˧ ɦiã˩

北　风　搭　太　阳

ɦiy˩ iəʔ˦ tsø˩, poʔ˦ foŋ˧ taʔ˦ tʰɑʏ˧ ɦiã˩ ləʔ˦ to˧ tsã˧, sɑʏ ȵin˩ kəʔ˦ pən˩ zɿ˩
　有　一　转，　北　风　搭　太　阳　勒　笃　争，　啥　人　葛　本　事

dəu˩. tsã˧ lɛ˩ tsã˧ tɕʰi˧ zɿ˩ zɿ˩ fən˧ fəʔ˦ tsʰəʔ˦ kæ˧ ti˧ lɛ˩. gəʔ˦ kəʔ˦ zən˩ kuã˧
　大。　争　来　 争　去　就　是　分　勿　出　高　低　来。　辩　个　辰　光

ləu˩ lã˩ ɕiã˩ lɛ˩ tsɿ˩ iəʔ˦ kəʔ˦ kəu˧ ləu˩ ȵin˩, li˧ sən˧ lã˩ tsaʔ˦ tsɿ˩ iəʔ˦ dʑin˩ ɦy˩
　路　上　向　来　仔　一　个　过　路　人，　俚　身　浪　着　仔　一　件　厚

dɑ˩ iɿ˧. li˧ to˧ liã˩ kɑ˧ dy˩ zy˩ kã˩ hæ˧ tsɛ˧, sɑʏ ȵin˩ nən˩ ky˩ si˧ hɛ˧ gəʔ˦
　大　衣。俚　笃　两　家　头　就　讲　好　哉，　啥　人　能　够　先　喊　辩

kəʔ˦ kəu˧ ləu˩ ȵin˩ tʰəʔ˦ tʰəʔ˦ li˧ kəʔ˦ dʑin˩ ɦy˩ dɑ˩ iɿ˧, zy˩ sø˩ sɑʏ ȵin˩
　个　过　路　人　脱　脱　俚　葛　件　厚　大　衣，就　算　啥　人

kəʔ˦ pən˩ zɿ˩ dəu˩. poʔ˦ foŋ˧ zy˩ pʰin˧ min˧ kəʔ˦ tsʰɿ˧ tɕʰi˧ lɛ˧, tsəʔ˦ pəʔ˦ kəu˧
　葛　本　事　大。北　风　就　拼　命　葛　吹　起　来，　只　不　过

li˧ ɦyəʔ˦ zɿ˩ tsʰʮ˧ təʔ˦ tɕiəʔ˦ kuən˩, uɛ˧ kəʔ˦ kəu˧ ləu˩ ȵin˩ nɑ˩ dɑ˩ iɿ˧ kəu˩
　俚　越　是　吹　得　结　棍，　弯　个　过　路　人　拿　大　衣　裹

təʔ˦ ɦyəʔ˦ tɕin˩. ɦy˩ sʮ˧ lɛ˧ poʔ˦ foŋ˧ m̩ pəʔ˦ faʔ˦ tsɿ˧ tsɛ˧, tsəʔ˦ hæ˩ zy˩ ɕiə˧
　得　越　紧。后　首　来　北　风　呒　不　法　子　哉，　只　好　就　歇

ko˧. kəu˩ tsɿ˧ iəʔ˦ ɕiəʔ˦, tʰɑʏ˧ ɦiã˩ tsʰəʔ˦ lɛ˧ tsɛ˧, li˧ laʔ˦ laʔ˦ tɕiæ˧ iəʔ˦ sʌ˩, uɛ˧
　搁。过　仔　一　歇，太　阳　出　来　哉，　俚　辣　辣　交　一　晒，弯

kəʔ˦ kəu˧ ləu˩ ȵin˩ mɑ˧ zã˩ zy˩ nɑ˩ gəʔ˦ dʑin˩ ɦy˩ dɑ˩ iɿ˧ tʰəʔ˦ ɦo˩ lɛ˧ tsɛ˧.
　个　过　路　人　马　上　就　拿　辩　件　厚　大　衣　脱　下　来　哉。

zəʔ˦ kã˩ iəʔ˦ lɛ˧ poʔ˦ foŋ˧ tsəʔ˦ hæ˧ zən˩ ȵin˩ li˧ to˧ liã˩ kɑ˧ dy˩ tã˧ tsoŋ˧
　实　梗　一　来　北　风　只　好　承　认，　俚　笃　两　家　头　当　中

ɦɛ˩ zɿ˩ tʰɑ˦ ɦiã˩ kə‍ʔ˩ pən˥ zɿ˩ dəu˩.
还 是 太 阳 葛 本 事 大。

说明：转录自侯精一主编《现代汉语方言音库·苏州话音档》，叶祥苓、盛毓青编写，曹凤渔、傅菊蓉、方舟发音，上海教育出版社，1996年。声调改用五度制调号，阴去原文有时是513，有时是412，按该书音系统一为513。

思考与练习

1. 吴方言的主要特征是什么？
2. 吴方言的次方言是怎样划分的？
3. 怎样看待徽州方言和官话以及吴方言的关系？
4. 吴方言和湘方言在全浊声母方面有何异同？
5. 地处吴语腹地的杭州话有不少官话方言的特征，怎样解释和处理这一现象？

阅读书目

曹志耘，1996，《严州方言研究》，[日]好文出版。
曹志耘，2002，《南部吴语语音研究》，商务印书馆。
曹志耘等，2000，《吴语处衢方言研究》，[日]好文出版。
蒋冰冰，2003，《吴语宣州片方言音韵研究》，华东师范大学出版社。
平田昌司等，1998，《徽州方言研究》，[日]好文出版。
钱乃荣，1992a，《杭州方言志》，[日]好文出版。
钱乃荣，1992b，《当代吴语研究》，上海教育出版社。
徐　越，2007，《浙北杭嘉湖方言语音研究》，中国社会科学出版社。
许宝华、汤珍珠主编，1988，《上海市区方言志》，上海教育出版社。
颜逸明，1994，《吴语概说》，华东师范大学出版社。
颜逸明，2000，《浙南瓯语》，华东师范大学出版社。
叶祥苓，1988，《苏州方言志》，江苏教育出版社。
游汝杰，1997/1999，吴语的音韵特征，《游汝杰自选集》，广西师范大学出版社。
张　琨，1985，《论吴语方言》，《历史语言研究所集刊》第56本第2分。
张　琨，1987，《谈徽州方言的语音现象》，《历史语言研究所集刊》第57本第1分。
赵元任，1928，《现代吴语的研究》，清华学校研究院。
赵元任，1967/2002，吴语对比的若干方面，《赵元任语言学论文集》，商务印书馆。
赵元任、杨时逢，1965，《绩溪岭北方言》，《历史语言研究所集刊》第36本上册。
郑　伟，2013，《吴方言比较韵母研究》，商务印书馆。

3.8 粤方言

3.8.1 分布地域

粤方言又叫粤语，本地人习惯上叫作"白话"，外地人则常常称为"广东话"。粤方言的分布范围并不限于广东一省，而广东省境内所分布的方言也不限于粤方言，还有客家方言、闽方言等其他方言。

粤方言以广州话为代表，使用人口约 5882 万，主要分布在广东省、广西壮族自治区以及香港特别行政区和澳门特别行政区。海南省三亚市沿海渔村、岛屿，乐东莺歌海一带的水上渔民说迈话；儋县大部分地区、昌江县等地说儋州话。迈话大概也是一种粤方言；儋州话据研究其文读音系统跟粤方言接近，白读音系统跟客赣方言接近。粤方言也是海外华人社区所使用的主要汉语方言之一，使用人口在 400 万以上。

本书把广西的平话也视为粤方言的一种。根据《中国语言地图集》（1987）B14 图的说明，平话比较集中地分布在广西交通要道附近。从桂林以北的灵川向南，沿铁路（古官道路线）到南宁形成主轴线，柳州以下为南段，鹿寨以上为北段。北段从桂林分出一支，经阳朔、平乐到钟山、富川、贺县，是为北片。南段北端从柳州分出一支，沿融江到达融水、融安；南端从南宁由水路分出三支，右江支到百色，左江支到龙州，邕江支到横县，是为南片。融江一支在地理位置上属于桂北，从语言特点来看却应属桂南平话。南北两片差别很大。平话使用人口在 406 万以上。

图 45 以《汉语方言地图集》的布点模拟《中国语言地图集》（1987）B13 图、B14 图粤语和平话的分布。请注意湘南有一个平话点（宁远）。

粤方言部分地区民间流行一种非正式的书面语，所用词汇与标准书面语中的共同语词汇有较大差异，为此还创造了不少方言字，例如：

冇 [^{c}mou]～乜事（没什么事）｜佢～话过（他没有说过）｜～要紧（不要紧）

瞓 [fɐn^ɔ]～着咗（睡着了）｜～低（躺下）。本字为"困"（睏）

腩 [^{c}nam]腹部的肥肉（多指牛的）：牛～

3.8.2 语音特点

粤语较为一致的语音特点有三项，下面分别介绍。

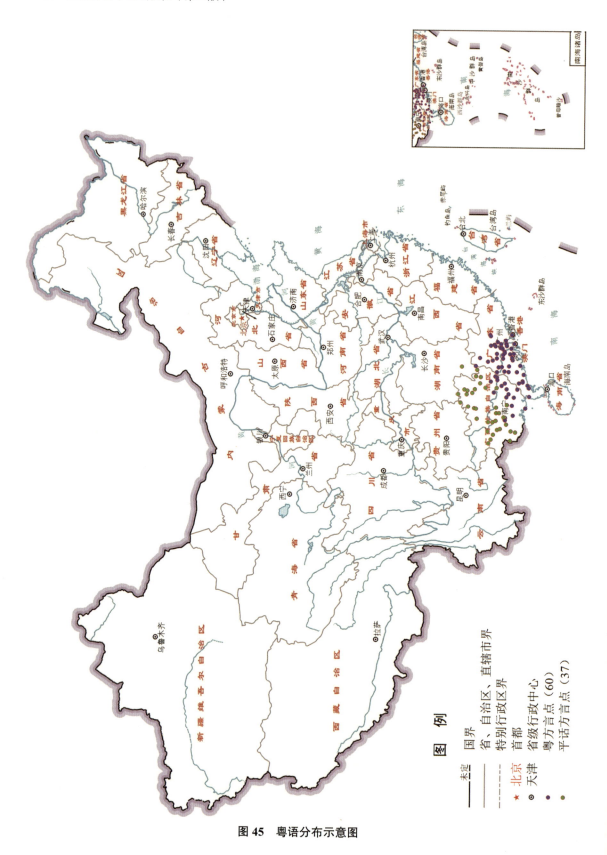

图 45 粤语分布示意图

1. 古微母字今读鼻音声母。例如：

表 64　粤语古微母字今读举例

	尾	蚊	袜	网	雾	万	文
广州	˪mei	˪mɐn	mɐt˨	˪mɔŋ	mou²	man²	˪mɐn
阳江	˪mei	˪mɐn	ma²	˪mɔŋ	mou²	man²	˪mɐn / mɐn²
香港	˪mei	˪mɐn	mɐt˨	˪mɔŋ	mou²	man²	˪mɐn
澳门	˪mei	˪mɐn	mɐt˨	˪mɔŋ	mou²	man²	˪mɐn
南宁	˪mi	˪mɐn	mɐt˨	˪mɔŋ	mu²	man²	˪mɐn
梧州	˪mi	˪mɐn	mat˨	˪mɔŋ	˪mu	˪man	˪mɐn
德庆	˪mi	˪mɐn	mat˨	˪mɔ	mu²	man²	˪mɐn
封开封川	˪mi	˪muʌn	mat˨	˪mɔŋ	mu²	man²	˪muʌn
南宁亭子	˪mi	˪mɐn	mat˪	˪moŋ	mu²	man²	˪fɐn
临桂两江	˪mæ	˪mã	mo²	˪mən	—	mã²	˪wæ̃ / ˪mæ̃

本节粤方言点语料来源：广州、阳江，《汉语方音字汇》；香港、澳门（均为市区），詹伯慧、张日昇《珠江三角洲方言字音对照》（广东人民出版社 1987）；南宁（市区）、梧州、南宁（亭子），广西壮族自治区地方志编纂委员会《广西通志·汉语方言志》（广西人民出版社 1998）；德庆，詹伯慧、张日昇《粤西十县市粤方言调查报告》（暨南大学出版社 1998）；封开（封川），侯兴泉《封开方言志》（世界图书出版公司 2017）；临桂（两江），梁金荣《临桂两江平话同音字汇》（《方言》1996 年第 3 期）。

表 64 的前四个字在非官话方言里都程度不同地存在读鼻音声母的情况，但后三个字只有粤语普遍读鼻音声母，其他方言则罕见。

2. 古次浊上、全浊上字在白读层里有共同的演变行为。例如：

表 65　粤语古浊上字今读举例

	坐	弟	重	懒	痒	有
广州	˪tʃʰɔ	tɐi²	˪tʃʰʊŋ	˪lan	˪jœŋ	˪jɐu
阳江	˪tʃʰɔ	˪tʰei	˪tʃʰʊŋ	˪lan	˪jiɛŋ	˪jɐu
香港	˪tsʰɔ	tɐi²	˪tsʰoŋ	˪lan	˪(j)iœŋ	˪(j)iɐu
澳门	˪tsʰɔ	tɐi²	˪tsʰoŋ	˪lan	˪(j)iœŋ	˪iɐu
南宁	˪sɔ	tɐi²	˪tsʰoŋ	˪lan	˪jœŋ	˪jɐu
梧州	˪tɕʰɔ	˪tɐi	˪tɕʰoŋ	˪lan	˪jœŋ	˪jɐu
德庆	˪tso	tɐi²	tsoŋ²	˪lan	˪iɛŋ	˪iɐu
封开封川	˪ɬɔ	˪tʌi	˪tʃoŋ	˪lan	˪iɛŋ	˪iʌu
南宁亭子	˪tsʰu	tɐi²	tʃœŋ²	˪lan	˪jiɛŋ	˪jɐu
临桂两江	˪tsʰi	˪tʰei	˪tʰiəŋ	˪lã	˪iẽ	˪iau

3. 古非敷奉母字今一般不读双唇塞音声母。例如：

表66　粤语古非敷奉母字今读举例

	夫	分	芳	蜂	饭	房
广州	₋fu	₋fɐn	₋fɔŋ	₋fʊŋ	fan²	₌fɔŋ
阳江	₋fu	₋fɐn	₋fɔŋ	₋fʊŋ	fan²	₌fɔŋ
香港	₋fu	₋fɐn	₋fɔŋ	₋foŋ	fan²	₌fɔŋ
澳门	₋fu	₋fɐn	₋fɔŋ	₋foŋ	fan²	₌fɔŋ
南宁	₋fu	₋fɐn	₋fɔŋ	₋foŋ	fan²	₌fɔŋ
梧州	₋fu	₋fɐn	₋fɔŋ	₋foŋ	₌fan	₌fɔŋ
德庆	₋fu	₋fɐn	₋fɔŋ	₋foŋ	pan²	₌pɔŋ
封开封川	₋fu	₋fuʌn	₋fɔŋ	₋foŋ	fan²	₌fɔŋ
南宁亭子	₋fu		₋fɔŋ	₋fœŋ	fan²	₌fɔŋ
临桂两江	₋fu	₋fæ̃	₋fəŋ	₋fəŋ	fã²	₌fəŋ

古非敷奉母字白读层今读双唇塞音比较明显的方言是闽语，其次是客家方言。吴方言（浙南吴语除外）、粤方言已较不明显，赣方言、湘方言、官话方言除特字外，几乎不存在这一现象。结合古微母字的今读情况，可以说典型的粤语是古非敷奉母字高度创新而古微母字高度存古的方言。

就主要的次方言而论，粤语的内部语音差异值得注意的有以下两点：

1. 古全浊声母清化存在两种主要的模式。一种模式以广州话为代表，古全浊声母清化，逢塞音塞擦音平声、上声送气，去声、入声不送气。另一种模式以德庆为代表，古全浊声母清化，逢塞音塞擦音一律不送气。此外，在粤西粤、客接触密切的地区，以及语言、方言情况比较复杂的桂北地区，也存在一律送气的情况，但不是粤语的主流。以定母字为例：

表67　粤语古定母字今读举例

	弹~琴	淡	蛋	达	团	断	缎	夺
广州	₌tʰan	⸌tʰam	tan²	tat₂	₌tʰyn	⸌tʰyn	tyn²	tyt₂
阳江	₌tʰan	⸌tʰam	tan²	ta²	₌tʰun	⸌tʰun	tun²	tut₂
香港	₌tʰan	⸌tʰam	tan²	tat₂	₌tʰyn	⸌tʰyn	tyn²	tyt₂
澳门	₌tʰan	⸌tʰam	tan²	tat₂	₌tʰyn	⸌tʰyn	tyn²	tyt₂
南宁	₌tʰan	⸌tʰam	tan²	tat₂	₌tʰyn	⸌tʰyn	tyn²	tyt₂
梧州	₌tʰan	⸌tʰam	₌tan	tat₂	₌tʰyn	⸌tʰyn	₌tyn	tyt₂

（续表）

	弹~琴	淡	蛋	达	团	断	缎	夺
德庆	₅tan	⁵tam	tan²	tat₂	₅tyn	ton²	ton²	tot₂
封开封川	₅tan	⁵tam	tan²	tat₂	₅tun	⁵tun	tun²	tut₂
南宁亭子	₅tan	⁵tam	tan²	tat₂	₅tun	⁵tun	tun²	tut₂
临桂两江	₅tʰã	⁵tʰã	tʰã²	₅to	₅tʰũ	⁵tʰũ	tʰũ²	—

广州至梧州是平、上送气，去、入不送气（可以叫作广州型）；德庆至南宁是一律不送气（可以叫作德庆型）；临桂是一律送气（"达"字为文读层）。粤语古浊上字存在文白分层的现象。德庆型方言只表现为声调的文白分层，例如"断"字德庆属于文读层（读阳去调），封开、临桂都属于白读层（读阳上调或上声调）。广州型方言古全浊上字的文白分层既表现在声调上，也表现在声母上，即就今读塞音塞擦音的字而言，文读层为不送气清音声母，配阳去调；白读层为送气清音声母，配阳上调（阴上、阳上已合并为上声调的方言读上声，如阳江、澳门）。表67两个上声字（淡、断）广州型方言都属于白读层，文白分层规律无从呈现，表68另举5个全浊上字（斜线前后分别为文读和白读）：

表68 广州型方言古全浊上字今读举例

	被	淡	坐	柱	舅
广州	₅pʰei	tam² / ⁵tʰam	tʃɔ² / ⁵tʃʰɔ	⁵tʃʰy	₅kʰɐu
阳江	₅pʰei	tam² / ⁵tʰam	tʃɔ² / ⁵tʃʰɔ	⁵tʃʰi	kiɛu² / ⁵kʰiɛu
香港	₅pʰei	tam² / ⁵tʰam	tsɔ² / ⁵tsʰɔ	⁵tsʰy	₅kʰɐu
澳门	₅pʰei	tam² / ⁵tʰam	tsɔ² / ⁵tsʰɔ	⁵tsʰy	⁵kʰɐu
南宁	₅pʰi	⁵tʰam	⁵tsɔ	⁵tsʰy	₅kʰɐu
梧州	₅pʰi	⁵tʰam	⁵tɕɔ	⁵tɕʰy	₅kʰɐu

2.古日母字存在是否去鼻音化的不同。例如：

表69 粤语古日母字今读举例

	耳	染	人	让	日	肉
广州	⁵ji	⁵jim	₅jɐn	jœŋ²	jɐt₂	jok₂
阳江	⁵ji	⁵jim	₅jɛn	jiɛŋ²	jɛt₂	jiok₂
香港	⁵ji	⁵jim	₅(j)ɐn	(j)iœŋ²	(j)iɐt₂	(j)iok₂
澳门	⁵ji	⁵jim	⁵nɐi	(j)iœŋ²	(j)iɐt₂	(j)iok₂
南宁	⁵ji	⁵jim	₅jɐn	jœŋ²	jɐt₂	jok₂
梧州	⁵ȵi	⁵ȵim	₅nɐn	₅ȵœŋ	ȵɐt₂	jok₂

（续表）

	耳	染	人	让	日	肉
德庆	ˊni	ˊm	ȵien ̠	ŋeŋ²	niɐt̠	niok̠
封开封川	ˊȵi	ˊȵim	ȵiʌŋ ̠	ȵieŋ²	ȵiʌt̠	ȵiok̠
南宁亭子	ˊȵi	ˊȵim	ȵɐ ̠ŋ	ȵiəŋ²	ȵɐt̠	ȵɵk̠
临桂两江	ˊȵi	ˊȵin	ȵiã ̠	ȵian²	ȵie ̠	ȵiəu ̠

说明：德庆的 n 声母在洪音韵前作 [n]，在细音韵前作 [ȵ]。临桂（两江）梁金荣（1996）漏了 ie 韵母的同音字汇，据梁金荣（1994）"昨日" [tsʰiu˞ ȵieɪ] 补①。

表 69 广州至南宁所有的例字都不是鼻音声母，封开至临桂所有的例字都是鼻音声母，梧州、德庆以鼻音声母为主，但也出现非鼻音声母的字。大体而言，日母去鼻音化是广府片粤语的语音特点，而且正在对非广府片的粤语产生影响。梧州原先大概是勾漏片的地盘，随着广府片粤语的西渐而产生的方言交融，就有了梧州白话这种混合性质的方言。清汪森编《粤西诗文载》（据四库全书本）卷二十一收明人徐棻《苍梧即事》诗曰："山色连苍汉，江流绕郡城。往来横渡口，强半广州声。"史鸣皋所撰乾隆《梧州府志》（同治十二年 [1873] 刊本）卷三亦记载："梧州音柔而直，稍异粤东，而近苏白。城郭街市多杂粤东人，亦多东语。"

3.8.3 特征词

粤语的词汇特征明显，下面从《汉语方言地图集》词汇卷中选择 5 个词项加以介绍。每张地图都只取广东、广西及香港、澳门的方言点，以及湘南的 5 个方言点（1 个平话 4 个土话）。即：广东 92，广西 66，湖南 5，香港 2，澳门 1。总共 166 个方言点。这些点已包含《汉语方言地图集》中的所有粤方言点和平话方言点，但是其他方言都不完整，下文分析地图时提到粤语、平话之外的方言时，都是就图中所涉及的方言点说的。

1. V027 宰（～猪）

宰杀粤语叫"劏"，例如广州 [ˌtʰɔŋ]、阳江 [ˌtʰɔŋ]。"劏"字不见于字书、韵书，当为粤语区新造的形声字，本字即"汤"。《广东方言》卷四："汤：粤人宰牲谓之'汤'。盖宰后必以沸汤去其毛，凡宰必用汤。故以'汤'字代'宰'也。俗作'劏'，误。"②"劏"在汉语方言里的分布如图 46 所示，未上图的方言点（764）都不说"劏"。

---

① 梁金荣《临桂两江平话的声韵调》，《方言》1994 年第 1 期。
② 孔仲南《广东方言》（又名《广东俗语考》），南方扶轮社，1933 年。本书据《汉语方言研究文献辑刊》第 10 册 36 页，南江涛选编，国家图书馆出版社，2013 年。

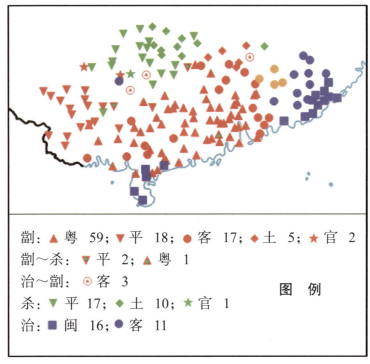

图 46 "劏"(宰杀)在汉语方言里的分布

粤语全都说"劏"(其中 1 个点兼说"杀"),平话 20 个点说"劏"(其中 2 个点兼说"杀"),17 个点说"杀"。说"杀"的平话集中在西北部。闽语都说"治"。原乡的客家话(指嘉应州一带)主要说"治",也有少数方言说"捋",与粤语有地缘关系的客家话,或迁入粤语区腹地的客家话,大都说"劏"。可见"劏"在粤语区的东部和东北部主要是向外溢出,部分客家话和土话都受到了同化;在粤语区的西北部主要是萎缩,西南官话的"杀"覆盖了这一地区的平话和土话。纯绿的符号和纯红的符号之间,存在一个过渡区,生动地反映了方言之间的互动。

2. V147 捡(~到十块钱)

捡拾粤语叫"执",例如广州 [tʃɐp̚˧]、阳江 [tʃɐp̚˧]。《广韵》入声缉韵之入切:"执,持也。"这个字由拿着、握持义引申出捡拾义是粤语的创新。"执"在汉语方言里的分布如图 47 所示,未上图的方言点(764)都不说"执"。

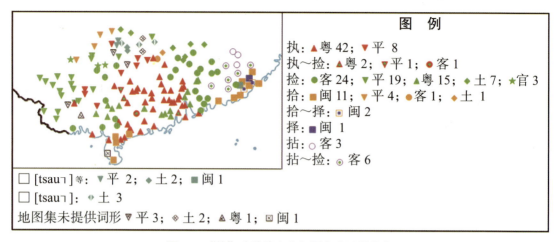

图 47 "执"（捡拾）在汉语方言里的分布

图 47 对原图的词形做了若干归纳：把"井""□"[ˏkynˎ]都归入"捡"；把"挶"（见于闽语）归入"拾"。闽语的"拾"（例如南澳云澳 [kʰioʔ˨]）读音另有来历，跟平话、客家话、土话来自《广韵》入声缉韵是执切的"拾"读音不同①。雷州地图集未提供词形，实际上雷州话的拾取义动词 [kʰioˀ˨] 就是 [kʰioʔ˨] 的舒化演变（雷州古清入字白读层归阳去）。

图 47 有两个突出的特点：①"执"的说法几乎只见于粤语和平话（约占粤语、平话方言点总数的 55%），仅有一个客家话点是"捡"和"执"兼用；②"捡"的说法正在全面侵蚀"执"的地盘，红三角的连续分布区已经严重萎缩，连珠江三角洲地区也出现了一些绿三角。说"捡"的粤语（15+2）、平话（19+1）已占粤语、平话方言点总数的 38%。西北缘有 4 个土黄色的倒三角，其东边不远有一个土黄色的菱形和圆，或许提示这一片地区历史上曾经被"拾"所覆盖过，后来又被"捡"以及新的创新所代替。

3. V153 想（让我～一下）

思索粤语叫"恁"，例如广州 [ˆnɐmˌ]、阳江 [ˆnɐmˎ]。《集韵》平声侵韵尼心切："恁，思也，弱也，信也。"又如林切、上声寝韵忍甚切。如林切、忍甚切音不合。尼心切声母、韵母合，但调不合，大概是高升变调（动词读高升变调的例子如"係"[heiˌ]是表在时要读 [heiˊ]）。"恁"（思索）在汉语方言里的分布如图 48 所示，未上图的方言点（764）都不说"恁"。

---

① 有关《汉语方言地图集》词汇卷 147 图的本字问题可参看项梦冰《汉语方言里的拾取义动词》，《民俗典籍文字研究》第十二辑、十三辑，商务印书馆 2013、2014 年。如果不认可把闽语拾取义动词 [kʰioʔ˨] 的本字考作"拾"，单立词形（挶、挶～择）即可，对图 47 的总体格局没有太大的影响。

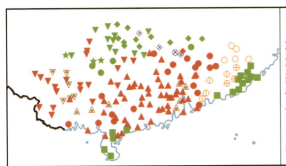

图 48 "恁"（思索）在汉语方言里的分布

说"恁"的粤语和平话约占粤语、平话方言点总数的 89%，萎缩的部分主要是西北部的 11 个平话方言点已改说"想"。此外兼用"想"的粤语（7）和平话（6）也有一定的数量。跟粤语有接触关系的客家话，或者是深入粤语腹地的客家话，大多都已被"恁"的说法所同化。

4. V032 猴子

猴子粤语叫"马骝"，例如广州 [ˤma˧ ₅leu˧ʴ/ˤma˧ ₅leu˧]、阳江 [ˤma ₅leu˧]。"马骝"的说法可追溯到北宋。张师正《倦游杂录》"着也马留"条："京师优人以杂物布地，遣沐猴认之，即曰：'着也马留。'"①明陈耀文《天中记》卷二十一："马留盖优人呼沐猴之名《古今诗话》。"南宋时"马留"在北方已作为猴子的通称，也写作"马流"。宋赵彦卫《云麓漫钞》卷五："北人谚语曰胡孙为马流。"下面是明代吴承恩《西游记》里的用例：

> 将两个赤尻马猴唤做马、流二元帅，两个通背猿猴唤做崩、芭二将军。（第三回）
>
> 菩萨道："我把你这个大胆的马流、村愚的赤尻！我倒再三尽意度得个取经人来，叮咛教他救你性命，你怎么不来谢我活命之恩，反来与我嚷闹？"（第十五回）

前一例大概是作者有意拆字，"马元帅""流元帅"即猴元帅之义，"崩将军""芭将军"即彪将军之义②，后一例是观音大士批评孙悟空的话，"马流""赤尻"对举，意思非常显豁。赤尻即红屁股，代指猴子。"马骝"在汉语方言里的分布如图 49 所示，未上图的方言点（764）都不说"马骝"。

---

① 《倦游杂录》原书已佚，引自宋代曾慥所纂《类说》卷十六《倦游杂录·着也马留》。
② "崩芭"当为蒙古语 bambar [bɑmbăr]（虎崽，彪）的音译。参看内蒙古大学蒙古学研究院蒙古语文研究所编《蒙汉词典》（增订本）423 页，内蒙古大学出版社，1999 年。

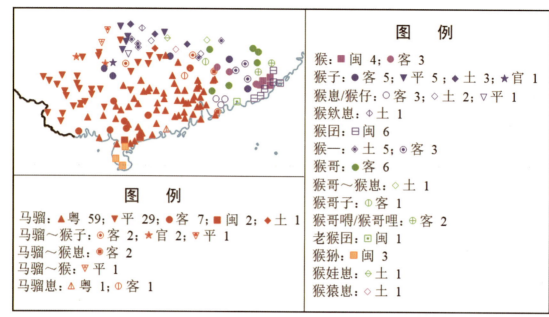

图 49 "马骝"(猴子)在汉语方言里的分布

图例中"猴—"表示"猴"加"子、儿、崽、仔、囝"外的其他词尾。说"马骝"的粤语(59+1)、平话(29+1+1)占粤语、平话方言点总数的91%,仅西北部6个平话方言点改用"猴"类说法。"马骝"也存在向客家话(7+2+2+1)、闽语(2)、官话(2)、土话(1)溢出的现象,但方言点数不算多,主要是进入粤语腹地的客家话被粤语所同化。

5. V202 块(一〜钱)

一块钱粤语说"一文钱",不仅用词跟多数汉语方言不同,"文"的读音也可以很好地体现粤语的特点,例如广州 [mɐn˨]、阳江 [mɐn˨]、南宁 [mən˨]、宁远 [miaŋ˨]。侯兴泉(2017:353)①所记封开县的封川话和开建话分别为"蚊"[muʌn˨]、"蚊"[mɐn˨],本字即"文"。上举方言声调大都不合语音演变规律,《汉语方言词汇》已将广州话的"文"处理为变调,本书把其他几种方言也视为变调。南北朝以来,称钱一枚为一文,可能跟铜币正面的主题文字有关②。用例如沈约《宋书》卷四十三列传第三《徐羡之》:"汝有贵相,而有大厄,可以钱二十八文埋宅四角,可以免灾。过此可位极人臣。""文"字《广韵》见于平声文韵无分切,上举方言的声韵都符合语音演变规律。"文"(一〜钱)在汉语方言里的分布如图50所示,未上图的方言点(764)都不说"文"。

---

① 侯兴泉《封开方言志》,世界图书出版公司,2017年。
② 铜币的反面可以是光背的,也可以有文饰甚至是文字。

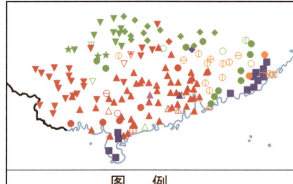

图50 "文"（一~钱：一块钱）在汉语方言里的分布

说"文"的粤语（52+1+4）、平话（24+1+1）占粤语、平话方言点总数的86%，仅西北部9个平话方言点改用"块"的说法。"文"也存在向客家话（5+1+1）、土话（1）、闽语（1）溢出的现象，但方言点数不多，主要是进入粤语腹地的客家话被粤语所同化。郁南粤语说"旧="显得很特别，需要进一步调查研究。宁远平话不仅位置靠北，而且不跟其他平话相连，可是仍然保留了"一文[miaŋ↗]钱"的说法。

除了以上5个词项，《汉语方言地图集》词汇卷025图（粤语：猪姆；姆是俗字）、077图（粤语：閪；俗字）、148图（粤语：搵）、188图（粤语：靓；俗字）等都可以体现粤语的词汇特色，限于篇幅不一一介绍。从前边所举的5个词项来看，粤语特征词的萎缩主要体现在西北部的平话受西南官话的冲击，而外溢则主要是对客家话的渗透。

3.8.4 次方言的划分

《中国语言地图集》（1987）B13、B14图把粤方言分为广府、四邑、高阳、吴化、勾漏、邕浔、钦廉七片，把平话分为桂北平话和桂南平话两片。《中国语言地图集》（2012）B1-18图粤语的分片相同，B1-22图将平话和土话合为一图，分桂北片、桂南片、湘南片、粤北片。前两片大体相当于1987的平话部分。图51左图以《汉语方言地图集》的布点模拟《中国语言地图集》（1987）粤语和平话的方言片划分（原图都没有划分方言小片），右图则是本书所做的调整。

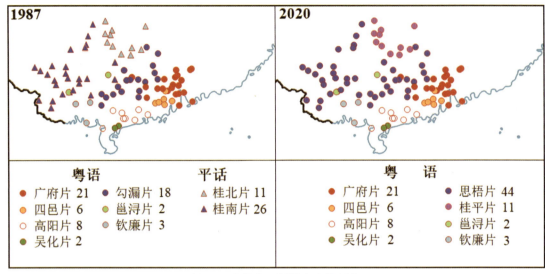

图 51　粤语和平话的方言片划分

左图中西北端的三江（最北的桂南平话）B14图未划入平话，依《中国语言地图集》（2012）划入桂南平话①。雷州半岛西北部的遂溪粤语《中国语言地图集》（1987）未分片，本书暂归高阳片。钦廉片、邕浔片的布点偏少。吴化片的分布范围很小。本书把平话视为粤语的一种，因此次方言的划分需要进行调整。平话桂南片和粤语勾漏片可合为思梧片（以古思恩府、梧州府的头字命名），平话桂北片自成一片，可称为桂平片（以古桂林府、平乐府的头字命名）。思梧片的共同特点是古全浊声母清化逢塞音、塞擦音一律不送气。桂平片是粤语的弱势区，因其他方言（主要是西南官话）的影响，面目已经相当模糊，属于典型的过渡方言。思梧片人口约 1260 万，占粤语总人数（6288 万）的 20%，是除广府片（2834 万）之外人口唯一突破千万的方言片。桂平片人口约 176 万。

3.8.5　广州话成篇语料

$$pek˥ foŋ˥ tʰoŋ˨ jit˨ tʰeu˩$$
　　　　　　　　　　北　风　同　日　头

jeu˨ jet˥ wen˨, pek˥ foŋ˥ tʰoŋ˨ jit˨ tʰeu˩ hei˨ kɔ˧ tou˨ au˨ pin˥ kɔ˧ kɜ˧
　有　一　匀，北　风　同　日　头　係　□　度　诱　边　个　嘅

pun˧ si˨ tai˨. au˨ lei˩ au˨ høy˧ tseu˨ hei˨ fen˥ m̩˩ tsʰœt˥ kou˥ tei˥. nei˩ tsen˨ si˩
　本　事　大。诱　来　诱　去　就　係　分　唔　出　高　低。呢　阵　时

---

① 三江、罗城、柳城《汉语方言地图集》归平话桂北片，《中国语言地图集》（2012）归平话桂南片。又图 51 偏西的邕浔片方言点和一个桂南片（1987）/思梧片（2020）方言点几乎重叠在一起，该平话方言点左图依稀可见，右图则完全被邕浔片方言点所遮掩。

tʰiu˧ lou˧ tou˨ lei˧ tsɔ˧˥ kɔ˧ haŋ˧ lou˧ kɛ˧ jɐn˧, kʰøy˧ tsœk˧ tsy˨ kin˨ hɐu˧ tai˨
条　 路　 度 来　咗　 个　 行　 路　嘅　人，佢　　 着　 住　件 　厚　 大
lɐu˧. kʰøy˧ tei˧ lœŋ˧ kɔ˧ tseu˨ kɔŋ˧ teŋ˨ tsɔ˧˥, pin˨ kɔ˧ nɐŋ˧ kɐu˧˥ sɐi˧˥ tɐk˥ nei˨ kɔ˧
褛。佢　 哋　 两　 个　就　 讲　 定　 咗， 边　个　能　 够　 使 　 得　 呢　个
haŋ˧ lou˧ kɛ˧ jɐn˧ tsʰøy˧ tei˧ kʰøy˧ kin˨ hɐu˧ tai˨ lɐu˧, tseu˨ syn˧ pin˨ kɔ˧ kɛ˧
行　 路　嘅　人　 除　 低　佢　 件　 厚　 大　褛， 就　 算　 边　 个　 嘅
pun˧˥ si˨ tai˨. pɐk˥ foŋ˥ tseu˨ tsʰɵt˥ lek˨ kɐm˧˥ kwat˧ hei˧˥ sœŋ˧ lei˧ lak˧, pɐt˥ kwɔ˧
本　 事　 大。北　 风　就　 出　 力　 噉　 刮　 起　 上　 来　嘞，不　 过
kʰøy˧ jyt˧ hei˨ kwat˧ tɐk˥ sɐi˥ lei˧, kɔ˧˥ kɔ˧ haŋ˧ lou˧ kɛ˧ jɐn˧ tsœŋ˥ kin˨ lɐu˧
佢　 越　 系　 刮　 得　犀　利，□　个　行　 路　嘅　人　 将　件　褛
lam˧˥ tou˧ jyt˧ sɐt˨. hɐu˨ mei˧ pɐk˥ foŋ˥ mou˧ kei˧˥ lak˧, wɐi˧ jɐu˧ tseu˨ syn˧
揽 　 到　 越　 实。后　 尾　 北　 风　 冇　 计　 嘞，惟　 有　就　 算
sou˧˥ lak˧. kwɔ˧ tsɔ˧˥ jɐt˥ tsɐn˨, jɐt˨ tʰɐu˧ tsʰɵt˥ lei˧ lak˧. kʰøy˧ heŋ˧ hɐp˨ hɐp˨
数　　嘞。过　 咗　 一　 阵，日　 头　 出　 来　嘞。佢　 庆　 焓 焓
kɐm˧˥ jɐt˨ sai˧, kɔ˧˥ kɔ˧ haŋ˧ lou˧ kɛ˧ jɐn˧ lin˧ tsʰøy˧ tseu˨ tsœŋ˥ kin˨ hɐu˧
噉 　 一　 晒，□　个　行　 路　嘅　人　 连　 随　就　 将　 □　件　厚
tai˨ lɐu˧ tsʰøy˧ lɔk˨ lei˧ lak˧. nei˧ ha˨ pɐk˥ foŋ˥ wɐi˧ jɐu˧ seŋ˧ jɐn˨, kʰøy˧ tei˧
大　褛　 除　落　 来　嘞。呢　 下　北　 风　 惟　 有　 承　 认，佢 哋
lœŋ˧ kɔ˧ tsoŋ˥ kan˥ tsoŋ˨ hei˨ jɐt˨ tʰɐu˧ kɛ˧ pun˧˥ si˨ tai˨.
两　 个　 中　 间　 重　 係　日　 头　 嘅　本　 事　大。

说明：转录自侯精一主编《现代汉语方言音库·广州话音档》，李新魁、陈慧英、麦耘编写，麦耘、方舟发音，上海教育出版社 1995。声调改用五度制调号。"日头"原作"热头"。"来"原作"嚟"。"係"[hei˨] 原作"喺"，是判断动词"係"表"在"的用法，读高升变调。"嘅"（的）的本字即"个"，读音跟当量词用的"个"不同，本书仍采用俗字。音档的广州话音系跟《汉语方音字汇》广州话音系的不同之处如下（设不设 kw，kʰw 声母关系到合口呼韵母的数量的多少）：

音档	《汉语方音字汇》
ts tsʰ s	tʃ tʃʰ ʃ
kw kʰw	无
无	ua uɔ uai uɐi uan uɐn uaŋ uɐŋ uŋ uɔŋ uat uɐt uak uɪk uɔk
eŋ oŋ ek ok	ɪŋ ʊŋ ɪk ʊk
上入 5	上阴入 5
中入 3	下阴入 33
阳入 2	阳入 22/2

思考与练习

1. 粤方言的主要特征是什么？
2. "《广韵》就是广州话的韵"这个说法有道理吗？
3. 粤方言的次方言是怎样划分的？
4. 怎样看待平话和粤方言以及西南官话的关系？

阅读书目

邓思颖，2015，《粤语语法讲义》，商务印书馆（香港）有限公司。

高华年主编，2004，《广东省志·方言志》，广东人民出版社。

黄锡凌，1941/1979，《粤音韵汇》，上海中华书局/香港中华书局。

李连进，2000，《平话音韵研究》，广西人民出版社。

李新魁，1994，《广东的方言》，广东人民出版社。

李新魁等，1995，《广州方言研究》，广东人民出版社。

杨焕典主编，1998，《广西通志·汉语方言志》，广西人民出版社。

詹伯慧主编，2002，《广东粤方言概要》，暨南大学出版社。

詹伯慧、张日昇主编，1987，《珠江三角洲方言字音对照》，广东人民出版社。

詹伯慧、张日昇主编，1988，《珠江三角洲方言词汇对照》，广东人民出版社。

詹伯慧、张日昇主编，1994，《粤北十县市粤方言调查报告》，暨南大学出版社。

詹伯慧、张日昇主编，1998，《粤西十县市粤方言调查报告》，暨南大学出版社。

张洪年，1972，《香港粤语语法的研究》，香港中文大学。[中文大学出版社2007年出版增订本]

赵元任，1948，《中山方言》，《历史语言研究所集刊》第20本上册。

3.9 客家方言

3.9.1 分布地域

客家方言又叫客家话、客话、客语、客方言，有些地区叫作"㑷话"或"麻介话"，有些地区叫作"新民话""客籍话""河源声""程乡话""长宁话"等。此外，江西一些地区管客家人讲的话叫"广东话"，四川讲西南官话的居民称两三百年前迁徙到四川的客家人所说的话为"土广东话"。这些不同名称的通行范围、命名理据并不一样，而且还往往有其特定的指称范围，需要特别留意。

"客""客家""客籍""新民"指新来的居民，是相对于早到的本地人说的，因此并非客家人的专称，其所指应根据具体情况来确定。例如明代《雷州府志》（欧阳保纂，万历四十二年 [1614] 刻本）卷五记载：

> **言语** 雷之语三。有官语，即中州正音也，士大夫及城市居者能言之；有东语，亦名客语，与漳、潮大类，三县九所乡落通谈此；有黎语，即琼崖临高之音。

其中所谓的"客语"，也叫"东语"，指的是跟漳州话、潮州话相类的雷州闽语。再如民国《陆川县志》（古济勋修，吕浚堃、范晋藩纂，民国十三年 [1924] 刊）卷四记载：

> 县北语音似近广东高州，谓之"地老话"；县南语音近广东翁源，谓之"新民话"。县城则两种话兼讲。

翁源是客家县，因此陆川所说的"新民话"指的是客家话。

"𠊎话"或"麻介话"是从客家方言的代词来的[①]，"𠊎"是我，"麻介"是什么。连城（新泉）客家话我说 [ŋuəˀ]，什么说 [ʂʅ˧˩ mai˩]，跟梅州话 [ŋai˩]、[mak̚ kɛˇ] 大异其趣[②]，显然就无法称为"𠊎话"或"麻介话"。"河源声""程乡话""长宁话"等则是以新来居民的原住地来给他们的方言命名，所指的范围一般都比较具体。"广东话"是用居民的省籍来命名。广东的主要方言有粤语（白话）、闽语（潮汕话、雷话）、客家话三种。但是特定地区的移民往往有偏向性，并非各种来源都有，所以用省籍来命名方言并不会引起误会。例如迁到台湾和江西的广东人多为客家人，称他们说的方言为广东话是很自然的。据东方孝义 1931 年著作的记载，台湾当时把客家话叫作"广东话"（客人語：本島に所謂廣東語）。"土广东话"大概是为了跟广东的主流方言粤语有所区分而增加了限定字。

方言学里所说的"客家方言"或"客家话、客话、客语、客方言"等相当于英语的 Hakka dialect，是就汉语方言的分类说的，指汉语七大方言之一。文献里和民间说的"客语"一类的名称不一定指客家话，即使是指客家话也可能只指嘉应州（粤东）那一路的客家话。此外，使用客家方言的未必是客家人，例如畲族所说的"畲话"就是一种融有畲语底层和现住地汉语方言表层的客家方言；而客家人也不一定说客家方言，例如广东一些地区的客家人改说优势方言粤语，台湾一些地区的客家人改说优势方言闽南话，这在年轻一代表现尤其明显。因此判断某个族群的方言是否属于客家方言，主要根据语言方面的标准，而无关乎该族群是否有客家意识。江西省上犹县的方言有"广东话"和"本地话"之分，"客家人"说的

---

① 参看 3.1.3.5。"𠊎话"在文献里有记作"哎话"或"厓语"的。"麻介话"也有记作"蔴介语"的，例如江碧秋修、潘宝鐄纂《罗城县志·民族·语言》（民国二十四年 [1935] 铅印本）。还有俗写"乜个"或"脉个"的。

② 连城（新泉）的 [ŋuəˀ] 和梅州的 [ŋai˩] 本字都是"我"。

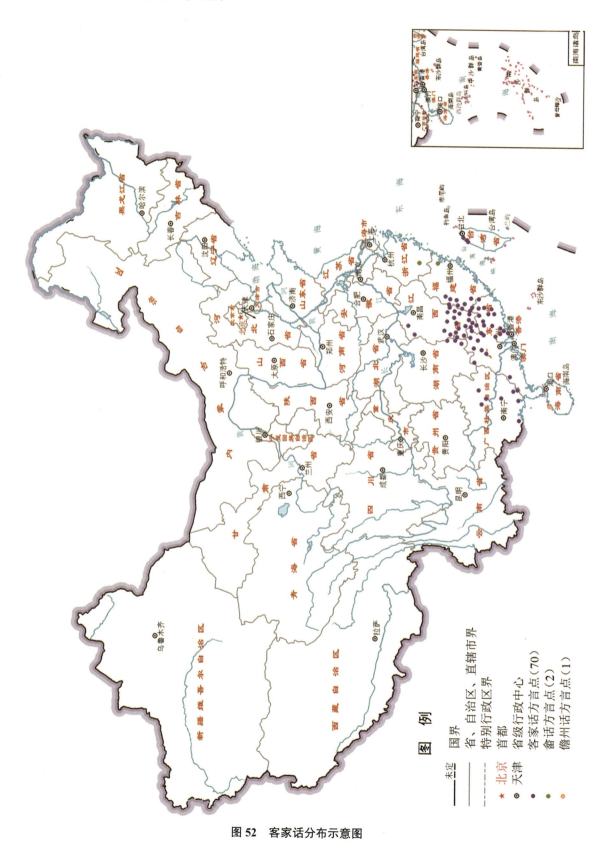

图 52　客家话分布示意图

"广东话"是客家方言,而"本地人"说的"本地话"同样属于客家方言。

客家方言以梅州话为代表,使用人口约4220万,分布在广东、广西、福建、台湾、江西、湖南、四川7个省区的110个县市区,重庆、海南、安徽、浙江、香港也有零散的分布。福建省西部地区、江西省南部地区和广东省的中部、东部地区的客家人住得最为集中。客家方言虽然分布于许多省份,但没有一个省是以客家方言为主的,也没有一个省级行政中心是以客家方言为主要语言的,这在汉语的七大方言中是绝无仅有的。客家方言也是海外华人社区使用的主要汉语方言之一,但使用人数不及闽南话和粤方言。图52以《汉语方言地图集》的布点模拟《中国语言地图集》(1987)B15图客家话的分布。本书把畲话归为客家话。儋州话的白读系统或可归为客家话。《中国语言地图集》(1987)B15图左上方有一张辅图,表现西南地区的客家话分布,为了制图的方便,本书未加模拟。四川、重庆的客家话大多以方言岛的形式存在,有客家居民点的市县至少有63个,这些客家人大多是在清代中期随"湖广填四川"的移民潮进入西南地区垦殖的。最著名的有成都东山五场的客家话。所谓东山,是指成都以东的一片丘陵地带;所谓五场,是指龙潭寺(今成华区管辖)、西河场(今西河镇,龙泉驿区管辖)、镇子场(今洛带镇,龙泉驿区管辖)、石板滩(今新都区管辖)、廖家场(今清泉镇,青白江区管辖)。董同龢《华阳凉水井客家话记音》(《历史语言研究所集刊》第19本,1948)描写的即龙泉驿区十陵镇双林村的客家话。

3.9.2 语音特点

客家话比较一致的语音特点有3项。

1. 古微母字、日母字在白读层里读鼻音声母。例如:

表70 客家话古微母、日母字今读举例

	尾	蚊	袜	网	耳	人	日	肉
梅州	$_c$mi	$_c$mun	mat$_⸝$	^{c}miɔŋ	^{c}n̠i	$_c$n̠in	n̠it$_⸝$	n̠iuk$_⸝$
五华	$_c$mi	$_c$mun	mat$_⸝$	^{c}miɔŋ	^{c}ŋi	$_c$ŋin	ŋit$_⸝$	n / ŋiuk$_⸝$
永定下洋	$_c$mei	$_c$mun	mat$_⸝$	miɔŋ^c	hŋ^c	$_c$n̠iŋ	n̠iʔ$_⸝$	n̠iuʔ$_⸝$
连城	$_c$muo	$_c$mãi	ma^c	^{c}miɔŋ	^{c}n̠i	$_c$n̠iãi	n̠i^c	n̠iau^c
于都	$_c$mi	$_c$mẽ	ma^c	^{c}mɔ̃	^{c}n̠i	$_c$n̠iẽ	n̠ie^c	n̠iəŋ^c
贵溪樟坪	$_c$mui	muɪn^{21}	mɔɛʔ$_⸝$	^{c}mɔŋ	^{c}ni	$_c$nin	niʔ$_⸝$	niuʔ$_⸝$

本节客家方言点语料来源:梅州,《汉语方音字汇》;五华,朱炳玉《五华客家话研究》(华南理工大学出版社2010);永定,黄雪贞《永定(下洋)方言词汇》(《方言》1983年第2,3,4期);连城(城关),项梦冰的调查(未发表);于都,谢留文《于都方言词典》(江苏教育出版社1998);贵溪,刘纶鑫《贵溪樟坪畲话研究》(中国社会科学出版社、文化艺术出版社2008)。

八个字六个客家话都读鼻音声母。hṇ 类形式是 ŋi 类形式的音变结果。客家话中心区"网"字的韵母带 i 介音也值得注意，古宕摄合口三等非组字读齐齿呼韵母只在客家话中心区存在稳定连续的分布。

2. 古次浊上、全浊上字在白读层里有共同的演变行为。例如：

表 71　客家话古浊上字今读举例

	坐	弟	重	懒	痒	有
梅州	₌tsʰɔ	₌tʰai	₌tsʰuŋ	₌lan	₌ioŋ	₌iu
五华	₌tsʰo	₌tʰai	₌tʃʰuŋ	₌lan	₌ioŋ	₌iu
永定下洋	₌tsʰou	₌tʰei	₌tsʰuŋ	₌lan	₌ioŋ	₌iu
连城	₌tsʰɯ	₌tʰe	₌tʃʰəŋ	₌la	₌ioŋ	₌iaɯ
于都	₌tsʰɤ	₌tʰe	₌tʂʰəŋ	₌lã	₌iɔ̃	₌iu
贵溪樟坪	₌tsʰo	tʰai²¹	₌tʰuŋ	₌loɛn	₌ioŋ	₌xo
明溪	₌tsʰue	₌tʰe	₌tʰixŋ	₌laŋ	₌tsʰioŋ	₌iu
连城朋口	tsʰɤ₂	₌tʰe	tɿʰɿaŋ₂	la₂	ˠɯɔŋ₂	₌iʌɯ
河源	tsʰɔ⁼	tʰiɛ⁼	tsʰuŋ⁼	lan⁼	jioŋ⁼	jiu⁼
大余	tsʰo⁼	tʰi⁼	tsʰəŋ⁼	lã⁼	iɔ̃⁼	iu⁼
龙川大塘村	⁼tsʰɔ	⁼tʰai	⁼tʃʰuŋ	⁼lan	养 ⁼ɔŋ	⁼ʒiu

说明：补充的 5 个方言点，明溪根据李如龙《福建县市方言志 12 种》（福建教育出版社 2001），连城（朋口）根据项梦冰的调查（未发表），河源、大余根据李如龙、张双庆主编《客赣方言调查报告》（厦门大学出版社 1992），龙川（大塘村）根据庄初升《保留阳上调的龙川县大塘村客家方言》（《语言科学》2012 年第 1 期，无系统性的语料）。庄文无"痒"字，换为同地位的"养"。

大体而言，早期客家话上声分阴阳，阳上调的辖字包括古次浊上字和全浊上字，龙川（大塘村）客家话就是这种早期状态的反映。而多数客家话阳上调已消失，一般派入阴平（占八成以上方言点），但是也有派入上声、去声（阴去）、阳入的。派入阴平的客家话是优势方言，不派入阴平的方言往往受其影响而呈现出程度不同的杂乱状态。例如连城（朋口）古浊上字白读层既有读阳入的，也有读阴平的，读阴平是受周边客家话影响的结果。

3. 古全浊声母清化，逢今塞音塞擦音一律送气。以定母字为例：

表 72　客家话古定母字今读举例

	弹~琴	淡	蛋	达	团	断	缎	夺
梅州	₌tʰan	₌tʰam	tʰan⁼	tʰat₂	₌tʰɔn	₌tʰɔn	tʰɔn⁼	tʰot₂
五华	₌tʰan	₌tʰam	₌tʰan	₌tʰat₂	₌tʰon	₌tʰon	₌tʰon	tʰot₂

（续表）

	弹~琴	淡	蛋	达	团	断	缎	夺
永定下洋	₌tʰan	₌tʰaŋ	tʰan²	—	₌tʰɔn	₌tʰɔn	tʰɔn²	—
连城	₌tʰa	₌tʰaŋ	tʰa²皮~	tʰa²	₌tʰuo	₌tʰuo~根	tʰuo²	tʰuo²
于都	₌tʰã	₌tʰã	tʰã²	tʰa²	₌tʰɔ̃	tʰɔ̃²	tʰɔ̃²	—
贵溪樟坪	₌tʰɔɛn	₌tʰɔn	tʰɔɛn²皮~	tʰaiʔ₂	₌tʰuɔɛn	₌tʰɔɛn	段 tʰɔɛn²	tʰoʔ₂

说明：永定、于都没有同音字表，"达""夺"或不见于所录词汇，这里如实放空。贵溪"团"字刘纶鑫（2008：11）列为 uoin 韵（韵母表无此韵），刘纶鑫（2008：39，53）列为 oɛn 韵，但刘纶鑫（2008：21，84）列为 uoɛn 韵（例如：团圆饭 [tʰuoɛn˧ iuoɛn˧ pʰoɛn˨]），这里以 uoɛn 为准。"断""段"的韵母或许也有问题，但书里没有出现不同的记法，这里关注的是声母，因此不做追究。

虽然古全浊声母清化、今读塞音塞擦音一律送气这一规律几乎遍及整个客家地区，但少数边际地区的客家话却是古全浊声母清化、今读塞音塞擦音一律不送气。目前所知的方言有广东南雄及福建连城、清流交界地带的客家话，例见 3.3.4 表 31。

3.9.3 特征词

客家话的特征词需要加强研究。本书暂提一个：挑担义动词"荷"。例如：

    梅州：荷 [₌kʰai˨]~担 [₌tam˧]挑：~担｜~秧
    连城：担 [₌tã˨]挑：~~‖荷 [₌kʰa˨]用扁担等的一头荷物：~尿桶
    于都：荷 [₌kʰæ˨]挑：~担｜~禾｜~谷｜佢这介人蛮~得，一担~得两百多斤起｜
△心好唔用斋，命好唔用~

挑担义动词梅州"荷""担"并用，连城只用"担"，于都只用"荷"。连城的"担担"是述宾结构，指做脚夫挑担子。"荷尿桶"是指把扁担放在肩上，前端用手按着，后端荷一只粪桶。

担荷义的"荷"本作"何"。《说文·人部》："何，儋也。从人，可声。"段注："何俗作荷，犹佗之俗作驼、儋之俗作擔也……凡经典作荷者，皆后人所篡改。"即"何"的本义为担，借作谁何之"何"后又俗写为"荷"。担荷义的"何"本读平声（大徐本《说文》注胡歌切，今读 hé），后人为了跟谁何之"何"区别改读去声或上声。去声的文献记载如：

    ① 扬雄《方言》第七：攍、膌、贺、𦛨、儋也。齐楚陈宋之间曰攍；燕之外郊、越之垂瓯、吴之外鄙谓之膌；南楚或谓之攍；自关而西、陇冀以往谓之贺，凡以驴马驮驼载物者谓之负他，亦谓之贺。（按："贺"即改读去声之后的"何"的记音

字。钱绎笺疏云:"贺通作荷,亦作何……贺、荷、何字异,声、义并同。")

② 陆德明《经典释文·周易音义》:何天音河。梁武帝音贺。

去声的读法《广韵》《集韵》不收。上声的读法材料比较多。例如:

① 陆德明《经典释文·毛诗音义中》:何河可反。又音河。下反、注同。蓑素戈反。草衣也。何笠音立。

② 《广韵》上声哿韵:荷负荷也。胡可切。又户哥切。何上同。

③ 《集韵》上声哿韵:荷何㧪㧪下可切。《博雅》儋也。或作何、㧪,亦省。

普通话古全浊上字归去声,因此 hè 用上声的来源和去声的来源都讲得通。客家话担荷义的"荷"来自上声。客家话古浊上字白读层归阴平,个别匣母字读如群母,韵母也都能归入果摄开口一等的既有层次,例如梅州话果摄开口一等读 ai 韵母的字有:搓 [˔tsʰai˦] | 我 [˔ŋai]。

客家话的挑担义动词"荷"学者们多记作"㧯",例如李如龙、张双庆(1992:364),黄雪贞(1995:89)①,谢留文(1998:63),刘纶鑫(1999:616)②,《汉语方言词汇》(2005:348),何耿镛(2012:28)③。对于"㧯"字的性质,学者们的处理有四种情况:① 不做交代(如何耿镛 2012:506);② 看作"本地字"(如黄雪贞 1995:89);③ 看作本字(如李如龙、张双庆 1992:506);④ 不看作本字(如蓝小玲 1996/1999)④。谢留文(1998:63—64)显然是②③两种处理办法的糅合(既说是"本地俗字",又指出见于韵书)。

清杨恭桓《客话本字》⑤"㧯"字条说:"㧯:此字有'担也'一义,户代切,音瀣。州人'一担'字即此字。"按:《集韵》去声代韵户代切"㧯,《广雅》动也"。音和义都不能解释客家话的挑担义动词。李如龙、张双庆(1992:506)则认为:

㧯,《集韵》上声海韵下改切:"动也,减也。"又去声未韵于贵切:"㧯,《博雅》:动也,一曰担也。"可见㧯有两读,"担"的用义是后起的,客方言㧯音下改切(匣母字有读 kʰ 的,上文已有"蔈"可作旁证。"厚"字在闽西也有读 ˔kʰɛu 的),义则见于去声。

问题是"㧯"字的挑担义不可靠。王念孙《广雅疏证》卷三上"释诂"云:

---

① 黄雪贞《梅县方言词典》,江苏教育出版社,1995 年。
② 刘纶鑫主编《客赣方言比较研究》,中国社会科学出版社,1999 年。
③ 何耿镛《客家方言词典》,新加坡文艺协会,2012 年。
④ 蓝小玲《客家方言的"荷"》,《语言研究》1996 年增刊,又见蓝小玲《闽西客家方言》171—176 页,厦门大学出版社,1999 年。
⑤ 光绪丁未[1907]刊,本书据《汉语方言研究文献辑刊》第 12 册,国家图书馆出版社,2013 年。

摍、旅、贺、揭、撜，儋也。……旅，各本讹作核，自宋时本已然。故《集韵》《类篇》字注并云"一曰担也"。考《玉篇》《广韵》字俱不训为担。又膂字古通作旅，《秦誓》"旅力既愆"、《小雅·北山》篇"旅力方刚"，并以旅为膂。《广韵》"旅俗作挔"。挔与核字形相近。《方言》"摍，膂，贺，鲜，儋也"。此云"摍、核、何、揭、撜，儋也"。核字明是俗旅字之讹。

即《集韵》《类篇》因为参考了误"挔"为"核"的《广雅》版本而误增担义。这一考证得到了罗翙云（1932）[①]、蓝小玲（1996/1999）的赞同。本书亦认可王念孙之说。

罗翙云《客方言》卷二"释言下""谓担曰核"条说："今俗语谓担曰核，声若正音开，与胡改、下改二切音义俱非。"义不合原因已如前述，至于音不合，大概是因为客家话 [ₑkʰ-] 这样的读法不容易跟匣母上声（胡改切或下改切）联系起来，不过李如龙、张双庆（1992: 506）、谢留文（1998: 64）都认为音是合的。蓝小玲（1996/1999）指出客家话蟹摄开口一二等有分别的痕迹，蟹摄开口一等的客家话基本用字主流表现往往跟担义词不同，例如梅州：核 [ₑkʰai]｜袋 [tʰoi˲]｜来 [ₑloi]｜菜 [tsʰoi˲]｜改 [ˊkoi]｜爱 [oi˲]。如果客家话挑担义动词的本字真是"核"，梅州话就应当读 [ₑkʰoi]。可见即使声母没有问题，韵母的对应也不是很好。唯有胡可切的"荷"（负荷也）音义皆通。

根据《汉语方言地图集》词汇卷 133 图，930 个方言点中，挑说"荷"的方言有 60 个，涉及客家话、赣语、闽语、粤语、平话和土话，主要是客家话。表 73 是根据该图所做的统计（方言归属参看《汉语方言地图集》语法卷附录）。根据表 73 和《汉语方言地图集》词汇卷 133 图可绘制图 53[②]。

表 73　挑担义动词说"荷"的方言点数统计

	客家话 72（含畲话 2）	赣语 89	闽语 102	粤语 97（含平话 37）	土话 22
荷	49	2	2	1	0
荷～担	1	1	1	1	2
其他	22	86	99	95	20

---

① 罗翙云《客方言》，国立中山大学国学院丛书第一种，1932 年刊行。
② 只处理 382 个点，其余 548 个点一概忽略（属于跟"荷"无关的其他方言）。

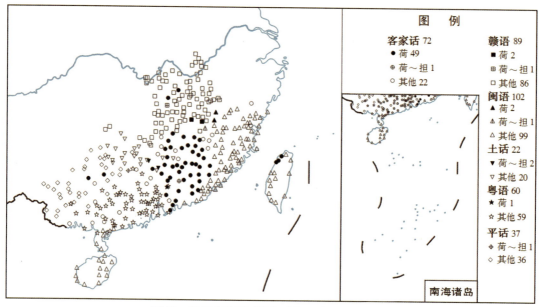

图53 挑担义动词"荷"在汉语方言里的分布

客家话挑担义动词说"荷"的方言占69%，而其余31%不一定不说"荷"，只是词义有所不同，通常指用扁担等一头荷物，就像前文所据的连城（城关）。如果把这类方言包括进来，百分比还可以提高。说"荷"的客家话大体在闽、粤、赣交界地带呈连续分布。离开这一区域的客家话大多不说"荷"，而这一区域的边际地带也有少数客家话不说"荷"，可见跟其他方言的影响有很大的关系。说"荷"的非客家话，对本方言来说都只是个别散点，完全不成势力，跟客家话的渗透有关。例如平话只有一个点（贺州）兼说"荷"和"担"，跟贺州的客家话应有关联。需要指出的是，有些说"荷"的非客家话实际上存在如何归属的问题。例如图中两个说"荷"的赣语为乐安和南丰，项梦冰（2009）[①]曾从语音的角度提出乐安、南丰应划归客家话，现在客家话特征词"荷"的使用可以进一步支持这种说法。同样，两个兼说"荷"和"担"的粤北土话（乐昌、韶关），其实也都可以划归客家话［庄初升（2008）认为雄州片、韶州片土话应划归客家话[②]］。

3.9.4 客家话和赣语的区分

由于赣语和客家话具有相同的古全浊声母清化方式（逢塞音塞擦音一律送气，客赣都有少数例外），因此有的学者合为"赣客家语"或"客赣方言"。不过也有些学者认

---

① 项梦冰《客家话、赣语古浊上字的今读》，《民俗典籍文字研究》第六辑，商务印书馆，2009年。
② 庄初升《广东省客家方言的界定、划分及相关问题》，《东方语言学》第四辑，上海教育出版社，2008年。

为，二者的特征词明显不同，因此"难以合为一区"（李如龙 2001: 108）[①]。对比表 50 和表 71，两者的不同相当明显。客家话和赣语在词汇、语法方面也有比较清晰的分界，如前文所举的客家话特征词"荷"大体可以分开客家话和赣语。下面再举两条。图 54 表现客家话和赣语吃义动词的差异，图 55 表现客家话和赣语判断动词的差异，分别根据《汉语方言地图集》词汇卷 084 图、语法卷 038 图绘制。

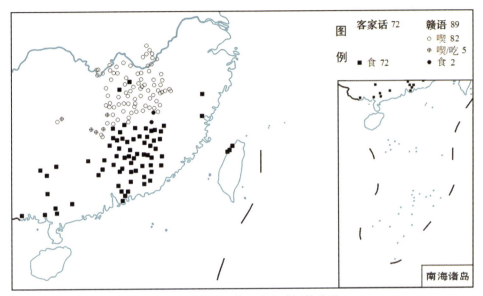

图 54　客家话和赣语吃义动词的差异

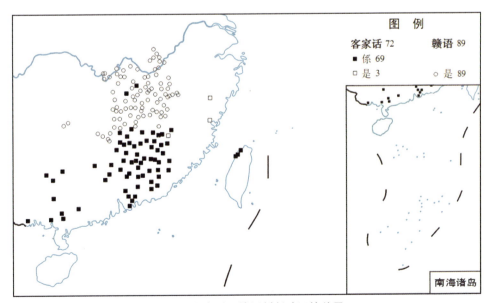

图 55　客家话和赣语判断动词的差异

---

① 李如龙《汉语方言学》，高等教育出版社，2001 年。

"食"（吃）是闽语、客家话、粤语的通用词（粤西、广西的粤语和平话多说"喫"），浙江小部分吴语也用。图 54 只表现客家话和赣语两个方言。客家话全部说"食"，赣语 87 个点说"喫"[①]，2 个点说"食"。说"食"的两个赣语点是南丰和广昌。项梦冰（2009）[②]曾从语音的角度提出南丰、广昌应划归客家话，图 54 可以进一步支持这种说法。

《汉语方言地图集》语法卷 038 图说"係"的方言共 129 点，在方言中的分布为：

表 74　判断动词说"係"的方言点数统计

	客家话	粤语	土话	平话
说"係"	69	50	8	2
不说"係"	3	10	14	35

其中 8 个说"係"的土话（韶关、曲江、南雄、乐昌、仁化、连州、宜章、新田）都可以划归客家话。大体而言，"係"是客家话和粤语的通用词，其他方言不用或少用。客家话 3 个不说"係"的方言，一个为边际客家话（清流），两个为畲话（宁德、景宁），都跟因方言接触导致的异化有关。

3.9.5　次方言的划分

《中国语言地图集》（1987）将分布比较集中的客家话分为八片，分别是：粤台片（下分嘉应小片、兴华小片、新惠小片、韶南小片）、粤中片、惠州片、粤北片、汀州片、宁龙片、于桂片、铜鼓片。《中国语言地图集》（2012）仍将分布比较集中的客家话分为八片，分别是：粤台片（下分梅惠小片、龙华小片）、海陆片、粤西片、粤北片、汀州片、宁龙片、于信片、铜桂片。即增设粤西片；取消粤中片、惠州片，划入粤台片；保留粤北片，但将原粤北片的连州、曲江、乳源、连山、连南 5 县市划入粤台片；将原粤台片中的海丰县、陆丰市以及 1988 年从陆丰析出的陆河县划出，设立海陆片；调整了宁龙片、于桂片、铜鼓片的分布范围，其中"于桂片"改称"于信片"，"铜鼓片"改称"铜桂片"。图 56 以《汉语方言地图集》的布点模拟《中国语言地图集》（1987，2012）客家话的方言片划分，不反映原图方言小片的划分。

[①]　按《汉语方言地图集》词汇卷 084 图的说明，"喫"表示声母符合溪母，有些地方写作"呷"；"喫/吃"表示声母既符合溪母，又符合彻、初、昌母。

[②]　项梦冰《客家话、赣语古浊上字的今读》，《民俗典籍文字研究》第六辑，商务印书馆，2009 年。

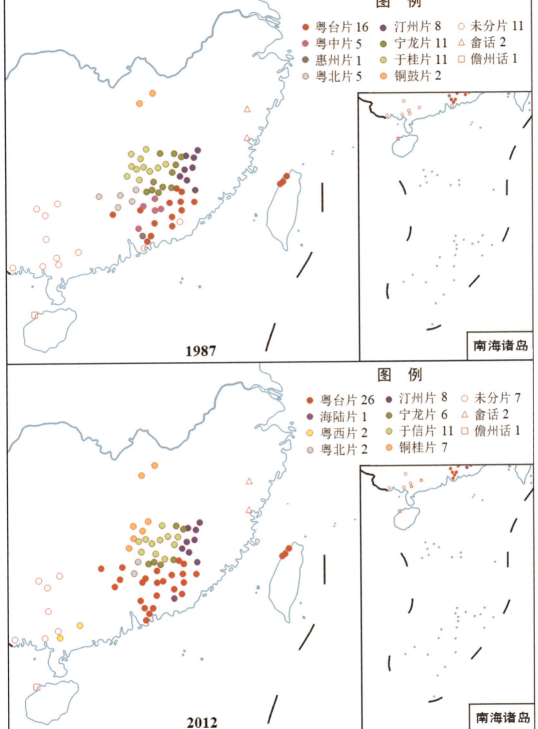

图 56 客家话的方言片划分

3.9.6 梅州话成篇语料

pɛt˦ fuŋ˧ tʰuŋ˧ ɲit˦ tʰɛu˧
北 风 同 日 头

iu˧ it˦ pai˧ iɛ˧, pɛt˦ fuŋ˧ tʰuŋ˧ ɲit˦ tʰɛu˧ hoi˧ kɛ˧ iɛ˧ au˧, man˧ ɲin˧ kɛ˧
有 一 摆 儿, 北 风 同 日 头 在 那 儿 拗, 口 人 个

pun˧ sɿ˧ kuɔ˧ tʰai˧. au˧ loi˧ au˧ hi˧ mo˧ mak˦ kɛ˧ kiat˦ kuɔ˧. koŋ˧ hau˧ kɛ˧ sɿ˧
本 事 过 大。 拗 来 拗 去 无 脉 个 结 果。 刚 好 那 时

hɛu˧ loi˧ it˦ tsak˦ kuɔ˧ lu˧ kɛ˧ ɲin˧, ki˧ sən˧ hoŋ˧ tsok˦ ɛ˧ it˦ kʰian˧ pʰun˧
候 来 一 只 过 路 个 人, 佢 身 上 着 了 一 件 笨

miɛn˧ au˧. ki˧ lioŋ˧ kɛ˧ ɲin˧ tsʰiu˧ koŋ˧ hau˧ vɛ˧, man˧ ɲin˧ hɛ˧ nɛn˧ kɛu˧
棉 袄。 佢 两 个 人 就 讲 好 了, 口 人 系 能 够

siɛn˧ ham˧ kɛ˧ tsak˦ kuɔ˧ lu˧ kɛ˧ ɲin˧ tʰot˦ ha˧ ki˧ sən˧ hoŋ˧ kɛ˧
先 喊 那 只 过 路 个 人 脱 下 佢 身 上 个

pʰun˧ miɛn˧ au, tsʰiu˧ sɔn˧ man˧ ɲin˧ kuɔ˧ iu˧ pun˧ sɿ˧. pɛt˦ fuŋ˧ tsʰiu˧
笨 棉 袄, 就 算 口 人 过 有 本 事。 北 风 就

tsʰin˧ kuat˦ hi˧ loi˧, put˦ kuɔ˧ ki˧ iat˦ kuat˦, kɛ˧ tsak˦ kuɔ˧ lu˧ kɛ˧ ɲin˧ pa˧
尽 刮 起 来, 不 过 佢 越 刮, 那 只 过 路 个 人 把

kiɛ˧ miɛn˧ au˧ ɛm˧ tɛt˦ iat˦ kin˧. tau˧ mi˧ ha˧ pɛt˦ fuŋ˧ mo˧ pʰan˧ fap˦ pɛt˦.
佢 个 棉 袄 揞 得 越 紧。 到 尾 下 北 风 无 办 法 了。

lun˧ tau˧ ɲit˦ tʰɛu˧ hi˧ iɛ˧, kuɔ˧ ɛ˧ it˦ ha˧, ɲit˦ tʰɛu˧ tsʰut˦ loi˧ iɛ˧, ɲit˦ tʰɛu˧
轮 到 日 头 去 了, 过 了 一 下, 日 头 出 来 了, 日 头

lat˦ lat˦ kun˧ it˦ sai˧, kɛ˧ tsak˦ kuɔ˧ lu˧ kɛ˧ ɲin˧ lit˦ lak˦ tsʰiu˧ pa˧ ki˧
辣 辣 滚 一 晒, 那 只 过 路 个 人 口 口 就 把 佢

sən˧ hoŋ˧ kɛ˧ kʰian˧ pʰun˧ miɛn˧ au˧ tʰot˦ ha˧ loi˧ iɛ˧. kɛ˧ ha˧ pɛt˦ fuŋ˧
身 上 个 件 笨 棉 袄 脱 下 来 了。 那 下 北 风

tsɿ˧ hau˧ sən˧ ɲin˧, ki˧ lioŋ˧ kɛ˧ ɲin˧ toŋ˧ tsuŋ˧ han˧ hɛ˧ ɲit˦ tʰɛu˧ kuɔ˧ iu˧
只 好 承 认, 佢 两 个 人 当 中 还 系 日 头 过 有

pun˧ sɿ˧.
本 事。

说明：转录自侯精一主编《现代汉语方言音库·梅县话音档》，黄雪贞编写，黄小娟发音，方舟解说，上海教育出版社，1997年。i 前的 ŋ 改记为 ɲ，元音 e 和 o 改记为 ɛ 和 ɔ，声调改用五度制调号。表示厚的"笨"字原记为"贲"。《集韵》平声文韵符分切："贲，大也；三足龟也。"音不合，义相关。本字应为"笨"。《广韵》上声混韵蒲笨切："笨，竹里。又《晋书》有兖州四伯。豫章太守史畴以大肥

为笨伯。"由粗大沉重义引申出厚义。董同龢（1948：138）①已将凉水井客家话的厚义词记作"笨"字。梅州话 [₋pʰun˧] 正好跟 [pun²˦] 构成"笨"字的白读和文读。

思考与练习

1. 客家方言在地理分布上有什么特点？
2. 客家方言的主要特征是什么？
3. 中古浊上字今读阴平调能作为客家方言的区别性语音特征吗？
4. 客家方言的次方言是怎样划分的？
5. 怎样看待客家话和赣方言的关系？
6. 汉语七大方言中，为什么只有客家话是用民系的名称命名的？

阅读书目

陈立中，2003，《湖南客家方言的源流与演变》，岳麓书社。
陈稚瑶、项梦冰，2014，汉语方言里的"挑"，《现代语言学》第 2 期。
董同龢，1948，《华阳凉水井客家话记音》，《历史语言研究所集刊》第 19 本。
李如龙等，1999，《粤西客家方言调查报告》，暨南大学出版社。
李如龙、张双庆主编，1992，《客赣方言调查报告》，厦门大学出版社。
刘纶鑫，2001，《江西客家方言概况》，江西人民出版社。
刘泽民，2005，《客赣方言历史层次研究》，甘肃民族出版社。
罗杰瑞（Jerry Norman），1989，What is Kèjiā Dialect？"中研院"第二届国际汉学会议论文集编辑委员会《"中研院"第二届国际汉学会议论文集·语言与文字组》上册 323—344 页，"中研院"。（《语言学论丛》第二十八辑有中译[项梦冰译，詹卫东校]，商务印书馆 2003。）
罗香林，1933，《客家研究导论》，广东兴宁希山书藏。
罗香林，1989，《客家研究第一集·客家源流考》，同济大学出版社。
桥本万太郎（Mantaro J. Hashimoto），1973，*The Hakka Dialect: A Linguistic Study of Its Phonology, Syntax and Lexicon*. Cambridge University Press.
王福堂，1998，关于客家话和赣方言的分合问题，《方言》第 1 期。
谢留文，1998，《于都方言词典》，江苏教育出版社。
谢留文，2003，《客家方言语音研究》，中国社会科学出版社。
项梦冰，1997，《连城客家话语法研究》，语文出版社。
颜　森，2002，客家话的三个标准，《江西师范大学学报》（哲学社会科学版）第 3 期。

---

① 董同龢《华阳凉水井客家话记音》，《历史语言研究所集刊》第 19 本。

3.10 闽方言

3.10.1 分布地域

闽方言也叫闽语，俗称"福佬话"。闽方言的分布范围并不限于福建一省，福建省境内所分布的方言也不限于闽方言，还有客家方言、赣方言、吴方言、官话方言等其他方言。图 57 以《汉语方言地图集》的布点模拟《中国语言地图集》（1987）B12 图、B13 图闽语的分布。

闽方言以厦门话和福州话为代表，使用人口 7500 万（不包括海外使用闽方言的人口，皖南、赣东北、珠江三角洲的闽方言移民也未计算在内），约占汉语总人口数的 6%，集中分布于福建、台湾、海南三省以及广东省的潮汕地区和雷州半岛。浙江省（主要是南部）、广西壮族自治区、江苏省南部、安徽省南部、江西省东北部也有闽方言分布。总共 154 个县市区。有三个省级行政中心（福州、台北、海口）位于闽方言分布区。闽方言是海外华人社区使用的主要汉语方言之一，使用人口在 400 万以上。

3.10.2 语音特点

闽方言是汉语方言中内部分歧最大、语音现象最复杂的一个大方言，南北不能通话，东西又有差别。20 世纪 60 年代以前，通常是把闽方言分为闽南方言和闽北方言两个大方言。汉语方言普查之后，一般认为应把闽南方言和闽北方言合并为一个大方言。闽方言的语音特点主要有以下七项。

1. 古微母字在白读层里读双唇音声母。例如：

表 75　闽语古微母字今读举例

	无	尾	问	袜	网
福州	₅mɔ	ᶜmuei	muɔŋ²	uaʔ₂	mœyŋ²
建瓯	ᶜmau	ᶜmyɛ / ᶜsuɛ	mɔŋ²	muɛ₂	mɔŋ₂
厦门	₅bo	ᶜbe	mŋ²	beʔ₂	baŋ²
台北	₅bo	ᶜbe	bŋ²	beʔ₂	baŋ²
潮州	₅bo	ᶜbue	muŋ²	bueʔ₂	ᶜmaŋ
海口	₅vo	ᶜvue	₅mui	vak₂	maŋ²

本节闽方言点语料来源：福州、建瓯、厦门、潮州，《汉语方音字汇》；台北，张振兴《台湾闽南方言记略》（福建人民出版社 1983）；海口，杜依倩《海口方言（老派）同音字汇》（《方言》2007 年第 2 期）。

福州、建瓯、海口古微母字在白读层里读 m 声母，跟粤语、客家话等其他南方方言

第三章 汉语方言概况　307

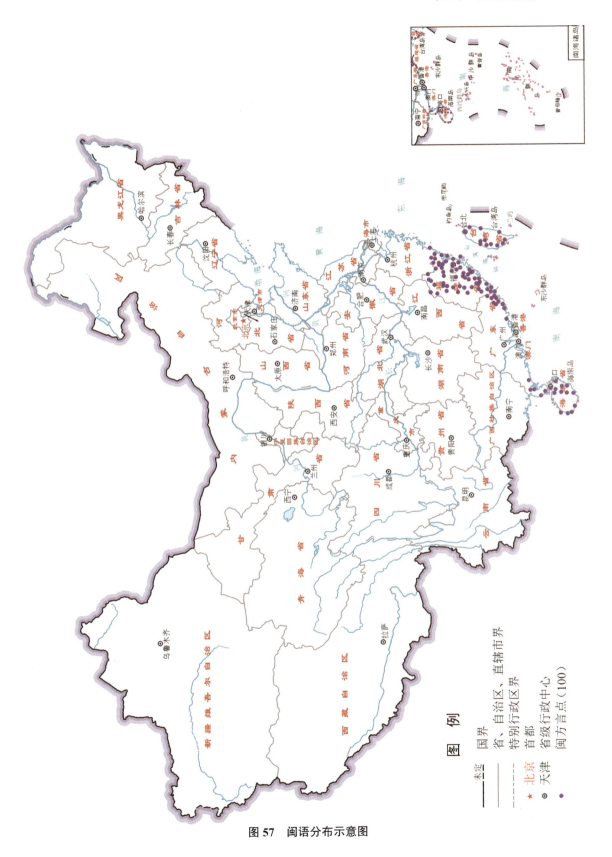

图 57　闽语分布示意图

一样。厦门、台北、潮州则有 m, b 两种表现①。厦门、台北 m, b 互补，所以台北张振兴（1983: 7—8）归纳为 /b/，即不论实际读 m 还是 b 都记成 b。厦门话 m, b 的互补关系参看《汉语方音字汇》"厦门话的声韵调"。潮州话 m, b 存在少量对立，可能跟语音层次有关。例如：门 [₋muŋ]≠文 [₋buŋ]。

2. 古次浊上、全浊上字在白读层里有共同的演变行为。例如：

表 76　闽语古浊上字今读举例

	坐	弟	重	懒	痒	有
福州	sœy²	tie²	tœyŋ²	ˀlaŋ	suoŋ² / ₋suoŋ	ou²
建瓯	tso²	ti₂ / ₋ti	toŋ²	ˀlaŋ	tsioŋ₂	ˀiu
厦门	tse²	ti²	taŋ²	ˀlan / nuã²	tsiũ²	u²
台北	tse²	ti²	taŋ²	ˀlan	tsiũ²	u²
潮州	ˀtso	ˀti	ˀtaŋ	ˀlaŋ	ˀtsiẽ	ˀu
海口	tse²	ɗi²	ɗaŋ²	₋laŋ	tsio²	ɗu²

大体而言，古浊上字除潮州话读阳上调外，表中的其他五个方言读阳去调。建瓯部分字归阳入（例如：簿 [pu₂] | 米 [mi₂] | 旱 [uiŋ₂]），海口个别字归阴平（例如：倚 [₋xia]竖立：把柱~起来/[xia²]站 | 奶 [₋ne]乳房；乳汁）。此外，次浊上字往往存在文白分层现象，文读归阴上或上声，白读归阳上或阳去。"懒"字即为典型的例子。建瓯的"有"字也属于文读层。

3. 古全浊声母清化，今读塞音塞擦音者多数不送气，少数送气。以定母字为例：

表 77　闽语古定母字今读举例

	弹~琴	淡	蛋	达	团	断	缎	夺
福州	₋taŋ	taŋ²	taŋ²	taʔ₂	₋tʰuaŋ	tauŋ²	tauŋ²	touʔ₂
建瓯	tuiŋ²	taŋ₂	taŋ₂	tuɛ₂	₋t / tʰuiŋ	toŋ²	toŋ²	tɔ
厦门	₋tuã	tã²	tan²	tat₂	₋tʰŋ	tŋ²	tuan²	tuaʔ₂
台北	₋tuã	tam²	tan² 皮~	tat₂	₋tʰuan	tŋ²	tuan²	tuat₂
潮州	tuã²	ˀtã	taŋ²	tak₂	₋tʰueŋ	ˀtɯŋ	tɯŋ²	toʔ₂
海口	₋ɗua	ɗam²	ɗaŋ²	ɗak₂	₋huaŋ	ɗui²	ɗuaŋ²	ɗuak₂

---

① 从严式记音的角度看，闽南话的 [b] 声母并非典型的浊塞音，而是鼻冠音 [ᵐb]。罗常培《厦门音系》说厦门话 "[b] 是双唇、带音、不送气的破裂音。但是两唇接触很轻，破裂的力量很弱，比英文的 b 音软的多。听得忽略往往有跟 [m] 音混淆的危险"（中央研究院历史语言研究所 1930，第 5 页）。李永明《潮州方言》亦指出潮州话 "[b] 是双唇、不送气的浊塞音，发音的上下唇接触很轻，没有除阻前带点鼻音，除阻时爆发力很弱。严式的标音应该是 [ᵐb]。外地人学这个音容易和 [m] 相混"（中华书局 1959: 7）。

闽语古全浊声母的清化模式"大部分不送气，小部分送气"还具有词汇分布上的一致性（regular lexical incidence），即哪些字送气、哪些字不送气，闽语内部较为一致。如表 77"团"字都送气，其他字都不送气。也正因如此，罗杰瑞（1988: 229—230）[①]给闽语下的定义是：

> 简言之，闽语是指在所有的阳调（低调）中既出现送气塞音塞擦音又出现不送气塞音塞擦音，且送气不送气具有词汇分布一致性的汉语方言。表 9.15 所列即可用作鉴定词：如果一个方言"啼""糖""叠""头"等字读送气清音 th，而剩下的其他字译按：指"蹄、弟、豆、断、袋、胆、毒、铜"读不送气清音 t，那么它属于闽语的可能性就非常大。

罗杰瑞所举 12 个鉴定字（diagnostic word）都是定母字。表 78 以其中的 9 字为例：

表 78　罗杰瑞建议的闽语鉴定字举例

	啼	头	糖	蹄	弟	袋	豆	断	铜
福州	$_s$t^{h}ie	$_s$t^{h}au	$_s$t^{h}ouŋ	$_s$tɛ	tie²	tœy²	tau²	tauŋ²	$_s$tøy
建瓯	t^{h}i²	t^{h}e²	t^{h}ɔŋ²	tai²	ti$_2$	to²	te²	tɔŋ²	^{c}tɔŋ
厦门	$_s$t^{h}i	$_s$t^{h}au	$_s$t^{h}ŋ̍	$_s$tue	ti²	te²	tau²	tŋ̍²	$_s$taŋ
台北	$_s$t^{h}i	$_s$t^{h}au	$_s$t^{h}ŋ̍	$_s$tue	ti²	te²	tau²	tŋ̍²	$_s$taŋ
潮州	$_s$t^{h}i	$_s$t^{h}au	$_s$t^{h}ɯŋ	$_s$toi	^{c}ti	to²	tau²	^{c}tɯŋ	$_s$taŋ
海口	$_s$hi	$_s$hau	$_s$ho	$_s$ɗi	ɗi²	$_c$ɗe	$_c$ɗau	ɗui²	$_s$ɗaŋ

说明：张振兴（1983）同音字表未收"啼"字，表 78 根据竺家宁《台北话音档》（郑秀蓉发音，方舟解说，上海教育出版社 1999）"台北闽南话同音字汇"（[$_s$t^{h}e] 文/[$_s$t^{h}i] 白）补。

前三字六地全部送气，后六字六地全部不送气。"啼"和"蹄"古音地位相同（杜奚切），但是一个送气一个不送气。海口经历了"t^h → h"以及"t → ɗ"的音变。

4. 古知组字读如端组，且知二、知三不分化。例如：

表 79　闽语古知组字今读举例

	罩知二	桌知二	摘知二	茶澄二	昼知三	帐知三	趁彻三	直澄三	重澄三
福州	tau²	toʔ₅	tieʔ₅	$_s$ta	tau²	tuoŋ²	t^{h}eiŋ²	tiʔ₂	tœyŋ²
建瓯	tsau²	tɔ²	tia₅	ta²	te²	tiɔŋ²	t^{h}eiŋ²	tɛ²	tɔŋ²
厦门	ta²	toʔ₅	tiaʔ₅	$_s$te	tau²	tiũ²	t^{h}an²	tit₂	taŋ²
台北	ta²	toʔ₅	tiaʔ₅	$_s$te	tau²	tiũ²	t^{h}an²	tit₂	taŋ²

[①] Jerry Norman(罗杰瑞), *Chinese*. Cambridge University Press, 1988.

(续表)

	罩知二	桌知二	摘知二	茶澄二	昼知三	帐知三	趁彻三	直澄三	重澄三
潮州	ta⁼	toʔ₋	tiaʔ₋	₅te	tau⁼	tiẽ⁼	tʰaŋ⁼	tik₂	₅taŋ
海口	ɗa⁼	ɗo₋	ɗia₋	₅ɗe	ɗau⁼	ɗio⁼	haŋ⁼	ɗit₂	ɗaŋ⁼

说明：海口"趁"[haŋ⁼]并非例外，而是"tʰ → h"音变的结果（比较彻母字：拆 [hia₋]；比较透母字：兔 [hou⁼] | 偷 [₋hau] | 铁 [hi₋] | 桶 [⁵haŋ]）。杜依倩（2007）所称的"长入"本书标为"□₋"。

就表面看，其他方言似乎也存在知组读如端组的现象，但性质跟闽方言不同，一是二等字、三等字表现不同，二是章组的表现跟知三组相同，而闽方言的特点是知组二三等不分化，章组表现不同，比较：

表 80　闽语和赣语古知章组字今读的比较

	古知组字						古章组字		
	桌知二	茶澄二	昼知三	帐知三	直澄三	重澄三	照章	枕章	臭昌
福州	toʔ₋	₅ta	tau⁼	tuoŋ⁼	tiʔ₂	tœyŋ⁼	tsieu⁼	⁵tsieŋ	tsʰau⁼
厦门	toʔ₋	₅te	tau⁼	tiũ⁼	tit₂	taŋ⁼	tsio⁼	⁵tsim	tsʰau⁼
抚州	tsok₋	₅tsʰa	tiu⁼	toŋ⁼	tʰit₂	₋tʰuŋ	tɛu⁼	⁵tim	tʰiu⁼
奉新	tsoʔ₋	₅tsʰa	tu⁼	toŋ⁼	tʰəʔ₂	tʰɯŋ⁼	tau⁼	⁵təm	tʰu⁼

说明：抚州刘纶鑫（1999）客赣方言单字音比较表缺"枕"字，据同书 378 页的"枕头"[⁵tɪm ⁵hɛu]，但韵母按同书 64 页的韵母系统改为 im。闽方言章组字不读 t, tʰ，赣语知组二等字不读 t, tʰ，但章组字也读 t, tʰ。闽方言知组字的今读表现是存古现象，而赣语知组字的表现则是晚期创新（知三章由 tʂ, tʂʰ 变 t, tʰ）。

当然，其他方言里或许也可能存在跟闽方言一样的古知组今读类型，但必定是散点或局部区域，跟闽语的连续稳定分布不可等量齐观。

5. 古匣母字有明显读 k 的现象。例如：

表 81　闽语古匣母字读 k 声母举例

	猴	含	咸	寒	汗	滑	悬高	县
福州	₅kau	₅kaŋ	₅keiŋ	₅kaŋ	kaŋ⁼	kouʔ₂	₅keiŋ	kaiŋ⁼
建瓯	⁵ke	⁵kaiŋ	⁵keiŋ	⁵kuiŋ	kyiŋ⁼	ko₂	⁵kyiŋ	kyiŋ⁼
厦门	₅kau	₅kam	₅kiam	₅kuã	kuã⁼	kut₂	₅kuãi	kuãi⁼
台北	₅kau	₅kã	₅kiam	₅kuã	₋kuã	kut₂	₅kuĩ	kuĩ⁼
潮州	₅kau	₅kam	₅kiəm	₅kuã	kuã⁼	kuk₂	₅kuĩ	kuĩ⁼
海口	₅kau	₅kam	₅kiam	₅kua	₋kua	kut₂	₅kɔi	₅kɔi

匣母读如群母的现象并不限于闽方言，但其他方言的辖字通常较少，无法跟闽语相提并论。图 58 是根据《汉语方言地图集》语音卷 089 图绘制的"县"字读如群母的地理分布示意图。只包含所有的闽方言点（102）和 3 个"县"字读如群母的非闽方言。

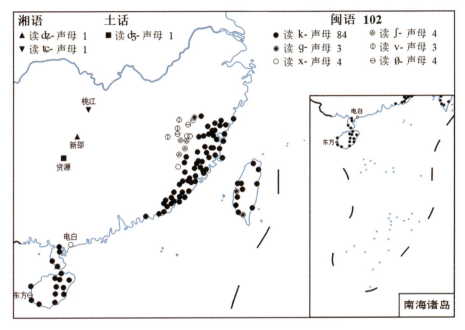

图 58　"县"字读如群母的地理分布

图中"县"字读 k-, g-, dz-, tɕ-, dʒ- 声母的方言都属于匣母读如群母的方言。非闽语只有少数散点分布，闽语则见于大部分方言。例外主要出现在闽西北，跟客赣方言的影响有关。远离大本营的粤西、海南也出现了个别例外。其中电白跟粤语的影响有关。

6. 有少数章组字读舌根音。例如：

表 82　闽语古章组字读舌根音声母举例

	支章	枝章	指章	痣章	齿昌
福州	ᶜtsie	ᶜtsie	ᶜtsai	tseiʔ	ᶜkʰi
建瓯	ᶜtsi	ᶜki	kiʔ	tsiʔ	ᶜtsʰi
厦门	ᶜki	ᶜki	ᶜki	kiʔ	ᶜkʰi
台北	ᶜki	ᶜki	ᶜki	kiʔ	ᶜkʰi
潮州	ᶜtʃi	ᶜki	ᶜki	kiʔ	ᶜkʰi
海口	ᶜki	ᶜki	ᶜtai	tsiʔ	ᶜxi

表中的 5 个例字没有一个能完全对齐，但 6 个方言都存在章组字读舌根音的现象。其中海口"齿"字读 [ᶜxi] 并非例外，它是 "kʰ → x" 音变的结果（比较溪母字：起 [ᶜxi]｜苦

[ˬxɔu]｜快 [xueˀ]｜牵 [ˬxaŋ]）。"齿"字读 [ˬkʰi] 在闽方言中的分布如图 59 所示①。

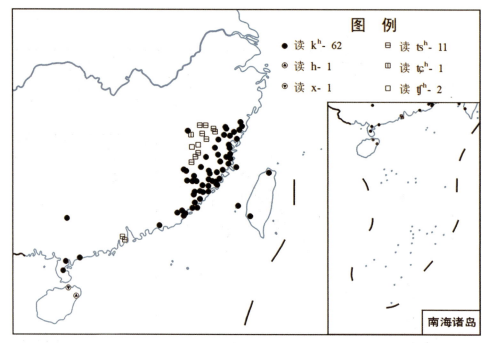

图 59　闽语"齿"字的声母读音类型

从图可见，除闽中、闽西北部分方言及广东中山方言外，其他地区的闽方言"齿"字声母都读 kʰ- 或其演变形式 h- 或 x-。中山闽方言受粤语的影响较深，而闽中和闽西北的闽方言受客家话和赣语的影响较深，因此"齿"字声母不读 kʰ- 都可以看作是方言接触的结果。其中闽中的连城姑田和连城赖源、闽西北的光泽"齿"都仍为 [ˬkʰi]。就目前所知的语料，"齿"字声母读 kʰ- 未见于闽方言之外的其他方言。

7. 古非敷奉母字白读层为双唇塞音，中心区的闽语文读层不读唇齿擦音。例如（斜线前后分别为文读和白读）：

表 83　闽语古非敷奉母字今读举例

	夫	分	芳	蜂	饭	房
福州	ˬxu/ˬpuɔ	ˬxuŋ/ˬpuoŋ	ˬxuoŋ	ˬxuŋ/ˬpʰuŋ	xuaŋ˃/puoŋ˃	ˬpuŋ
建瓯	ˬxu	ˬxɔ/ˬpyiŋ	ˬxɔŋ	ˬpʰoŋ	pyiŋ˃~puiŋ˃	ˬpoŋ
厦门	ˬhu/ˬpɔ	ˬhun/ˬpun	ˬhoŋ/ˬpʰaŋ	ˬhoŋ/ˬpʰaŋ	huan˃/pŋ˃	ˬpoŋ/ˬpaŋ
台北	ˬhu/ˬpɔ	ˬhun/ˬpun	ˬhoŋ/ˬpʰaŋ	ˬhoŋ/ˬpʰaŋ	huan˃/pŋ˃	ˬhoŋ/ˬpaŋ

---

① 《汉语方言地图集》语音卷未收"齿"字，本书作者根据手头能看到的闽语资料制图，共 78 个方言点，比《汉语方言地图集》的闽方言点少 24 个点。语料出处恕不一一交代。

（续表）

	夫	分	芳	蜂	饭	房
潮州	₋hu/₋pou	₋huŋ/₋puŋ	₋huaŋ/₋pʰaŋ	₋hoŋ/₋pʰaŋ	ˎhueŋ/puŋ²	₋paŋ
海口	₋fu/₋ɓou	₋hun/₋ɓun	₋faŋ	₋foŋ/₋faŋ	₋ɓui	₋ɓaŋ

说明：厦门"房"字又白读 [₋pʰaŋ]。

就非敷奉母字白读双唇塞音的字音数比例来说，闽方言是最高的，比较接近它的是客家话中心区，但客家话文读层归 f-，跟闽方言文读层归 h- 或 x- 不同，比较：

表 84 客家话、吴语、粤语古非敷奉母字今读举例

		夫	分	芳	蜂	饭	房
客家方言	梅州	₋fu	₋fun/₋pun	₋foŋ	₋fuŋ	fanˀ	₋foŋ/₋pʰioŋ
	连城	₋fiɛ	₋fãi/₋pãi	₋foŋ	₋fəŋ	pʰaˀ	₋foŋ
吴方言	苏州	₋fu	₋fən	₋foŋ	₋foŋ	vɛˀ	ˎvɒŋ
	温州	₋føy	₋faŋ	₋huɔ	₋hoŋ	vaˀ	ˎɦuŋ
粤方言	广州	₋fu	₋fɐn	₋fɔŋ	₋fuŋ	fanˀ	ˎfɔŋ
	梧州	₋fu	₋fɐn	₋fɔŋ	₋foŋ	₋fan	ˎŋ

比较表 83 和表 84 可知，闽语 6 个字中至少有 4 个可以有双唇塞音的读法，除海口外都没有 f- 的读法，而梅州、连城分别只有 2 个字读双唇塞音，而且文读层皆为 f-。其他四处方言 6 个字中都没有双唇塞音的读法，却都有 f- 的读法。音系中没有 f- 声母是闽方言的特点。图 60 是以有无 f- 声母为标准绘制的地图[①]。从图可见，有 f- 声母的闽方言只分布在闽中、闽西北、海南及广东中山，绝大部分闽方言没有 f- 声母。

---

① 本书作者根据手头能看到的闽语资料制图，布点同图 59，共 78 个点，比《汉语方言地图集》的闽方言点少 24 个点。语料出处恕不一一交代。本书修订前的版本把顺昌误归为有 f- 声母的方言。

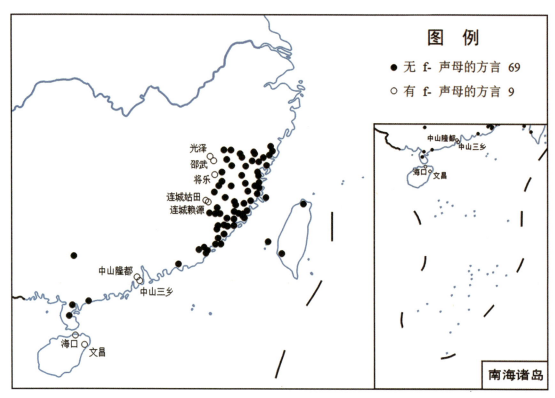

图 60 闽语 f- 声母的地理分布

闽语的内部差异相当复杂，下面仅以日母字为例，即可略见一斑。

表 85 闽语古日母字今读举例

	耳	人	日	肉
福州	⁻mi / ŋei²	₌iŋ	niʔ₂	nyʔ₂
建瓯	neiŋ₂	neiŋ⁻	mi₂	ny₂
厦门	hi² / hĩ²	₌lin	lit₂	hɪk₂
台北	hi² / hĩ²	₌lin	lit₂	liɔk₂
潮州	⁻hĩ	₌ziŋ	zik₂	nek₂
海口	hi²	₌zin	zit₂	hiɔk₂

从表 85 可见，闽语古日母字存在明显的文白分层现象。福州、建瓯白读层一般读 n- 声母（个别字变为 m-/ŋ- 声母），文读层一般读 ∅- 声母；其他四个方言白读层一般读 h-/n- 声母，文读层厦门、台北一般读 l- 声母，潮州、海口一般读 z- 声母。

3.10.3 特征词

闽语不仅语音特点突出，词汇特点也非常鲜明。本书从《汉语方言地图集》词汇卷选取三个条目以见一斑。

1. V067 脚

闽语脚叫"骹"或"骹掌""骹骨"，例如：

厦门：骹 [kʰa˦] ｜ 骹掌 [kʰa˦ tsiũ˩]
潮州：骹 [kʰa˦]
福州：骹 [kʰa˦]
建瓯：骹 [kʰau˦] ｜ 骹掌 [kʰau˦ tsiɔŋ˩]

《广韵》平声肴韵口交切："骹，胫骨近足细处。骹，上同。"扬雄《方言》："矛骹细如雁胫者谓之鹤膝。"（9.21）《尔雅·释兽十九》："四骹皆白，驓。骹，膝下也。"即"骹"也作"跤"，可以指胫骨的靠近脚的较细部分，也可以指小腿。闽语的"骹"可以指脚，也可以指大腿根至脚趾尖或脚跟的全长。按照《汉语方言地图集》词汇卷 067 图，说"骹"的方言只涉及闽语、吴语、客家话三个方言，因此图 61 忽略其他无关的方言，而吴语也只限于闽、赣、浙三省。

闽语脚不说"骹"的方言只有一个，即建宁（里心）。《中国语言地图集》第一版 B11 图、第二版 B2-05 图均将建宁划归赣语抚广片，第二版 B2-05 图的文字部分还指出建宁、泰宁在词语方面兼有赣语和闽语的特点，"跟闽语邵将片的各点比较起来，建宁、泰宁赣语的特点比闽语多"。可见建宁（里心）是否例外跟方言如何归属有关。

客家话说"骹"的方言只有 1 个点，即明溪（盖洋）。明溪以城关为代表的方言是一种闽、客混合方言，盖洋方言跟城关方言相似，也属于闽、客混合方言。《中国语言地图集》第一版 B15 图将明溪视为纯客住县，划归客家话汀州片，第二版 B1-15 图将明溪划归闽语邵将片将乐小片，不过 B1-17 图又将明溪县的大部分（主要是西部和南部）划归客家话汀州片，但是未上图。不管把明溪（盖洋）方言划归客家话还是闽语，脚说"骹"表现的都是闽语的特征。

吴语脚说"骹"的方言有 10 个点，集中在浙西南和赣东北，跟闽语区的"骹"构成连片分布。

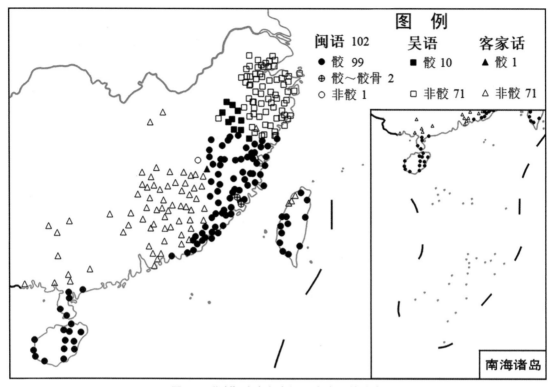

图 61 "骹"（脚）在汉语方言里的分布

2. V083 袖子

闽语袖子叫"手䘼"或"衫䘼"等，例如：

厦门：手䘼 [tsʰiu˦ ŋ˥]

潮州：手䘼 [tsʰiu˨ ŋ˨] | 衫䘼 [sã˧ ŋ˨]

福州：手䘼 [tsʰieu˨ uoŋ˨]

建瓯：手䘼 [siu˨ yiŋ˨]

"䘼"（袖子）本是个古江东词（参看 3.1.3.2）。《广韵》上声阮韵於阮切："䘼，袜也。"《集韵》上声阮韵委阮切："䘼，袜也。一曰袖尚屈。"上举四个方言完全符合於阮切/委阮切。古山摄合口三等元韵四个方言的对应关系正是 ŋ-ŋ-uoŋ-yiŋ，例如：

表 86　闽语古山摄合口三等元韵今读举例

	饭	劝	园	䘼
厦门	pŋ²	kʰŋ³	ʰŋ₅	ʿŋ
潮州	puŋ²	kʰɯŋ³	ʰŋ₅	ʿŋ
福州	puoŋ²	kʰuoŋ³	ʰuoŋ₅	ʿuoŋ
建瓯	pyiŋ²	kʰyiŋ³	ʿxyiŋ	ʿyiŋ

其中潮州的表现稍微复杂一些，这里不去讨论它。"裓"的意义，按郭璞《方言》注，在江东方言里是袖子的意思（裯襦谓之袖衣褾，音褾。江东呼裓，音婉。[4.32]），闽语继承的正是古江东方言的用法。

按照《汉语方言地图集》词汇卷 083 图，说"裓"的方言只涉及闽语、吴语、客家话三个方言，因此图 62 忽略其他无关的方言，而吴语也只限于浙、赣、闽三省。

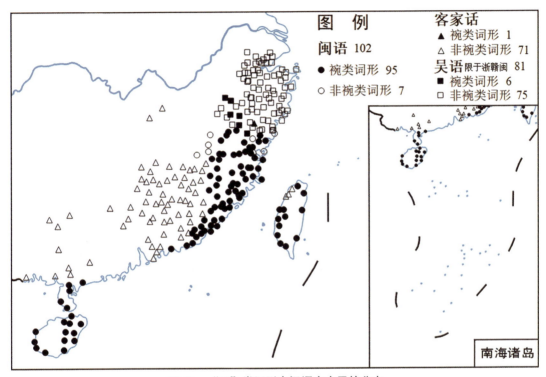

图 62　"裓"类词形在汉语方言里的分布

客家话用"裓"类词形的方言只有 1 个点（浙江景宁畲话），大概是畲族在不断迁徙的过程中于闽语区受到沾染的结果。闽语不用"裓"类词形的方言有 7 个点，闽东北和浙南 3 个点，闽西北 4 个点，分别跟吴语和客赣方言的影响有关。吴语用"裓"类词形的方言只有 6 个点，集中在浙西南。

图 61 和图 62 都呈现了闽语特征词在浙西南的吴语甚至是赣东北的吴语里也存在局部性的连续分布，跟闽语的同类词形分布大体连片。从共时的角度看，最自然的解释即特征"溢出"，是由方言接触引起的特征扩散。傅国通等（1986）[①]曾经指出："处衢片处于吴语区西南部。包括浙江省西南部 17 个县市，江西省的上饶市、上饶县、玉山县、广丰县，福建省浦城县北部。本片因与闽语接壤，受闽语影响较多。"不过如果研究历史，思

---

① 傅国通等《吴语的分区（稿）》，《方言》1986 年第 1 期。

路就可能不同。例如丁邦新（1988）[1]认为："南北朝时代的吴语就是现在闽语的前身，而那时的北语则是现在吴语的来源。"这种想法源自丁先生70年代在台湾大学方言学课上的一个猜测，当时只有一个间接的证据可以支持此说：

> 陈寅恪先生（1936）在《东晋南朝之吴语》中指出当时的"吴语、吴音"跟中原之音大不相同，而且由于北方士族南来，使北语在南方成为士族语言，只有一般老百姓才用吴语，做官的江南人大多数也用北语。例如，《宋书·顾琛传》："先是宋世江东贵达者会稽孔季恭、季恭子灵符、吴兴丘渊之及琛吴音不变。"可见其余士族虽然本是吴人，但在朝廷里或公事交往时已不说吴语。经过东晋到隋代差不多三百年的演变，可能中原北语势力渐大，成为一般人用的语言，而原来的吴语则经由移民带到福建一带，慢慢演变为今天的闽语。

丁邦新（1988）进一步从吴语的白话音及某些词汇证明此说。"骹"即是词汇方面的证据之一。

3. V164 高（指身高）

闽语高一般说"悬"，但也有少数方言说"高"或"躼"。例如：

厦门：悬 [₅kuãi˦] ｜ 躼 [loˀ˨]
潮州：悬 [₅kuĩ˧]
福州：悬 [₅keiŋ˩]
建瓯：高 [₅au˦]

以上语料引自《汉语方言词汇》，词目"高"未加限定，所以厦门话有两个说法。如果限定为身高，则厦门话只说"躼"，不说"悬"。例如马约翰（1883: 524）[2]所记的厦门话："Tall, (as person) 高° lò, (as thing) koâiⁿ."即人高说 [loˀ]³，物体高说 [₅kuãi]。

"悬"指高对闽语来说，不仅是个特征词，其读音也具有区别性。"悬"见于《广韵》平声先韵胡涓切，闽语读 [k-] 属于匣母读如群母。虽然这种现象在东南方言中并非闽语所独有，但就"悬"字而言，闽语大部分方言都读 [k-]，而闽语外的其他方言则未见有读 [k-] 的。按照《汉语方言地图集》词汇卷164图，说"悬"的方言只涉及闽语，因此图63只呈现闽语"悬"（身高）的说法。

---

[1] 丁邦新《吴语中的闽语成分》，《历史语言研究所集刊》59.1: 13—22，1988年。
[2] J. Macgowan（麦嘉湖/马约翰），*English and Chinese Dictionary of the Amoy Dialect*. Trübner, 1883.
[3] 厦门话的"躼"侧重指人体的高矮和长短，例如：伊一米九，真～（他一米九，真高）｜～骹～手（形容人脚长手也长）。

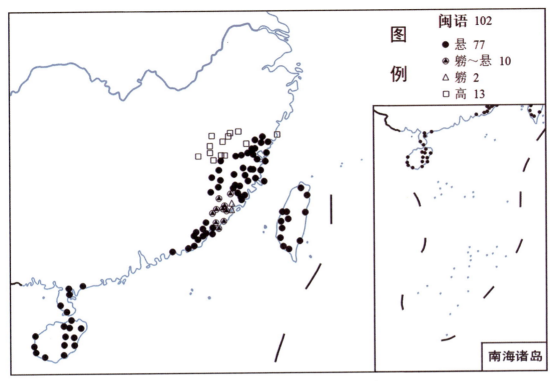

图 63 "悬"（身高）在闽语里的分布

从图 63 可以直观地看到，特征词"悬"不存在溢出问题（即除闽语外其他方言都不用"悬"），但是却存在萎缩的问题。萎缩主要发生在两个区域：一是闽北地区，尤其是闽西北地区，这是闽语和吴语、闽语和客赣方言的接触地带；一是闽南地区，这是闽语分布区的腹地。闽语北区说"高"不说"悬"大概是受其他方言的影响发生了词汇替换，而闽南地区说"躼"则无疑是晚近的局部创新。只说"躼"的只有 2 个点，即厦门（思明区）、同安（今厦门同安区），兼说"悬"和"躼"的有 10 个点（漳州、长泰、龙海、漳浦、安溪、华安、南靖、平和、云霄、东山）。"躼"分布区的南北都是"悬"分布区。因此可以推想"躼"是厦门、同安一带兴起的新说法，虽然已经向周边地区扩散，但还处在新、旧词形兼用的状态。这一认识可以改变关于闽南话 [loˀ]（[人]高）本字的看法。《普通话闽南方言词典》（1982: 466）[①]：

躼 lào ‖ 郎到·号 lò
㊢ '躼躼' lòdò，身长。

◇〔躼〕lò 高，长（多指身材）：～骹 lòkā（长腿）｜～的 lò·e（高个子）。俗写"𨄮"。

---

① 厦门大学中国语言文学研究所汉语方言研究室主编，福建人民出版社，1982 年。

《汉语方言词汇》（2005：477）、《汉语方言地图集》词汇卷 164 图都采用了"蹽"字。不过周长楫《厦门方言词典》（江苏教育出版社 1993/1998：77）、李熙泰等《厦门方言志》（北京语言学院出版社 1996：140）仍用方言俗字"䠉"。"䠉"是个会意字，东方孝义 1931 年已经采用。既然 [loʰ] 的说法是厦门、同安一带的晚期创新，就不一定要作为古汉语的传承词来处理①。何况"蹽䠉"是联绵词，不宜拆开用，而且泉州说 [lioʰ]②，明显不能看作效摄开口一等字。可见还是以俗字"䠉"来记录更为妥当。

3.10.4 次方言的划分

《中国语言地图集》（1987）将闽方言视为大区，下分为七个区，即闽南区、莆仙区、闽东区、闽北区、闽中区、邵将区、琼文区（参看A2、B12、B13 图）。《中国语言地图集》（2012）将闽方言视为区，下分八个片，即闽南片、莆仙片、闽东片、闽北片、闽中片、邵将片、雷州片、琼文片（参看 A2、B1-15、B1-16 图）。即原归闽南区的雷州片现自成一片，而不是闽南片里的雷州小片。图 64 以《汉语方言地图集》的布点模拟《中国语言地图集》（2012）闽语的方言片划分（不反映其方言小片的划分）。

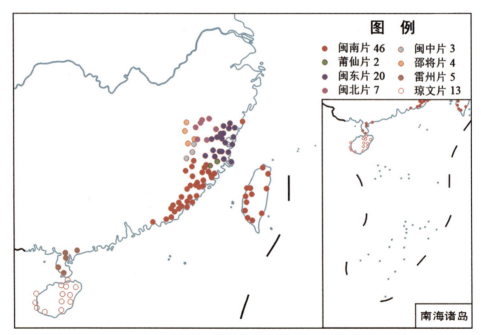

图 64　闽语的方言片划分

---

① 创新可以用古汉语的传承词做基础，创造新义（不出现新的词形）或新词形（通常是合成形式）；也可以绕开既有的词，完全新创一个词。对于后一种情况，是没有所谓的本字可考的。

② 林连通主编《泉州市方言志》109、237 页，社会科学文献出版社，1993 年。《汉语方言地图集》词汇卷 164 图泉州归"悬"类，而非"蹽"类或"蹽～悬"类。参考杜嘉德（1873：315），泉州跟厦门的 [loʰ] 对应的说法是 [lioʰ]（Cn. liò），可知林连通的记录不错。Cn. 代表 Chin-chew city（tsoân-chiu-hú），即泉州府。Carstairs Douglas（杜嘉德）：*Chinese-English Dictionary of the Vernacular or Spoken Language of Amoy: With the Principal Variations of the Chang-chew and Chin-chew Dialects*. Trübner & Co., 57 & 59, Ludgate Hill, 1873.

如果觉得一下摆出八个片有些乱，也可以将闽语划分为闽南片和闽北片两个次方言，图 64 的闽南、莆仙、雷州、琼文都属于闽南片，而闽东、闽北、闽中、邵将则属于闽北片①。为了避免方言小片的名称和方言片的名称冲突，小片名称尽量不用"闽南""闽北"一类的名称，而用"雷州""琼文""邵将"一类的名称。闽南话日母通常会发生"外流空气改道的音变"（sound change caused by switch of outgoing air channel）②，闽北话则否。例如"耳"字在闽南片方言里通常读 [h$\tilde{\text{i}}^2$] 或 [hi²]，其音变历程为：n̠i²→n̠$\tilde{\text{i}}^2$→ɕ$\tilde{\text{i}}^2$→h$\tilde{\text{i}}^2$→hi²，有的方言 [h$\tilde{\text{i}}^2$/hi²] 两音并存，有的方言还可以在 [h$\tilde{\text{i}}^2$/hi²] 的基础上进一步变异。图 65 根据闽语"耳"字的声母绘制，从中可见闽语的南北分野。南片大体读 h- 或 x- 声母，北片大体不读 h- 或 x- 声母。浙南的苍南（灵溪）、平阳（腾蛟），广西的平南（上渡）都属于闽南移民。广东中山闽语的 h-（三乡）属于闽南片没有问题，ŋ-（隆都）跟居民的源流有关还是跟周边方言的影响有关，尚需要调查研究。漳平（永福）"耳"读 [ni²˧]，跟城关（菁城）[hi²˧/h$\tilde{\text{i}}^2$˧] 和溪南 [hi²˧] 不同，是客家话影响的结果。龙岩市境内的闽南话普遍受到客家话的影响，只是程度有别。有些点各家记音或有不同，只要不影响到大类（例如永安有的学者记成 l-，有的学者记成 n-），这里都不做交代。

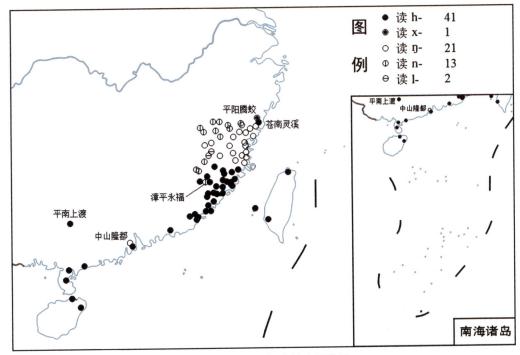

图 65　闽语"耳"字的声母类型

---

① 本图布点和图 59、图 60 相同。
② 参看张光宇《切韵与方言》18—21 页，台湾商务印书馆，1990 年。闽南话里的这种音变不限于日母，还见于疑母等其他鼻音声母（例如"鱼"字厦门话 [ɕhi]、潮州话 [ɕhɯ]）。

支持闽语南北两分的语言特点当然不限于日母字的读法。例如①：

表87　闽南、闽北的语音、词汇差异举例

	鱼	钱	家	脖子
福州	₅ŋy	₅tsieŋ	₅ka	胮骨 ta²˩˧ (-au) auʔ˩ (k-)
建瓯	ŋy³	₅tsiŋ	₅ka	胮 te˧˩ ～□□ tœyŋ˧ tœyŋ˧
厦门	₅hi	₅tsĩ	₅ke	颔管 am²˩˨ kun˧
台北	₅hu	₅tsĩ	₅ke	颔颈 am²˩˨ kun˧
潮州	₅ɯ	₅tsĩ	₅ke	颔 ˢam˧
海口	₅hu	₅tsi	₅kɛ	胮 ₅ɗau˧ ～胮蒂 ₅ɗau˧ ɗi˧

说明：《说文·肉部》："胮，项也。"《广韵》去声候韵徒候切："胮，项胮。""胮"本指脖子后部，引申指脖子。"颔"是训读字。厦门、台北脖子的说法当为同一个词，"管""颈"之异只是学者们对本字的看法不同。张振兴（1983）所记台北泉州腔"钱"为[₅tsian]，明显属于文读层，表87根据竺家宁《台北话音档》（上海教育出版社1999）。海口脖子的说法参考了陈鸿迈《海口方言词典》（江苏教育出版社1996），但标音以杜依倩（2007）为准。

从表87可见，"鱼"字闽南都是h-声母配非撮口呼韵母，闽北都是ŋ-声母配撮口呼韵母。"钱"字闽南是鼻化韵（海口鼻化韵已变为口音韵：ĩ﹥i），闽北是鼻尾韵。"家"字闽南是ɛ/e类元音，闽北是a类元音。脖子闽南以"颔"为核心语素（但海口是例外），闽北以"胮"为核心语素。脖子的说法尤其值得一说。根据《汉语方言地图集》词汇卷063图，闽南、潮汕、台湾的闽语主要用"颔"类词形，闽北、海南闽语主要用"胮"类词形，说明早期的闽语脖子大概都说"胮"，"颔"类词形是闽南地区的创新，而海南因为远离原乡，没有参与这一创新。

3.10.5 厦门话成篇语料

pak˧ hɔŋ˧ kaʔ˧ lit˧ tʰau˧
北　风　甲　日　头

u˧˩ tsit˧ pai˧, pak˧ hɔŋ˧ kaʔ˧ lit˧ tʰau˧ ti˧˩ hia˧ leʔ˧ sio˧(sã˧˩) tsĩ˧, kɔŋ˧
有　一　摆，北　风　甲　日　头　在　遐　咧　相　争，讲

kʰuã˧ siã˧ laŋ˧(siaŋ˧) kʰaʔ˧ u˧˩ tsai˧˩ tiau˧, kʰaʔ˧ u˧˩ pun˧ su˧˩. tsĩ˧ lai˧ tsĩ˧
看　啥　人　较　有　才　调，较　有　本　事。争　来　争

---

① "鱼""钱"两字是张光宇《什么是闽南话？》（《台湾语文研究》2014年第1期）一文提出的闽南话鉴定字："什么是闽南话？即闽江、戴云山以南十五音方言中'鱼'读h-，'钱'读₅tsĩ的方言。"

kʰi˧ ia˧˨ tsĩ˥ bo˧˨ tsit̚˧ e˧˨ su˥ iã˧. tioʔ˧ ti˧ tsit̚˧ tsam˧ si˥, lɔ˧˨ le˥ tu˧ hɔ˥
去 也 争 无 一 个 输 赢。着 在 即 站 时,路 咧 拄 好

u˥ tsit̚˧ e˧˨ laŋ˥ kiã˧ ke˥ lai˧, i˧ siŋ˥ kuŋ˥ tsʰiŋ˥ tsit̚˧ niã˧ kau˧ kʰut̚˧, pak̚˧
有 一 个 人 行 过 来,伊 身 躯 穿 一 领 厚 □, 北

hɔŋ˥ kaʔ˧ lit̚˧ tʰau˧ nŋ˧˨ e˧˨ tioʔ˧ siŋ˥ pʰin˥ hɔ˥ hɔ˥, kɔŋ˥ kʰuã˥ siã˥
风 甲 日 头 两 个 着 先 品 好 好,讲 看 啥

laŋ˥(siaŋ˥) na˧ siŋ˥ u˧ huat̚˧ tʰaŋ˥ kio˧ ti˧ leʔ˧ kiã˥ lɔ˧˨ e˧˨ hit̚˧ e˧˨ laŋ˥
人 若 先 有 法 通 叫 在 咧 行 路 的 迄 个 人

tsiɔŋ˥ i˧ e˧˨ kau˧ kʰut̚˧ ka˧ i˧ tʰŋ˥ lo˧ lai˧, tioʔ˧ sŋ˥ kɔŋ˥ siã˥ laŋ˥(siaŋ˥)
将 伊 的 厚 □ 共 伊 褪 落 来,着 算 讲 啥 人

kʰaʔ˧ u˧ pun˥ su˥ kʰaʔ˧ u˧ tsai˧ tiau˧. tã˥ pak̚˧ hɔŋ˥ kɔŋ˥ liau˧ hian˧
较 有 本 事 较 有 才 调。今 北 风 讲 了 现

suaʔ˧ pʰeŋ˥ miã˧ tua˧ lat̚˧ tsiɔŋ˥ hɔŋ˥ it̚˧ tit̚˧ kʰĩ˥ leʔ˧ sian˧, m̩˧ ko˧ i˧
煞 拼 命 大 力 将 风 一 直 钳=咧 搧,唔 过 伊

tsiɔŋ˥ hɔŋ˥ sian˧ kaʔ˧ lu˧ tʰiam˧, ti˧ leʔ˧ kiã˥ lɔ˧˨ e˧˨ hit̚˧ e˧˨ laŋ˥ tioʔ˧
将 风 搧 甲 愈 □, 在 咧 行 路 的 迄 个 人 着

kin˥ tsiɔŋ˥ i˧ siŋ˥ ku˥ tiŋ˧ hit̚˧ niã˧ kau˧ kʰut̚˧ kʰiu˧ kaʔ˧ tiau˧ tiau˧
紧 将 伊 身 躯 顶 迄 领 厚 □ 揪 甲 牢 牢

tiau˧, liaʔ˧ kaʔ˧ an˧ an˧ an˥, tsiɔŋ˥ kui˥ siŋ˥ ku˥ pau˧ kaʔ˧ bat̚˧ bat̚˧
牢,掠 甲 □ □ □,将 规 身 躯 包 甲 密 密

bat̚˧. hu˧ ua˧, sian˧ kaʔ˧ kui˥ pã˥ lit̚˧, pak̚˧ hɔŋ˥ tsiã˥ sit̚˧ si˧ bo˧˨ huat̚˧
密。唵 哇,搧 甲 规 半 日,北 风 诚 实 是 无 法

tɔ˧, tsi˧ hɔ˥ suaʔ˧ suaʔ˧ kʰi˧. ke˧ tsit̚˧ tiap̚˧(a˧>)baŋ˥ ku˥, lit̚˧ tʰau˧ tsʰut̚˧
度,只 好 煞 煞 去。过 一 辄 仔 久,日 头 出

lai˧ lɔ˧˨. i˧ pʰak̚˧ kaʔ˧ sio˥ tʰŋ˥ tʰŋ˥, ti˧ leʔ˧ kiã˥ lɔ˧˨ e˧˨ hit̚˧ e˧˨ laŋ˥
来 咯。伊 曝 甲 烧 烫 烫,在 咧 行 路 的 迄 个 人

hian˧ suaʔ˧(saʔ˧) tsiɔŋ˥ i˧ hit̚˧ niã˧ kau˧ kʰut̚˧ tʰŋ˥ lo˧ lai˧. tsit̚˧ e˧˨ si˧
现 煞 将 伊 迄 领 厚 □ 褪 落 来。即 个 时

tsun˥ pak̚˧ hɔŋ˥ tsi˥ hɔ˥ lin˧ su˥, kɔŋ˥ ti˧ iŋ˥ nŋ˧˨ e˧˨ tiɔŋ˥ ŋ˥, ia˥ koʔ˧
阵,北 风 只 好 认 输,讲 在 □ 两 个 中 央,野 □

si˧ lit̚˧ tʰau˧ kʰaʔ˧ u˧ tsai˧ tiau˧, kʰaʔ˧ u˧ pun˥ su˥.
是 日 头 较 有 才 调, 较 有 本 事。

说明:转录自侯精一主编《现代汉语方言音库·厦门话音档》,周长楫编写,黄小娟发音,方舟解说,

上海教育出版社，1996 年。声调改用五度制调号。音档的厦门话音系跟《汉语方音字汇》厦门话音系的不同之处如下：

音档	《汉语方音字汇》
ian iat	iɛn iɛt
iŋ ik	ɨŋ ɨk
uãiʔ□ tsuaiʔ₂ 扭伤　uãiʔ□ uãiʔ₂ 扭伤	无
阳平调 35	阳平调 24
上声调 53	上声调 51
阴去调 21	阴去调 11
阳去调 22	阳去调 33

思考与练习

1. 闽方言的主要特征是什么？
2. 闽方言有哪些存古特点？
3. 闽方言的内部分歧主要表现在哪些地方？
4. 闽方言的次方言是怎样划分的？
5. 闽方言和吴方言的关系如何？
6. 闽方言和客家方言的关系如何？
7. 闽方言和粤方言的关系如何？

阅读书目

陈泽平，2003，《闽语新探索》，上海远东出版社、上海三联书店。

陈章太、李如龙，1991，《闽语研究》，语文出版社。

丁邦新，1979，《台湾语言源流》，台湾学生书局。

董同龢，1958，《厦门方言的音韵》，《历史语言研究所集刊》第 29 本上册。

董同龢，1959，《四个闽南方言》，《历史语言研究所集刊》第 30 本下册。

黄典诚主编，1998，《福建省志·方言志》，方志出版社。

黄典诚，1984，闽语的特征，《方言》第 3 期。

李如龙，1997，《福建方言》，福建人民出版社。

李如龙，2001，《福建县市方言志 12 种》，福建教育出版社。

林伦伦、陈小枫，1996，《广东闽方言语音研究》，汕头大学出版社。

罗常培，1930，《厦门音系》，中央研究院历史语言研究所。[可用科学出版社 1956 年新版或山东教育出版社 1999 年《罗常培文集》第一卷的重排本。]

潘茂鼎等，1963，福建汉语方言分区略说，《中国语文》第 6 期。
陶燠民，1930/1956，《闽音研究》，《历史语言研究所集刊》第 1 本第 4 分/科学出版社。
云惟利，1987，《海南方言》，澳门东亚大学。
张　琨，1984，《论比较闽方言》，《历史语言研究所集刊》第 55 本第 3 分。
张　琨，1989，《再论比较闽方言》，《历史语言研究所集刊》第 60 本第 4 分。
张振兴，1983，《台湾闽南方言记略》，福建人民出版社。
张振兴，1992，《漳平方言研究》，中国社会科学出版社。

3.11　80 个方言点的聚类分析

3.4—3.10 大体采用人工定性的方式描写了七大方言的基本情况。Trudgill（1990）[1]曾经指出："语言是一种动态的现象，变动不居。连续体（continua）、梯度性（gradata）[2]和可变性（variability）是经常遇到的，而大多数差异属于多或少的类型，而不是非此即彼的类型。"本节根据前文 3.4—3.10 所举的 80 个方言点及有关特征，用 MEGA 进行计量分析。

3.11.1　方言点

官话 30 个：北京、沈阳、长春、哈尔滨、天津、济南、石家庄、青岛、荣成、大连、郑州、西安、西宁、合阳、兰州、银川、乌鲁木齐、重庆、成都、贵阳、昆明、武汉、南京、合肥、扬州、如皋、太原、呼和浩特、平遥、大宁。

湘语 11 个：双峰、邵阳、韶山、全州、沅陵、古丈、泸溪、吉首、溆浦、长沙、益阳。

赣语 8 个：南昌、铅山、宜春、岳西、平江、都昌、赤壁、通山。

吴语 9 个：上海、苏州、杭州、桐庐、绍兴、天台、温州、淳安、屯溪。

粤语 10 个：广州、阳江、香港、澳门、南宁、梧州、德庆、封开、南宁亭子、临桂。

客家话 6 个：梅州、五华、永定、连城、于都、贵溪。

闽语 6 个：福州、建瓯、厦门、台北、潮州、海口。

作为参照，还加入了一个虚拟的祖语，大体代表唐宋时代的共同语。

---

[1]　Peter Trudgill, Dialect Geography, in *Research Guide on Language Change*, ed. by Edgar C. Polome, pp.257-271. Mouton de Gruyter, 1990.

[2]　原文如此，疑为 gradation 或 gradability 之误。

3.11.2 语言项目和特征转写说明

聚类分析最初采用了 56 个语言项目（语音 37、词汇17、语法2），其中语音含"弹~琴淡蛋达团断缎夺"8 个项目（关注声母的清化方式）。结果发现，无论就 37 个语音项目的聚类分析看，还是就 56 个语音、词汇、语法项目的聚类分析看，结果都显得比较杂乱，而剔除这 8 个项目后，聚类分析的结果就相对比较有规律。这说明古全浊声母的清化方式并不适合在汉语大方言的划分中担任重要的角色（参看3.3.4）。聚类分析所用的 48 个语言项目如下：

语音：①"尾蚊袜网耳人日肉"是否读鼻音声母（8）；②"耳"是否读 h 声母（1）；③"懒痒有"是否跟全浊上字（白读层）有共同的演变行为（3）；④有无阳上调（1）；⑤阳上调的并调方向（1）；⑥是否保留古全浊声母（1）；⑦是否存在次清化浊现象（1）；⑧有无塞音韵尾（1）；⑨"夫分芳蜂饭房"是否读重唇声母（6）；⑩"桶"是否读徒摠切（1）；⑪"打"是否读德冷切（1）；⑫"茶"是否读 t 声母（1）；⑬"猴"是否读 k 声母（1）；⑭"吃"是否符合溪母的读法（1）；⑮"网"是否读齐齿呼韵母（1）。

词汇：①脸；②穿；③吃；④走；⑤宽；⑥疼（痛；疾）①；⑦脚（骹）；⑧袖子（䘼）；⑨高（悬）；⑩挑（荷）；⑪虹（鲎）；⑫大溲（恶）；⑬宰（割）；⑭捡（执）；⑮想（恁）；⑯猴子（马骝）；⑰块一~钱（文）。

语法：①不明天~去（不；弗/勿）；②是（係）。

语音项目依据 3.4—3.10 所罗列的语料转写特征值，词汇、语法项目则依据《汉语方言地图集》词汇卷和语法卷转写特征值，本书有调整的在本节加以交代。《汉语方言地图集》韶山市、阳江市、合阳县均未设点，词汇、语法项目的语料出处同语音项目。《汉语方言地图集》贵溪市调查的是滨江镇柏里村的赣语，跟本书的畲话性质不同，因此贵溪词汇、语法特征的语料出处也同语音项目。

根据以上所列语言项目转写的特征值总数为 3888 个（48 和 81 的乘积）。祖语的 48 个特征值根据唐宋时代的语言情况转写，其他 3840 个特征值都根据 80 个方言点的目前表现转写。语音项目中凡以字立项的，如有文白异读一律按白读转写，但词汇、语法项目属于关注范围的词形如果发生兼用，则按兼用的表现转写特征值。例如脸说"脸"是一个值，说"面"是一个值，说"脸~面"又是一个值。转写词汇项目的特征值时一律以核心语素为准。例如"面孔"跟"面"同值，"脸孔"跟"脸"同值。

语音⑩"桶"是否读徒摠切、⑭"吃"是否符合溪母的读法，有些方言可以有不同的解读，本书根据近亲方言和周边方言的情况斟酌着归为确定的类。

---

① 词汇、语法项目括注里的词是设计特征时的关注焦点。例如"不（不；弗/勿）"表示会有三个选项：不；弗/勿；其他。即焦点词形"不""弗/勿"和其他非焦点词形。

词汇③,《汉语方言地图集》词汇卷图 084 "吃~饭"广州、香港、澳门归为"□[iak˥]等"类,根据《汉语方言词汇》,詹伯慧、张日昇(1988),郑定欧(1997)[①],这三个点应归为"食"类(记为 [ʃɪk˨][hek˨] 等)。不过根据饶秉才等(1981: 236),麦耘、谭步云(1997: 209)[②],广州话吃除了说"食",也说"喫"yag3/jak3 [jakᴄ],麦、谭归为"【俗】"(指特别俗的词语)。因此这三个点本书处理为"食~喫"。广州话"喫"读 [jakᴄ] 属于少数溪母字的特别变化,旁例如"丘"[ᴄjɐu]、"钦"[ᴄjɐm]、"泣"[jɐpᴐ]。

词汇④温州《汉语方言地图集》为"走"类,《汉语方言词汇》"走~行"兼用,根据郑张尚芳《温州方言志》(中华书局 2008),温州通用"走","行"的走义只保留在特定的词语里(例如"行行小孩学走""行贩流动小贩"),因此本书仍维持《汉语方言地图集》的处理。

词汇⑨,高《汉语方言地图集》建瓯归为"悬"。根据《汉语方言词汇》和李如龙、潘渭水(1998)[③],建瓯说"高"[au˨]。《汉语方言地图集》建瓯调查的是迪口镇。迪口地处建瓯东南部,距市区 86 千米,东与高说"悬"的古田县接壤。考虑到整个闽北地区高一般说"高",本书建瓯以"高"为准。

词汇⑫《汉语方言地图集》将苏州归为"屎"类,根据叶祥苓(1993: 171)、汪平(2011: 147)[④],苏州也说"恶",因此本书把苏州归为"屎~恶"兼用类。

语法①,不的说法《汉语方言地图集》邵阳市为"不",邵阳县为"冇",本书依储泽祥(1998)[⑤]所记市区话,把邵阳归为"唔"类(例如:拿唔起 [na˨ ŋ̍˨ tɕʰi˨] 拿不动)。

语法②,有些方言看成"是"字或"係"字都讲得通,本书根据近亲方言和周边方言的情况斟酌着归为确定的类。

3.11.3 聚类分析结果和分析

聚类分析所用的 MEGA 软件前文 3.4.4 已介绍过,选用最小进化法(Minimum Evolution,简称ME)进行计算,得到的 ME 树用 FigTree v1.4.3 和画图软件进行后期处理,最后得到的结果如图 66 所示。

图 66 以虚拟的祖语为根,80 个汉语方言聚集为两支。其中一支为 6 个闽方言点,而

---

① 詹伯慧、张日昇《珠江三角洲方言词汇对照》,广东人民出版社,1988 年;郑定欧《香港粤语词典》,江苏教育出版社,1997 年。
② 饶秉才等《广州话方言词典》,商务印书馆香港分馆,1981 年;麦耘、谭步云《实用广州话分类词典》,广东人民出版社,1997 年。
③ 李如龙、潘渭水《建瓯方言词典》,江苏教育出版社,1998 年。
④ 叶祥苓《苏州方言词典》,江苏教育出版社,1993 年;汪平《苏州方言研究》,中华书局,2011 年。
⑤ 储泽祥《邵阳方言研究》196 页,湖南教育出版社,1998 年。

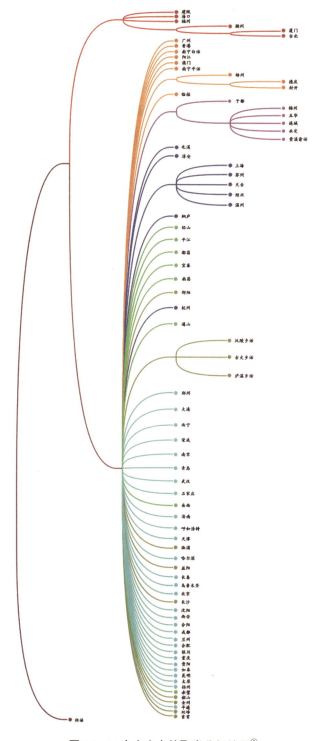

图 66　80 个方言点的聚类分析结果①

---

① 扫描二维码可获取大图。

除闽语之外的其他方言点都聚集在另一支。高本汉（1954）曾经指出：

> 现代汉语方言彼此之间差别很大，但正如已经说明的那样，其音类显示它们都源自《切韵》，不过闽语除外。《切韵》音系作为一种共通语，在唐代已经传播到了全国大部分地区的所有重要中心。①

把闽语说成超越《切韵》音系的方言未免言过其实②，但高本汉强调闽语的独特性则恰如其分，这一点图66已呈现得再清楚不过。

另一支也颇有看点。最顶端是粤语（橙色枝条），广州、香港、南宁（白话）、阳江、澳门、南宁（平话）匀称分支，梧州、德庆、封开则共聚一支，最南边是临桂。与粤语毗邻的是客家话（洋红色枝条），梅州、五华、连城、永定、贵溪（畲话）共聚一支，然后再跟于都共聚一支。与客家话毗邻的是吴语（蓝色枝条），屯溪、淳安在上边各自分支，桐庐在下边自行分支，上海、苏州、天台、绍兴、温州则在中间共聚一支。与吴语毗邻的是各自分支的5个赣方言点（铅山、平江、都昌、宜春、南昌），然后是各自分支的邵阳（湘语）、杭州（吴语）、通山（赣语）以及共聚一支的乡话（沅陵、古丈、泸溪）。下半部分是穿插了7个湘方言点（溆浦、益阳、长沙、韶山、全州、双峰、吉首）、2个赣方言点（岳西、赤壁）的官话群（青色枝条），名称不一一列举。

可见，闽语、粤语、客家话完全是连续排列的，吴语除杭州外，也是连续排列的。赣语8个方言点有5个是连续排列的，也算过半。官话是强势方言，因此会出现"捕获"（capture）异类的现象，即一些湘方言点（7个）和赣方言点（2个）作为"被捕获的方言"（"captured" dialects）③会穿插在官话群里。因此官话的连续性是无须怀疑的。湘语的面目相当模糊，11个方言点分散在7处，其中有5处在官话群里。语音项目中已经包含了"保留古全浊声母"，但符合此项特征的邵阳、溆浦、韶山、全州、双峰、吉首仍各自分支，分散在4处，其中有3处在官话群里。可见，即使老湘、新湘分治（把新湘语划入官话），老湘语的区别性条件也还需要进一步研究。《汉语方言概要》④的一段表述充分表现了学者们对于湘语特点把握的踌躇不定：

> 倘以浊声母的有无为标准，不妨把湘语分成新老两派或两层。据一般的印象，新

---

① Bernhard Karlgren, Compendium of Phonetics in Ancient and Archaic Chinese, *BMFEA*（Stockholm）No. 26, p.216, 1954. 原文为：...the numerous modern Chinese dialects, which differ very widely from one another, but which, as already stated, reveal through their phonetic categories that they all (except the Min dialects) derive from the Ts'ie yün language, which spread as a Koine to all important centres throughout most of the Chinese realm during the T'ang dynasty.

② 闽语确实保留了一些早于《切韵》音系的特点，例如"猴"读k声母（匣母读如群母），但其音类的主体都可以从《切韵》音系得到解释。

③ 这个说法参考了R. A. D. Forrest, *The Chinese Language*, p.200. Faber and Faber Ltd, 1948.

④ 袁家骅等著，文字改革出版社，1960年。

湘语跟西南官话互相交际并不困难，可是新老湘语之间却有很大隔阂。因此有些人倾向于把新湘语划归西南官话，可是还缺乏任何历史的根据；新湘语（以长沙话为代表）的古全浊声母的演变和去入二声的分类，同西南官话有明显的区别；当然，西南官话对湘语的渗透影响是不容忽视的。长沙话古全浊声母变不送气清音，类似闽方言；双峰话古全浊声母基本保存，类似吴方言；但是不能机械地把这个语音特征作为分类的根据。

图 66 所呈现的七大方言关系为：官话＜湘语＜赣语＜吴语＜客家话＜粤语＜闽语。即湘语跟官话的关系最近，闽语跟官话的关系最远。

图 66 的聚类分析以区分大方言为目标，所用 48 个项目中有几个显然是划分次方言用的，由于操作的层面不对，其效果要大打折扣，甚至是完全失效。例如厦门、台北、潮州、海口"耳"都读 h 声母，但海口跟厦门、台北、潮州没有共聚一支。平江、赤壁、都昌都具有次清化浊的现象，但是仍各自分支，其中赤壁还跑到官话群里去了。实际上这类项目都可以剔除。为了增加计算的复杂程度，本书有意保留一些这样的项目，或者是把一个项目设计得冗余度更大一些。例如词汇⑥疼（痛；疾），就区分大方言而论，设计为 [说"疼"]、[不说"疼"] 两种特征值就够了，设计成 [说"疼"]、[说"疾"]、[不说"疼"和"疾"] 三种特征值，除了会拉近闽西客话（永定、连城）和闽北话（建瓯）的距离外，自然也会降低客家话和闽语内部的一致性。

80 个方言点中已包含一些非典型方言，例如溆浦、吉首（湘语），杭州、淳安、屯溪（吴语），临桂（粤语）。如果大规模引入非典型方言，聚类分析的结果一定会比较杂乱。因此汉语方言的分区应当解析为分类和划界两项工作，分类的目标是求出典型的大类，划界的目标则是把每一个具体的方言点归入恰当的方言类别。过渡方言在实用上往往会归入一个明确的类，但其研究重点不在方言归属，而在厘清不同方言的成分以及混合的方式。

阅读书目

北京大学中国语言文学系语言学教研室，1962/2008，《汉语方音字汇》，文字改革出版社/语文出版社。

北京大学中国语言文学系语言学教研室，1964/2005，《汉语方言词汇》，文字改革出版社/语文出版社。

曹志耘主编，2008，《汉语方言地图集》，商务印书馆。

陈章太、李行健主编，1996，《普通话基础方言基本词汇集》，语文出版社。

顾 黔、R.V. Simmons（［美］史皓元），2014，《汉语方言共同音系研究》，南京大学出版社。

何大安，1988/2004，《规律与方向：变迁中的音韵结构》，"中研院"历史语言研究所/北京大学出版社。

侯精一主编，2002，《现代汉语方言概论》，上海教育出版社。

侯精一主编，1999/2004，《现代汉语方言音库》，上海教育出版社。

黄伯荣主编，1996，《汉语方言语法类编》，青岛出版社。

李　荣主编，2003，《现代汉语方言大词典》，江苏教育出版社。

李如龙，2001/2006，《汉语方言学》，高等教育出版社。

王福堂，1999/2005，《汉语方言语音的演变和层次》，语文出版社。

项梦冰、曹　晖，2005/2013，《汉语方言地理学——入门与实践》，中国文史出版社/中国书籍出版社。

袁家骅等，1960/2001，《汉语方言概要》，文字改革出版社/语文出版社。

游汝杰，2004/2016，《汉语方言学教程》，上海教育出版社。

詹伯慧，1991/2001，《汉语方言及方言调查》，湖北教育出版社。

詹伯慧、张振兴主编，2017，《汉语方言学大词典》，广东教育出版社。

赵元任，1959/1980，《语言问题》，台湾大学文学院/商务印书馆。

中国社会科学院、澳大利亚人文科学院，1987—1989，《中国语言地图集》，香港朗文出版（远东）有限公司。

中国社会科学院语言研究所、中国社会科学院民族学与人类学研究所、香港城市大学语言资讯科学研究中心，2012，《中国语言地图集》（第二版）汉语方言卷，商务印书馆。

中国大百科全书语言文字编委会，1988，《中国大百科全书·语言文字》，大百科全书出版社。

中国科学院语言研究所，1955/1981，《方言调查字表》，科学出版社/商务印书馆。

J. K. Chambers and Peter Trudgill, 1998/2002, *Dialectology* (Second Edition). Cambridge University Press/北京大学出版社。[吴可颖中译：《方言学教程》（第二版），北京大学出版社，2016年。]

附录一　初版教学大纲

学时：总学时 64，周学时 4
学分：4
先修课程：现代汉语、语言学概论、音韵学
教学目的：

通过系统讲授汉语方言学知识，帮助学生将汉语语言学各分支学科的基础知识融会贯通于方言现象的分析处理，强调理论与实践的结合，注重培养观察、捕捉、分析、处理方言现象的能力。主要教学目标是：

1. 掌握汉语方言学的基本概念和基础理论。
2. 了解汉语方言的基本状况。
3. 熟练掌握用国际音标记音的技能。
4. 学会汉语方言调查的方法。

学时分配：

每 2 课时为一讲，共 32 讲，内容分配如下：

1. 课程介绍，方言和汉语方言学
2. 方言差异的产生，汉语方言研究的历史
3. 汉语方言分区的历史和原则，汉语方言的共时分布
4. 汉语方言的历史鸟瞰
5. 国际音标介绍，语音训练：元音、8 个标准元音
6. 语音训练：8 个次标准元音、央元音
7. 语音训练：声调、其他舌面元音
8. 语音训练：舌尖元音、卷舌元音、复合元音、鼻化元音
9. 语音训练：音节、鼻尾韵、塞尾韵
10. 语音训练：辅音、双唇音、唇齿音
11. 语音训练：舌齿音、舌尖前音、舌尖中音、舌尖后音
12. 语音训练：舌叶音、舌面前音、舌面中音
13. 语音训练：舌面后音、小舌音、喉壁音、喉门音

14. 语音训练总复习、附加符号、严式记音和宽式记音

15. 记音练习：声调代表字，归纳调类

16. 记音练习：声母代表字，归纳声母系统

17. 记音练习：韵母代表字，归纳韵母系统

18. 记音练习：《方言调查字表》某页字音

19. 字音的处理，本字的考求

20. 语流音变，连读变调，连读变调的记录，求变调规律

21. 整理语音对应规律

22. 方言词汇调查

23. 方言语法调查

24. 语料的整理，调查报告的编写

25. 官话方言概况

26. 湘方言概况

27. 赣方言概况

28. 吴方言概况

29. 粤方言概况

30. 客家方言概况

31. 闽方言概况

32. 总复习

教学方式：

针对不同的教学内容，在不同的教学阶段采取不同的教学方法。

基础理论部分采用讲授方式，既注重基础知识的讲授，使学生打牢基础，也适当介绍学术前沿和不同的学术观点，以引起学生的专业兴趣，培养他们独立思考的能力。教学中充分利用多媒体手段，投影方言地图，播放方言音档，使学生对汉语方言的地理分布有直观的空间概念，对汉语方言的差异有真实的听感对比。

基本技能部分采取小班训练方式，每班不超过 20 人。用 20 课时进行国际音标强化训练。教师耳提面命，学生反复进行听音、发音练习。用 10 课时进行从严式记音到宽式记音的国际音标记音和音位归纳示范练习。

附录二 自测试题

一、按下列各题所给条件，在[　]中写出相应的国际音标。（10分）

1. 舌面中不送气清塞音　　[　　]　　6. 小舌颤音　　　　　　[　　]
2. 舌叶清化浊塞擦音　　　[　　]　　7. 偏后的次低央元音　　[　　]
3. 舌齿浊塞擦音　　　　　[　　]　　8. 次低展唇前元音　　　[　　]
4. 舌尖前腭化清擦音　　　[　　]　　9. 五号鼻化元音　　　　[　　]
5. 自成音节的舌根鼻音　　[　　]　　10. 舌尖前圆唇元音　　 [　　]

二、下面是柳宗元《江雪》诗，A、B 两行分别用国际音标逐字标注了两个方言的声母、韵母及声调，请按下列要求答题。（20分）

1. 在 C 行内用国际音标逐字标注这首诗的普通话读音；
2. 举例说明普通话与方言 A、方言 B 的语音差异；
3. 判断 A、B 方言的归属并说明理由。

	千	山	鸟	飞	绝，	万	径	人	踪	灭。
A.	ˍtɕʰiɛn	ˍsan	ˋniu	ˍfei	tɕʰyot₂	uan³	tɕin³	ˍlən	ˍtsuŋ	miɛt₂
B.	ˍtʃʰin	ˍʃan	ˋniu	ˍfei	tʃyt₂	man³	kiŋ³	ˍjen	ˍtʃuŋ	mit₂
C.										

	孤	舟	蓑	笠	翁，	独	钓	寒	江	雪。
A.	ˍku	ˍtsəu	ˍsɔ	lit₂	ˍuŋ	tʰuk₂	tiɛu³	ˍhɔn	ˍkɔŋ	ˍɕyot
B.	ˍku	ˍtʃau	ˍʃɔ	lep₂	ˍjʊŋ	tok₂	tiu³	ˍhɔn	ˍkɔŋ	ʃyt₂
C.										

三、名词简释。（25分）

1. 地域方言和社会方言　　2. 共同语和标准语　　3. 韵类和元音音位
4. 国际音标和汉语拼音　　5. 官话方言

四、根据下列方言词和括号中的普通话对应说法分析该方言的词汇特点。（15分）

阳婆（太阳）、冻冰（上冻）、雾了（下雾）、水眼（泉眼）、黄尘（灰尘）、高圪梁（山岗）、圪虫（小虫）、粜（卖粮）、圪鸟儿（蝌蚪）、尖尖（尖儿）、圪挤（挤）、影影（影儿）、土圪堆（土堆）、破谜（猜谜）、圪尖（尖儿）、大大（老大）、媳妇妇（媳妇儿）、婆姨（妇女；妻子）、圪虫儿（小虫）、三三（老三）、忽拉盖（小偷）、板凳凳（板凳儿）、虫虫（小虫）、吼（说）、圪晃晃（摇摇晃晃的样子）、灰（傻）、淖尔（湖）、耍水（游泳）

五、根据下列方言例句和括号中的普通话对应说法分析该方言的语法特点。（15分）

渠否抽烟。（他不抽烟。）

渠未抽烟。（他没抽烟。）

渠樠抽过烟。（他没抽过烟。）注："樠"是"未曾"的合音形式，读作[mɪŋ˧]。

渠未是呆大。（他不是傻瓜。）

渠无烟。（他没有香烟。）

你否要抽烟。（你别抽烟。）

你发*抽烟。（你别抽烟。）注："发*"是"否乐"的合音形式，"乐"义为"乐意"，即"要"。

渠是你哥否?——未是。（他是你哥哥吗？——不是。）

四大名山渠无一座未去过。（四大名山他没有一座没去过。）

六、简论汉语方言分区。（15分）

修订后记

《汉语方言学基础教程》2010 年 9 月由北京大学出版社初版,迄今已近 10 年。期间曾重印过几次。2011 年重印时对明显的文字错讹进行了改正,但并未做大的修订。

因为有系里"汉语方言学"课和学校基本教材建设的双重压力,本书是在尚未成熟的情况下出版的,难免存在各种不足。2016 年《汉语方言学基础教程》纳入北京大学教材建设项目,由我负责进行修订。下面简要介绍一下这次修订的主要方面。

1. 为方便称述和查找,把章节的编序方式改为通行的 1.1、1.2.1 等,四级标题也进目录。

2. 取消原第二章"汉语方言的分布"。原第三章、第四章分别改为第二章、第三章。把原第二章第二节"汉语方言的共时分布"放到第一章"绪论"里(今 1.2),把原第二章第三节"汉语方言的历史鸟瞰"、原第二章第一节第二小节"汉语方言分区的历史"放到今第三章"汉语方言概况"里,分别作为今 3.1 和 3.2。原第二章第一节移走第二小节后,剩下的内容大体是李小凡老师《汉语方言分区方法再认识》(《方言》2005 年第 4 期)一文的主要内容。今 3.3"汉语方言分区"大体对应原来的这一部分,但是完全做了改写,只把李小凡老师《汉语方言分区方法再认识》一文作为 3.3 的重要阅读文献。这么调整的原因有两个:一是"汉语方言学"课一直以来都是三大块,即绪论、汉语方言调查、汉语方言概况,"汉语方言分区"作为一大块不是很合适;二是这一章谈汉语方言分区的部分,内容对本科生而言偏深。

3. 原第一章"绪论"、第二章"汉语方言的分布"、第三章"汉语方言的调查"以及第四章"汉语方言概况"各方言的词汇语法特点为李小凡老师执笔,第四章除各方言的词汇语法特点外为我执笔。此次修订,原第一、三章的内容原则上尽可能维持原貌,只做必要的修订和补充。原第二章保留的部分,"汉语方言的共时分布"(今 1.2)、"汉语方言的历史鸟瞰"(今 3.1)也依同样的原则处理,"汉语方言分区的历史"(今 3.2)则重新改写。原第四章则无论为谁执笔,这次也由我重新改写,侧重语音,兼及词汇,但几乎不涉及语法。倘若读者觉得李小凡老师原先用 10 个项目管窥各方言的词汇语法特点有提纲挈领之效,请参看本书修订前的版本。

4. 为了压缩篇幅,取消原第四章七大方言的代表音系,但保留代表点的成篇语料。代表音系都转录自《汉语方音字汇》，很容易查找。

5. 原各节所附"思考与练习"和"参考文献"都予以保留，并稍加修订和补充。"参考文献"改为"阅读书目"，相当于英文的 Resourses and Further Reading。修课的同学自然是无法完成这种阅读量的，其作用是帮助同学先熟悉基本资源和文献。除量力而行选读其中的一些外，其他也要尽量大致翻一翻，看看内容提要和目录，为日后的学习和使用做好准备。

"前言"和"教学大纲"都是李小凡老师针对初版写的，有些内容已经跟修订版无法配合。比如"参考文献"已改为"阅读书目"，原第二章已取消，其相应内容编入其他不同章节。为了存史以及给使用本教材的老师在编写教学大纲时多一项参考，针对初版所写的"前言"和"教学大纲"都不做任何改动。

这本教材起先是针对北京大学中文系本科三年级修"汉语方言学"课的同学设计的。"汉语方言学"课为汉语专业的必修课，每周 4 个课时（1 个课时为 50 分钟），16 个教学周，总共 64 个课时。从 2007 年开始，又为非北大本科背景的硕士生和博士生开设了选修性质的"方言学概论"课，每周 3 个课时，16 个教学周，总共 48 个课时，用的也是这本教材。即使是修订前的版本，要在 64 个课时里讲完主要的内容，时间也是相当紧张的，更遑论只有 48 个课时的"方言学概论"课。修订版的教学时间可大体安排如下：

第一章 2～4 课时

第二章 20～48 课时

第三章 3.1—3.2，3.11.1—3.11.2：不讲；3.3—3.10，3.11.3：8～12 课时

因此，是按 30 个课时还是 48 个课时或 64 个课时来讲授，各章内容的详略需要授课老师根据实际情况进行适当的调整。例如 3.3—3.10，如果时间充足，基本上不必调整内容；如果时间紧张，特征词的部分罗列词例、展示方言地图即可，无须讲授细节。

3.1 和 3.2 分别为"汉语方言的历史鸟瞰"和"汉语方言分区的历史"。这两节因为不再是为课堂讲授编写，因此内容的安排上就采取了比较灵活的方式，有话则长，无话则短，务求有比较实在和深入的介绍和讨论。

修订版原拟增加一章"综论"作为全书的结束，无须课堂讲授，仅作为修课同学的延伸阅读内容。已拟好大纲并写出三分之一，但考虑到全书篇幅已超出预期，而且交稿时间也一拖再拖，比当初预定的交稿时间晚了一年多了，只好割爱。本书附录原有"名词索引"，考虑到修订版的目录已详至四级标题，重新编制名词索引也需要时间，因此修订版也放弃了这一部分内容。

总体上看，修订版不仅适合继续作为本科生"汉语方言学"课和研究生"方言学概论"课的教材，而且也适合作为研究生"方言研究"课的课外基础读物。

为了让选修"汉语方言学"的同学掌握好这门课，本系另外给本科生开设了一门暑期

实践课，即"方言调查"课，由老师和研究生助教带领同学到方言区实地调查并撰写调查报告，时间约 23 天（含北京至实习地的往返时间 3 天及在当地撰写调查报告的时间 4 天）。有条件的学校建议也这么做，实习时间可根据经费的情况适当压缩，但至少应保证半个月，否则效果不理想。

需要致谢的名单很长，无法殚举，只能略择其要。

《汉语方言学基础教程》修订版能够顺利完成和出版，离不开系里和北京大学出版社的大力支持。除了学校教材立项资金，本书的修订工作有相当一部分是在"汉语的社会和空间变异研究"工作坊的经费支持下进行的。此工作坊已连续三年得到系里的资助。

最近一年多的时间里，可以说怠慢了很多的人和很多的事。家人，亲戚，朋友，同事，同行……短信没有看，邮件没有回，约会拒绝参加……不管理解还是不理解，我都要感谢他们对我的怠慢无礼的忍耐。惰性和迟钝让我没有做得更好。我感觉自己沉浸在一件事里的时候，真的很不容易分心顾及其他。希望这不会成为一种习惯。

我很少申请各种项目。本书得以纳入学校的规划教材立项，责任编辑崔蕊功不可没。当同事孙玉文教授告诉我《汉语方言学基础教程》已获得学校立项的时候，我脑子里一片空白，完全不记得跟学校提过申请。后来看到公布的立项名单，再咨询崔蕊，才依稀想起确实有过申请立项这么一回事。

修订版面临的一个巨大困难是：按 2018 年 1 月 1 日起施行的《地图审核管理规定》，原有的方言地图都无法再用。修订版总共有 51 幅方言地图，除转引国外方言学专著里的方言地图 2 幅外，其他 49 幅地图全部是新的。制作新的方言地图已经困难重重，而申请审图号更是一介书生所不能承受之重。如果没有出版社和责任编辑的全力支持和多方奔走，修订版恐怕是很难获得出版机会的，至少不知要推后多少年。

李小凡老师是本书初版的主持人，为这本教材的编写耗费了大量的心血。2012 年他病倒在方言调查实习的岗位上，当时是在高温高湿的湛江。本以为适当休息和调整之后就可以慢慢恢复，谁知竟每况愈下，于 2015 年 7 月 9 日仙去，当时我正和本专业的部分同学在福建清流县方言调查实习。李小凡老师临终前曾说："这辈子没有遗憾。"没有对死亡的畏惧，也不携任何的遗憾。能以这样的意识状态告别此生，福报其大哉！

2016 年春季学期和 2017 年春季学期，我应邀给新加坡国立大学中文系的高年级本科生讲授"汉语方言学"课（CH4203，CHINESE DIALECTOLOGY），使我有机会在不同的教学环境里对这门课的教学安排和教材内容做更多的思考，我也尽可能在北大讲义的基础上融入一些新的内容。这些新的内容也适当地在这次的修订版中得到了反映。

我的同事陈宝贤副教授是李小凡老师的高足。留校任教后一直在讲授本科生的"汉语方言学"课，对于教材中的各种问题跟我常有沟通。为了这次修订又专门给我提供了一份问题清单。我的研究生余聪颖、张沐舒以助教的身份帮助通读初版，提供修订建议，工作相当认真和仔细。谢谢她们。

  修订工作耗时费力，有时为了核对一条文献资料就得折腾一天，更不用说内容上的字斟句酌了。两三年的时间转眼即逝，目前的修订稿我还有很多不满意的地方，但交稿时间绝不能再往后拖了，因此只能就此打住，其中的种种不足和错误都留待将来有机会再弥补和改正。希望读者继续不吝赐教。

项梦冰

2019 年 4 月 1 日

写于西二旗搏微斋

北京大学出版社语言学教材总目

博雅21世纪汉语言专业规划教材：专业基础教材系列

语言学纲要（修订版）　叶蜚声、徐通锵著，王洪君、李娟修订
语言学纲要（修订版）学习指导书　王洪君等编著
现代汉语（第二版）（上）　黄伯荣、李炜主编
现代汉语（第二版）（下）　黄伯荣、李炜主编
现代汉语学习参考　黄伯荣、李炜主编
古代汉语　邵永海主编（即出）
古代汉语阅读文选　邵永海主编（即出）
古代汉语常识　邵永海主编（即出）

博雅21世纪汉语言专业规划教材：专业方向基础教材系列

语音学教程（增订版）　林焘、王理嘉著，王韫佳、王理嘉增订
实验语音学基础教程　孔江平编著
现代汉语词汇学教程　周荐编著
简明实用汉语语法教程（第二版）　马真著
当代语法学教程　熊仲儒著
修辞学教程（修订版）　陈汝东著
汉语方言学基础教程（第二版）　李小凡、项梦冰编著，项梦冰修订
语义学教程　叶文曦编著
新编语义学概要（修订版）　伍谦光编著
语用学教程（第二版）　索振羽编著
语言类型学教程　陆丙甫、金立鑫主编
汉语篇章语法教程　方梅编著（即出）
汉语韵律语法教程　冯胜利、王丽娟著
新编社会语言学概论　祝畹瑾主编
计算语言学教程　詹卫东编著（即出）
音韵学教程（第五版）　唐作藩著
音韵学教程学习指导书　唐作藩、邱克威编著

训诂学教程（第三版） 许威汉著
校勘学教程 管锡华著
文字学教程 喻遂生著
汉字学教程 罗卫东编著（即出）
文化语言学教程 戴昭铭著（即出）
历史句法学教程 董秀芳著（即出）

博雅21世纪汉语言专业规划教材：专题研究教材系列

实验语音学概要（增订版） 鲍怀翘、林茂灿主编
现代汉语词汇（重排本） 符淮青著
现代汉语语法研究教程（第五版） 陆俭明著
汉语语法专题研究（增订版） 邵敬敏等著
现代实用汉语修辞（修订版） 李庆荣编著
新编语用学概论 何自然、冉永平编著
语法分布描写方法与案例 金立鑫编著
外国语言学简史 李娟编著（即出）
近代汉语研究概要（修订本） 蒋绍愚著
汉语白话史 徐时仪著
说文解字通论 黄天树著
甲骨文选读 喻遂生编著（即出）
商周金文选读 喻遂生编著（即出）
汉语语音史教程（第二版） 唐作藩著
音韵学讲义 丁邦新著
音韵学答问 丁邦新著
音韵学研究方法导论 耿振生著

博雅西方语言学教材名著系列

语言引论（第八版中译本） 弗罗姆金等著，王大惟等译
语音学教程（第七版中译本） 彼得·赖福吉等著，张维佳、田飞洋译
语音学教程（第七版影印本） 彼得·赖福吉等著
方言学教程（第二版中译本） J.K.钱伯斯等著，吴可颖译
构式语法教程（影印本） 马丁·休伯特著
构式语法教程（中译本） 马丁·休伯特著，张国华译